# INTRODUCTION

This is a complete personal name index to *A History of Washington County, Maryland, From The Earliest Settlements To The Present Time - Including a History of Hagerstown*, by Thomas J. C. Williams. This two-volume work was originally published in Hagerstown in 1906 and reprinted in 1992 by Genealogical Publishing Company, Inc. for Clearfield Company, Inc. in conjuction with Family Line Publications.

Typical of biographical works of the 19th century and early 20th century, the indices were generally limited to the subjects of the biographical essays and hence did not contain the many personal names mentioned in that biographical essay. Omitted were the maiden names of wives, names of in-laws, and other persons. Beholden to the pleas of librarians and genealogists, we offer this complete personal name index, produced by Jane Dickens.

F. Edward Wright
Westminster, Maryland
1992

Published by

**FAMILY LINE PUBLICATIONS**
Rear 63 East Main Street
Westminster, Maryland 21157

(410) 876-6101

GENEALOGY * LOCAL HISTORY * EARLY MAPS

MARYLAND * PENNSYLVANIA * DELAWARE *
WASHINGTON, D.C. * VIRGINIA

For hundreds more titles send for Free Catalog.

1992

Printed in the United States of America

# COMPLETE PERSONAL NAME INDEX
*to a*
# HISTORY
*of*
# Washington County
## MARYLAND
*by*
*Thomas J. C. Williams*

### INDEX BY
*Jane Dickens*

HERITAGE BOOKS
2011

# HERITAGE BOOKS
*AN IMPRINT OF HERITAGE BOOKS, INC.*

Books, CDs, and more—Worldwide

For our listing of thousands of titles see our website
at
www.HeritageBooks.com

Published 2011 by
HERITAGE BOOKS, INC.
Publishing Division
100 Railroad Ave. #104
Westminster, Maryland 21157

Originally published 1992, 1995 Family Line Publications

Other Heritage Books by Thomas J. C. Williams:

*CD: A History of Washington County, Maryland
from the Earliest Settlements to the Present Time*

All rights reserved. No part of this book may be reproduced or transmitted in any form or by any means, electronic or mechanical, including photocopying, recording or by any information storage and retrieval system without written permission from the author, except for the inclusion of brief quotations in a review.

International Standard Book Numbers
Paperbound: 978-1-58549-241-1
Clothbound: 978-0-7884-8538-1

# INDEX

## -A-

ABBOT Lucy M., 887
  William R., 887
ABBOTT Mary F., 1245
  Mary Frost, 1246
  Mr., 185
  Samuel, 146
  W. R., 230
ABELL Anna, 651
ACKLAND Major, 78
ACRE William, 833
ADAMS ---, 107, 126, 162, 185, 187, 253, 379, 472, 1193
  Ada, 743, 1233
  Adam, 1224, 1235
  Alvin, 938
  Amelia, 1224, 1230, 1235
  Amos, 766, 895
  Amos H., 766
  Amy, 683, 895
  Ann, 1230
  Ann M., 858
  Annie, 1233
  Barbara, 742, 763, 895, 1231, 1291
  Barbara E., 1262
  Belle, 1326
  C. R., 895
  C. W., 866
  Catharine, 858
  Catherine, 628, 1235, 1236
  Cecilia, 1236
  Charles, 1230
  Charles B., 766
  Charles W., 344, 434, 551, 858
  Christina, 1306
  Christine, 766
  Columbus V., 1236
  Daniel, 1236
  Edward Lee, 766
  Elizabeth, 895, 996, 1066, 1236, 1265
  Ella M., 742, 743
  Ellen, 763, 1230, 1233, 1236
  Emma, 1230
  Frank, 766, 1233
  George, 895, 1224, 1230
  George I., 683, 766, 895
  Gertrude, 1265
  Grace, 1230
  Hattie, 895, 1230
  Helen Geneva, 766
  Henry, 1233, 1279
  Holly, 1230
  Isabella, 1233
  J. A., 550, 1276
  J. Riley, 763
  J. U., 1204
  Jacob, 146, 646, 1235
  Jacob R., 742, 743, 906, 1233
  James, 146, 161
  Jane C., 895
  John, 44, 126, 127, 175, 895, 996, 1062, 1066, 1235, 1236, 1306
  John A., 1310
  John Alexander, 1310
  John Quincy, 158, 206, 211, 227, 431, 435, 544, 1062
  John U., 414, 431, 1265
  Joseph, 895
  Joseph C., 1262
  Josephine, 1262
  Kate, 743, 1225, 1230, 1233, 1236
  Kate M., 1066
  Lana Jane, 766
  Lavina, 1233
  Lavinia, 644, 743
  Loretta, 1236
  Louisa C., 1062
  Lydia, 1224
  Mable C., 766
  Margaret, 742, 743, 763, 906, 1205, 1235
  Margaret S., 858
  Margie, 1262
  Martha, 1310
  Martin, 1224, 1230, 1233, 1236, 1326
  Mary, 742, 763, 858, 1233, 1262, 1279
  Mary E., 743, 1233
  Mary Kretzer, 1179
  Mary L., 1279
  Maud, 836
  Maxwell, 766
  Mildred, 766
  Minnie, 1084
  Miss, 873
  Mr., 108, 109, 823
  Nancy, 1235
  Ora, 1233
  Ora B., 743
  Otto, 146
  Peter, 1224, 1230
  Peter J., 398
  Philip, 858
  Polly, 1224

President, 129, 186, 209, 215
Ranney, 895
Roland, 1262
Roy S., 766
Sallie, 1223, 1233
Sallie B., 1326
Samuel, 1233
Sarah, 1224
Savilla, 646
Stephen, 1205, 1235
Susan, 1224
Victor, 1224
William, 146, 486, 858, 895
ADAMSON Enos, 472, 494, 548
ADDISON David M., 771
Venette, 771
William Meade, 555
ADLER Christopher, 99
AERTZ Miss, 1226
AGNEW D. Hayes, 1241
Sarah, 1241
AHALT Annie, 1019
Ellen, 1019
Malinda, 1019
AHL Daniel V., 248
AHOLT Emeline L., 1122
Jacob L., 1122
AHRENS ---, 897
AIMSLIE Peter, 548
AINSWORTH H. H., 234
AIRES George, 1086
Mary, 1086

AKARIS, 140
AKE Margaret, 827
Snyder, 827
AKERS J. Benson, 549
ALBAUGH D. H., 548
Daniel, 472, 548
Mr., 997
William H., 958
ALBERT A. E., 1054, 1055
Abram E., 564
Annie, 1109
Catharine Elizabeth, 1054
Col., 258
Elenora, 1054
Eliza, 1054
Florence Virginia, 1054
Henry, 1109
James B., 1054
Jane Cochran, 1055
John, 440, 1054
Laura, 1055
Mollie, 1054
Sarah, 1326
Thomas, 1326
William H., 1054
ALBRIGHT Mary, 867
Mr., 867
Susan, 987
ALBURTIS Capt., 947
Mr., 439
ALBURTUS Capt., 289, 292
ALDERDICE Adelaide, 941
ALDNAGE James, 146

ALDRIDGE ---, 1122
ALER Miss, 1170
ALEXANDER ---, 918, 921
Catharine, 1264
Dr., 116, 271
E. P., 429, 847
Elizabeth S., 847
John, 968, 1083, 1095
Lawson, 1084
Mary Catharine, 968
Mary Jane, 1305
Mary Landon, 847
Mr., 852
Susanna, 677, 1083, 1095
Thomas S., 133
ALFORD Samuel, 497
ALGIRE H. C., 586
ALISON Alexander, 390
ALLABAUGH ---, 196
ALLEMAN Elizabeth, 1269
Keziah, 1096
Leonard, 1269
ALLEN ---, 196, 435
Annie, 1293
Benjamin, 25, 550
Bennett, 383
Capt., 224
Clara, 735
Elizabeth, 1226
Emily, 922
Emma, 1226
Graham, 622
Holly, 765, 913
Horatio, 217
Isaac, 638

Isaac H., 224
J. F., 487
James, 765, 913
Margaret, 622
Mary, 1226
Prof., 1236
Quimby, 1226
R. H., 556
Rev., 497
Rev. Mr., 162
Sam, 1226
ALLISON Favoretta, 1077
M. W., 558, 1077
Minnie, 1077
William, 145
ALLSTADT ---, 294
John, 1157
Mary, 1157
Mr., 289
ALLWOOD
Elizabeth, 627
John, 627
ALMONEY
Abraham, 686
Albert J., 686
Alice, 686
Andrew B., 686
Andrew Burk, 686
Frank, 686
Isabella, 686
Jarrett, 686
Mary, 686
Roberta, 686
ALPAUGH Elsie, 578
ALPENDAM Jan Jansen, 32
ALRICH Lizzie, 1233
ALSIP Jacob, 875

Susan, 875
ALTER Ann, 637
Ann R., 844
Anna, 692
Catherine, 844, 1279
David, 1170
Jacob, 637, 692
Jennie, 1020
Maria, 1170
Samuel, 146, 844
ALTHAM John, 479
ALTIG Michael, 537
ALTLAND John, 580
Rachel, 580
ALVA Duke of, 361
ALVEY Anna, 622
Charles, 451, 558, 622
Chief Justice, 128, 218, 451
Frank, 622
Frederick, 622
George, 419, 618
Harriet Wicklin, 419
Harry, 622
Judge, 443, 444, 621, 622, 952, 985, 1065
Julia, 24, 622
Julia I., 420, 622
Margaret, 622
Mary, 420, 427, 622
Mr., 306, 420
R. H., 415, 556, 558, 563, 662, 978, 1023
Richard H., 24, 128, 132, 299, 305, 307, 314, 380, 409, 410, 419, 427, 611, 618, 622, 731
Richard Henry, 411, 419
William, 622

AMBROSE David, 792
Elizabeth R., 792, 888
George, 1200
Lydia, 792
Miss, 1018
Rebecca, 1200
Sophia, 1200
AMOS J. Edwin, 487
Miss, 841
AMWEG Barbara, 653
AMY ---, 540
ANDERSON ---, 291, 331, 443, 1305
C. G., 1290
C. L. G., 559
Capt., 1195
Captain, 634
Caroline Virginia, 1132
Catharine B., 634
Col., 357
David, 742
E. F., 557, 562
Edith, 634
Edward, 634
Elizabeth, 672
Franklin, 166, 185, 186, 203, 386, 443, 555
G. W., 465
Gertrude, 634
Henry H., 1132
J. Kip, 278
J. T., 357, 359
James, 245, 672
Jerry, 291
John, 145, 245, 277, 634, 857
Joshua, 274
Lillie, 1132

Louise, 857
Lutie B., 1290
Mamie J., 742
Mr., 1133
Mrs., 357
O. P., 291
Rebecca Maria, 133
Thelma A., 1290
Thomas, 555
William, 146, 1239
ANDRE Major, 79
ANDREW Levy, 115
ANDREWS
Abraham, 487
Catharine, 695
Jeremiah, 695
Mr., 230
ANDROS Edmund, 644
ANGLE Alice, 656, 1086, 1263
Amelia, 1264
Annie, 1113, 1263
C., 1223
Catherine, 416, 884, 977, 1263, 883
Daniel, 1113
David, 1263
Dorathy Helen, 1264
Edith, 1113
Elva, 657
Emmert, 1193
Florence, 1263
Florence M., 1113
Frederick, 656
Frederick McComas, 1264
Guy, 1113
Harrison, 774, 1263
Henry, 977, 1263, 1264
Ida K., 1264
Jacob Z., 748
Jonathan Bowser, 1264
Katharine, 1090
Leah, 1113
Lorena, 1193
Mamie, 1263
Martha, 774, 1263
Mary, 748, 1084
Mary Ann, 748
Miss, 631
Mr., 1264
Nelson, 1263
Sallie, 1263
Samuel, 1263
Samuel P., 564
Samuel Peter, 1263
Samuel Peters, 1263, 1264
Sarah, 774
Sarah B., 1264
Susan, 748, 977, 1263
Wesley, 656
William, 1113
William H., 1113
William Harrison, 1263, 1264
ANKENEY ---, 200
Ann M., 975
Anna M., 975
Anna Maria, 975
Annie Garber, 976
Annie M., 976
Blanche, 1233
Catherine, 794, 818, 927, 975
Charles S., 927
Charlton, 976
Clare, 927
Clinton R., 975
Clyde, 1233
Clyde G., 976
David, 1233
David N., 975, 1254
Edna Viola, 927
Eliza, 927, 975
Elizabeth, 927
Ella, 976
Ellen, 927
Elsie, 976
F. H., 1049
Fannie M., 927
Frank, 1233
Franklin C., 1049
Franklin Charles, 976
Franklin H., 976
Fred, 1233
Freeland, 1233
Freeland H., 975, 976
George, 794
Grace L., 976, 1049
H. C., 564
Hattie, 976
Henry, 177, 818, 927, 975
Henry C., 975
Howard, 976, 1233
Howard Newcomer, 976
Isaac, 564, 892, 927, 975
J. R., 975
Jacob M., 927
Jacob N., 927
John, 927, 1116, 1119
John T., 975

# INDEX

Julia, 794, 818, 927, 975, 1249
L. C., 975
Lewis, 927
Louis, 975
Louise, 976
Maria Amanda, 892
Martha, 975
Mary, 927
Mary Ann, 975
Mary K., 1116, 1119
Mary Louise, 927
Matilda, 927, 975
Sallie, 1233
Sallie E., 1254
Sally M., 975
Susan, 975
Victor, 976
W. F., 975
William, 976
ANKENY Ann Maria, 1225
  Clinton, 1225
  David, 1225
  Eliza, 718
  Freeland A., 1225
  Henry, 130, 469, 718
  Henry Clay, 1225
  John, 470
  John A., 1225
  John T., 1225
  Kate A., 1225
  Lewis A., 1225
  Martha, 1225
  Mary, 1223
  Sallie, 1225
  William, 1225
ANKERBRAND Ida Catharine, 962

John, 962
Walter F., 962
ANN Santa, 932
ANNA Santa, 231, 242, 276
ANNAN Daniel, 446
  James, 446
  R., 159
  Roberdeau, 446
ANNIBA Capt., 241
  William, 195
ANSPACH F. R., 397
ANSPATCH F. R., 110
ANTHONY ---, 484
  Calvin C., 580
  Catharine, 580
  D. H., 1272
  D. Harry, 1233
  David, 528
  Edward, 580
  Eleanor, 580
  Frederick D., 528
  Grace, 580
  J. P., 466, 476, 580, 581
  John, 580
  John C., 580
  Lydia, 580
  Margaret, 1233, 1272
  Martin D., 1233
  Michael, 580
  Otterbein, 580
  Rachel, 580
  Rebecca, 580
  Salana, 580
APPEL Theodore, 537
APPLE Dr., 635
  Mary V., 1012

Thomas G., 577
APPLEMAN A. G., 975
  A. R., 371, 402, 562, 1041
  John P., 724
  Laura V., 724
  Margaret, 975
APPRECHT Jacob, 146
AQUILLA D., 551
ARDERNEY Benjamin, 1273
  Cecelia, 1273
  Mary, 1273
ARDINGER Charles, 665, 562
  Christian, 63
  Eliza Virginia, 665
  Frances, 843
  Miss, 1324
  Peter, 843
ARGUS Virginia, 117
ARMOR Susan, 1224
ARMOUR William, 145
ARMSTRONG ---, 998, 1285
  Agnes, 846
  Alexander, 99, 159, 394, 425, 449, 557, 558, 562, 612, 613, 615, 616, 626, 662, 814, 846
  Alfred, 977
  Anna E., 846
  Catherine Agnes, 613, 846
  Edward McPherson, 613
  Elizabeth Key, 613, 615

J., 551
John, 79
John Gassaway, 613
Mr., 381
Norman Bruce, 613
Ralph, 487, 492
Susan, 612, 846
William, 146, 846
William H., 160, 613, 846, 1096
ARNOLD ---, 893, 1086
Ann, 1149
Annie, 892
B., 70, 384
Benedict, 70, 383
Cora, 854, 1149
Emma, 1149
Eva, 1149
Gen., 384
George, 531, 1149
Gottfried, 520
Jennie, 854, 892, 1149
Mary, 834
Mr., 381
Thomas, 892, 1149
ARNSPERBER Clifford, 1192
Lulu, 1192
ARTZ Abram, 1230
Capt., 233
Catharine, 1326
Catherine H., 1174
Charles, 1230
David, 146, 277, 397, 508, 673, 1174
Henry, 1230
Ida, 1231
Louisa, 945

Luther, 1230
Maria, 1230
Mary, 1230
Nancy, 1230
Peter, 1326
Robert, 1230
Samuel, 394, 1230
Sarah, 1174
Susan, 1230
Vinton, 945
ARWIN Ann Maria, 925
James, 925
ASBURY Bishop, 96, 466, 765, 838, 1299
Francis, 486
ASH John, 376
Rev., 553
ASKIN George, 487
ASKINS Rev., 549
ASPER Elsie Mann, 1174
ASTON Eliza, 1230
George, 1230
ATHEY ---, 552
ATKINSON Charles, 1002
Susan, 1002
Thomas, 538, 547
ATWELL Annie F., 1043
William N., 1043
AUDLESPARGER Charlotte Belle, 882
Simm, 882
AUGENSTEIN George, 537
AUGHINBAUGH --- 883, 945
Anna Mary, 614

Charles H., 614
D. C., 326, 638, 757, 1102, 1265, 1270
David C., 449, 613, 614
Edward R., 614
Elizabeth, 614
Emma H., 614
George W., 613, 614
H. P., 252
Harry, 615
Henrietta, 614
Henry, 613, 614
Henry P., 614
John, 614
John K., 614
Katherine Elizabeth, 614
Louisa, 614
Lydia M., 615
Martha S., 614
Mary E., 614
Mary Elizabeth, 614
Mary J., 614
William C., 614, 615
AUGUSTINE Annabelle, 583
Jacob L., 583
Mahala J., 583
AUMEN Frances, 1308
AURANDT Charles M., 475
AUSHERMAN ---, 1104
David, 531
Emma, 1149
Juliana, 746
AVERILL ---, 357, 358
Brig. Gen., 355

# INDEX

AVERY Gertrude, 1318
  Otho, 1295
  Theresa, 1295
AVEY ---, 735, 773
  Annie M., 837
  Eliza, 837
  Elizabeth, 736
  Ezra, 736
  Gertie, 861
  Henry, 736
  Jacob, 736
  John, 736, 837
  John W., 773
  Joseph, 736
  Laura, 837
  Levina, 897
  Margaret, 736
  Martin H., 945
  Mary L., 773
  Michael, 492, 503
  Rachel, 736
  Sadie Elizabeth, 946
  Samuel, 492
  Sarah C., 945
  Susan, 736, 851
  Tracy, 736
  Tracy R., 736
  Vinton, 946
AXTELL N. H., 1060
AYERS James, 552
AYRAULT Walter N., 386
AYRES Charles W., 1301
  E. E., 553
  Mary, 1301

-B-
BACHELDER Jacob, 159
BACHER Elizabeth, 1071
  John, 1071
BACHTEL ---, 513, 514
  Barbara, 585
  Fanny, 1002
  Isaac, 126
  Jacob, 499
  Martin, 513
  Mary, 747
  Rev. Mr., 508
  Samuel, 513, 1002
BACHTELL ---, 371
  Charles D., 812
  Clara F., 1215
  Edward K., 998
  Elizabeth, 807
  Eveline M., 812
  Florence, 998
  George, 543, 998
  John B., 891
  Martha Elizabeth, 812
  Theodore, 998
  W. B., 544
BACK Frederick, 966
  Maria, 966
BACKENSTOSE Emma R., 786
BACKUS Rev. Dr., 140
BACON ---, 997
  G. C., 487
  Miss, 1239
BAECHTEL ---, 257
  Charles, 377

  Fannie, 1231
  Henrietta, 617
  J., 503
  Jacob, 802
  Martin, 93
  Mary E., 894
  Rebecca, 802
  Samuel, 617, 894
BAER ---, 702, 787
  Abraham, 570
  Adam, 513, 514, 570, 571, 694
  Amanda, 570
  Anna, 570, 1275
  Barbara, 570
  Benjamin, 570
  Bertie, 571
  Daniel, 1206
  Elizabeth, 570, 1222, 1223, 1275
  George, 166, 198, 386, 531
  Grace, 571, 694
  Hannah, 570, 571, 694
  Henry, 513, 514, 570, 571, 694
  Henry H., 570
  Isaac, 570
  J., 487
  John, 110, 148, 487, 570
  Leah, 570, 694
  Lizzie, 570
  Lydia, 1145
  Maria, 570
  Martha, 570
  Martin, 529, 570, 571, 694, 695
  Mary, 570

Mr., 109
Rosanna, 692
Susan, 570
William G., 274
BAGGAGE General, 56
BAHNER F. F., 537
BAILEY Gen., 114
  James Koosevelt, 484
BAILY William, 146
BAIN Edith M., 1243
  F. M., 726
  H. M., 1243
  Harry, 726
  Louisa, 726
  Lydia E., 726
  Mollie, 726
  Robert N., 726
  William F., 726
BAINOR John, 87
BAIR Christly, 897
  Elizabeth, 897
BAIRD ---, 81, 992
  Alice V., 744
  Barton, 744
  Robert, 744
  Susan, 991
  W., 80
  William, 40, 81, 82
BAKER ---, 763
  A. D., 479, 1212
  Aaron, 644, 762
  Aaron Frank, 755
  Albert, 1232
  Albert E., 467
  Alice, 945
  Alice Cecilia, 945
  Alverna, 644
  Amanda, 756
  Amanda Susan, 755
  Ambrose, 320
  Amelia, 1119
  Amy F., 1173
  Ann, 116, 121
  Ann Maria, 923
  Anna, 944
  Annie, 634, 756
  B. F., 476
  Barbara A., 578, 756
  Barbara L., 1232
  Benjamin, 634
  Benjamin F., 764
  C. D., 559
  Capt., 81
  Carrie, 756
  Carrie L, 578
  Catharine, 580
  Catherine, 644, 755, 756, 761, 923
  Charles, 753, 756
  Charles F., 854
  Charles N., 1019
  Charles S., 644, 645
  Chester G., 756
  Clarence H., 945
  Claude, 756
  D. E., 743
  D. Edwin, 644
  Daisy S., 945
  David, 944
  E. M., 1019
  Earl S., 645
  Edward, 753, 1232
  Edward M., 756
  Effie M., 644
  Elias, 186, 229, 277, 498, 644, 755, 842, 1180, 1226
  Eliza, 644, 744, 755, 944
  Elizabeth, 644, 706, 945
  Ellen, 944
  Elmer, 842
  Elva R., 945
  Emma, 756, 842
  Ernst, 392
  Esta M., 683
  Esther M., 1019
  Esther S., 645
  Eva, 755
  Eva T., 764
  Ezra, 476, 644, 755, 756, 761, 764, 1019
  F. M., 486
  Fannie, 645
  Frank, 1226
  Frank C., 756
  Fred, 501
  Fred A., 718
  Frederick, 644, 755, 764, 923
  Frederick A., 644, 645, 923
  George, 537, 706
  George W., 755, 756, 757, 761, 764
  Grace, 755
  H. Claude, 578
  H. L., 764
  Harriet D., 651
  Harry, 756, 1232
  Harry E., 563, 683, 1019
  Harry K., 753

# INDEX

Henry, 703
Howard L., 644
Isaac, 52, 67, 75
Isabel S., 854
Isaiah, 1173
Iva E., 945
J. H., 487
Jacob, 146
James, 756
Jelia, 644
Jennie, 753, 756
Jennie E., 1019
John, 644
John H., 755
Joseph D., 218, 1065
Josiah, 498, 1116, 1119
Lavinia, 644, 743, 755
Lizzie, 756
Louise, 756
Luke, 145
Lulu, 756
Lydia, 944
Marcus, 642
Maria, 644, 755
Martin, 944
Mary, 644, 755, 756, 944, 1061, 1072, 1073, 1226
Mary C., 763, 764
Mary Susan, 797
Matilda, 928
Mattie, 1232
Mr., 381
Mrs., 436
Myrtie, 726
Myrtle, 654
Nina Faith, 644
Norman, 747, 756

Ogoretta, 756
Olivia, 743
Omer S., 945
Ora C., 644
Otho, 498, 578, 753, 756
Otho F., 1019
Otho J., 756
Otho Martin, 644
Ray, 1232
Robert, 1072
Robert H., 756
Roy, 1232
Ruth N., 645
Sallie, 944
Sallie K., 1019
Samuel, 476, 644, 755, 756, 944
Sarah, 644, 755, 1059
Sarah A., 644, 718
Sarah E., 756
Sarah Elizabeth, 757
Sarah K., 683
Simon, 944
Solomon, 944, 945
Sophia, 644, 755
Susan, 644, 842
Susan O. A., 756
Susanna, 703
Thomas, 1138
Verdie F., 756
Vernie, 756, 1226
Virginia, 944
Virginia Logan, 945
W. O., 764
Walter, 756
William, 392, 944
William O., 756, 797

William S., 644
William W., 756
Winter, 753, 756
Winter T., 1019
BALANCE Julia M., 754
Mr., 754
BALD Christiana, 579
Elizabeth, 579, 580
F. Clever, 580
F. W., 485
Frederick W., 580
Frederick William, 461, 463, 579, 580
John Martin, 579
Milton Stover, 580
BALDWIN ---, 1184, 1285
C. A., 1253
C. C., 450
C. Columbus, 358, 399
Clara A., 1253
Columbus C., 382
Mary, 530
Sallie, 358, 382
BALL Amanda, 1038
B. M., 772
Bernard M., 1037, 1038, 1041
Bernard R., 1038
Clara, 1041
Dabney, 487
Elizabeth, 1037, 1038, 1041
Franklin, 1038
George M., 828
Johanna, 1038
Lathana, 1038
Lawrence, 1038

Leban, 1038
Maria, 1038
Mary, 128, 1041, 1211
Mary B., 1038
Thalia V., 1037
Turner, 1038, 1041
Turner Alfred, 695, 1037, 1038, 1041
William, 1038
William T., 1041
BALLARD Laura Burwell, 1014
BALSBAUGH Catharine, 967, 971, 973, 1114
Catherine, 573, 1113
Valentine, 967
BALTIMORE Frederick Lord, 35
Lord, 20, 22, 25, 27, 31, 32, 33, 35, 36, 48, 59, 66, 70, 618, 636, 718, 1036, 1067, 1085, 1089, 1189, 1309
BALTZ Jane, 657
BALTZEL Isaiah, 553
BALTZELL ---, 187
I., 499
Mr., 501
BAMBERGER Anna, 1085
Johannes, 1085
BAMFORD R. C., 488, 562, 564
BANK ---, 318
BANKER ---, 140
BANKS ---, 492
General, 325, 834
George W., 1319
Imogene, 1319
Sophia, 1233

BANNER Max, 485
BARBER ---, 356
Allen, 1251
Bettie, 1251
Charlie, 834
Elizabeth, 1251
Harriet, 878
Ignatius, 145
M. S., 66, 252, 357, 565
Mary, 1251
Matthew S., 246, 252, 339, 355, 398, 411, 417, 1251, 1252
Mr., 356
Mrs., 1252
Priscilla, 1251
BARCLAY J. H., 470
Joseph, 474
BARDOLPH, 140
BARDOON ---, 1018, 1209
Jacob, 1206
Margaret, 1206
Mary, 1206
BARGER W. D., 468, 501
BARINGER Widow, 48, 49
BARKDOLL Ada, 917
Albert, 917
Alice, 902, 924
Alice N., 924
Annie, 902, 924
Arthur, 924
Carrie, 924
Charles, 924
D. W., 848
Daniel W., 924
Earl, 917

Eleonora, 924
Elizabeth, 924, 942
Esther, 924
Florence, 848, 924
Florence Marie, 924
Herman, 917
Ida, 687
Ida K., 917
J. A., 987
Jacob W., 924
John, 510, 924
John P., 924
Joseph, 277, 537, 543, 683, 684, 687, 917
Lillian, 924
Lillian W., 453
Lutie B., 924
Mary Ann, 924
Maud, 924
Nancy, 924
Peter, 924
Robert, 924
Samuel, 902, 924
Sudie, 924
Susan, 510, 924, 1290
T. L., 559
BARKMAN D. W., 507, 1060, 1137
David, 1126
Melinda, 1126
BARKS Barbara, 952, 1183
John, 876
BARKSDOLL Linn, 510
BARNER Lydia, 1234
BARNES ---, 265, 425
Abraham, 425, 908
Abram, 131, 201, 230

# INDEX

Albert, 768
Charles, 179
Col., 271
Effie, 768
Ellen A., 1281
H. D., 559
John, 85, 100, 107, 128, 131, 374
John Thompson Mason, 425
Joseph, 120, 121
Joshua, 82
Major, 233
Mary, 131, 696
Miss, 908
Mr., 116, 413
Richard, 131, 132, 374
Robert, 487
Samuel W., 145
BARNETT ---, 551
  Catherine, 817
  J., 82
  Jacob, 1080
  Nancy, 998
  Rose A., 1080
  W. P., 712
  Walter P., 998
BARNEY Commodore, 147
  Eleanora, 1042
  Joshua, 1042
BARNHART ---, 1269
  A. B., 524, 528, 529, 530, 888
  Abner, 1049
  Abraham, 1269
  Amanda, 1109
  America, 1110
  Ann Maria, 1109
  Annie, 1109
  Charles, 1109
  Cornelia, 1224, 1230
  Dolly, 1230
  Eliza, 1224, 1230
  Emma, 537, 1230
  Emman, 1224
  Frank, 1110
  Hannah, 1269
  Harry, 1110
  Jacob, 1109, 1224
  Kate, 1224
  Laura, 1230
  Louisa, 1224, 1230
  Mollie, 1049
  Mr., 1110
  Nevin S., 1110
  Nina, 1110
  Peter, 1224, 1230
  Royand, 1230
  Susan, 1224, 1230
  Vernie, 1230
BARNHEISER John, 259
BARNHISEL Martin, 145
BARR Abraham, 510
  Agnes, 971
  Capt., 146, 162
  Caroline, 632
  Catherine, 778
  Christian, 513
  Elmer C., 971
  Frances, 968, 971
  Jacob, 145, 146, 513, 874, 971
  Jacob Stanley, 971
  John, 146, 513
  Lewis, 632
  Maria, 510
  Mary Elizabeth, 614
  Nannie, 836, 971
  Samuel, 146, 510
  Susan, 971
  William H. T., 614
BARRETT Lemuel, 87
  Mr., 96
BARRICK Joseph, 145
  Leonard, 988
  Virginia, 988
BARRICKS John, 876
BARRON Rev. Dr., 502
BARRY ---, 482
  Postmaster Gen., 195
  William R., 1214
BART Christina, 542
  Margaret, 542
  William, 542
BARTGIS Daisy B., 1210
  Mathias, 436
  William R., 1210
BARTHOLOW Alfred, 1318
  John, 578
  Laura, 1105
  Mary, 578
  Mary E., 578
  Rose, 578
  William P., 578
BARTLES Mary, 1193
BARTLETT Governor, 728
BARTOL Chief Justice, 420
  James L., 275, 412
  Judge, 621, 985

BARTON ---, 552
Isaac, 145
John Oliver, 1139
Major, 834
BASH Mary, 576
BASORE George, 1320
BASSETT Elizabeth, 747
Mr., 747
BATEMAN Matthew, 146
Moses M., 1173
Phoebe, 1170
Rev., 502
S. E., 501
Sally M., 1173
BATTERSON James G., 343
BATTLE Sarah, 977
BAUGHENY Rev., 543
BAUGHER Henry L., 493
BAUGHEY Rev., 464, 542
BAUGHMAN L. Victor, 216, 978
Rev. Mr., 259
V., 561
BAUGHN Loretta, 1109
BAUGHY Henry, 470
BAUM Barbara, 837, 864, 865, 1023
J. F., 509
John L., 1031
Lydia, 865, 1031
BAUMBACH Frederick, 550

BAUMGARDNER Amos, 1128
Prudence V., 1128
BAUSMAN Benjamin, 946
Elizabeth, 946
Mary Eliza, 946
BAXTER ---, 480, 484
Ann Maria, 925
Catharine, 925
Charles Sheridan, 925
Clara Roberta, 925
Cora Alvernon, 925
Frank, 925
Franklin E., 925
James, 925
James W., 925
Jane, 925
Jennie, 757
Laura Virginia, 925
Lorena Temperance, 925
Margaret Olivia, 925
Mary Elizabeth, 925
Samuel W., 925
Sarah, 925
Sarah Catharine, 925
Temperance, 1212
Virginia, 925
William, 757, 925, 1212
BAYER ---, 942
Ann Ursula, 852
Anna, 853
Annie, 852
Arbelia S., 853
Barbara, 853
Catherine, 853
Christian, 853, 941

Clarence L., 853
D. Walter, 853
Effie, 942
Elizabeth, 853
George K., 852, 853, 941
George M., 853
George Michael, 852
Hannah, 853
Henry, 853
Johanna Michael, 852
John, 853
John N., 852, 853, 941
Joseph, 853
Joseph M., 530
Katie, 942
Lutie, 941
Lutie B., 853
Mary, 853, 941
Nancy, 853
Susan, 853
Susanna, 852, 853, 941, 942
T. Frank, 712
BAYLEY Samuel, 145
BAYLIES ---, 1054
BAYLOR ---, 1256
Charles E., 1259
BAZLIN Peter, 162
BAZZEL Margaret, 757
Moses, 757
BEACHLEY Alice, 671, 881
Anna C., 878
Annie, 881
Annie C., 881
Catharine Louise, 881
Catherine, 671, 853

# INDEX

Christie Funk, 573
Clara, 881
Daniel, 853, 881
Donovan, 573
Eli, 671
Elizabeth, 671, 853
Elva, 671
Ezra, 881
Frank C., 881
Fred Foster, 881
Harriet, 671
Harry K., 878, 881
Henry, 881
J. H., 488, 701, 771, 786, 878, 1107, 1184
J. Henson, 878
Jack, 881
Jacob H., 881
John, 853, 881
John Henson, 881
Jonas, 881
Levi J., 671
Levi T., 494, 671
Louise, 573
Louise E., 881
Lucinda, 853
Martha, 671
Martin, 671
Mary, 671, 853, 856, 877, 1146, 1318
Matilda, 853
Orville, 671
Ralph G., 881
Rebecca, 881
Sarah Ellen, 853
Susan, 671, 853
Van C., 573
William E., 881

BEAKLEY Mary, 746, 892
  Mary Ann, 975
BEAKLY G. H., 493
BEAL Rev., 508
BEALER Annabella, 783
  Bertha, 963, 974
  Catharine, 499
  Charles E., 783
  Clara E., 783
  Cora, 738
  Daniel, 783, 963
  David, 737, 783, 1091
  Eliza J., 737
  Eliza Jane, 737, 738
  Elizabeth, 737, 964, 1161
  Emma, 783
  Frederick D., 963
  George, 499
  George M., 737, 738, 783, 865, 974, 1161, 802
  John W., 783
  Joseph, 737
  Joseph M., 783
  Julia, 737
  Julia A. E., 802
  Laura, 783
  Laura S., 853
  Magdalene, 737, 783
  Martha Ann, 963
  Mary, 737, 783
  Mary J., 783
  Morris H., 783
  Mr., 738
  Ora A., 783
  Otho, 738
  Roy, 783

Samuel, 499, 737, 738, 964, 802
Sarah, 865
Sarah C., 783
Sophia, 737, 974
Susan, 737, 853
Susan A., 877
Susan J., 783
Violetta, 737
Violetta A., 964
BEALES Calenthia, 1137
Vada E., 1137
William, 1137
BEALL ---, 552
  Cephas, 95, 108, 389
  Col., 81, 1303
  Harriet, 1072
  Helen M., 616
  Henry D., 291
  R. Theodora, 847
  Samuel, 82, 85, 87, 464
  William R., 616, 847
BEALLE Edward, 976
  Harriet J., 976
  Miss, 976
BEAM Martin, 1059
BEAN ---, 552
  Benjamin, 1138, 1139
  Charles F., 1139
  Edward M., 1139
  Elinor, 1202
  Elizabeth, 1138, 1139
  Henry H., 1139
  Major, 1140
  Ralph, 1138
  Walter, 1138
BEAR Adeline, 1269

Barbara, 683, 782, 996
Caroline, 692
Catharine, 782, 996
Catharine A., 782, 996
Elizabeth, 782, 996
Ellen, 782, 996
Isaac, 782, 996, 1266
Jacob, 782, 996, 1049
Jacob Martin, 782
John, 782, 1182
Levi, 530, 1269
Mary, 782, 996, 1182, 1291
Mary A., 782
Miss, 655
Mrs., 707
Nancy, 692, 782, 996, 1266
Rev., 549
Rosamond, 824
Rosan, 685
Sallie, 1049
Samuel, 782, 996
Sarah Jane, 782, 996
BEARD ---, 1048, 1066, 1295
Alice Jacques, 1243
Andrew, 543
Belle, 918
Benjamin F., 706
Bessie, 665, 998
Catherine, 1119, 1243
Charles, 988
Daniel, 538, 547
Edith M., 1243
Edward, 976
Elizabeth, 1241
George, 918
George A., 1241

Hannah C., 706
Helen, 918
Henry S., 540
Hezekiah, 918
Ida D., 1243
Jane Elizabeth, 918
John, 540, 1243
John B., 563
Julia, 796
Leslie, 998
Leslie C., 431
Lila V., 586
Louis, 918
Louisa, 1102
Luther B., 1243
M. L., 475, 494, 507, 1243
Margaret, 918
Martha S., 1243
Martin L., 833
Mary, 833, 918
Mary E., 1243
Mary J., 918, 976
May, 988
Miss, 848, 868
Nicholas, 543
Oliver, 796
Peter, 543
Ruth, 918
Sarah, 1241
Susan, 991, 992, 1241
William H., 665, 918, 1243
BEARSHING John, 743
Pollie, 743
BEATTIE W. M., 466, 504
William M., 499

BEATTY Bruce, 711
Catherine, 1189
Cornelius, 138
Edward W., 555
Eli, 135, 156, 166, 185, 229, 240, 386, 389, 1189
Elie, 68, 69, 444
Ellie, 1251
Henry, 1189
Howard, 711
John, 497, 711
Merrill, 711
Mildred, 711
Mr., 273
Nettie M., 711
R. H., 562
Sophia, 136
Thomas, 160
BEAUREGARD P. G. T., 589
BEAVER Ann, 917
Catherine, 67, 68, 567
David, 67, 68
George, 567
Mary J., 917
Mary Jane, 916
Peter, 487
Philip, 917
Samuel, 510
Snotterly, 917
BECHDEL Clara A., 1096
Thomas I., 1096
BECK ---, 381, 997, 1167, 1182
Alice M., 1242
Ann, 776
Anna, 1241
Anna E., 1242

# INDEX

Anna F., 776
Barbara, 627
Benjamin, 1194, 1241, 1242, 1323
Benjamin F., 776, 1284
Carrie, 1323
Carrie H., 1242
Catharine, 1241, 1242
Charles H., 776
Daisy R., 1242
Daniel, 1241, 1242
David, 1241
Elizabeth, 702, 703, 1241
Felix, 537, 627
Francis N., 1242
George, 627, 1241
Harry O., 776
J. Edward, 776
J. Frank S., 776
Joanna C., 776
John, 463, 486, 539, 776, 1241
John Albert, 777
L. Blanche, 777
Laura K., 1242
Lydia A., 776
Margaret, 1241
Marsina, 1215
Mary, 1241
Max D., 1242
Naomi E., 776
Philip, 1241, 1242
S. Frances, 1242
S. Malinda, 776
Sarah, 1241
Sophia R., 776
Susan, 1242

Susanna, 1241
Zula M., 1242
BECKENBAUGH George W., 1044
Harriet L., 736
BECKER Jacob, 768
Peter, 522, 524
Rev., 508
BECKHAM Fontains, 292
Mr., 295
BECKLEY ---, 150
Allen, 637
Anna, 636
Charles E., 637
Daniel L., 637
David, 636
Elizabeth, 868
Fannie, 636
Fannie G., 637
G.H., 465 George, 1115
George H., 464, 504, 507
Grace, 1049
Henry, 636, 868
John, 636
John H., 636
Joseph, 636
Lizzie, 1019
Luther, 645
Margaret, 636
Margie L., 637
Mary A., 637
Mary Alice, 636
May Josephine, 645
Michael, 636
Rev. Mr., 500, 507
Richard P., 637

Rosa, 636
Rosa M., 637
Samuel, 636
Walter S., 637
William H., 637
BECKMAN Mary, 538, 547
BEDINGER Daniel, 118
Henry, 116, 119, 121
Mr., 116
BEEB General, 231
BEECHER W. W., 463
BEEHART Jacob, 145
BEELER ---, 1149
Christian, 549
David, 488, 1195
Elizabeth, 627, 1195
George M., 499
Harry, 851
Helen, 851
J. W. G., 557
Joseph, 1216
Martha, 1216
O. M., 1150
Otho M., 1150
Peter, 549
Samuel, 487
Sarah E., 1150
Sophia, 1195
William, 488
BEERCH Robert, 487
BEEVER Stuffle, 79
BEGOOLS ---, 481
BEHLER Sarah, 837
BEHLOR John, 1191
BEINHEISER Catherine, 1235
BEISER Miss, 853

# 16 HISTORY & BIOGRAPHICAL RECORD OF WASHINGTON CO.

BEISSEL John Conrad, 522
BELL ---, 248, 304, 512, 534, 741, 972, 1060, 1108, 1252, 1306
Aaron, 774
Albert, 475, 774
Albert D., 774
Alice E., 774
Amanda C., 774
Andrew, 537, 538, 547
Anthony, 534
Athalinda, 548
Capt., 162
Carrie, 1145
Catharine, 774
Catherine, 721
Charles A., 774
Charles C., 774
Clara E., 774
Clara Estell, 1174
Clyde M., 774
Clyde R., 774
Cyrus D., 774
Daniel, 773
David, 773
E. K., 544, 548
Edith W., 774
Edward, 792
Edwin, 238, 245, 246, 252, 257, 278, 286, 374, 403, 413, 431, 433, 437, 446, 447, 452, 555
Effie, 687
Effie M., 774
Effie S., 774
Elizabeth, 538, 547, 773, 774, 798
Ella, 774
Ellen W., 624
Emerick, 1077
Emma, 1077
Emma Jane, 1077
Emma K., 1032
Ernest E., 534
F. A., 1215
Frank, 774
Frank D., 548, 1032
Frederick, 513, 534, 538, 547, 773, 774
G., 230
George, 311, 446, 452, 538, 547, 773
George F., 774
Grason, 774
Harvey M., 774
Henry, 447, 624
Henry F., 773
Howard A., 774
Ida M., 534, 548
J. Frank, 563
Jacob, 513
Jacob E., 538, 547, 773
John, 537, 538, 547, 773, 1249
John B., 774
Jonas, 475, 538, 547, 707, 721, 773, 774, 1263
Joseph M., 534, 773
Juliana, 773
Keller B., 774
L. J., 548
Lankin, 798
Laura V., 774
Leah, 774
Lewis, 248
Lewis J., 544
Lilly M., 774
Lizzie, 774
Louis, 773
Luther, 774
Margaret, 773
Maria, 773, 774
Martha, 774, 1263
Martha A., 721, 774
Martha E., 474
Martin L., 475, 774
Mary, 538, 547, 773, 774
Mary Hermia, 774
Miranda, 893
Miss, 848, 976
Mr., 149, 223, 258, 431, 433, 438, 439, 440, 443, 444, 445, 447, 483
Mrs., 258, 433
Nellie, 774
Nettie, 1215
Pauline C., 774
Peter, 773, 774
Ralph, 774
Rebecca, 1223
Reverdy, 1174
Richard Barry, 452
Rosina, 773
Russell A., 774
Sallie, 774
Sallie A., 774
Samuel, 238, 773
Sarah, 773, 774
Sophia, 988
Susan, 238, 446, 773
Susanna, 389
Walter M., 774
William D., 94, 148, 155, 156, 159, 167, 168, 185, 221, 224, 228, 230, 238, 252, 311, 419, 433,

# INDEX

434, 438, 439, 443, 446, 447, 452
William Duffield, 238, 278
William H., 774
BELLA Alwilda, 1232
BELLMAN Henrietta, 1173
  Henry, 1173
  Mr., 381
  O., 1323
  Oscar, 382, 1173, 1323
BELSHOOVER Jacob, 79
BELT Jeremiah, 1073
  Mary, 1073
  Mary Skinner, 1062
  Thomas, 565
BELTZHOOVER ---, 90, 91, 94, 99
  Daniel, 235
  George, 149
BENCHOFF Anna V., 735
  Catharine, 735
  Charles, 735
  Clara, 735, 988
  Columbus F., 735
  D. W., 988, 991
  David, 735
  Edith, 988
  Henry, 735
  Howard, 988
  John J., 735
  Lydia, 821, 988
  Maria, 735
  Mary, 735
  Miss, 793
  Nellie, 735

  Nora, 735
  Olevia S. K., 988
  Olivia, 735
  Robert, 735
  Sadie, 735
  Sarah Jane, 735
  William, 735
BENDER Amelia, 781
  G. A., 246
  George, 975
  Katheline, 806
  Mary, 974
  Mary C., 975
  Melcher, 79
  Rhoda, 806
  Roger H., 806
BENNER ---, 1018
  Aaron Bentley, 1231
  Anna Mary, 1018
  Anna Savilla, 1231
  Carrie M., 1131
  Catharine, 1018
  Catharine E., 1131
  Catherine, 1131
  Daniel, 1018
  Eliza Ann, 704
  Eliza Carilla, 1231
  Elizabeth, 1018
  Emma, 1131
  Emma L., 936
  Gertrude, 1131
  Hannah, 1018
  Harriet Benton, 1018
  Harry W., 1131
  Ida K., 1131
  Jacob, 1018
  John, 465, 551, 1018
  John E., 1131

  John W., 1131
  Josephus, 1231
  Margaret Alevia, 1231
  Mark, 394
  Mary, 1231
  Mary Ann, 1018
  Mary Cordelia, 1231
  Nancy, 1018
  Otho Martin, 1231
  Polly, 1018
  S. S., 936
  Samuel, 145, 1018, 1131, 1231
  Sarah, 1018
  Susan Elizabeth, 1231
  William, 1018
  Wolfand Downs, 1231
BENNETT A. D., 563, 565, 1149, 1150
  A.D., 563
  Amos D., 417
  B. F., 488
  Edith, 1150
  Frank A., 1150
  Frank L., 1149, 1150
  Frederick, 1150
  Hattie L., 1150
  J. D., 306
  James D., 556
  Judge, 1149
  Lou M., 1150
  Louisa, 1149, 1150
  Lucile, 1150
  Mildren E., 1150
  Richard S., 1150
  Sarah E., 1150
BENSON Perry, 80
BENTER Henry, 79

BENTON Florence V., 897
Levin, 897
Thomas H., 89, 258, 276
BENTZ ---, 732, 733
Belle, 632
John, 534, 993
John C., 534, 1262
Savilla J., 993
Savilla Jane, 1262
William, 632, 1279
BENTZE ---, 248
BERE Granville, 876
Irene, 876
Jesse, 876
Noah, 876
Viola, 876
Willie, 876
BERGE Elizabeth, 961
BERGER ---, 1260
Ida, 747
Rev. Dr., 466
BERGMANN Elizabeth, 1025
BERGSTRESSER P., 534
BERKELY Bishop, 209
BERKEY Susie, 1152
BERLIN J., 470
Rev. Mr., 475
S. Jesse, 474
BERNARD J., 487
John, 96
BERRY Adelaide, 941
Alonzo, 389, 562, 671, 1263
Elton H., 1095

James, 146
Jesse H., 472, 494, 548
M. A., 435
Philip, 498
Thomas, 1037
Thomas W., 557
Washington, 389
BERTNER Ezra, 738
Henry, 501
Rev. Mr., 895
Sarah, 738
BERTRAND Alice Macgill, 1017
Elizabeth Austin, 1017
Mary Ragan Macgill, 1017
Minnie, 1017
Olio, 1017
BESORE Catherine Louise, 1221
David, 537
Elizabeth, 954
George N., 954
Henrietta, 1221
Isabella, 633
J. H., 1221
J. I., 562
Jeremiah S., 954
Lorena S., 954
BESTARD William, 394
BESTER Harold F., 871
Harry E., 871
Henry, 379
M. K., 871
Marie, 871
Mary, 1055

William, 236, 485, 871, 1055
BETEBANNER ---, 26
BETEBENNER Eliza, 1229
Elizabeth, 1232
Ellen R., 1229
Narcissa, 1232
Thomas, 1232
BETHELL John, 1050
BETTS Alfred, 888, 1193
B. A., 647, 784
B. Abner, 456, 561, 563, 564, 742, 888, 891, 1262
Catherine, 888, 891
Clementine, 803
Daniel S., 888
David, 888
David A., 891
Elizabeth, 888
Florence, 891
Frederick, 277
Jacob, 888
Lorena N., 1193
Lottie L., 891
Luther D., 888, 891
Lutie B., 891
Lutie V., 784
Mary C., 891
Nancy, 1086
Otho S., 803
Rosa E., 891
Rosena, 888
Sallie L., 891
Susan, 888
William Vernon, 891
BETZ Frederick, 146

John, 635
BEVAN ---, 481
BEVANS Ann, 484, 832
  Eliza, 791, 832
  Ellen, 832
  Eveline, 832
  George, 791
  Ignatius, 791
  James, 832, 1327
  James P., 1176
  John, 791
  Joseph, 791
  Josephine, 1176
  Lawrence, 791
  Mary, 791, 832, 1327
  Mary Ellen, 791, 1176
  Theresa, 791
  Thomas, 832
  Thomas H., 1176
  Walter, 791
  William, 1176
BEYARD Albert B., 805
  Benjamin F., 804
  Benjamin Franklin, 805
  Blanche, 805
  Effie Mabel, 805
  Elizabeth, 804
  George W., 805
  H. Milford, 805
  Harry Rowland, 805
  Hazel, 805
  John, 804
  Mary Elizabeth, 805
  Matilda, 804
  Nora May, 805
  Samuel M., 804, 805

Samuel Nelson, 805
BIARD Nicholas, 79
BIAYS James, 277
BIDDLE Mr., 240
BIEGLER Henry, 146
BIERSHING ---, 488
  Amanda, 745
  George, 507, 745, 801
  John, 801
  Martha, 745
  Mary, 801
  Susan, 875
  Thomas T., 745
  William, 277, 745
BIG FOOT, 716
BIGGLEMAN George, 79
BIGGS A. A., 402
  Augustin Asbury, 838
  Augustin A., 838
  Augustine A., 343
  Augustus A., 380
  C. S., 1140
  Charles G., 436, 557, 563, 838
  Charles Granville, 838
  Dr., 1191
  Edward Clay, 838
  Elizabeth Tyson, 838
  Hilliard A., 838
  Joseph, 838
  Lena W., 1140
  Margaret, 838
  Mary, 838
  Mr., 841
  Nannie, 838
  Stella, 1191
  Stella McKeen, 838

  William Newton, 838
BIGHAM Catharine, 538
BIGLER Elizabeth, 796
  Ellen, 627
BIKLE Agnes, 1193
  Alice, 848, 1193
  Annie, 1192, 1193
  Barbara, 1192
  Barbara A., 1193
  Catherine, 1192
  Charles, 570
  Charles A., 488, 1192
  Christian, 988, 1192
  Christian F., 1193
  Christopher, 848
  Daniel B., 1193
  Emma, 1193
  Ferdinand H., 1192, 1193
  Georgiana, 1193
  Harrietta, 1193
  John L., 141, 372, 373, 398, 417, 565, 1193, 240
  Lewis A., 1192
  Lorena A., 1193
  Lorena N., 1193
  Ludwig, 1192
  Lula, 988
  Philip M., 1193
  Prof., 991
  Reuben B., 1193
  Sarah, 1192
  William I., 1192
BILLENGER John, 145
BILLIG Della, 1229
  Emma, 1229

Lillie, 1229
Samuel, 1229
BILLOW Carrie Tressler, 570
  George W., 570
  Sarah, 570
BILLS Charles M., 636
  Nellie, 636
BILLY, 199
BINGHAM A. B., 844
  Abner B., 563, 844, 845, 1289
  Alfred H., 1289
  Annie, 1289
  Annie L., 845
  Catharine, 547
  Charles Wagaman, 845
  David Arthur, 845
  David H., 844, 845, 1289
  Elenora, 1289
  Elizabeth, 1289
  Ethel, 845
  George G., 844, 845, 1289
  Gordon, 1289
  Grace, 845
  Grace I., 845
  Henrietta, 1289
  Hugh, 844, 1289
  Isaac N., 1289
  Mabel M., 845
  Margaret, 1289
  Maria, 1289
  Martha M., 845
  Mary M., 844, 845
  Mr., 845
  Nancy, 1289
  Ora, 845
  Rebecca, 1289
  Robert, 844, 1289
  Robert Oliver, 1289
  Roy, 845
  Sarah, 844, 845, 1289
  William H., 1289
BINKLEY Alethea, 576
  Alethia E., 771
  Amelia, 697
  Ann, 697
  Charles, 697, 1229
  D. I., 1250
  Daniel, 697
  E. L., 576, 771
  Edward, 576, 697
  Edward Lee, 697
  Eliza, 697
  Elizabeth, 576, 697
  Ella V., 576, 697
  Ellen, 697
  Ellsworth, 1229
  Eva, 697
  Fannie, 655
  Florence, 697
  Florence E., 717
  Frances, 697
  Frank, 1229
  H. F., 818
  Henrietta, 697
  Henry, 697
  Henry Clay, 697
  Jacob, 146, 697, 775
  Jane, 1229
  Jessie, 697
  John, 697, 1229
  Johnson, 697
  Leavitt H., 771
  Maria C., 691
  Mary, 697
  Mary E., 697
  Mollie, 775, 1229
  Mr., 771
  Mrs., 768, 771
  Owen, 771
  Paul, 771
  Petr, 697
  Philip, 146
  Retiza, 771
  Sallie, 697
  Samuel, 691, 697
  Sarah, 697
  Sheridan, 697
  Vienna, 771
  Walter, 697
  William, 697, 1229, 697
BIRD John W., 1173
  Matilda R., 1173
BIRELY Elizabeth, 946
  Joseph, 82
  Susan, 836
BIRNEY James, 140
  James G., 141
BIRNIE Rogers, 446
  Upton, 446
BISER Cyrus, 1186
  Daniel, 1186
  Daniel S., 806
  Dr., 806
  Emma, 943, 1186
  Fannie O., 935
  Florence, 1186
  George W., 935

# INDEX

Harvey, 935
Irving, 1186
Lulu M., 755
Maria, 934
Martha, 935
Mary, 935
Mary Ann, 805
Melvin, 1186
Naomi, 935
Rosa, 1186
Ruth, 1186
Sophia, 806
Thaddeus, 1186
Tilghman, 805
Victor, 1186
BISHER Rosena, 888
  Thomas, 888
BISHOP ---, 28
  Ann, 1307
  Barbara Ann, 1127
  Benjamin C., 1307
  E. Tracey, 559
  Earl, 1307
  Elijah, 1307
  Elijah T., 1306, 1307
  Emily, 1307
  George, 99
  H., 471
  Henrietta, 1307
  Henrietta M., 1307
  Henrietta Maria, 1146
  Henry, 470, 474
  J. P., 562
  Jacob, 79
  John Hoye, 1307
  Lucy, 1307
  Marcia, 1307
  Mary, 1307

Mary L., 1307
Sarah C., 1307
Sophia, 1086
William, 487
BISSEL Alva, 1317
  Florence, 1317
BITNER ---, 901
  Alice, 1229
  Catherine, 1096
  Clara A., 1096
  Daniel, 1096
  E. F., 1131
  Elizabeth Alice, 1097
  Grace N., 1097
  Howard W., 1096
  Ida K., 1131
  Ida M., 1096
  J. Albert, 1096
  J. I., 1229
  J. Irvin, 517, 1096, 1097, 1255
  John, 1096
  Lewis, 896
  Martha, 896
  Mary, 1096, 1229
  Mary Alice, 1096
  Mary Martha, 1097
  Mr., 1097
  Sarah, 633
  William N., 1096
BITTINGER Henry, 982
  Mary A., 982
BITTLE D. H., 543
  Daniel H., 538, 542, 547
  L. H., 539
BITZENBERGER Abram, 1215

Susan, 1215
BIVENS ---, 1037
BIXLER ---, 627
  Emma, 687
BLACK Ann, 1219
  Elizabeth, 754
  Ellen, 1224
  H. Crawford, 985
  Lewis, 664
  Louisa, 646, 1242
  Mary, 664
BLACKBURN John, 146
BLACKFORD ---, 145
  Elizabeth, 661, 912
  Fanny, 1234
  Franklin, 661, 912
  Helen V., 912
  Henry, 661
  Jeannette E., 912
  Jeannette Y., 753
  John, 152, 165, 177, 186, 203, 661
  John F., 912
  Laura, 912
  Laura L., 637, 661
  Lewis M., 557
  Mary C., 912
  William H., 912
BLACKWELL ---, 552
  Harriet, 1244
BLAINE James G., 616
BLAIR ---, 435
  David, 22
  Isabelle, 841, 842
  James, 842
  John, 22
  M., 561

Montgomery, 792, 978
BLAISDELL Nan, 1293
BLAKEMORE Annie E., 1174
D. L., 1174
BLANCHARD Rose, 1226
BLEACHLEY John, 145
BLECKER Catharine, 785, 877
Catherine, 853
Johann Conrad, 1260
Leah, 1091
Mary, 896
BLENTLINGER Conrad, 146
BLESSING Anna, 932
Annie, 936
Arthur L., 931, 932, 933
Bertha M., 932
Catherine, 705
Daniel, 864
George, 705
Henry, 277
Joanna, 864
John, 932
John P., 932
Lucy, 864
Mary A. A., 932
Philip, 932
Rosa E., 932
Sarah P., 1212
BLEW ---, 301, 685
B. T., 488
BLEY Rutholple, 393
BLICKENSTAFF Margaret, 841

BLODGETT Edna, 1042
BLOOD P. L., 326
Parker, 223
BLOOM ---, 1077
Beulah, 955
Carl, 955
John, 1322
Lelah, 634
Louisa, 632, 678
Mr., 682
S. M., 247, 456, 564, 681, 742, 847
Samuel, 632, 678
Samuel Martin, 678
BLOSSER Daniel, 687
Elizabeth, 687
Mary, 687
BLOUNT Mary, 736
Reading, 736
William, 736
Wylie, 736
BLY W. S., 553
BOAK J. Seibert, 733
Kate Amelia, 733
BOARD Mary, 1294
BOBST Isaac, 471
Rev. Mr., 500
BOCKENS Ettie, 963
BODENHORN Elizabeth, 778
J. A., 778
Mollie B., 778
BODINE J. D., 1190
Mary Louisa, 1190
BODKINS Francis, 483
BOEHM Fanny, 1056, 1059
Jacob, 1056

Martin, 466, 1059
BOERLEY ---, 295
BOERLY Thomas, 292
BOERNER George, 733
Sadie, 733
BOERSTLER ---, 150
Charles G., 147, 561
Christian, 28, 143, 245, 435
Christopher, 147
Col., 148
Dr., 29, 155
Mr., 95
BOERTNER Henry, 539
BOGGS John, 97
BOHRER Ruhamah, 1044
BOLANGER Elizabeth, 806
BOLINGER J. C., 488
BOLLINGER Savilla, 673
BOLNEY Ann, 643
Bartholomew, 643
BOLTON General, 1013
BOLTS Martha, 1102
BOMBARGER M., 955
BOMBERGER Alice, 1086, 1263
Almeda, 704
Ann Catherine, 944
Anna, 1085, 1086
Annie, 1089
Arthur, 1086
Bertha, 1086
Caroline, 1086

# INDEX

Catherine, 704, 1186
Elias D., 704
Eliza, 1086, 1231
Elizabeth, 1086
Ellen, 1086
Emanuel, 1086, 1263
Emma, 1086
F. B., 558
Franklin, 1086
Franklin Bowers, 1086
Harvey S., 944, 563
Harvey Smith, 1089
Helen Virginia, 944, 1089
Henry, 1086, 1231
J. H. A., 537
Jacob, 1085, 1086
Johannes, 1085, 1086
John, 704, 1085, 1086, 1186, 1321
Jonas, 1086
Joseph, 1086
Josiah, 704
Laura V., 886
Laura Virginia, 1089
Lawrence, 1085, 1086
Lewis, 1086
Lillian, 1086
Martha, 1086
Mary, 704, 1086
Mary Ellen, 704
Mary Josephine, 1089
Maude Ada, 1089
Moses, 887, 895, 944, 1086, 1089, 1168, 886
Moses B., 1321
Moses Benton, 1086, 1089
Mr., 1089

Nancy, 1086
Peter, 1085, 1086
Rebecca, 1086
Rev., 534
Richard Watson, 944, 1089
Sallie, 1231
Sarah, 1086, 1321
Sarah M., 806
Schuyler, 1086
Sophia, 1086
Susan, 1086
Walter Scott, 1086
William Edward, 1089
BOMERSHINE Sarah, 1162
BOND B. F., 553, 554, 553
  Elizabeth A., 1296
  Elizabeth Attaway, 1296
  H. L., 560
  Hugh L., 410
  Hugh Lennox, 410
  J. A. C., 557
  Thomas, 146
BONE Martin, 746
BONETT John, 82
BONN C. F., 550
BONNER D. S., 1305
  Elizabeth, 1305
  Mary, 1305
BONSEL J., 503
BOONE Ann, 948
  Catharine F., 947
  Catharine Frances, 948
  Charlotte, 732
  Daniel, 932, 1224

  Elizabeth, 1224
  George, 26
  H. Jerningham, 947, 948
  Jane Grayson, 948
  Margaret E., 948
  Mary Jane, 948
  Miss, 581
  Robert P., 948
  Sallie, 1205
  Sarah, 26
  Susanna, 26
  William, 26, 145
BOONS ---, 757
BOOSE Catherine, 1313
  Jacob, 1313
  Theodore, 559
BOOTH ---, 382
  Ann, 795
  Bartholomew, 70, 166, 383, 795
  Dr., 895
  John, 95, 795
  Mr., 71, 384
  William, 383, 562
BOOTMAN Benjamin, 976
  Mary, 918, 976
BOOTON John K., 1292
  Mattie, 1292
BORCK Edwin, 917
BORDEN Annie, 857
BORDLEY John Beale, 1072
BORGER Fannie, 1132
BOSBYSHELL Col., 1013

BOSTETTER Albert, 825
Andrew, 824, 825
Ann, 825
Anna, 824, 825
Barbara, 825
Barbara A., 825
Barbara Ann, 824
Catherine, 824, 825, 1325
Charles, 825
Daniel, 824
David A., 825
Della, 825
Edward, 825
Elizabeth, 824, 825
Ella, 825
Elmer, 551, 825
Emma, 825
Florence, 825
Howard, 825
Isabella, 825
Jacob, 824
John, 632, 824, 825, 1325
John H., 825
John S., 825
Maria, 632, 824
Martin V., 824, 825, 824
Mary, 824, 825
Mary E., 896, 824
Mary S., 825
Nancy, 825
Rebecca, 825
Stella, 825
Susan, 824
William, 825
BOSTOCK Miss, 957
BOSTON Richard, 551
BOSTWICK ---, 834
BOSWORTH ---, 817
BOTELER ---, 27, 355, 1036
A. R., 121, 357, 359
Adelia, 1037
Alexander, 1036
Alexander R., 117, 118
Alice, 1037
Annette, 1038
Annie R. M., 1037
Barton, 248, 1037
Benjamin, 1036
Catharine, 1038
Charles, 1036
E. L., 317, 562
Edward, 795, 1036
Edward L., 1038
Edward Livingston, 1176
Ellen, 1036
Emma, 1066
Francis B., 1037
Francis Marion, 1037
George, 1066
George W., 1037, 1066
H., 795
Hannah, 1176
Henry, 1036, 1037
Hezekiah, 248, 253, 486, 562, 1036
Jane, 772, 947, 1036, 1038
John, 1036
Josephine M., 1037
Lingan, 1036
Lizzie, 1038
Lord, 1036
Lorena, 1038
Martha, 1038
Martha Washington, 1176
Mary, 1037, 1038, 1066
Mary A., 502
Mary Alice, 502
Mary E., 1037
Nellie R., 1038
Philip, 1036
Priscilla, 1036
Prudence, 1038
R. H. E., 772, 1037, 1038
Rachel, 1038
Rebecca C., 1037
Robert, 1036, 1179
Robert L., 1038
Rupert, 1036
Sarah Nelson, 795
Susan F., 1037
Thalia, 1038
Thalia V., 1037
Thomas, 1036, 1037
William, 1036, 1037, 1114
William E., 1038
BOTTS Lawson, 292
BOUIC Alice, 686
William Viers, 686
BOULLT Clarine, 1138
Sarah B., 1138
Thomas A., 343, 380, 1138
BOULT Christiana A., 1305
William, 197

# INDEX

BOULTT T. A., 446
Thomas A., 326, 402
BOUQUET General, 23
Henry, 22
BOUTELLE ---, 978
BOVEY ---, 1220
Adam, 539
Ann, 1231
Anna C., 993
Annie C., 1262
Carrie F., 993
Catharine, 1262
Charles, 1020, 1230
Claggett, 1231
Clara, 1224, 1231
Clayton, 1231
Cleantha, 1230
Daisy E., 1213
Daniel R., 1212, 1213
David, 1224, 1231
Edward, 1231
Edward O., 1262
Edwin O., 993
Elder, 1060
Eliza, 1224, 1231
Elizabeth, 1194
Ella V., 993
Elmer, 1230
Emma, 1230
Emma C., 1020
Emma M., 993
Frank, 1230
George, 1231, 1262
George H., 993, 1262
Goldie, 1231
Grace M., 993
H. A., 476, 499, 501
Henry, 503, 993, 1020, 1231, 1262
Henry A., 503, 511
Ida, 1231
Jacob, 1262
Jane, 1231
John, 1224, 1225, 1230, 1281
Kate, 1231
Lillie, 646, 1231
Lillie M., 993, 1262
Lucinda, 1224, 1230
Luther, 1231
Luther M., 993, 1262
M. S., 479
Maria, 993, 1231
Mariah Ellen, 1262
Martha, 1230
Mary, 1225, 1262
Mary C., 993, 1262
Maud, 1231
Michael, 469
Millard C., 993, 1262
Nettie, 1230
Paul, 1020
Peter, 1224, 1230, 1231
Rebecca, 1262
Roscoe, 1231
Rox Bella, 1263
Sarah, 702
Savilla J., 993
Savilla Jane, 1262
Solomon, 702
Susan, 1224, 1230
Victor, 1224, 1231
William, 1224, 1231
William Harbaugh, 1263
Zachariah, 1224
BOVY Sarah, 1204
BOWARD Andrew, 528
Andrew J., 528
George, 150
Jacob, 277
Martha, 904
Martin, 463
Sallie, 634
Samuel, 904
BOWART Henry, 385
BOWEN Joseph, 1260
BOWER Blanche, 1284
George, 28, 166, 385, 386
J. G., 456
J. Scott, 1284
John H., 1284
Mary Elizabeth, 1284
Rev. Mr., 125
Thomas LaMar, 1284
BOWERS ---, 381, 472
Andrew B., 945
Annie, 841
Annie A., 1173
Calvin, 245
Cora, 703
Eva, 1121
George, 187, 772
George S., 502
George W., 292
H. C., 471
H. J., 471
John, 538, 547, 1173
Margaret, 494
Martha, 1086
Mrs., 768, 1007

Rebecca, 537
S. A., 703
BOWIE Governor, 344
Hyde Ray, 282
Oden, 410, 411, 560
R. J., 560
Richard I., 274
Richard J., 555
Robert, 560
Washington, 788
BOWLES ---, 182, 552, 683
Col., 1043
J. H., 562
James H., 169, 182
John, 131, 144, 165, 177, 182, 561, 562
John J., 1042
John S., 798
Julia, 683
Nancy, 1202
Rosa, 1042
Rose, 1043
Thomas, 107, 1271
William, 1151, 1191
BOWLESS John, 1265
Lizzie, 1265
BOWLEY Miss, 1233
BOWLUS John, 531
Maria Catharine, 876
BOWMAN Andrew, 1002
Barbara, 582
Catharine, 1002
Cyrus, 867
Elizabeth, 1002
Emanuel, 553
Frank, 1195
George R., 449

I. D., 533
Ivy, 1195
J. C., 490
Jarrett, 551
Joseph, 146
Louisiana, 1210
Mary, 510, 651, 867, 898, 1002, 1321
Miss, 1150
Mr., 651
Nancy, 1002, 1126
Rebecca, 1086
Rev. Professor, 732
Ruanna, 1126
Samuel, 1126
Susan, 1002
BOWR Moses, 146
BOWSER Bertie I., 1249
Dorathy, 1264
Ida K., 1264
Jonathan, 1264
William O., 1249
BOWVEY Christian, 1127
BOYCE U. L., 450
BOYD ---, 488
A. G., 431
A. Hunter, 420, 557
Andrew G., 435
Col., 634
Dr., 364, 365
Eliza, 371, 638
Emma, 628
Hunter, 363, 563
Jane, 1146
John W., 245, 435
Joseph, 371, 638
M. W., 246

Marmaduke, 389
Marmaduke W., 186, 203, 376
Rebecca, 968
Susan, 667
Thomas, 487
W. H., 488
BOYER Caleb, 1317
Cornelia, 1269
Cornelia Ann, 647
David S., 449
Eliza, 843
Emma G., 667
Florence, 1317
George W., 292
Isaac Rowland, 667
J. S., 667
Jacob, 914
John W., 507
Joseph, 1269
Mary Pauline, 667
Rebecca, 507
Susan, 914
Willie, 667
BOYERS John W., 876
Rebecca, 876
BOYLE Charles B., 429, 559, 1048, 1285
Charles Brooke, 429
Charles Bruce, 1047, 1048
Daniel, 1048
Dorrington James, 574
Dr., 443
Elizabeth, 1047
Elizabeth M., 1048
Elizabeth Maynadur, 1048

# INDEX

Francis M., 1048
Franklin, 1038
Harry, 1048
Helen, 1048
Helen Key, 1048
Jane, 574
Johanna, 1038
John B., 429
John Brooke, 1047, 1048
Joseph, 1048
Josephine, 1048
Joshua, 634
Katharine, 1048
Lillie K., 1048
Lyida, 634
Margaret, 1048
Mary Patterson, 574
Nancy Irwin, 574
Nancy irwin, 624
Norman Bruce, 1048
Patterson, 574
Robert, 1048
Robert A., 574, 624
Robert Alexander, 390, 574
BRACE William, 558
BRADDOCK ---, 22, 39, 40, 47, 50, 383, 631
  General, 21, 22, 29, 37, 39, 48, 49, 50, 51, 52, 54, 55, 1036
  William Locke, 486
BRADDS Rev., 549
BRADFORD A. W., 317, 338, 560, 985
  Governor, 327, 343
BRADLEY ---, 482
  Catharine McPherson, 616

S. R., 616
Stephen H., 557
William A., 215
BRADSHAW Joseph, 146
BRADSTREET ---, 1011, 1209
BRADY ---, 484
  Catherine, 1243
  Eleanor Bishop, 1146
  Father, 484
  Hattie, 915
  James A., 1146
  Lucy Bishop, 1146
  Mary, 1175
  Philip, 1175
  Richard Towson, 1146
  W. W., 1243
BRAGIER William, 487
BRAGONIER D. G., 462, 463
BRAGUNIER Emma, 636
BRAND James, 497
BRANDEBURG Daniel, 983
  Lydia, 983
BRANDENBURG Daniel, 1098
  Lydia, 1098
BRANDNER Susanna, 675
BRANDON G. H., 550
  William, 487
BRANDT Eva May, 399, 572
  Mary, 657
  N. J., 399
  Nervin J., 517

Nevin J., 572
BRANE C. I. B., 467, 468
  Clara Magdalene, 751
  G. G., 783
  I., 751
  Sarah C., 783
BRANNAN W. F., 556
  William F., 431
BRANNON William F., 556
BRANSHOLTER Dr., 634
BRANT, 10
  David, 538, 547, 1194
  Mary, 1194
  Thomas C., 165
BRANTLINGER ---, 149
BRANTNER Emma, 814
  Harriet, 732
  Howard, 814
  Jacob, 732
  John, 498, 903
  John W., 504, 507, 875
  Katie, 814
  Margaret, 732, 733
  Mary, 814
  Rebecca, 732
  Tabitha, 814
  Thomas, 814
BRASHEARS Isabella, 1205
  Van S., 222
  William, 145, 289
BRASHIRES Emma, 876
BRAWNER Maria, 135

BRAYS James, 253, 562
BRAZIER William, 487, 488
BREATHED ---, 552
  Ann McGill, 365, 1065
  Catherine, 1107
  Elizabeth, 365
  Isaac, 365
  James, 309, 363, 365, 372, 1065
  Jane, 365
  John W., 256, 309, 363, 365, 563, 587, 895, 1065
  Kitty, 365
  Major, 366
  Otelia, 365
  Priscilla Williams, 372, 1065
BRECHBILL Christian, 921
  Ida, 662
  Lucinda, 921, 922
  Nancy, 922
  Susan, 662
BRECKENBRIDGE John C., 927
BRECKENRIDGE ---, 304
  Gen., 357
BREECHER John, 79
BREERTON Lieut., 49
BREEZE Samuel, 487
BREGUNIER Lydia, 1031
  Martin, 1031
BREHM Alverda, 962
  Edith, 962
  Emma Alverda, 962
  Florence, 962
  Mildred, 962
  P. Hamaker, 962
BRENDEL Anna E., 1144
BRENDLE Annie, 1201
  Henry G., 1201
  Mary, 1201
BRENGEL Mr., 426
BRENGLE ---, 241
  Francis, 560
  Lawrence J., 216
BRENISHOLTZ ---, 1044
BRENNAN John, 1175
  Julia, 1175
BRENNER Adeline, 815
  Alice B., 815
  Bertha, 815
  Caroline, 815
  Carrie M., 815
  Catherine, 848
  Donald, 815
  Edgar, 815
  Edgar irving, 815
  Edith G., 815
  Effie, 815
  Florence, 815
  Gearhart, 815
  L. B., 848
  Lucien B., 815
  Mary Catherine, 815
  Paul, 815
  Vera, 815
  Walter D., 815
  William, 815
BRENT ---, 439, 552, 1139
  J. M., 487
  Mrs., 426
  Robert J., 70, 179, 231, 426
  Robert James, 555
  Thomas, 126
  Thomas C., 130, 203, 552
  W. L., 561
  William L., 144, 555
BRETZLER Christian, 550
BREWBAKER C. W., 468
BREWER ---, 1203
  Adam, 165, 748
  Albertus, 968
  Alice, 748
  Anna, 968, 1158
  Annie, 1199
  Annie M., 671
  Betsy, 748
  Bettie, 1232
  Carrie, 1113, 1199
  Carrie Rebecca, 1200
  Carrie V., 976
  Catharine, 715, 747, 748, 968
  Catharine Royer, 751
  Catherine, 748
  Clara, 1199, 1230
  Clarence, 1230
  Clarence C., 747
  Clyde, 1113
  Daniel, 747, 968, 1199
  David, 748
  David A., 748

# INDEX

Earl, 1113
Edgar, 1230
Edward, 1199
Edward D., 748
Elias, 1049, 1199
Eliza Jane, 748
Elizabeth, 722, 748, 794, 818, 968, 1080, 1199, 1254, 1316
Elmira, 748
Florence, 748
Florence G., 747
Frances, 968, 1055
Frank R., 711, 747, 748, 751
Franklin P., 748
George, 635, 968, 1199
George W., 748, 1230
Grace, 748
Harry, 976
Harry Stouffer, 751
Hastings Gehr, 748
Hattie, 748
Henry, 748
Henry M., 747
Howard, 836
J. Harry, 1199
Jacob, 715, 747, 748, 817, 968, 1113, 1199, 1232
Jacob Chester, 751
Jacob H., 747
Jacob Newton, 748
James, 1080, 1199
James K., 748
Jennie M., 836
Jennie S., 748
John, 778, 843, 1199
John S., 747

John T., 748
Joseph, 517, 671, 747, 748, 1199
Joseph Alexander, 747
Joseph H., 747
Joseph M., 748
Josiah, 514
Kate, 748, 1232
L., 748
Lancelot, 927
Lavinia, 1232
Lena, 1113
Leslie, 1199
Lizzie, 635
Luther, 1199
Luther A., 747
M. Louise, 715
Maggie, 748
Mahala, 863
Maria, 748, 968
Martha, 1199
Mary, 747, 748, 1199
Mary A., 748
Mary Ann, 748
Mary Catherine, 905
Mary L., 747
Mary Louise, 927
Matilda, 1199
May, 748
Melchior, 905
Melvina, 1259
Minnie O., 711, 751
Mr., 1200
Nancy, 671
Nellie, 1230
Nellie Francis, 751
Nettie, 748

Newton H., 748
Otis Tilghman, 1199
Paul, 1113
Peter, 1158, 1199
Peter S., 514, 1199, 1203
Renner, 1199
Rosa, 1225
Rosanna, 778, 843
Rosannah, 1199
Rose, 746
Ross, 1113
Sarah, 816, 1199
Sarah C., 1199
Savina, 747
Susan, 748, 968, 1049
Susan M., 1230
Valentine, 968
Victoria, 1284
William U., 748
BREY John, 550
Wolfgang, 550
BRICK John, 152
BRICKER Annie, 1230
Catharine, 1071
George, 529
J. C., 537
Jacob, 527
BRIDGES ---, 552, 824, 888, 1109
Ann MacGill, 1065
Arline Clifford, 1017
Breathed, 888, 1126
Charles M., 1017
Clifford C., 1017
Conde Roy, 1017
E. Addison, 1065
Elizabeth, 1017

Elizabeth Ragan, 1017
F. Wilber, 558
Francis Wilbur, 1065
George, 1065
Helen Mar, 1065
Henry Percival, 1065
James, 1065
James Taliaferro, 1065
John, 1065
John Breathed, 1065
Llewellyn Dupont, 1065
Margaret, 1065
Mary, 1062
Mary Elizy, 1065
Mollie M., 1017
Mr., 823, 1065
Nina, 1065
Priscilla Williams, 372, 1065
Rebecca, 1062, 1065
Robert, 218, 365, 366, 372, 413, 552, 771, 887, 1062, 1065, 1110
Robert F., 552
Robert Fergusson, 1062
Robert Willis, 1065
Sarah, 1065
BRIDSAL Jennie, 1174
BRIEN Catherine, 247
 Christiana, 1224
 Florence, 1224, 1230
 Frederick, 1224, 1230
 J. McPherson, 248
 John, 754
 John McPherson, 247
 L. T., 326

L. Tiernan, 366
Leah, 1230
Mary K., 1230
Max, 1230
Mr., 248
Otho, 1224, 1230
William C., 247
BRIERLY Adelia, 635
 Robert, 635
BRIGGS Marion, 835
BRIGHAM Fannie, 1164
BRIGHTWILL Belle, 1181
BRILL Indiana, 1098
 J. Herbert, 498
 Jacob B., 1098
 James Herbert, 1098
 Lewis Remsburg, 1098
 Mary B., 684
 Rudolphus, 99
 Susie S. Ullum, 1098
BRINDLE Harry, 558
 Sarah, 697
BRINGHURST George, 1050
BRINHAM America, 731
 Annie, 731
 Annie Isabella Lawson, 731
 Benjamin F., 728, 731
 Elizabeth, 731
 Ellen, 731
 George Washington, 731
 Gertrude, 731
 Harold, 731
 Hazel Augusta, 731

Irene, 731
James, 731
Jane, 731
Jennie, 731
John, 731
Margaret, 731
Mary, 731
Mary E., 731
Mary Eliza, 728, 731
Minnie, 731
Nancy, 731
Randolph, 731
Robert Edward Lee, 731
Samuel, 731
Sarah Ann, 731, 987
Schelby, 731
Stonewall Jackson, 731
Thomas, 731
Wesley, 731
BRINING ---, 275
 A., 886
 Abbie, 887
 Albertus, 886
 Alice, 887
 Amelia G., 886
 Annie E., 887
 Benton D., 887
 Captain, 762
 Catharine, 886
 Clara J., 887
 Edward L., 886
 Ella, 887
 Emma C., 887
 Fanny, 887
 Frank P., 886, 887
 Frisby, 887

# INDEX

George W., 887
H. E., 936
J. C., 562, 827
John, 887
John C., 878, 886, 887
John Christian, 886
Kate M., 887
Laura V., 886
Laura Virginia, 1089
Mary, 887
Mary C., 887
Sallie G., 936
BRINN John McP., 831
BRISCOE Anna Maria, 1296
Annie, 1190
Cecelia, 1296
Chloe, 1296
Edward Tayloe, 1296
Eleanor, 1296
Eliza Stoner, 1296
Elizabeth Ellen Cecelia, 1296
Elizabeth A., 1296
Elizabeth Attaway, 1296
Ellen, 1296
Gus. Brown, 1296
Hanson, 112, 1296
James, 1296
James T., 433, 558, 1296
James Thompson, 1296
John H., 1296
John Hanson, 1296
John H.B., 1296
John Parran, 1296

Lucretia Leeds, 1296
Maria, 1296
Maria Thompson, 1296
Philip, 1296
Rachel Ann, 1296
Samuel H., 1296
Sarah Ann, 1296
Thomas, 1296
William Christian, 1296
William Thomas, 1296
BRITTINGHAM ---, 435
BROADWATER Mahala J., 583
BROCK Captain, 1289
Sarah, 844, 1289
BROCKENBROUGH Capt., 976
BRODERICK David C., 282
Dr., 285
Senator, 283
BRODHAG Charles F., 97
BRODRICK ---, 484
BRODY George, 918
Margaret, 918
BROGUNIER Eliza, 944
Emma, 1102
James, 1102
John, 944
BROIDERICK ---, 480
BROMBACH Daniel, 631
David, 631
Elizabeth, 631
George, 631

Henry, 631
Jacob, 631
John, 631
Mary, 631
BROMWELL Bishop, 583
BROOKE John R., 339
John T., 555
Richard, 107
Thomas, 74, 81, 82
BROOKHART D., 562
David, 229
Mr., 229
BROOKS Basil, 99
Catharine, 834
Charles, 95
George, 497
Mr., 80
Phoebe, 1203
Priscilla, 1225
Rev., 549
Richard, 99
W. B., 560
BROSEIUS ---, 552
BROSIUS ---, 552
Daniel, 887
Elinor, 887
Jane Catherine, 887
BROWN ---, 27, 290, 292, 293, 295, 296, 299, 472, 481, 636, 947, 1002, 1003
Abraham, 531
Ada, 1311
Adam, 772, 936
Addie, 772
Adjutant, 574, 622
Albert, 848

Alice, 848, 1012
Alma E., 772
Amanda, 1012, 1137
Anderton, 976
Angie B., 1103
Anna, 932
Annie, 844, 848, 936, 1012, 1204
Annie Mary, 1006
Barbara, 848
Benjamin, 551, 848
Betsy, 772, 1103
Carrie, 821, 1204
Catharine, 634, 936, 988
Catherine, 772, 821, 844, 847, 848, 1204
Charles H., 647
Christina, 766
Clara, 1204
Clarence P., 821
Colonel, 1048
Cora, 1204
Cora B., 848
Cornelius, 772, 1114
Daniel, 531, 578
David, 848
Delia, 936
Dianna, 647
Effie May, 647
Eli T., 772, 802, 936, 964
Eliza, 936
Elizabeth, 578, 622, 821, 844, 848, 852, 936, 988, 1012, 1103, 1241
Elizabeth H., 844, 1204
Ella, 1204
Ellen C., 1012

Elliott, 234
Emma, 844, 848, 1204
Emory B., 821
Emory V., 1204
Esther, 1061
Eve Anna, 667
Florence, 848
Francis L., 1012
Frank, 560, 731, 883, 1012
George, 1012, 1061
George S., 218
George T., 771, 772, 936
George W., 381, 556
George William, 314, 420
Governor, 420, 901, 1083, 1213
Hadassah, 1060, 1061
Hannah, 772
Harlan S., 647
Harrietta, 1193
Harris I., 647
Hester E., 1012
I. G., 577
Ignatius, 543, 821, 844, 848
Igt., 1038
J., 1307
J. C., 292, 488
James, 99, 103, 138, 415, 611, 1241
James A., 667
James M., 1157
Jane, 772, 1038
Jason, 295
Jeremiah, 844, 848
Jesse, 864

John, 277, 287, 288, 289, 291, 292, 293, 295, 296, 300, 538, 578, 636, 772, 844, 848, 925, 932, 936, 946, 973, 988, 1109, 1114, 1143, 1149, 1289, 1320, 1324
John B., 821, 844, 848, 1162, 1204
John H., 1012
John R., 772
John Rudolph, 1114
Joseph, 647, 827, 844, 848
Joseph A., 1006
Joseph Elmer, 647
Joseph R., 647
Josiah, 988
Josiah J., 821, 844, 848, 1204
Julia, 1204
Julia J., 1012
Lewis C., 647
Lola M., 1007
Louisa, 864
Lucy, 1307
Lula, 1114
Lulu, 802, 936, 964
Lutie, 848
Lydia, 848
Margaret, 848
Margaret A., 844
Marion E., 1012
Martha, 976
Martha A., 647
Mary, 578, 844, 848, 936, 1012, 1204, 1318
Mary Ann, 772, 844, 848
Mary E., 844, 848, 1204

# INDEX

Mary Etta, 821
Mary Magdalene, 578
Mary N., 647
Mary Richardson, 1157
Mary V., 1012
Matilda, 844, 848
McKelvey H., 647
Meta, 848
Miss, 913
Mr., 1086, 1115
Mrs., 1115
Nellie, 936
Oliver, 291, 292, 294
Oliver P., 848
Oscar, 1204
Paul, 1204
Philip, 821, 848, 988
Philip L., 844, 1204
Q. J., 857
R. A., 390
R. B., 815, 848
R. W. George, 487
Reuben, 821
Reuben B., 844, 847, 848, 988, 1204
Rose M., 1162
Rudolph, 932, 1104
Rudolph Stocksdale, 1115
Sallie, 821, 1157
Samuel, 551, 848, 936
Samuel B., 772
Sarah, 772, 848
Sarah Ellen, 772, 1114
Sarah R. P., 1102
Sarah Rebecca, 1241
Savilla, 499, 802, 936
Stella, 877

Susan, 647, 844, 848, 1012
Susan Bell, 668
Thomas, 766, 1204
Thomas A., 821, 844, 847, 848, 988, 1204
Thomas W. F., 821
Thompson A., 558, 563, 565, 992
Tobias, 531, 772, 932, 936
Walter, 291, 772
Warren, 772
Wilfred B., 647
William, 667, 877, 1012
William B., 844, 848
William M., 248
William S., 159
BROWNE Anna S., 1138
Charles Willing, 1017
George T., 772
Harold R., 1138
Louisa Thompson, 1017
BROWNING Nancy, 1059
Robert, 1059
BRUBAKER Amelia, 1230
Ann, 1230
Catharine, 657
Charles, 1230
Elizabeth, 694
G. M., 559
Ida, 1230
Jacob, 1230
John, 657
Mary, 693, 796, 1071

BRUCE Colonel, 792
Edwin, 998
Elizabeth Key, 429, 615
Isabel, 855
Robert, 615, 1241
Robert King, 855
BRUCH Ann, 1002
BRUGH P. A., 449, 1116
BRUIN Ann Barber, 1251
BRUMBACK J. B., 1292
Virginia, 1292
BRUMBAUGH ---, 551, 633
Adam, 632, 633, 1231
Alexander Neill, 1078
Alice, 1078, 1279
Allen, 1078
Andrew, 632, 635, 1102, 1279
Anthony Wayne, 633
Augustine Mason, 633
Belle, 632
Bessie, 633
Caroline, 632
Catherine, 1269
Daniel, 631, 632
David, 376, 377, 1275
Edith, 1078
Edna, 1078
Edward, 633, 1231
Edwin, 1078
Effie, 1003
Eliza, 632, 1078
Elizabeth, 631, 632, 1269
Emma, 633, 713, 1269

Euphrasia E., 1195
Evaline, 632
Florence, 1078
George, 156, 167, 168
Grace, 1078
Harry, 1269
J. H., 563
J. M., 1195
J. N., 564, 742, 825, 1269
Jacob, 82, 631
Jerome D., 556
Jessie, 1078
John, 633, 1231, 1269
John Nicholas, 631, 632, 1078
Judge, 1078
Lizzie, 1231
Lizzie J., 632
Louisa, 632, 678
Margaret, 636, 1276, 1279
Maria, 632, 1279
Martha, 632
Martin G., 520, 523
Mary, 633, 824, 825, 912, 1231
Napoleon B., 1279
Nathan, 1279
Nicholas, 633, 1231
Nicholas Bryan, 1269
P. Napoleon, 632
Philip, 1078
Philip N., 1078
Philip Napoleon, 631, 632, 1077, 1078
Prudence, 1269
Rhoda, 633
Robert, 633, 1231

Rosa, 632
Rose, 633, 1231
Ruth Gertrude, 1269
Sallie, 635, 636
Samuel, 1078, 1231
Samuel D., 632, 633
Sarah, 1279
Susan, 635, 1279
Thedodore, 632
Thomas, 632, 1078
Upton, 635, 1279
Wayne, 1231
BRUNER Lewis A., 497
Martin, 462
BRUNK Amanda, 784, 1006
Elizabeth, 654, 663
Emanuel, 691
Frank, 654
Frank B., 663
George, 663
Henry, 663
Jacob I., 691
Jason, 691
Joseph, 663
Martha, 663, 691
Mary E., 691
Samuel, 663
Simon, 784, 1006
BRUNNER Ellen, 875
Henry, 703
L. A., 436, 472, 492, 511
Magdalene, 703
Mr., 393
Rev., 551
William, 875
BRUSE Andrew, 87

BRYAN ---, 766, 1245
Abram J., 480
Florence, 1068
Frederick, 349, 1068
William J., 861
William Shepherd, 558
BRYANT ---, 712, 867, 883, 1108, 1246
BUCHANAN ---, 246, 259, 265, 358, 645, 856, 1131
Anne, 134
Anne Cooke, 132
Chief Justice, 132, 133
Eleanor, 1296
Eleanor Elder, 1235
Harriet R. A., 134
Helen, 1235
J. M., 239
James, 134, 988, 1235
James A., 134, 452
James Anderson, 1235
James M., 248
John, 76, 108, 126, 132, 135, 161, 163, 164, 180, 193, 227, 241, 278, 416, 426, 427, 655, 788, 1235, 419
Judge, 194, 1324
Luther, 645
Maria Sophia, 163
Martha, 1235
Mary, 134, 283, 284, 655
Mary Anderson, 1235
Meliora, 134
Mr., 426
Nettie L., 645

# INDEX

President, 291, 866, 906, 1043
Rev. Mr., 500
T., 228
T. E., 556
Thomas, 76, 132, 133, 134, 135, 193, 203, 278, 410, 416, 426, 427, 452
Thomas Cribb, 134
Thomas Eli, 132
William H., 645
BUCHER J. C., 462
Mary, 1122
Millie, 1122
BUCK Abram, 1231
Bessie, 1231
Bessie M., 1168
Eliza, 745, 1167
Ellen, 1231
Florence H., 1168
Frank, 1231
George, 79
Hattie, 1230
Hiram, 903, 1167
Howard R., 1168
Jacob, 1230
Jacob M., 1168
James, 365, 553
James A., 498
Jane, 365
Jennie, 1167
John, 507, 1167
Josiah, 1167
Leah, 1168
Lillie V., 1168
Lizzie, 1317
Louisa L., 1168
Magdalena, 507
Magdalene, 1167
Mary, 1167, 802
Mary Ann, 1167
Nellie M., 1168
Osea, 1231
Rosanna, 1167
Rose Ann, 903
Rua V., 1167
S. O., 499
Samuel O., 1168
Sarah, 1231
Silas, 1167
Susan, 1230
Susan M., 1168
Vernon L., 1168
BUCKHOLDER R., 499
BUCKINGHAM R., 487
BUCKLE George, 552
BUCKLER H. W., 559
BUCKLEY J. W., 549
BUCKNER ---, 613
BUDEY Mrs., 108
BUEHLER Caroline, 584
BUELL Prof., 931
BUHRMAN A., 544
Alfred, 464, 465, 534
David, 647
Dianna, 647
Emily, 647
John, 646
Rebecca, 646
Susanna, 647
William, 647
BULKLEY Oleut, 486
BULL Margaret, 1220
Nancy, 1059
William, 1220
BUMGARDNER Amos, 923
Prudence V., 923
BUNKLE Ada, 1231
Clara, 1231
Cora, 1231
Jennie, 1231
William, 1231
BUNN Seely, 487
BUNNELL Sarah C., 569
William J., 569
BURFORT ---, 350
BURGAN George, 951
Henry, 465, 552, 764
BURGARD Christian, 82
BURGER Barbara, 627, 863
Capt., 82
Frederick G., 863
Laura M., 996
Maggie, 1291
Margaret, 1231
Rev., 553
Samuel, 627
BURGESS Abraham S., 976, 977
Abraham Simmons, 976
Annie H., 976
Cornelius H., 976
Elizabeth, 977
Harriet J., 976
Isaac S., 977
James B., 976
James H., 976
James Harvey, 977
Jane, 977

John, 977
John West, 976, 977
Martha, 976
Martha Jane, 977
Mary, 976, 977
Mary McCleave, 976
Matilda, 977
Richard, 977
Samuel West, 977
Sarah, 976, 977
Sarah J., 977
William O., 976
William S., 977
BURGOYNE Gen., 28
BURK Mary, 686
BURKE Dr., 138
  Thomas, 135
BURKER Susy, 1233
BURKETT Annie, 902
  Hays, 858
  Julia, 858
  Miss, 1163
BURKHART ---, 732
  Annie, 698
  Arthur, 796
  Barbara, 698
  Caroline, 538, 547, 795, 796
  Charlotte C., 732
  Christian, 513, 537
  Christopher, 537, 538, 547
  D., 562
  David, 562, 698, 796
  Eaton, 796
  Elizabeth, 655, 697, 698, 796
  Ella, 1229
  Ellen, 796
  Eva, 698
  George, 537
  Georgetta, 796
  Hattie, 698
  Henrietta, 538, 547, 796
  Henry C., 796
  Jacob, 277, 698, 796
  Joanna, 796
  John, 698
  Joseph, 698
  Kate, 796
  Laura, 796
  Luther, 796
  Maria, 698
  Martha, 698
  Martin, 698
  Mary, 698, 796
  Mary A., 538, 547
  Mrs., 654
  Phoebe, 538, 547
  Rachel, 698
  Sarah, 698
  Susan, 698
  Theodore, 732
  Thomas, 732
BURKHOLDER Ann, 734
  David, 697, 734
  Eve, 734
  Frances, 697
  Isaac, 702
  John, 734
  Mr., 734
  Mrs., 693
BURKIRK Van, 440
BURKITT Henrietta, 1328
  Newton, 1328
BURKMAN Ann Maria, 1109
BURN Mary Elizabeth, 1077
BURNET D. S., 473
BURNEY Thomas, 79
BURNS Andrew, 146, 277
  Mrs. Capt., 1305
BURNSIDE ---, 330, 332, 335, 634
  Col., 312
  General, 579, 1013, 1156
BURNSIDES ---, 754
BURR Aaron, 127
  Annie, 886
  William, 886
BURROWS Diana, 1164
  John, 1164
  William, 708, 1259
BURTNER ---, 1303
  Alice M., 575
  Anna, 752
  Catharine, 1318
  D. E., 575
  Kate, 861, 1212
  L. O., 476, 499, 504, 755, 756
  O. W., 861, 1212, 1318
BURTON Lt. Col., 50, 51, 52, 53, 54, 55, 56
BUSCH Jacob, 537
BUSER Mary, 1128
BUSH L. A., 494, 507
  Major, 1050
BUSHEY Andrew, 864
  Donald J., 864
  Frank E., 864

# INDEX

George M., 863, 864
John, 863
Louisa, 864
Lucy, 864
Mary, 863, 864
Susan, 864
William, 863, 864
BUSHKIRK Mr., 193
BUSHNELL J. E.,
494, 1060
Rev. Mr., 507
BUSHONG T. F., 499,
503
BUSKIRK Annie Van,
828
BUSSARD Annie L.,
1174
Luther, 1174
BUSSEY Lucy, 1301
BUTELER ---, 1036
BUTERBAUGH
Catharine, 873
BUTLER ---, 484
Benjamin, 806
C. T. V. S., 559
Captain, 57
Eliza, 806
Frank, 1157
General, 886
Hannah, 1157
Henry, 75
James, 1036
John, 497
John G., 681
Mary, 775
Samuel, 1036
BUTT James D., 558
BUTTERBAUGH ---,
945

Henry, 146
Isaac, 874
J. O., 528, 529, 583
John, 146
Mrs., 1031
Ruhanna, 874
BUTTMAN ---, 1210
BUTTS Samuel, 507
BUTZ Emily, 856
BUXTON Almeda,
704
Catherine, 704
Clarissa, 704
Curtis La Fayette, 704
D. H., 705
David H., 704
Eleanora, 1319
Jacob, 704
John W., 704
Otho, 704
Susan, 704
William, 704
BYER Elizabeth, 538,
547
Fred, 562
Frederick, 513
John, 513, 538, 547
BYERS ---, 355, 552
Anna, 636
Ben, 1231
Benjamin, 695, 768
Calvin, 529, 583
Cavin S., 528
Christian, 1050
Clara J., 1284
David, 768, 1263, 1284
E. W., 474
Edward, 475

Fannie, 1231
Frances, 573
Frank, 1284
Frederick, 234
Harry, 1284
John, 1284
Laura V., 774
Lilly, 1231
M. L., 958
Maggie, 962
Martha J., 1263
Martin L., 564
Matilda, 868
Miss, 655
Mr., 234, 1012
Naomi, 768
S. A., 632
Sallie, 632, 1231, 1263
Samuel, 1231
Susan, 768
Tyson, 1284
William, 868
BYRD Henrietta, 1289
Thomas, 1289
BYRNE ---, 294
Michael, 215
BYRON ---, 456, 785
Edward W., 1291
Harry W., 1291
Joseph, 1292
Joseph C., 1291
Lewis T., 1291
W. C., 487
W. D., 475, 1292
William C., 1291
William D., 1291

## -C-

CABLE Alice M., 784
  Benjamin, 783
  Charles, 836
  John W., 564, 742, 783, 784, 891
  Jonathan, 783
  Lutie B., 891
  Lutie V., 784
  Margaret, 836
  May W., 784
  Mr., 784
  Susan, 783
CABOT ---, 37
CADWALADER Annie, 1109
  John, 242
  Maria, 242
CADWALLADER Gen., 197, 311
  John, 62
CAHILL Dennis, 483
CAIN ---, 481
  Catharine J., 715
  Dennis, 715
  John, 855
  Maggie D., 811
  Margaret D., 855
CAIRD William, 486
CALDWELL G. H., 548
  George, 494, 797
  Mary, 797
  Rev. Mr., 254, 389
CALHOUN John C., 544
CALLAN ---, 481
CALLENDER Isabella, 708
S. N., 462, 577
CALLONS George, 1308
CALVERT ---, 283
  Ann, 902
  Cecil, 1067
  Charles, 48
  Frederick, 992, 1085
  George, 479
  Leonard, 1067, 1256
CALVERTS ---, 791
CAMERON Charles, 145
  M. C., 81
CAMPBELL ---, 1320
  Alexander, 472
  Anthony, 277
  Colin, 684
  G. T., 1293
  J. F., 534
  John, 97, 1205
  Mary, 1205, 1293
  Miss, 1226
  Nancy, 684
  R. J., 487
  Rev., 497
  Robert, 277
CANODE Elizabeth, 804
  Oliver, 804
CAPLAN Fanny, 1194
  Marcus, 1194
  Nathan, 1194
CAPP ---, 99
CARAL David, 1012
  Ellen C., 1012
CARBERRY Capt., 112, 113
CARD Hannah, 642
CAREY George, 132
  John D., 92
  Sarah, 1182
CARL Eliza, 817
  Emma, 1231
CARLA Catharine, 162
CARMICHAEL John, 1065
  Priscilla Williams, 1065
CARN Christopher, 966
CARNACUM Rachel, 192
CARNAHAN A. M., 576
  Albert, 576
  Alice, 576
  Alice P., 577
  B. R., 465, 489, 490, 492, 757, 931
  Barbara A., 578
  Barton, 576
  Barton R., 576, 577, 578
  David C., 576
  Grace Hause, 577
  Houston Earl, 577
  Margaret, 576
  Margaret Irwin, 577
  Mary, 576
  Mr., 577
  Rev. Mr., 578
  Samuel, 576
CARNEAL Jane Foote, 727
  Thomas D., 728
CARNES Benjamin, 145

Lizzie, 1102
Thomas, 1102
CARNEY Elizabeth, 913
  Ellen, 764
CARNS Susan, 728
CAROLUS Amelia, 697
  Elizabeth, 576, 697
  George, 697
  Isaac, 697
CARPENTER Amos, 961
  Anna, 961
  Annie, 654
  Edwin, 835
  Edwin E., 835
  Ella, 835
  Emma L., 1232
  Fanny, 961
  Margaret, 1091
  Martha, 961
  Mary, 961
  Mary E., 835
  Oliver, 835
  Samuel, 654, 961
CARR ---, 1167
  Ann Sophia, 928
  Emma, 1203
  John, 143, 162, 234, 564, 928
  Major, 125, 292
  Mary E., 928
  Mary Ellen, 928
  Matilda, 928
  Rachel, 737, 928
  Samuel, 928
  Susan Elizabeth, 928, 931

William, 737
William F., 928
William H., 1203
CARRIDAN ---, 433
CARROLL ---, 137, 373
  Charles, 62, 109, 112, 128, 129, 135, 140, 143, 152, 192, 376, 431
  Charley, 74
  Daniel, 992
  Governor, 421
  Henry J., 1296
  J., 560
  John, 483, 1296
  John Lee, 413, 560
  Lucretia Leeds, 1296
  Major, 136, 139, 141
  Mary C., 891
  Thomas K., 560
  William R., 891
CARROLLS ---, 265
CARSON Anne, 1048
  Charles, 488
  James O., 389
  Joseph, 487
CARTEE Mary, 835, 836
CARTER ---, 552, 915, 1310
  Ada, 858
  D. D., 559
  Elizabeth, 1303
  Erma Virginia, 1317
  George, 996
  John, 824, 1302, 1303
  John P., 1317
  Lola Ethel, 1317
  Miss, 141, 1304

Rachel, 1303
Roy Claude, 1317
Sarah R., 574
Sarah Roberta, 624
Sue, 996
Susan, 824
W. R., 558
William Frisby, 1317
CARTERET ---, 58
CARTWRIGHT Virginia
  Lee, 452, 1029
CARTY Albert, 1102
  Ann, 1102
  Catharine, 1102
  Flora, 1102
  George, 488
  Israel, 1102
  John, 1102
  Louisa, 1102
  Mollie, 1102
  Samuel, 1102
CARVER Amelia, 1184
  Benjamin, 684
  Daniel, 159, 1184
  Maria, 1184
  Mary T., 634
  Nancy, 684
CARY John D., 433
CASE ---, 1173
  Peter, 251
  Watson, 497, 550
CASH Resin, 487
CASHMAN Lizzie, 774
CASS ---, 253, 415
CASSARD Almira A., 897

F. W., 897
Mary, 793
Talbert De Frees, 793
CASSEL James, 1191
CASSELL Leonard, 487
R., 508
CASTLE ---, 1104
C. B., 476
Cornelius, 531
E. C. B., 499, 1060
Jacob, 539
L. O., 853, 1318
Philip, 531
CASWELL Col., 137
CATHERINE Queen, 272
CASTLE E. C. B., 504
CAUDY Col., 1156
CAULIFLOWER George, 177
CAVE P. A., 517, 548
CAW Miss, 792
CAZENOVE Anthony C., 205
CEAGER Amelia, 905
CEARFOSS Catherine A., 1272
Charles, 1272
Harry, 696
Mollie, 703
Sarah, 696
CELLAR George, 561
John, 87, 107, 126, 129
CELLERS John, 145, 146
CESSNA Caroline, 1109
CHAFFIN Charles Peirce Macgill, 1017

Mary Clare, 1017
William, 1017
CHAISTY Capt., 292
CHALFRANT Elizabeth, 1229
James, 1229
CHAMBERLAIN J. B., 504
CHAMBERLAIN Carroll, 1146
J. B., 476, 499
James, 1146
Lord, 1143
Minnie, 1168
Susanna, 1146
CHAMBERS Colonel, 24
Edwin F., 834
George, 555
Helen, 833
J. R., 499
James, 548, 885
Joseph, 556
Mary, 834
Mary E., 885
Sarah, 24
William, 833
CHANDLER Mary, 443
Mrs., 444
CHANEY Anne Booth, 795
Bartholomew Van Lear, 795
Claude, 795
Clorinda, 795, 1320
Dr., 785, 1320
Drusilla, 874
Eastburn, 795
Edgar Penn, 795

Edward, 1320
Edward E., 795
Elias, 794, 795, 1320
Elijah, 794, 795
Elizabeth, 794
Ellen, 1223, 1226
Ena May, 795
Ezekiel, 751, 874
Fannie, 795
J. P., 559
Jane, 874
Jeremiah, 794
John, 1223, 1226
Joseph, 794
Joseph Penn, 794, 795
Laura C., 751
Maria, 795
Prudence, 398, 1038, 1224
Rachel, 898
Robert, 1224
Sallie, 1224
Samuel, 1223
Sarah, 795
Sarah Ann, 1320
Sarah Nelson, 794, 795
William, 1223, 1224
Wolfgang, 1223
CHAPLAIN Joseph, 143
CHAPLIN G., 82
CHAPLINE Catharine, 1205
James, 24, 100, 1205
Jane, 550
Joseph, 23, 24, 42, 73, 75, 82, 87, 109, 126, 163, 374, 420, 464, 489,

490, 550, 806, 1018, 1239, 1260
  Lewis, 145
  Mary Ann Christian Abigail, 550
  Moses, 24, 81, 1303
  Ruhannah, 24
  Sarah, 550
CHAPMAN Adeline, 1230
  Joseph G., 248
  Maj., 53, 57
  Major, 54
CHARLES Anne, 1048
  B. F., 1048
  B. Gilpin, 1049
  Benjamin E., 563
  Benjamin F., 563, 1048, 1049
  Christiana, 1048
  Elizabeth, 1048
  Frederick Louis, 1049
  Grace L., 976, 1049
  Iola, 1049
  Joel, 1048
  John, 1048
  John J., 1048
  Joseph, 201, 1048
  Katie, 1049
  Lewis, 1048
  Mary E., 1048, 1049
  Mary Elizabeth, 1048
  Milton, 1048
  Nancy, 1048
  Roger D., 1049
  Sadie, 694
  Samuel, 1048
  The Second, 141
CHARLES I, 31, 1036
CHARLES II, 1061, 1072
  King, 908
CHARLES V, 1143
CHARLTON Annie M., 671
  Charles, 671
  John, 82
  John W., 721
  Susan, 721
CHASE Alice, 1161
  Chief Justice, 1245
  Edward, 1293
  George W., 326
  John, 197
  Judge, 132
  Lillian, 1293
  Samuel, 62, 65, 1062
CHASTAIN Lewis, 487
CHATHAM, 1275
CHENE ---, 794
CHENEY Charles, 1231
  Edward E., 556
  Ezekiel, 277
  Fannie, 1231
  Fanny, 1231
  Henrietta, 1231
  Joseph, 1231
  Lillie, 1231
  Maud, 1231
  Prudence, 957, 1231
  Robert, 957, 1231
  Sallie, 1231
  Sally, 957
  Samuel, 1231
  Shelby, 1231
  William, 1231
CHENOWITH George D., 487
CHESTON Galloway, 401
  James, 200
CHEW ---, 200, 374
  Bennett, 23, 200
  Elizabeth, 140
  Henrietta, 199
  Priscilla Elizabeth, 588
  Professor, 795
  Samuel, 22, 23
  Samuel A., 164
  Thomas John, 588
  Thomas S., 486
CHICHESTER ---, 908
CHILDRESS L., 504
  W. L., 499
CHILDS E. C., 1245
  John, 1109
  Sarah, 1109
CHILTON R. H., 911
  Samuel, 292
CHINETH ---, 484
CHISHOLM Earle, 1230
  Jane, 1230
  Kenneth, 1230
  Lillian, 1230
  Mr., 1230
CHREST Henry, 488
CHRISSINGER Nellie, 453
  William, 559
CHRISTIAN Harriet Eveline, 1158
  Joseph, 1158
  King, 1143

Mary, 1158
CHRISTIE Bessie, 1163
CHRISTMAN Clarence A., 1230
　Emily, 1230
　H. G., 1230
　Harry B., 1230
　Joseph E., 1230
　Nellie R., 1230
CHRITZMAN C. A., 558
CHURCH Benjamin, 644
CHUSHA Israel, 145
CLABAUGH ---, 721
CLAGET John, 99
CLAGETT ---, 27, 99
　Alexander, 94, 99, 126, 166, 384, 385
　Benjamin, 94, 99, 114, 131, 389
　Chief Justice, 76
　David, 146, 156, 160, 186, 237, 284
　Elizabeth Ann, 804
　George W., 1035
　Hezekiah, 99, 156, 160, 284, 385, 386
　Horatio, 427
　James Hawkins, 804
　Jennet, 99
　John, 96
　Joseph E., 804
　Louella Cordelia, 1035
　Mary, 427
　Mr., 250
　Samuel, 156, 160, 284, 422

Sophia, 284
Thomas John, 314
William, 107, 128, 135, 151, 555
Z. S., 393, 422, 557
Zachariah, 126, 130
Zachariah S., 409, 411, 422, 555
CLAGGET ---, 552
CLAGGETT ---, 562, 1176
　Alfred, 947
　Benjamin, 561
　Bishop, 588
　Cecelia, 1296
　Clarence, 1179
　D., 562
　Edith, 942
　Elizabeth, 815, 947
　George W., 863
　H., 737
　Hezekiah, 804
　Horatio, 486
　James, 1176
　James H., 804
　Joseph, 804
　Joseph E., 804
　Julia, 863
　Laura Frances, 804
　M. M., 486
　Mary Ellen, 947
　Mary Priscilla, 428, 587
　Miss, 1176
　Mr., 1296
　O. S., 942
　Priscilla, 256
　Priscilla Elizabeth, 588

Prudence Chaney, 1179
Rose Emma, 804
Samuel, 237, 486, 815
Sidney Carter, 804
Thomas John, 256, 385, 428, 587
Vandalia, 804
Z. L., 556
Z. S., 286, 557, 561
Zachariah, 804, 984
CLAMPERT George, 393
CLAPP Daniel, 1119
　Eliza, 1119
CLAPSADDLE Capt., 81
CLARK ---, 855, 1305
　Alice, 1121
　Anna, 1175
　Annie E., 1215
　Annie M., 827
　Champ, 982
　Charles, 827
　Charles D., 827
　Clara F., 1215
　D. H., 548
　Elizabeth, 568, 1206
　F. H., 1233
　Frank, 1233
　George H., 1215
　George Rogers, 78
　Iowa, 1229
　James, 82, 567, 568, 855
　James C., 216, 411
　John, 167, 827, 1121
　John T., 1215
　Lida, 1233

# INDEX

Major, 867
Mary, 1305
Mary M., 568
May C., 1215
Minnie, 1215
Mr., 411, 413
Nettie, 1215
Paul Bell, 1215
Samuel, 1215, 1305
Samuel H., 1215
Susan, 1215
Sydney B., 568
T. D. D., 553
Urilla, 1233
W. B., 562
Walter A., 1215
William, 129, 227, 560
William B., 246, 248
William Beverly, 426
CLARKE George, 97, 98
  James C., 216
  Katherine Elizabeth, 614
  Lyman S. D., 614
  Mr., 129
  Samuel, 487
  T. D. D., 502, 553
  William, 107
  William B., 245, 555
  William Beverley, 443
  William Beverly, 415
CLARKSON Joseph P., 556
  M. C., 239
  R. H., 278
CLARY Ogoretta, 756
CLAY ---, 234, 241, 265, 436

Henry, 40, 89, 103, 104, 138, 157, 180, 188, 195, 221, 385, 427, 433, 611, 1086
J. C., 301, 550
John Curtis, 166, 385
Lucretia, 103, 105, 427
Mr., 103, 105, 415, 440
Mrs., 103, 195
Rev. Mr., 162
CLAYBAUGH ---, 832
CLAYCOMB Susan, 912
CLAYTON Emily, 1307
  John, 145
  Rev. Mr., 1307
CLEGGETT Adelia, 1037
  Dr., 934
  James H., 1037
  Mary, 1265
  Miss, 1326
  Mollie, 1229
  Oratio, 934
  Thomas W., 1037
CLELON Minnie, 1265
  William, 1265
CLEMENT Constance, 1190
CLEVELAND ---, 411
  Grover, 772, 791, 932, 953
  Mr., 420
  President, 285, 416, 420, 451, 454, 621, 622, 646, 674, 728, 732, 747, 757, 788, 815, 857, 941, 978, 1026, 1249, 1261, 1285

CLEVER Barnabas, 568
  C., 394
  C. Conrad, 486
  Conrad, 484, 485, 551, 568
  Dora, 1192
  Dr., 569
  Elizabeth, 569
  George, 568
  Isabella, 568
  Jacob, 1192
  Mary L., 569
CLIFTON Thomas, 79
CLIMER Edward, 67, 68
  Maria, 67, 68
CLINE E. T., 1219
  Emma Florence, 1132
  Fannie, 1265
  Grace, 1003
  J. P., 539
  John, 743
  John P., 534, 538
  Justus, 1003
  Martha, 1219
  Newton, 1044
  Susan, 743
  William, 237, 277, 286
CLINGHAM Rev. Mr., 174
CLINTON George, 139, 144
CLIPP Anna Mary, 877
  Catharine, 1295
  Cora May, 1295
  David, 1294
  Edna May, 1295
  Eliza, 1294

# 44 HISTORY & BIOGRAPHICAL RECORD OF WASHINGTON CO.

Elizabeth, 1294
H. O., 1295
Harry, 1121
Harvey O., 1295
Helen, 915
Hiram O., 1294, 1295
James, 1294
John, 1294
Joshua, 1294
Mary, 1294
Mary Ann, 1294
Mason, 1294
Mr., 1295
Philip, 877
Silas, 1294
Stella, 1121, 1295
William H., 915
CLIPPINGER Annie, 962
Mr., 1025
CLOPPER Ada, 802
Agnes S., 744
Barbara, 743, 1003
Carlton, 756
Clarence H., 737
Cora, 802, 974
Eliza A., 802, 1079
Elizabeth, 743, 802, 1003, 1168
Elizabeth A., 856
Elizabeth G., 1003
Elva, 743
Elva Jane, 1137
Eva, 756
Frisby, 1104
Frisby M., 508
George, 743
George A., 801

Gideon, 743, 801
Gussie, 744
Gussie N., 743
Harman, 737
Harmon, 67
Harriet L., 802
Henry, 1003
Herman, 801
Jacob, 743, 801, 1003
John, 499, 500, 743, 801, 936, 1003, 1079, 802
John A., 499, 743, 744, 801, 1127, 1243
John F., 737, 802
John H., 1003
John Russell, 743, 1137
Joseph, 1003
Josephine L., 743
Julia, 737
Julia A. E., 802
Keziah, 743, 801, 802
Leah, 743, 801
Lethia E., 737
Lois May, 802
Lulu, 802
Lydia, 743, 801, 1091
Maria, 743
Martha, 1127, 1243
Martha A., 743
Mary, 737, 743, 744, 768, 801, 1003, 1079, 1127
Mary A., 802
Mary Alethea, 802
Mary S., 743
Maud, 756
May, 756

Milliard F., 802
Nancy, 1002, 1003
Nellie, 756, 802
Nina, 756
Obadiah, 743
Olivia, 743
Pollie, 743
R. H., 499
Rebecca, 743, 801
Rev. Mr., 802
Robert H., 801, 802, 803, 936
Samuel, 499, 743, 801, 1003, 1262
Samuel C. H., 802
Samuel Harman, 743
Savilla, 802, 936
Sophia, 743
Sophia C., 1262
Susan, 743, 756, 801, 802
Susan A., 802
Susan M., 744
Susan O. A., 756
Sydney K., 1003
W. O., 756
William, 499, 743, 801, 1091
William H., 743
William O., 743
CLUGSTON Joseph, 1004
CLUTZ J. A., 509
CLYMER J. M., 552
COAKLEY George W., 278
Martha, 1146
Mary L., 1307
Philip, 1307

# INDEX

COALE Alexander Draper, 1146
  Anna M., 1307
  Elizabeth Towson, 1146
  Ethelred, 1146
  James M., 214, 215
  Major General, 1307
  Margaret, 247
  Mr., 215
COATAM Thomas, 1260
COBB Howell, 331
COBLENTZ Catherine, 935
  Philip, 935
COCHRAN ---, 472
  Edward, 1055
  Laura, 1055
  Minnie, 662
COCKE W. J., 548
COCKEY Joshua, 144
CODOK Capt., 318
CODY William, 833
COETUS Rev., 392
COFFEE Fannie, 691
  John, 691
COFFER Bertie, 1292
COFFINBERGER S. Eugenia, 1097
  William, 1097
COFFMAN ---, 1098
  Agnes, 971
  Alice, 1122
  Andrew, 573, 973
  Blanche, 777
  C., 971
  Charles, 528
  David, 861

  Elizabeth, 1061
  Ella, 1219
  Fannie, 777
  Henrietta, 637, 983
  Ida, 931
  James, 875
  John D., 1061
  Lydia, 861
  Mary A., 861
  Mary Witmer, 573
  May, 1219
  Miss, 1292
  Mollie W., 973
  Mr., 465
  Rodney, 527, 777
  Samuel, 1061
  Sarah, 875
  W. D., 1219
COGHILL Mr., 693
COHILL ---, 484
  Andrew A., 827
  Andrew Arnold, 828
  Annie Van, 828
  E. P., 484, 832, 1107, 1250, 1259
  Edmund P., 827, 832
  Edmund Pendleton, 827, 828
  George, 827
  Grace, 828
  Haskins G., 828
  James Andrew, 831
  John Louden, 828
  Leo A., 831
  Louise E., 831
  Margaret, 827
  Marguerite Cecelia, 831
  Marie Agnes, 831

  Mary Ellen, 831, 832
  Mary Jane, 827, 828
  Maud, 828
  Maurice, 828
  Mr., 831
  Samuel Rinehart, 831
  Suella, 831
  Susan, 828
  Thomas Andrew, 828
  Thomas Wierman, 828
  Victoria, 828
  William Joseph, 831
COIT Dr., 365
  Joseph, 277
  Mr., 278, 364
  Rev. Mr., 363
COKE Alexander, 145
COLE ---, 763, 844, 925, 1145
  Col., 954
  James M., 216
  Miss, 1181
  Phoebe, 642, 643
  Rev., 553
  Susan, 538, 547
COLLAMER J., 293
  Joseph, 296
COLLEGE Andrew, 1191
  Nancy, 1191
COLLIFLOWER ---, 1201
  Catherine Rebecca, 1290
  Elizabeth, 991
  George, 991, 1290
  Henry, 858
  Louisa H., 1289, 1290

Margaret, 998
William, 485, 486
William F., 394
COLLINGE ---, 1030
COLLINS Andrew, 145
　Elizabeth, 1163
　Fannie, 1179
　James M., 1163
　Mary, 842
　R. C., 842
　William, 1179
COLOR Anna, 983
COLTON A. S., 550
COMBES ---, 53, 54
COMBS Miss, 1146
　Sarah, 389
　Thomas, 277
COMPTON ---, 588
　Elias, 976
　Mr., 413
　Sarah, 976
CONDIT Isaac H., 390
CONDY ---, 552
CONKLETON Miss, 1134
CONKLING Roscoe, 1245
CONLEY Elizabeth Sharp, 1140
　Elizabeth Sharpe, 1140
　John, 145, 1140
　Sophia, 1140
CONLY John, 145
　Sophia, 672
CONN Barbara, 1127
　Bertram, 872
　Bessie, 872
　Elizabeth, 964
　Jennie Taylor, 872
　Nathan, 872
CONNELLY John, 80
　Thomas, 51
CONNER A. P., 651
　Addie, 651
　Charles, 1294
　Irine, 1294
CONNOLLY ---, 480
　John, 81
CONNOR Eve Anna, 667
　CONOR Hugh, 145
CONRAD Anna, 1032
　F. W., 471, 508, 534, 548
　Frederick W., 397
　John, 1032
　Joseph, 463
　Rev., 534
　Rev. Mr., 252
CONTRILL Asa, 1230
　Lucinda, 1230
　Sadie, 1230
　William, 1230
COOK ---, 290, 291, 292, 293, 294, 299, 636, 1304
　Alice, 1024
　Barbara, 538, 547
　C. O., 549
　Captain, 140, 287, 289, 299, 309, 1109
　Colin, 555
　David, 389
　Edward, 1231
　Eliza, 1231
　Ellsworth, 913
　Elvian, 1231
　George D., 404
　H. S., 534
　John, 398, 463, 1030
　John C., 1031
　John E., 291, 293, 295
　John H., 371
　John T., 145
　Larkin, 1231
　Lizzie, 1031
　Margaret, 1030
　Martin, 1231
　Mary, 534, 538, 547
　Mary Jane, 1231
　Miss, 633
　N. S., 557
　Newton S., 563
　R. E., 805
　Roger E., 308, 318
　Samuel, 534
　Susan, 141
　William, 1231
COOKE Susan F., 79
　William, 79
COOKERLY Ann, 1133
COOLEY ---, 684
COOLLEY George, 1004
COOMBS John M., 925
COON C. H., 394, 486
COOPER ---, 10, 97, 110
　Alexander, 109
　Hezekiah, 251
　John, 798
　Thomas, 123

# INDEX

COPELAND ---, 292, 293, 295
John, 291
COPENHOVER A., 497
Amos, 493
COPP Zed N., 534
COPPEE ---, 292
Edwin, 291
COPPIE ---, 293, 295
CORBET Abram, 1050
CORBETT ---, 768
Abram, 517
Isaac, 471, 798, 996
Mary A., 996
CORBY John, 562
CORCORAN W. W., 217
CORDERMAN Albert, 1182
Bessie C., 1182
Charles E., 1182
Cora, 1182
Elmer, 1182
Ida, 1182
John, 1182
Lizzie, 1182
Luther H., 1182
Margaret, 1182
Martin L., 1182
Mary, 1182
Michael, 1182
Mr., 1183
Oscar, 1071
Oscar M., 1182
Samuel, 1182
COREY Jeremiah, 245
CORLE Jacob, 1163
Rebecca E., 1163

CORNELIUS Bert, 1230
Clara, 1230
Cornelia, 1230
Della, 1230
Ella, 1230
Hannah M., 568
Ida, 1230
Ira, 1230
John, 1230
John R., 568
Lydia, 1230
Minnie, 1230
Miss, 924
CORNELL Catherine, 1202
Samuel, 1202
CORNISH Catharine, 902
Henry, 902
CORNPLANTER, 127
CORNWALLIS ---, 149
Lord, 137, 1026
CORSEY Rev., 508
CORWIN Sarah, 1302
CORWINE Richard, 1302
Sarah, 1302
COSLER Barbara Ellen, 745
COSLEY D. W., 706
Margaret, 706
COSSLER Rebecca, 1042
COST Aaron, 803, 934
Alfred, 578, 934
Alice L., 934
Andrew, 528, 532
Arlington Boon, 757

Barbara, 737, 933, 934, 938
Barbara A., 756, 934
Barbara E., 1104
Bishop, 533
C. S., 1104
Caroline, 735
Catharine, 1138
Charles, 803
Clarine, 1138
Cora, 803
Cora E., 755
Effie I. A., 757
Elias, 563, 564, 735, 803
Elizabeth, 933, 934, 1191
Ella B., 803
Emma, 757
Ethel C., 757
Ettie, 757
Ezra, 735
Ezra M., 735
Frederick, 933
Hamma, 934
Harvey, 1211
Herbert E., 803
Irene M., 934
Isadore, 1138
Jacob, 933, 1212
Jacob A., 578
Jacob H., 933, 934, 938
Jacob S., 938, 1138
Jennie S., 735
Jessie, 934
John, 735, 757
John L., 1138
Laura, 757

Lillie, 803, 1211
Lizzie, 735
Maggie, 757
Malinda, 803
Margaret, 934
Mary, 704, 933, 934, 1108, 1211
Mary Etta, 938
Pry A., 757
Sallie V., 757
Samuel, 492, 737, 933, 934, 1211
Samuel J., 757
Samuel W., 1138
Sarah, 757
Sarah C., 1199
Susan, 757
William, 499, 933, 1191
William B., 757
COSTELLE H. C. E., 867
H. E., 550
COTTERILL ---, 161, 379, 444
John, 161, 162
William, 161, 162
COTTON Henry Evan, 386, 1306
Henry Evans, 584
COTTRELL ---, 274
COUDY ---, 275
James, 376, 411, 562
COULTER Ada, 858
Annie, 858
Charles, 858
Ida, 858
Julia, 857, 858
Lucy, 857, 858

Milton S., 858
Rosa, 858
William J., 858
William M., 857, 858
COURATH Wilhelm, 392
COURFEY W., 553
COURSEY John, 1059
W. R., 476, 503
William R., 499
COURTENAY Austin M., 487
COVELT Eleanor, 872
Isaac F., 872
COVERT James, 1164
Mary, 1164
COVILLE Della, 672
COWARDER James, 145
COWDIN ---, 1030
COWEN John K., 414, 557
COWMAN Anna, 119
COWTON A., 255
Annie, 927
Arthur, 1020
Charles, 927
Mary, 1020
COX ---, 48, 49
Andrew, 1134
Ann, 937
Ann Catharine, 861, 876, 937
Ann Catherine, 861
Capt., 51
Catherine, 937
Clement, 555
Daisy, 937, 1212, 1318
Daisy Alice, 861

E., 81
Elizabeth, 1134, 1138
Ellen C., 937
Ezekiel, 75
Franklin O., 937
Henry, 1134
James, 1138
John Upton, 937
John W., 552
Joseph, 937
Joseph Franklin, 861
Joseph Henry, 861, 937
Judge, 1008
Kelly, 145
Mary, 766, 862, 937
Mary C., 937
Mary E., 765
Moses, 551, 937
Mr., 49, 82
S. A., 557
Susan, 1134
W. O., 1212, 1318
William, 876
William I., 861
William Isaac, 937
William O., 552, 861, 937
William Oliver, 861, 937
Z., 80
COY Christian, 277
COYLER Col., 447
COYRIC ---, 1241
CRAB Thomas, 99
CRADDOCK John, 196
CRAFT ---, 540
John, 79

CRAIG Catharine, 551
  Florence, 781
  Samuel, 551
CRAIK James, 128
  Judge, 114, 128
  William, 127, 128
CRAIN P. W., 239
CRALEY Ida, 1102
CRAMER ---, 356
  Dorothy, 1004
  John, 145, 277
  Leah, 1054
CRAMPHIN Thomas, 75, 87
CRAMPTON ---, 1114
  Betsey, 964
  Betsy, 963
  E., 562
  Eli, 562, 963
  Emma, 1232
  F. H., 562
  Jane, 1229
  Maria, 963
  Miss, 876
  Mollie, 1162
  Moses, 145
  Nancy, 696
  T. H., 562
  Thomas, 27, 28, 126
  Thomas H., 317
CRAMWELL Charles A., 488
CRANDLE James, 145
CRANE ---, 855
  Charlotta Maria, 584
  Ichabod B., 584
  Sophia, 576
CRANWELL ---, 349

Charles W., 701
Susan, 701
CRAPP John, 79
CRAUL George, 146
CRAVEN Kate C., 1002
CRAWFORD ---, 372, 676, 941, 1047, 1134, 1150, 1184, 1251
  Lorena E., 1231
  Lucy Barbour, 914
  R. S., 1250
  Robert S., 1144
CREAGER ---, 552
  Alice, 1169
  Amelia, 1004
  Charles, 1169
  Charles Edward, 1169
  Christiana, 894, 957
  Daniel, 277
  Eliza, 872
  Emma, 1096
  Emma K., 1169
  Harry, 1096
  Harry L., 1169
  Henry, 146, 277
  Isabella, 1169
  Isabelle, 1169
  Job, 1169
  John, 146, 149, 510
  John William, 1169
  Joshua, 552, 1169
  Judith, 1169
  Julia, 1169
  Lewis, 1328
  Lillie, 1169
  Martha, 1169
  Mary Elizabeth, 1169
  Mary Foutz, 872

Mr., 1192
Rebecca, 1328
Robert, 1169
Roscoe, 1169
Samuel, 277, 538, 547
Stella, 1169
Susan, 552
Susanna, 1169
William, 146, 872, 1169
CREAMER ---, 480
CREBBS Eliza, 885
CREDLE Lois Ann, 736
CREDTIN J. H., 318
CREE A. B., 776
CRENSHAW T. A., 517
CRESAP ---, 78, 1275
  Capt., 78
  Col., 48, 49
  Michael, 77, 78, 82
  Mr., 49
  Thomas, 82, 1239
CRESSAP Col., 27, 42, 57, 77, 149, 235
  Colo., 49
  Daniel, 40
  Joseph, 76
  Michael, 40, 50, 57, 76, 128
  Thomas, 22, 35, 36, 40, 55, 61, 73, 75, 374
CRESSLER George W., 655
CRESWELL Joseph, 507
CRETZER Ida, 1168
CRIDER Anna, 1005
  Barbara, 763

H. S., 763
CRILDY Ida, 1026
　Samuel, 1026
CRIM Rufus S., 494
CRISS Mary, 1205
CRISSINGER G. H. L., 307
CRISWELL Delila, 853
　Elizabeth, 853
　Elizabeth E., 756
　Elizabeth Ellen, 756
　H. C., 853
　Harry, 853
　Helen, 757
　Jane, 925
　Jennie, 757
　Joseph, 756, 757
　Margaret, 757
　Mary F., 757
　Paul, 853
　Robert, 757
　Ruth, 853
　Sarah E., 756
　Sarah Elizabeth, 757
CRITCHER James, 136
　John, 136
　Thomas, 136
CRITZMAN Sarah, 1192
CROCKET David, 691
CROCKETT David, 276
　Davy, 157
CROFT S. F., 451, 1008
CROMER A. Jackson, 706
　Catharine, 706
　Charles, 706
　Charlotte, 1232
　Clarine, 706
　Clyde, 706
　Elizabeth, 706
　Ella B., 706
　Frederick, 706
　George, 706
　Hannah C., 706
　J. B., 706
　Jacob, 706
　Jeremiah B., 563, 706
　John, 706
　Josiah, 706
　Louisa, 706
　Margaret, 706
　Mary, 706
　Mary M., 706
　Mr., 707
　Rebecca, 718, 721, 722
　Sallie, 706
　Thomas K., 706
CROMWELL, 1036
　C. H., 511
　Charles A., 948
　Joseph, 486
　Richard, 107, 126, 128, 129, 561
　Susan J., 948
CRONICE Albertus, 974
　Charles, 1321
　Harriet, 974
　Sarah, 1321
CRONISE B. F., 551, 562, 858
　Capt., 318
　Elizabeth, 549
　George, 549
　Rev., 465
　Susan Rebecca, 1206
　William M., 318
CROOKS ---, 1304
CROSS ---, 540
　Andrew F., 1326
　Annie, 1326
　Catharine, 1326
　Elizabeth, 1326
　Ella, 1326
　Ellen, 1326
　Emma Jane, 1327
　Gaza Elizabeth, 1327
　Hiram N., 1326
　Jacob, 768
　John, 1326
　Lewis, 1326
　Maggie, 1008
　Margaret, 1326
　Mary, 768
　Mollie, 1122
　Mr., 1327
　Rebecca, 1326
　Robert, 1326
　Robert L., 1326, 1327
　Robert Lewis, 1326
　Samuel A., 1326, 1327
　Sarah, 1326
CROSSEN ---, 480
CROSSON ---, 901
　Ellen, 1255
　Harry J., 1255
　Henry J., 1096
　Thomas, 1255
CROSSWELL Dr., 1047
　Henry, 583
CROUSE Annie, 667

# INDEX

Daniel, 667
Emma, 667
Joseph, 666
Laura, 796
Mary, 666
Peter, 796
Rev., 553
Solomon, 667
CROW ---, 884
 Alexander, 862
 Benjamin, 1324
 Mary, 862
 Miss, 1324
CROWELL ---, 634, 1193
CROWN Curtis, 1203
 Mary, 1203
CRUGER Engineer, 196
 Mr., 222
CRUM Abraham, 277
CRUMB Mrs., 528
CRUMBAUGH John, 149
 William, 179
CRUMM William H., 712
CRUMPSTON H., 552
CRUMWELL ---, 655
CRUNE Christopher, 87
CRUNKLETON Jane, 765
 Sadie, 1102
CRUSS Christopher, 24, 25, 464, 465
CULBERTSON Samuel, 843
CULLEN Dr., 365
 Frances Lillian, 666

James, 665
Josephine Cushwa, 666
M. A., 456
M. Emmett, 665, 666, 1008, 1011, 1209
Margaret Eva, 666, 1011, 1209
Mary E., 665
Otelia, 365
Robert E., 666
Victor F., 666
CULLER C. C., 493, 497
M. L., 475
Martin L., 470
CULLUM Rev., 549
CULLUMS D., 497
CUMMINGS Anne, 389
CUMMINS James, 1181
CUNNINGHAM ---, 551
 Agnes, 1272
 Anna, 1272
 Anne, 875
 Carrie C., 1134
 Catharine, 1319
 Eliza A., 1272
 George, 511
 George W., 703
 Hugh, 1272
 John, 1269
 John H., 1134
 Lucy, 897
 Margaret, 1319
 Mary Etta Florence, 897
 Mr., 215, 1273

 Rachael, 194
 Rachel, 192, 193
 S. S., 224, 410
 Sallie, 1269
 Samuel, 672, 1272
 Samuel S., 1272
 Samuel Shields, 1272
 Sarah, 672, 1134, 1272, 1273
 William, 897
CUNZ Rev., 550
CURFMAN Ann Rebecca, 945, 1311
CURNS James, 487
CURREY John, 160
 Thomas, 487
CURRY James, 146
 John, 446
CURSEY W. R., 503
CURT Andrew, 498
CURTIS Arman De-Rossett, 1047
 C. J., 550
 Charles J., 1047
 John H., 1047
 M. A., 1047
 M. Ashley, 1047
 Margaret, 1047
 Mary, 1047
 Prof., 1194
 Rev. Mr., 471
 Thomas, 230
CURZON Lord, 684
 Mary, 684
CUSHEN Mary, 836
 R. H., 801
 Robert G., 836
 Robert H., 798
 Susan, 836

William, 801
CUSHING Caleb, 307
CUSHWA ---, 480, 481, 482, 714, 715, 1011
Ann, 517
Betty S., 906
Betty Susan, 905, 1285
C. Frank, 1008
C. Franklin, 666, 1209
Catharine, 675, 1011, 1150, 1181, 1254
Catherine, 723, 851, 817
Catherine E., 1011
Charles Franklin, 1011
Christian, 1210
David, 144, 317, 409, 905, 906, 1011, 1150, 1285
David K., 666, 1008, 1209, 1210
David Kreigh, 1011
David S., 906, 1285
Eliza, 984, 983
Elizabeth, 748
Elizabeth Catherine, 1210
Ellen S., 666, 1209
Ellen Stake, 1011
Francis Sydney, 1125
George, 562, 1008
George C., 906, 1285
George Victor, 1125
J. R., 463
Jane Frances, 666, 1011, 1209
Jane Frances de Chental, 685
John, 562, 748, 1011, 1254

John T., 906, 1285
Joseph Constantine, 1125
Julia Catharine, 1125
Margaret Elizabeth, 1286
Margaret Eva, 666, 1011, 1209
Margaret Jennette, 1125
Mary Ann, 1011, 1125, 1209, 1286
Mary E., 906
Mary Ellen, 1285
Mary J., 666
Mary Louise, 666, 1011, 1125, 1209
Mary Susan, 1125
Mrs., 1286
Nannie Motter, 1210
Sallie J., 1285
Sally C., 906
Sarah Catharine, 1011, 1285
Sarah Catherine, 666, 1209
Sarah Jane, 1286
Susan, 905, 906, 1285
Susanna, 1125
T. B., 861
Thomas B., 1285, 1286
Thomas Benton, 906, 1125, 1285
Victor, 479, 664, 665, 666, 685, 906, 1008, 1011, 1125, 1209, 1286
Victor Monroe, 1011, 1125
Victor Munroe, 666, 1209

William, 562, 906, 1285, 1286
CUSTER General, 350, 672, 834
John D. T., 555
CUSTIS G.W. Parke, 203
John Park, 199
Mrs., 141
CUTTY Anna F., 776
Thomas, 776
CYSTER Henry, 474

-D-
DACRES Thomas, 140
DAGGETT Eleonora, 1319
DAGWORTHY Capt., 51
Col., 42
DAHLGREN ---, 926
Admiral, 174, 482
Capt., 350
Madaline Vinton, 482
Rear Admiral, 350
DAINGERFIELD William
Henry, 555
DAKE Catharine, 785
Frederick E., 785
DALL ---, 166
Catharine, 1012
Col., 224
J. P., 389
John R., 201, 203, 389
John Robert, 134
Joshua, 1012
Meliora, 134
Mr., 363

# INDEX

Mrs., 1012
DALTON Henry, 54
DAMER Charles, 484
DANDRIDGE Miss, 132
DANGERFIELD Mr., 292
DANIEL Senator, 339, 344, 981
DANIELS H. F., 867
  Hannah, 872
  Susan, 867
DANNER Annie, 1181
  Thomas, 1181
DANT Knowels, 35
DANTE ---, 518
DANZER ---, 955
  William, 398
DARBY F. M., 556, 557, 564
  Francis M., 380, 422, 556, 613, 847
  Harry, 948
  Louisa, 422
  Mary, 948
DARKE ---, 80
  General, 116
  William, 28
DARNALL John, 73, 74
DARVAN ---, 99
DASHIELL Dr., 488
  John D., 487
  Joseph, 62
DAUP Daniel, 145
DAUSCH Michael, 484
DAVENPORT Martha B., 579
DAVID Rev. Mr., 390

DAVIDSON ---, 1193
  Catharine, 1002
  Dr., 1305
  George H., 1002
  Mary, 1305
DAVIS ---, 492, 552, 561, 1252
  Alexander W., 564
  Alvin B., 925
  Alvin V., 508
  Amelia, 732, 733
  Amos, 79
  Annie, 1211
  Bessie Linden, 1092
  Capt., 81, 314
  Caroline, 651
  Caroline R., 732
  Charles, 557
  Charles E., 732
  Charlotte, 651, 732
  Charlotte C., 732
  Col., 125
  Daniel, 651
  David, 982
  Dennis, 108
  Edward, 1121
  Elias, 305, 306, 732, 733, 985
  Eliass, 732
  Ella, 976
  Ellen, 67, 68, 732, 733
  Ellsworth, 1092
  Emma C., 732
  Ephriam, 732
  Eva May, 651, 733
  Frances, 1190
  Frank, 1092
  Frisby, 732, 733, 964

  Frisby J., 732
  G. A., 562
  George A., 558, 732, 778
  Harriet, 651, 732
  Henrietta, 732, 733
  Henrietta E., 733
  Henry, 732
  Henry G., 868
  Huffer, 1092
  James, 277
  Jeff, 320
  Jefferson, 293, 296, 965, 1014
  John, 156, 555, 732, 733, 857, 1074, 795
  John R., 1092
  Jonas, 503, 732, 733
  Joseph, 380, 412, 732, 733, 985
  Joseph F., 409, 732
  Julia, 1121
  Kate Amelia, 733
  Katie, 1055
  Lemuel, 732
  Lloyd, 732, 733
  Louisa, 912
  Major, 1191
  Margaret A., 732
  Margaret, 732
  Margaret Amelia, 732
  Marguerite, 1092
  Mark N., 732
  Mary, 503, 651, 732
  Miss, 1024
  Nathan, 277
  Paul B., 732
  Pearl, 1323
  Peter Seibert, 732

President, 428
Rezin, 90, 99, 107, 112, 113, 114, 115, 126, 130, 385, 563
Richard, 74, 76, 82, 87, 128, 277
Rose Ann, 1125
S. S., 651, 732
S. Seibert, 558, 733
Sarah Catharine, 925
Sarah Theresa, 79
Stella, 857
Susan, 1231
Theodore, 733, 1211
William, 974, 498, 732
William E., 732, 733
DAWSON ---, 47
Arie, 1306
Christina, 1306
Cora Belle, 1042
Cyrus, 1042
Edith Jane, 1042
Edna, 1042
Eleanora, 1042
Elizabeth, 1042
Emily Frances, 1042
Emma J., 1042
Henry, 1042
Henry Clinton, 1042
James W., 1306
Jefferson, 1306
Jefferson Davis, 1042
John, 1041
John William, 1306
Maria, 1306
Mariah, 1306
Mary, 1041, 1306
Mary E., 1042
Nancy Jane, 1042

Napoleon, 1042
Nathan, 1041, 1042
Peter E., 1041, 1042
Rebecca, 1042
Richard T., 1042
Rosa, 1042
Rosalie Bowles, 1043
Roy C., 1042
Seventh Ann, 1042
Texana, 1042
Thomas, 1041
William, 1306
DAY C. H., 436
E., 436
Eli, 556
F. W., 1222
DAYHOFF Henry, 796
J. C., 955
Jacob, 539
John, 539
Maria, 510
Mrs., 1089
Rebecca, 796
Samuel, 683
Samuiel, 510
DE BOUTELLER Simon, 1036
DE FREHN Edward, 1140
Frances A., 1140
DE LA FAYETTE Marquis, 200
DE LAULER Mary, 1019
Sarah, 1019
DE LAUNEY Agnes, 781
Albertus, 781

Amelia, 781
Annie, 781
Benjamin, 781
Bird, 781
Cecilia, 781
Charles, 781
Franklin, 781
James, 781
James J., 781
John C., 781
John F., 781
Lena, 781
Louisa Ellen, 781
Martha, 781
Mary Belle, 782
Nellie J., 782
Robert Ferdinand, 781
Robert Henry, 782
Rosella, 781
Sally, 781
Theodore Franklin, 782
William, 781
DE ROSSET A. J., 1047
Mary, 1047
DE VECMON P., 99
DE WARVILE Brissot, 118
DE-WULFF Desiderius, 482
DE WYKEHAM William, 643
DE ZINZENDORF Count, 1295
DEAIHL Susan, 851
DEAL Sarah, 707
DEAM Annabella, 783
Grace, 783

Stanley, 783
DEAN Peter, 227
DEANER Ann Maria, 923
  Arbelin, 923
  Catherine, 644, 755, 922
  Christena, 1211
  Christina, 1211
  Dinah, 922
  Ella, 923
  Eugenia, 797
  Eugenia C., 923
  Fannie M., 922, 923
  H. C., 479
  Henry Clay, 923
  Jonas, 644, 922
  Jonas S., 476, 755, 922, 923
  Maria, 644, 755
  Samuel, 704, 922, 1211
  Sophia, 922, 963, 964
  Tenia, 704
  Webster B., 923
DEARDOFF Annie M., 1323
  John, 1323
DEARMON Mary C., 702
DEARTH Randal, 108
DEATRICH Alice, 655
  Samuel, 802
  Susan, 743, 802
DEATRICK Hattie, 698
  Samuel, 698
DEAVER H. Clay, 1211
DEBUTTS John, 62
  Miss, 862
DECAULEN ---, 1149
DECHART ---, 324
  Daniel, 317
DECHERT Daniel, 307, 431
DECK Margaret, 1232
DECKERHOFF Emma S., 1309
  Samuel, 1309
DEELY Charles, 642
  Haskin, 642
  Laura Helen, 642
DEEMER Miss, 963
DEENER Annie, 858
  Charles, 858
  Ida, 858
DEENIPER Catherine, 1174
DEERY Elizabeth, 1011
DEFORD Alice Macgill Drewry, 1017
  B. F., 1017
  Ellen, 1017
  Ellen Swan Drewry, 1017
  Swan B. Frank, 1017
DEGRAFT Abraham, 146
DEIBERT Charles H., 564, 715, 716
  Charlotte, 716
  Christian, 145
  Edward, 716
  Ella, 716
  Hamilton V., 715
  Ida C., 715
  Isaac, 716
  Jackson, 796
  Jessie, 716
  Joanna, 796
  Joseph W., 715, 716
  Lizzie May, 715
  Mamie, 716
  Mary A., 677, 716
  Mary J., 715
  Norman, 716
  Robert, 716
  William, 715
DEIBLER Richard, 551
DEITRICK Jacob D., 130
DEITZ John, 145
  Mary, 748
DE'KALB Benjamin Drew, 1206
  Harvey Dunglison, 1206
  Helen Roberta, 1206
  Lillian Alverda, 1206
  Margaret Ann, 1206
  Rose Estella, 1206
DELAMARTER ---, 776, 1182
  Adia, 1164
  Anna, 1164
  Catharine, 1164
  Charles, 1164
  Cornelius, 1164
  Diana, 1164
  Edna M., 1164
  Eliza, 1164
  Elizabeth, 1164
  Ella, 1164
  Emma, 1164
  Esther, 1164
  Eugene, 1164

Fannie, 1164
Frank P., 1164
Ida, 1164
Jacob, 1164
John, 1164
Lewis, 1164
Margaret, 1164
Mary, 1164
Maud, 1164
Moses, 1164
Mr., 1167
Nellie, 1164
Norine, 1164
Pardon W., 1164
Rose, 1164
Sarah, 1164
Stephen, 1164
Theran, 1164
William F., 1164
DELAMATER Mayor, 626
DELAMERE Lord, 383
DELAPLAINE ---, 552
James, 365, 553
Jane, 365
John, 486, 552
Mary, 552
DELAUNEY Lillie, 781
Robert F., 781
DELAUTER Grace E., 1084
Martha, 1084
Silas, 1084
DELBRT Henry, 145
DELINO ---, 572
DELK Dr., 468

Edward Heyl, 465
Edwin Heyl, 509
DELLINGER ---, 492
Annie Eliza, 1216
Annie R., 1062
Blaine, 707
Charles, 1216
Cyrus, 564, 998
Elizabeth, 998
H. W., 562
Henry, 255
Henry W., 409
John F., 843
Joseph S., 255, 555
Sarah Grace, 707
Susan, 1216
DELPHY J., 499
DEMENT Mr., 80
DEMERE Capt., 54
DEMERIE Capt., 51
DEMOND Capt., 81
DEMONT George, 82
DEMPSTER Nora, 783
DENLINGER Hettie, 662
DENNES Solomon K., 472
DENNIS Annie, 798
C. C., 1312
Calvin, 798
Catherine, 1255
Charles F., 798
Harry A., 798
Howard, 798
John S., 798
Josephine, 798
Lela D., 1312
Lloyd, 798

Martha S., 798
Mr., 314
Nellie, 798
Rose, 798
Susan, 1255
William, 798
DENNISON David, 508
DENT Miss, 791
DERBIN Cora, 1182
Elmer, 1182
DERNE Elizabeth, 1265
DERR Ann Maria, 1221
H. K., 559
Maggie, 826
Manzella C., 1137
Martha, 837
Samuel, 826, 837
DERUMPLE Rezin, 146
DETRICH Elizabeth, 1084
DETRICK Grace, 663
DETRO Miss, 884
DETROW Charles, 1201
Mary, 1265
Mary Susan, 1201
Samuel, 1145
DETWILER Catherined, 1127
Elijah, 1127
Leah, 655
Martha, 1071
Mary, 655
Miss, 1005
DEVALT ---, 99
DEVEAU ---, 638

# INDEX

DEVECMON Thomas, 556
DEVEN Col., 672
DEVILBISS C. S., 557
DEVO ---, 137
DEWEY Dr., 642
  George, 642
  Hannah, 642
  Jedediah, 642
DEWLER Robert, 100
DEYSHERE ---, 916
  Peter, 551
DICE Rev., 550
DICK Henry, 145
  Margaret, 757
  Melinda, 895
DICKENS ---, 255
DICKINSON Lieutenant, 1156
DIDENHOVER William, 93
DIDIER Edmund, 481
DIEHL Christian, 474
  Dora, 628
  Eliza Jane, 633
  George, 464, 493, 498
  Salana, 580
  Samuel, 633
DIELMAN Annie, 924
  L. H., 924
DIETRICH J. J., 550
DIETZEL S.H., 537
DIFFENDALL Albertus, 1206
  Annie, 1205
  Annied, 1206
  Charles, 1206
  Elizabeth, 1206
  Felix, 1205

George F., 1206
Henry, 1205
John, 1205
John W., 1206
Margaret, 1205
Margaret C., 1205, 1206
Mary, 1205
Mary E., 1206
Peter, 1205
Samuel, 1205, 1206
Samuel O., 1206
Theodore, 1206
Thomas F., 1206
DIGGS George, 62
DILL Emma, 1020
DILLEHUNT James, 277
DILLER Francis, 693
  Peter, 393
DILLHUNT James, 146
DILLINGER J. F., 1272
DILLON Aaron, 866
  Edith, 1150
  Elizabeth, 866
  M. G., 1150
  Maria, 866
DILLON-ROBINSON Maria, 865
DILTZ Sarah, 1305
DIMMICK Col., 1014
DINWIDDIE ---, 908
  Isabella, 974
DIPPEL Johann Conrad, 520
DITTER Emma K., 1169

Joshua, 1169
Martha, 1169
DITTMAN Catherine, 1035
DITTMAR C. W., 667
  Freddie, 667
  John D., 667
  Lillie B., 667
DITTO Abraham, 798, 892, 1201, 1202, 1203
  Albertus, 1202
  Alta Marie, 1096
  Anna Belle, 1202
  Annie, 798
  Catherine, 1202
  Eleanor, 1202
  Elizabeth, 892, 1201, 1202, 1203
  Ella, 1202
  Ellen, 927
  Emma, 1096
  Florence, 1202
  Harry S., 1095, 1096
  Henry, 1202
  James, 1202
  James Bowles, 1201, 1202
  Josiah, 798
  Louisa, 1202
  Lulu, 1102
  Martha, 706, 798, 1095, 1096
  Mary, 798
  Mary Ethel, 1096
  Mary Etta, 892, 1202
  Maurice, 1202
  Mr., 1202
  Myrtle, 1096
  N. J., 706

Nancy, 1202
Nellie, 1202
Oliver, 1202
Oliver J., 1096
Virginia, 1202
Wason, 1202
William, 1095
William Augustus Bolles, 1202
William J., 1095, 1096
Wilson, 1102
DITZ Ernst, 393
DIVELBISS Burney, 1104
  John, 1104
  Mary Alice, 1104
  Wilber, 1104
DIX ---, 946
DIXON J., 555
  James, 34, 276, 358, 427, 560
  Mr., 194
  Thomas, 276
DOBB Edward Brice, 56
DOBBINS Thomas, 94, 95
DOBBS Capt., 51
DODGE William, 401, 409
DODSON Abraham, 1163
  Andrew, 1163
  Ann, 1163
  Elizabeth, 1163
  Frank, 1163
  George, 1163
  Jennie, 1163
  Jessie, 1163
  Margaret, 1163
  Mary, 1163
  Michael, 1163
  Minnie A., 1163
  Pollard, 1163
  Rebecca E., 1163
  Samuel, 1163
  Susan, 1163
  W. H., 915
  William, 1163
  William H., 1163
  Wylie, 1163
DOFFLEMAYER ---, 1078
DOLAN Catharine, 715
  Catharine J., 715
  Elizabeth, 715
  Ellen, 715
  John, 1327
  John W., 715
  Lizzie, 715
  Timothy, 715
DOLE A. G., 492
DOLL John R., 156
DOMER Charles, 831
DONAHUE Charles, 511
DONALDSON Addie, 815
  Amelia, 632, 1231
  Carrie M., 815
  Fannie, 988
  Harvey, 988
  Ida, 904
  J. A., 159
  John A., 159
  Lydia, 754
  Lydia Ann, 1168
  Maj., 188
  Major, 187
  Mrs., 187
  Sarah, 994
  Thomas, 557, 617
  W. A., 343
  William O., 815
DONAVAN John, 99
  Rev., 511
DONNELLY ---, 480, 482
  Daniel, 480, 562, 1236
  Dorothy, 1232
  Helen O., 886
  Margaret, 1232
  S., 552
DONNELY John, 134
DONOHUE Mr., 292
DONOVAN Mr., 791
DOOLITTLE J. R., 293, 296
DOOLY H. R., 655
DORBART John, 537
DORMMER Anna Maria, 542
  Elizabeth, 542
  Reinhart, 542
DORNBALSER S. G., 502
DORNBERGER Henry, 550
DORNBLASER Carrie Tressler, 570
  Catharine, 569
  Emma, 569
  George Billow, 570
  Gideon, 569
  Helen Tressler, 570
  Henry, 569
  John, 569

INDEX 59

John M., 569
Mary, 569
Ruth Miller, 570
S. G., 501, 569
Sarah C., 569
Thomas, 569
DORNER Calvin E., 936
Katie G., 936
DORNEY ---, 1220
DORNWART Johannes, 537
DORSEY ---, 99
  Alta Marie, 1324
  Arthur Howell, 1324
  Benjamin, 1324
  Charles, 1294
  Charles C., 1323, 1324, 1325
  Clagett, 247, 265
  Dr., 266, 267, 268, 271, 272, 895
  Edward P., 1324
  Edward W., 1323, 1324
  Edwin, 534
  Elisha, 1324
  Evan L., 292
  Francis, 1323, 1324
  Frederick, 103, 164, 186, 222, 230, 265, 284, 381, 382, 389, 427
  J. Clagett, 277
  James, 1324, 1325
  John, 1324
  Lizzie, 1324
  Louisa, 247
  Marian, 1323, 1324
  Martha Ann, 1324, 1325

Mary, 1324
Mr., 1295
Philip, 1324
Sarah, 1324
Susan, 1324
Susan S., 1325
DOTWEILER Heinrich, 392
DOUB ---, 707, 993
  Abner F., 1049, 1114, 1077
  Abner Le Roy, 1114
  Abram, 726, 873
  Adrian Stanley, 1050
  Albert, 1232
  Albert A., 1092
  Amanda, 742, 753
  Ann Catharine, 995, 1049, 1050
  Arbelin, 837
  Bessie, 904, 1232
  Bessie L., 1092
  Caroline, 637, 742, 1092, 1180
  Carrie, 1049
  Catharine, 872, 873, 927, 1049, 1114, 1233, 742
  Catherine, 742, 1092
  Charles, 1049
  Clarence Cleggett, 1050
  Cornelia, 1092, 1232
  Cornelia Witmer, 1092
  Daisy, 1049
  Daniel, 541, 645, 692, 1232
  Daniel R., 995, 1049, 1114

  Daniel W., 558, 1092, 1095
  David Henry, 1049
  Eddie C., 1049
  Edna Grace, 1005
  Edna I. A., 692
  Edward, 1311
  Elizabeth, 711, 738, 742, 751, 1049, 1092
  Ella, 1229
  Elton H., 1095
  Emma K., 1049
  Frank L., 1092
  Franklin, 1232
  Frisby, 508, 564, 741, 742
  George Daniel, 1114
  Grace, 1049
  Harry, 1049
  Helen, 1095
  Henry, 702
  Howard, 1229
  Ida Elizabeth, 692, 1266
  Ida L., 1095
  Jacob, 742, 1092
  Jennie, 1049
  Joel, 501, 726, 873
  John, 742, 1049, 1092
  John Calvin, 1049
  Johnston, 1092
  Jonas Cleggett, 837, 1049, 1050
  Jonathan, 742, 904, 1049, 1050
  Kate, 645, 1049
  Lavinia, 922
  Lewis, 993, 1229
  Louis, 1232

Louis P., 473, 1092
Lydia, 741, 742, 836, 927, 742
Martha, 1229
Mary, 726, 742, 873, 1049, 1092
Mason, 1005
Milton Berry, 1095
Miss, 844, 848
Mollie, 1049
Mr., 1095
Mrs., 1050
Nicie Ann, 1050
Philip, 742, 1049, 1232
Philip R., 1092
Polly, 726
Rebecca, 702
Ruth, 1049
Samuel, 741, 742, 836, 927, 1049, 1092
Savilla, 873
Susanna G., 1114
Susannah G., 1077
Virginia Catherine, 1049
Walter, 1229
William O., 692, 1049, 1266, 1269
Winton, 922
DOUBLE Andrew, 277
DOUBLEDAY ---, 332
  Abner, 311
  Capt., 311
  Maj., 312
DOUGHERTY Daniel, 132
  James, 22

DOUGLAS ---, 119, 304, 1245
Gen., 344
General, 1026
H. K., 561, 563, 662
H. Kyd, 337, 452, 557, 617, 626, 631, 681, 961, 978, 1001, 1080, 1138, 1196, 1221
Henry Kyd, 309, 339, 344, 380, 411, 421, 422, 451, 972, 1079, 1080
Herman, 390
Judge, 626, 814
Kyd, 338
Mary, 421
Mrs., 96
Rev. M., 972
Robert, 107, 113, 159, 200, 254, 309, 389, 421, 446, 492, 661
Sarah, 389
William, 82
DOUGLASS Mary, 389
Nancy, 389
Robert, 472, 492
DOVENBERGER Henry, 498
Jacob, 498
John, 277
DOWELL Jacob, 487
DOWING Susan, 389
DOWLING ---, 833
DOWNEY A. J., 638
  Alice, 1061
  Ann, 1061
  Anna, 1061
  Annie F., 875
  Athalia, 1061

Catharine, 1061
Charles, 1325
Dr., 446
Eleanor, 1061
Elizabeth, 1061
Etta, 1061
George, 1060, 1061
Hadassah, 1060, 1061
Ira, 1061
Isabella, 974
James, 99
Lewis, 1060, 1061, 564
Maria, 945, 1061
Mylo, 875
Myra, 1317
Nannie, 1061
Ora, 1061
Paul, 1061
Peter, 1060
Sallie, 974
Seeska, 1061
Simon, 875
Timothy, 1060
W. B., 557
William, 152, 561, 974, 144
DOWNIN Bertha, 1311
Bettie, 1311
C. W., 1311
Clara, 1311
D. E., 962
Hammond A., 564, 1311
Harriet, 1311
J. L., 1311
J. S., 23
Jacob, 1311
L. W., 1311

# INDEX

Maggie, 1311
Martha J., 1311
Russell, 1311
S. S., 565
Samuel, 768
Samuel A., 1311
Sheriff, 768
DOWNING Annie Elizabeth, 1113
Daniel, 1113
Esther, 540
Mr., 541
Robert, 540
DOWNS ---, 684, 777, 977
Ada, 1311
Albert Bruce, 1311
Alice, 946
Ann Rebecca, 945, 1311
Anna, 946
Anna Rebecca, 1312
Annie, 1311
Arlean, 1312
Barbara, 1311
Bessie Belle, 1311
Bessie C., 973
Bessie K., 1114
Bessie Katharine, 573
Carrie, 1311
Catharine, 1311
Charles, 945
Charles G., 277, 945, 946
Charles H., 1311
Christopher, 945, 1311
David, 1311
E. L., 973
Earl F., 1311

Edna K., 1312
Edward, 573, 1114
Eliza, 1311
Elizabeth, 667, 945
Elmer, 1312
Emma, 667, 1312
Ernest L., 1311
Freeland, 836
Grafton, 875, 945, 946
H. F., 487
Hamilton, 313
Harry, 1311
James, 1312
Joseph Elmer, 1311, 1312
L. William Hamilton, 1311
Lawrence, 1311
Lewis O., 945, 1061
Louis Freeland, 1311
Louisa, 945
Louisa M., 1311
Lucretia, 945
Lulu D., 1311
Maria, 945, 1061
Mary, 945
Mary D., 1312
Mary K., 1311
Mary Kate, 836
Mary S., 875, 946
Matilda, 1312
Minnie, 1311
Mollie, 1311
Nancy, 1311
Naomi R., 1312
Nettie, 1311
Newton K., 1312
Norris, 1312

Raymond B., 1312
Rebecca, 945
Rosella, 1311
Ross W., 1312
Sadie Elizabeth, 946
Samuel, 1311
Sarah C., 945
Vera Catharine, 946
Walter, 1311
Wilford, 549
Wilfred, 497
William, 1311
DOYLE A. G., 472
Dorris, 94
F. C., 724
Kate, 1233
Laura, 724
W. E., 307, 562
DRANE R. B., 550
Robert Brent, 386
DRAPER Albert, 691
Alma, 691
Ann B., 816
Annie E., 816
Annie E. S., 1246
Catharine, 714, 816
Catherine, 691, 816, 1246
Claude S., 816
Cora Alice, 816
Corinne, 691
Daniel S., 816
Daniel Zeller, 816
Elizabeth, 714, 816
Ellen, 816
Emma, 691
Fannie, 691
Florence, 816

62   HISTORY & BIOGRAPHICAL RECORD OF WASHINGTON CO.

Frederick, 691
George, 816
George M., 816
Grace, 691
Harriet S., 816
J. W., 747
J. Winger, 564
James, 816
James T., 714
James Thomas, 816
Jane, 691
Jesse Wolford, 816
John, 691, 714, 816
Joseph Winger, 714
Katherine, 715
Kitty, 816
Lester Brewer, 816
Lucy, 714
M. J., 1246
M. Louise, 715
Mabel, 691
Maria C., 691
Mary, 691, 816
Mary C., 816
Mary L., 747
Mollie, 714
Montraville J., 816
Montraville James, 816
Mr., 715
Thomas, 691, 714
DRAUMER Samuel, 54
DRENNER Addie F., 931
Adie F., 928
John, 1325
Mary J., 928, 931
Philip, 928

Silas, 928, 931
Susan, 1325
Susan Elizabeth, 928, 931
DREWERY Charles
Macgill, 1017
Dr., 1017
Ignatius, 562
Minnie, 1017
DREWRY Agnes H., 1017
Alice, 1014
Alice Macgill, 1017
Cooper R., 1017
James, 1017
Mary, 1017
Mary Macgill, 1017
S. D., 428, 1013
Samuel Davies, 1014
DRILL Mary, 1204
DRISH Carrie M., 707
Edward, 707
DRIVER Margaret, 581
Peter, 581
DRUMGOOLE Edward, 486
DRURY ---, 254, 482
Amanda, 1193
Annie, 1193
Capt., 162
Edith, 1193
Edward, 250
Ella, 1193
Franklin, 1193
Ignatius, 145, 169
Jacob M., 1193, 1194
John, 1193
John W., 1193

Mary, 1193
Nettie, 1193
Sarah, 1194
William, 1193
William C., 159
DUBBS Eleanor
Elizabeth, 1083
Joseph, 1083
DUBEL Charity S., 827
John D., 827
DUBLE Rua V., 1167
DUCKET ---, 1246
DUCKETT Gabby, 446
J. Gabby, 318
Joseph Gabby, 427
R. J., 558
T. B., 318
Thomas Buchanan, 427, 446
DUDLEY Governor, 1047
Joshua, 486
Rev., 537
DUFF ---, 1157
DUFFIELD Carrie, 962
George, 238, 445
James W., 748
Newton, 748
Susan, 238, 748
Susanna, 389
William, 445, 748
DUFFY Margaret, 882
DUGAN Ellen S., 666, 1209
Ellen Stake, 1011
Frank, 698, 725
Isabelle, 1175

# INDEX

J. M., 666, 1209
John M., 1011
Rebecca, 698, 725
DUGSON Rev., 497
DUHAMEL Rev.
Father, 483
DULANY Daniel, 22
DULL ---, 264
Elizabeth, 703
John, 703
DUNBAR Col., 39, 48, 49, 56, 57, 58
Colonel, 51
J. W. R., 292
DUNCAN Alexander, 537
Blanton, 312
George, 97
James, 79
Rev., 497
DUNKIN Capt., 231
DUNKLE Annie, 1289
Mathias, 79
DUNLAP Clyde, 706
Martha, 686, 1230
Mr., 255
R. W., 390
Robert White, 686
Roberta, 686
DUNMORE Governor, 40, 78, 102
Lord, 77, 80, 81, 199
DUNN Amelia J., 626
James, 504
Sarah, 1324
DUNNING Thomas, 1050
DUPONT ---, 926

DURBORAW Daniel W., 1032
Emma N., 1032
Martha L., 1032
DURBOROW Daniel, 883
Lillie, 1222
Mamie, 883
Martha, 883
DURF Samuel, 145
DURFEE Gen., 954
DURNBACH Miss, 903
DURNBAUGH Catharine, 757
Elizabeth, 757
Eve, 734
Jacob, 757
Margaret, 757
Mary, 757
DURR B. F., 580
Grace, 580
DUSANG Mr., 240
DUSHANE John A., 372, 898
DUSONG George, 715
Lizzie, 715
DUST Isaac, 292
DUTRO Mollie, 934
Susan, 943
DUVAL Singleton, 555
DUVALL Col., 147
Fannie E., 1193
Mary, 1054
S. E., 1193
William E. Post, 1054
DUWASSER Charles, 145
DWIGHT Thomas, 90

DYE Benjamin, 1229
Elizabeth R., 938
P. E., 938
Sarah, 1229
DYKMAN Nathan F., 527
DYSON Rev., 549

-E-

EADER Bessie C., 1182
Susan, 1263
William, 1263
EADON Anna M., 691
EAKELBERGER John, 702
Susan, 702
EAKLE ---, 275, 703, 745, 754, 867, 922, 926, 928, 998, 1121, 1168, 1210, 1212, 1213, 1214, 1260, 1261, 1294
Adeline F., 711
Alcinda, 1186
Alcinda M., 1180
Aletha, 852, 1180, 1322
Alfredah, 855
Allen, 851
Allen D., 1180, 1322
Allen Denton, 1180
Ann, 1180
Anna, 855
Annie E., 705
Bessie, 1181
C. O., 1210
Caroline, 637, 742, 1092, 1180
Catharine, 497, 993, 1180
Catherine, 754, 1168

Clayton O., 1211
Delanah, 855
Elias, 498, 852, 1180, 1322
Elizabeth, 855, 1101
Elizabeth C., 983
Ella M., 755
Essie S., 1322
George, 707, 855, 1101, 1180
George A., 983, 1098
Henry, 637, 695, 742, 1092, 1180, 1186
Homer, 1322
Howard, 897, 1322
Howard C., 1322
Ida, 842, 1180, 1322
Jacob, 146, 993, 1180
John, 755
John B., 1180
John D., 539, 706
John E., 1008
John L., 711
Joseph, 146
Joseph D., 1181
Josiah, 712
Laura, 851
Laura S., 1180, 1181
Laura Susan, 851, 852
Lena, 897, 1322
Lizzie, 983, 1098
Lulu May, 1181
Martin, 562, 754, 755, 1168
Mary, 707
Mary A., 855, 1007
Mary Aletha, 1181
Mary Ann, 1101, 1180
Mary Catharine, 712

Mary E., 855
Mattie, 1322
Mr., 1181
Nellie, 806
Sarah, 1008, 1180
Sarah Edith, 855
Susan F., 855
Vinton L., 504
Willis, 842, 1180
Willis W., 1180
Willis Washington, 1322
EAMES Clare, 612
EARHART Joshua, 1055
Sophia, 1055
EARL John, 22
EARLEY John H., 465
William, 465
EARLY ---, 357, 358, 921
Ann, 1305
Gen., 355, 357, 358, 359, 360, 363, 364, 365, 977, 1310
Jacob, 1305
John, 861
Jubal A., 421
EARNSHAW Mary E., 675
EASTBURN Robinson, 795
Sarah Ann, 1320
Sarah Nelson, 794, 795
EASTERDAY Abbie, 1149, 1319, 1320
Annie E., 1319
Annie Ellen, 1319
Bessie, 1319

Catharine, 1319
Clarence W., 1319
Conrad, 1318, 1319, 1320
Conrad Lewis, 1319
Eleanora, 1319
Elisha, 1319
Etta, 1319
Huber, 1319
Imogene, 1319
Jennie, 1319
Josephus, 1319
Lawrence D., 1319
Lester, 1319
Louis, 1319
Lydia, 1319
Mary E., 1319
Mary Jane, 1319
Mattie, 1319
May, 1319
Nannie, 861, 1318
Nellie, 1319
Nettie M., 1319
Susan, 1319
Virginia, 1214, 1215
William, 1319
EASTMAN ---, 1214
EASTON Benjamin Franklin, 1079
Betsey, 875
Charles Fenton, 1079
Clemmie, 854, 974
Daisy, 865
Daniel, 974
Elisha, 875
Eliza, 499, 974, 1132
Eliza A., 802, 1079
Elizabeth A., 856

# INDEX

Ernest, 974
Fenton, 802
Franklin B., 802
Harry, 974
Hezekiah, 865
John, 802, 856, 1079
John Milton, 1079
John William, 1079
Levi, 248
Mary, 1079
Mary Catharine, 974
Mary J., 802
Mary Jeanette, 1079
Mary Jennett, 856
Miss, 187, 188
Nettie, 854
Verdie, 1079
William, 802, 1079
EATON General, 194
John H., 216
Mary C., 507
EAVEY ---, 276, 451, 674, 1020, 1026, 1150
A., 886
Adella, 1232
Anah, 931
Anna M., 1133
Bertha, 931
Bessie, 931
Catharine, 931
Clementine E., 931
Della, 641
Della I., 1133
Elizabeth, 1225
Ella, 931
Emma, 931
Emmeline, 931
Emory, 931

Ezra R., 1133
H. S., 562
Harry, 931
Henry, 1232
Henry S., 517, 1020, 1103, 1133
Herman, 1232
Herman R., 1133
Ida, 931
Jacob, 855, 931, 1128, 1133
Jacob E., 931
John, 931, 1119, 1133
Joseph, 1133
Josephine Catherine, 931
Kate, 1232
L. H., 1133
L. V., 1133
Leslie, 1232
Lottie, 811
Lottie G., 855, 931
Margaret, 964, 1119, 1133
Matilda, 931
Rachel, 708, 1133
Samuel, 931
Samuel H., 931
Sarah C., 1133
Sarah Catherine, 1103
Susan, 1133, 1231
Tracy, 1133
Viola, 642, 1232
William, 931
EAVY ---, 906
EBERHART
Michael, 393
EBERLY Barbara, 1002

Sallie, 702
Samuel, 702
EBERSOLE
Abraham, 513, 514, 654
Ann, 693
Annie E., 693
Christian, 655, 693, 784, 812
Daniel, 655
Daniel E., 693
David, 654, 812
Elizabeth, 655, 693, 1113
Emma, 928
Fannie, 654, 655, 693
Fanny, 812
Harry, 928
Henry, 654
Ira D., 812
Jacob, 693
Jacob H., 812
James, 928
John A., 812
John F., 693, 1071
Mary Alice, 812
Minnie Elizabeth, 784
Nancy, 654, 1071
Samuel, 654
Susan, 585
Walter Aden, 812
EBRAD ---, 512
William, 537
EBROCHT ---, 551
EBY ---, 653
Amos, 694
Andrew, 1071
Anna, 694, 1071
Anna A., 694, 695
Annie, 1071

Barbara, 1071
Benjamin, 654, 694, 695, 1071
Benjamin H., 961
Benjamin W., 1071
Bertie, 694
Catharine, 1071
Christian, 1071
Christian W., 513, 514
David, 1071
Elizabeth, 654, 747, 961, 1071
Fannie W., 1071
Fanny, 1071
George, 1071
Henry W., 1071
Ida, 1032
Isaac, 1071
Isaac W., 514, 655, 784, 812
Isove, 1071
J. W., 1032
Jacob, 1068, 1071
John, 1071
Jonas, 1071
Jonas W., 1071
Lois, 694
Luke, 694
Martha, 663, 694
Mary, 662, 677, 784, 812, 1071
Michael, 1071
Mr., 524
Nancy, 694, 695
Noah, 1071
Pearl, 694
Peter, 1071
Reuben, 1071
Samuel, 1071

Sem, 1071
Sem W., 1071
Susan, 1071
Susanna, 1071
Theodore, 1068, 1071
ECCLESTON Samuel, 484
ECHELBERGER Anna Maria, 725
ECHERT Rebecca, 67
ECKART Rebecca, 68
ECKEL ---, 743
ECKER ---, 527
Catharine, 931
Elhanan, 928
Elizabaeth, 754
Elizabeth, 877
Emma, 928
Joanna, 928
John, 754, 877, 923, 1128
Lydia, 1211
Mary, 1128
Matilda, 923, 1128
Sophia, 928
ECKS ---, 480
ECKSTINE Charles, 842
David, 771
Earl S., 771
Fannie, 771
Flora A., 842
EDANS Mildred, 1235
EDDES William, 26
EDDIS ---, 60
EDDY Ann, 697
EDELEN Charles, 1196, 1220
Eliza, 1196, 1220

Susan, 1221
Susan M., 1196, 1220
EDEN Governor, 65
EDGAR C. Goodloe, 981, 1054
Mary, 981, 1054
EDLEN Ellen, 1062
EDMONDS Alice, 1120
Benjamin F., 1120
Calvin, 1120
Etta, 1120
George H., 1120
J. Benjamin, 1120
J. Howard, 1120
Jacob R., 1120
Mamie, 1120
Margaret, 1120
Nathaniel, 1120
Roger T., 558, 1120
EDMUND, 1013
EDMUNDS Manie, 996
R. T., 996
EDWARD, 140
King, 1195
The Confessor, 643
The First, 140
EDWARDS Aquila, 487
Caroline, 584
Catherine, 247
Charlotta Maria, 584
Charlotte, 584
Daniel, 145
Emory, 486
George, 584
H. P. B., 486

# INDEX

Henry, 339, 342, 353, 365, 386, 486, 550, 551, 583, 584, 977
  Horace Hampton, 583
  J. J., 1053
  Jonathan, 583
  Maria, 583, 584
  Mr., 163, 584, 754
  Philip, 550
  Pierrepont, 583
  Richard, 583
  Robert, 559
  Susan E., 754
  Thomas, 165
  Tryon, 390
  Tryon H., 247, 1001
  Tryon Hughes, 557
  William, 552
  William B., 487
  William C., 584
EGAN Lella, 871
  Miss, 828
EGERTON C. C., 292
EHLEN Amelia, 455, 1226
  John H., 455
EICHELBERGER Anna Maria, 724
  Conrath, 393
  Elizabeth, 822
  George M., 948
  Grayson, 310, 556, 985
  Henrietta, 822
  Jane, 948
  Martha, 585
  Mary, 1290
  Mary Jane, 948
  Michael, 822
  Peter, 1290
  Samuel, 718
  Uriah, 585
EICHOLTZ Jane M., 1229
  Mr., 446
EILBECK ---, 908
EIRLEY Allen Joshua, 678
  Clara E., 558
  Clara S., 677, 678
  Dr., 678
  E. E., 558
  Elmer E., 677, 678
  William H., 678
ELDEN Elizabeth, 953
  Ezekiel, 953
ELDER ---, 350
ELDRED ---, 643
  Dorothy, 643
  John, 643
  Mary, 643
  Nathaniel, 643
  Robert, 643
  Samuel, 643
  William, 643
ELDREDGE ---, 643
ELDRIDGE Abel, 642, 643
  Albert, 642, 643
  Albert Andrew, 642
  Andrew C., 642
  Andrew Cole, 642, 643
  Arthur C., 642
  Caroline, 642
  Charles A., 642
  Charles D., 642
  Clarence V., 642
  Daniel, 642
  George C., 642
  Hannah, 642
  John, 642, 644, 1012
  John H., 642, 643
  John W., 642
  Lillie, 1012
  Margaret, 644
  Maria Augusta, 643
  Mary Augusta, 642
  Nathan, 642
  Phoebe, 642, 643
  Reno L., 642
  Rhoda C., 642
  Russell A., 642
  S. Lillian, 642
  Samuel, 642, 643, 644
  Thomas, 642
  Vallie G., 642
  Viola C., 642
  William, 642, 643
ELGIN H. C., 1038
  J. H., 317
  J. Luther, 1038
  James H., 834
  Julia, 834
  Prudence, 1038
  Rachel, 1038
  William S., 1149
ELI Elizabeth, 1232
  Lizzie, 1232
  Mahlon, 1232
  Mary, 1232
  Maud, 1232
  Thomas, 1232
ELIASON Mary McIntire, 846, 847
  William, 847
ELICKER Lydia, 580

ELIZABETH Queen, 583
ELLEGOOD James E., 558
ELLETT Mrs., 727
ELLIOTT Capt., 147
　Commodore, 113, 236, 247
　Falcott, 559
　Frank T., 564
　George W., 1321
　Hazel, 805
　James Duncan, 236
　John, 1269
　Lieut., 127
　L. E., 529
　Laura, 1269
　Mary, 735, 1321
　Robert, 113, 236
　Samuel, 735
　Susan, 1269
ELLIS Miss, 876
　Reuben, 486
　Rev. Mr., 553
ELLSWORTH Colonel, 766
　Roger, 765
ELLWICK ---, 1302
ELLZEY William, 205
ELSBY Ellen, 1036
ELTZROTH Catharine, 987
　Francis, 987
EMBICH Eva, 697
　Sarah, 697
EMBREY Charles, 1008
　Theodore, 381
EMERICK Ludwig, 537, 773
　Maria, 773, 774
　Susan, 773
EMLY Col., 310
EMMERT Abram, 1224
　Allen Rogers, 1230
　Amanda, 1224, 1229
　Amelia, 1224, 1230
　Andrew, 1230
　Ann, 911
　Anna, 1066, 1229
　Annie E., 1229
　Barbara, 837, 1226
　Ben, 1224
　Benjamin, 532, 534, 1229
　Benjamin N., 534
　Burkhart, 1229
　Carrie, 1230
　Catharine, 1073, 1224, 1230
　Charles, 1055, 1229
　Claggett, 1229
　Clarence, 1229
　Daniel, 736, 836, 1055, 1133
　David, 456, 837, 1073
　Della, 1055
　Edith, 1229
　Edward, 1230
　Effie, 1229
　Elenore, 1055
　Elias, 553, 636, 662, 958, 1224, 1229
　Eliza, 1229
　Elizabeth, 733, 734, 735, 836, 911, 1164, 1223
　Ella, 851, 1224, 1229, 1230
　Ernest, 1229
　Ernest B., 1038
　Eva, 1229
　Ezra, 851
　Ezra D., 1055
　Frank, 1224, 1229, 1230
　Frank N., 559
　Fred B., 1229
　Gertie, 1230
　Grace, 1229, 1230
　Hannah, 1230
　Harry, 1055, 1229, 1230
　Harry Huffer, 1092
　Henry, 532, 1092, 1224, 1229
　Henry F., 534
　Howard, 1229
　Ida, 1055, 1229
　Isaac, 456, 692, 837, 1226, 1233
　J. V., 1262
　Jacob, 1224, 1229, 1230
　Jane, 1229
　Jennie, 1230
　Jessie, 1230
　John, 532, 733, 835, 906, 911, 1224, 1226
　John W., 1229
　Jonathan, 837, 1226
　Joseph, 528, 532, 534, 733, 837, 911, 1164, 1224, 1226
　Joseph S., 534, 1229
　Joshua, 529
　Julia, 1229
　Kate, 743
　Katie, 837, 1055

# INDEX

Kitty, 1230
Lavinia, 635
Lee, 1229
Leonard, 498, 528, 763, 837, 906, 1226
Lizzie, 734, 1055, 1229
Lurten, 1230
Lydia, 1230
Margaret, 736, 1133
Margaret S., 1055, 1092
Mark, 1229
Martin, 837, 1226
Mary, 763, 906, 1224, 1226, 1229, 1230
Mary Catherine, 692
Mary Ellen, 1055
Maud, 1230
Michael, 527, 874, 972
Mollie, 1224, 1229, 1230
Mr., 763
Nancy, 793, 837
Nellie Grace, 1055
Norman, 1055
Ollie, 1230
Olonzo, 1230
Oscar, 1230
Paul, 1229
Polly, 1224
Prudence, 1038
Robert, 1229
Saidie, 1229
Sallie, 836
Samuel, 402, 456, 517, 527, 532, 695, 1224, 1229, 1230
Sarah, 763, 837, 906, 1224, 1226, 1229, 1233
Sayler, 1229

Susan, 1224, 1230
Susanna, 837
Theodore, 743
Thomas, 1229
Tom, 1224
Urilla, 635, 1163, 1164, 1229
Victor, 1224
Walter, 1230
William, 1224, 1230
William Edgar, 1055
Winfield, 1230
Zachariah, 1224, 1230
EMMINGER Susan, 773
EMORY John, 487
Thomas, 133
EMPEROR ---, 291
EMRICK Jacob, 146
ENGEL Anna, 786
ENGLE Balinda Ann, 1122
Sarah, 1029
ENGLISH ---, 484
Ann, 728
Blanche M., 1152
Ebaugh, 462
Forest William, 1152
John C., 500, 1151, 1152, 1155, 1156
John M., 728
Josephine, 1151
June, 1152
Laura S., 1155
Mary, 824
Mr., 1155, 1156
Susie, 1152
Thomas W., 1151, 1152, 1156

William, 824
William B., 728
ENLOW Laura, 667
William, 667
ENNIS Catharine, 1011, 1149
John, 1011
ENOCH Charles H., 286
ENOCK Henry, 48, 49
ENSMINGER Christian, 145
Mary, 945
Mr., 945
Sallie, 1162
ENTIER John, 79
ERASMUS of Holland, 518
ERB Susan, 653, 1272
T. A., 1272
ERNST Adaline, 863
Barbara, 863
Carlton, 723
Catharine, 863
Catherine, 723
Dollie, 723
Edith, 863
Edwin G., 863
George, 723
J. William, 863
John, 723, 863
John G., 722, 723, 863
Joseph, 564, 722, 723
Joseph G., 564
Julia Ann, 722
Mary C., 863
Mary E., 723
Mollie A., 863
Myrtle, 723

Noah, 656
William, 723
William C., 786, 863, 954
William T., 723
ERRETT Isaac, 473
ERRICSON Mr., 210
ERWIN James, 97
ESHELMAN ---, 513
Abraham, 584
Amanda, 514
Christian H., 514
Emory, 514
John, 513
Mary, 584
Michael, 514
Peter, 513, 584
Peter R., 513
Susanna, 584
Ulrich, 584
ESHLEMAN ---, 636, 657
Abraham, 584, 585, 654, 655, 662, 663, 807
Abraham J., 1312
Abram, 657
Adeline, 585
Amanda, 654, 1313
Amos D., 1312
Ann Elizabeth, 808
Anna, 584, 657, 662, 663, 691
Annie, 808
Barbara, 584, 654, 662, 961
Benjamin, 564
Benjamin H., 808
Catharine, 654, 655
Catharine W., 657

Catherine, 584, 585, 807, 808
Catherine W., 657
Christian, 654, 1312
Christian H., 663, 1312, 1313
Clinton, 663
Cora S., 663
Daniel, 654, 662, 807, 1032
Daniel H., 808
Daniel R., 663
David, 585, 654, 662
David F., 808
David H., 663, 962, 1312
Elizabeth, 584, 585, 654, 657, 663, 807, 1005, 1032, 1071, 1312
Elizabeth H., 688
Elizabeth R., 1312
Ellen, 585
Emma, 807
Emma S., 808
Emory, 1313
Esther, 662
Esther S., 1312
Fannie, 807
Florence, 808
George S., 663
Harry W., 585
Harvey, 808
Henry, 585, 657, 663, 807
Hettie, 662
Ida, 662
Ida C., 663, 1312
Isaac, 663
Israel R., 1312
Jacob, 570, 585, 657

Jacob C., 807
John, 585, 654, 662, 807, 1032, 1313
John S., 807, 1032
Jonas, 657, 662
Joseph, 654, 662, 961, 1312, 1313
Joseph H., 662, 663
Kate M., 1312
Katie, 1313
Laban L., 1312
Leah, 654, 657, 807, 961
Lizzie, 662
Lydia, 1313
Magdalena, 585
Maria, 570
Martha, 585, 657, 688, 691
Martha E., 663
Martin E., 1312
Martin H., 808
Mary, 654, 655, 657, 662, 663, 961, 962, 1005, 1032, 1312
Mary A., 807
Mary Ann, 1312
Mary E., 808, 1312
Mary M., 1312
Melinda, 807
Michael, 654
Michael H., 663, 1313
Minnie, 662, 663
Miss, 784
Mr., 691
Myrtle, 654
Nancy, 654, 1313
Peter, 585, 654, 662, 688, 807, 1005, 1312
Peter H., 663

INDEX 71

Peter R., 662, 688, 691
Petr, 961
Rebecca, 808
Rhoda M., 663
Samuel, 662
Samuel H., 808, 1312
Samuel P., 807, 1032
Sarah, 807
Simon, 585
Susan, 585, 654, 662, 663, 1005, 1312
Susanna, 662, 807, 808, 1313
Ulrich, 807, 1032
Veronica, 1032
ESTELLE James M., 282
ETMEYER Barbara, 797
John, 797
ETNOYER John, 538
ETNYER Clarlie, 1232
Elias, 1232
Samuel, 538, 547
Sarah, 1232
EVAN John, 49
EVANS Allen, 291
Ellwood W., 451
Hugh W., 1072
J., 353, 397, 644
Jeremiah, 99
John, 49
Josiah, 543
M. Tapham, 556
Mary Ann, 1072
Nettie, 1031
Oliver, 653
W. H., 292
EVEN John, 48

EVERETT ---, 304, 972, 1306
Annie A., 1173
Isaac, 517
Theodore, 1173
EVERETTS ---, 741
EVERHART ---, 764
David, 569
Lawrence, 549, 765
Mary, 569
Mary L., 569
Sergeant, 765
EVERLY Florence, 1263
EVERS A. M., 465, 467, 468, 476, 499, 501, 503, 504, 508, 553, 559, 574, 755, 756
Abraham M., 575
Alice M., 575
Catharine, 574, 575
Catherine, 575
Diana, 575
Elizabeth, 575
Jacob, 575
Jennie, 575
John, 574, 575
Priscilla, 575
Samuel, 575
Samuel J., 575
Sophia, 575
W. B., 476, 504
William, 499, 508
William B., 575
EVERSOLE Ch'n., 82
Mr., 1262
EVERT Rev. Mr., 1272
EWELL ---, 347, 348, 921

Lieut. General, 921
Rev., 553
EWENS Cora Belle, 1042
Thomas, 1042
EWIN Mary, 863
EWING Elizabeth, 864
Margaret, 864
Mary, 864
Thomas, 255
EXLINE Harry, 824
J. H., 399
Mertie, 824
EXTINE Eliza U., 636
Jacob, 636, 718
Virginia, 718
EYERLY ---, 1029
Albert, 655
Albert H., 1113
Albert J., 851, 1113, 1116
Annie Elizabeth, 1113
Benjamin F., 851, 1113
Carrie, 1113
Catherine, 851, 1113
Charles, 851
Cora, 851
Daisy, 851
Daniel H., 851, 1113
Edith, 851
Elizabeth, 655, 848, 851, 1113, 1266
Elmer, 851
Emma, 851
Emma C., 1113
Emma J., 1113
Florence M., 1113

George W., 848, 851, 1113
Harvey, 1113
Helen, 851
Helen M., 1113
Henry, 848, 851, 1113, 1266
Hezekiah, 851, 1113
Howard W., 1113
John, 851, 1113
Laura, 851
Lizzie, 1232
Margaret, 851
Mary, 851
Mary Ann, 1113
Nancy, 851
Oscar, 1113
Proctor K., 851
Rose, 1113
Susan, 851
Vista, 1113
William, 382
EYESER J. A., 314
EYESTER W. F., 543
EYLER Albert, 1229
Amanda, 647
Annie, 1229
Carrie, 1229
Daniel, 1229
Emma, 1229
Florence, 1229
Harry, 1229
Howard, 1229
Louisa, 1204
Maria, 735
EYSTER George, 310
J., 239
Mrs., 310

W. F., 539, 542, 543, 547
William F., 320

-F-

FABBORN David, 581
Mary, 581
FABBS Moses, 146
FACKLER Michael, 67
FAGUE George, 149
Micheal, 146
FAHA Carrie, 924
FAHRNEY ---, 665, 1326
Alice, 1253, 1254
Amy, 734, 1049, 1253
Andrew, 734
Ann, 733, 734
Anna, 777
Annie, 734
Annie A., 1253
Annie A. C., 1253
Barbara, 734
Benjamin, 532, 534, 734, 748, 1229
Bessie, 578
Blanche, 777
Callo, 524
Callo., 1326
Catharine, 734
Catherine, 578
Christabel, 1254
Clara, 734
Clara A., 1253
Clarence, 735
Cora, 777
D. P., 931

Daniel, 733, 734, 874, 1049, 1253
Daniel Newton, 1253
Daniel P., 559, 734, 787, 1253
David, 734
Dorothy Sangree, 1254
Dr., 757, 1201
Edna M., 735
Elizabeth, 733, 734, 735, 762, 777, 787, 1115
Ella E., 1326
Elmer, 734
Elmer C., 1254
Elmer Clay, 1253
Emmert, 734
Eve, 734
Ezra, 734
Fannie, 777
Frances, 1254
Frank, 1229
Frederick, 734
Grace, 734, 777, 842
Guy, 1253
Harry, 578, 1290
Henry, 734
Howard, 734
Howard B., 1253, 1254
Howard Daniel, 1254
Jacob, 734, 757, 777, 852, 1253
Jean, 1254
Jennie S., 735
John, 733, 734
John E., 734
John E.d, 735
Joseph, 733, 734, 735

# INDEX

Josephine Catherine, 931
Josiah, 734
Katie M., 735
L. W., 559
Laura, 777
Lawrence, 578
Lester, 735
Lewis, 762
Lewis E., 777
Lewis W., 734, 1253
Lizzie, 734, 777
Louisa J., 748
Lucy, 1229
Lydia, 734
Lydia E., 1115
Maggie, 763
Margaret, 734, 1233
Mary, 734, 735, 777
Mary Ann, 734
Mary E., 735, 1326
Mary Elisbeth, 1253
Mary K., 777
Mary L., 777, 1326
Minnie G., 777
Miss, 1126
Nancy, 734
Nellie E., 735
Newton, 734
Nicholas, 734
Norman E., 777
Orbannah L., 777
Peter, 733, 734, 735, 794, 1115, 1253
Peter D., 734
Prudence, 777
Samuel, 734
Sarah, 734
Sarah Ann, 734
Sarah Jane, 735
Savilla, 734
Saville, 794
Stanley E., 777
Susan, 734, 873, 874
Susan B., 1290
Susan M., 787, 1253
Susanna, 733, 734
T. J., 533, 563, 1326
Theodore, 1229
Theodore W., 534
Tilghman J., 777
Vergie, 735
W. S., 777
Welty, 735
William O., 1290
FAIR George, 841
M. W., 465, 497
Rev., 498
FAIRBANK Emma, 581
FAIRFAX Admiral, 926
Bryan, 926
D. McN., 389
Donald McNeill, 926
Edith, 926
Lord, 56, 61
William, 38
William McNeill, 926
FAITH ---, 484
Alice, 1109
Annie, 1109
Caroline, 1109
Catherine, 823, 1108, 1109
Charles H., 1109
Eli, 1109
Ella, 1109
Emma, 824, 1109
Eugene, 824
Eva, 1109
George, 1109
Harry, 1109
Hester Anne, 1109
James, 824
Jerome, 1109
John B., 1109
Joseph, 823, 824, 1108, 1109
Julia, 824
Lagorie, 1109
Lewis, 1108, 1109
Loretta, 1109
Margaret, 1109
Martha, 824
Mary, 824, 1109
Mary Stephen, 824
Mertie, 824
Midah, 824
Mr., 824
Paul, 1109
Raymond, 824
Robert, 1109
Sarah, 1109
Thomas, 1109
William, 823, 824, 1109
FALCONER Katie, 878
Lucian E., 878
Murray, 878
Virginia, 878
FALK Hannah, 567
Rev. Dr., 342
FALKERSON J. W., 476

FALKLER Sophia, 1224
FALLON Micahel, 97
FANCH David, 875
  Matilda, 875
FANTZ Barbara, 510
FARBER Christian, 145
FARMAN Frances, 1213
FARRAGUT ---, 926
FARROW J. H., 562
  Joseph, 562
  Joseph H., 561
FARWELL John V., 684
FASNACHT Loretta, 1236
  Mr., 1236
FASNOCHT Catharine, 1049
FAUBEL Joseph, 1305
  Margaret, 1305
FAULDER ---, 472
  Susan, 1224, 1291
FAULDERS Barbara, 656
  George, 656
  Joseph, 656
  Louis, 656
FAULKNER C. J., 42
FEAGEN John, 82
FEARNOW Emily Frances, 1042
  Richard, 1042
FEATE Mary, 1201
FECHTIG ---, 435
  Barbara, 1192
  C. C., 165, 196
  Charles C., 159
  Christian, 149, 166, 386, 397
  Christian C., 146
  George, 239, 246, 366, 444, 488
  George F., 1125
  L. R., 488
  M. Emmert, 431
  Mary Susan, 1125
  Susan, 883, 977
FECKER Joanna, 864
FEIDT Albertus J., 833
  Catherine, 833
  Elizabeth, 927
  George, 833, 927, 975
  George L., 833
  John, 833
  John Denton, 833
  Lancelot, 833
  Mary, 833
  Mary E., 1243
  Mr., 834
  Susan, 975
  Virginia Lee, 821
  William H., 833
FEIGLEY Ellen, 944
  Peter, 240
  William, 944
FEIRRIE ---, 1260
FELDMAN J., 488
FELKER ---, 551
  Abram, 776
  Catharine, 774, 775
  Ellen, 1232
  Kate, 1229
  Sarah, 1225
FELLINGER ---, 481
FELMLEE Evaline, 632
  John, 632
  Lila, 632
  Samuel D., 632
FENDRICK M. K., 871
  Philip, 871
FENGE Henry, 932
  Rosa E., 932
FENN Dr., 247
  Henrietta F., 247
FENNELL Annie, 1199
  Henry, 1199
FENWICK ---, 231
FERGUSON ---, 439
  Colonel, 707
  James, 99, 254, 389, 446
  John D., 472
  Mary Ann Christian Abigail, 550
  Robert, 494
  W. G., 487
FERRY Mary, 1261
FESLER Catharine, 510
FESSLER John, 381
FETTERHOFF Barbara, 1321
FIDLER Miss, 872
FIEGLEY Samuel, 146
FIELD Marshall, 684
FIERY Aaron, 1018
  Albert, 1229
  Albertus, 1041
  Alice, 1193, 1224, 1229, 1230
  Amanda, 1229
  Barbara, 911, 1229

# INDEX

Benjamin, 1229
Bertha, 1229
Capt., 318
Caroline, 1231
Catharine, 674, 1322
Daisy, 1231
E. A., 1103
Ed, 1231
Elizabeth, 848, 1018, 1229
Elmer, 1231
Emma, 844, 848, 1204, 1229
Emmert, 1229
Flora, 1229
Florence, 924
Genie, 1231
Imogene, 1229
Jacob, 187, 287, 376, 911
John, 1231
Joseph, 674, 695, 1224, 1322
Julia, 1103
Kate, 1229
Lewis P., 306, 308, 314, 317, 320, 343, 376, 985, 561
Louis P., 305
Maria, 1224
Mary, 1041
Mary Catherine, 815
May, 1231
Mollie, 1229
Mr., 229, 321
Nettie, 1229
Oliver, 1229
S. M., 306
Samuel, 1229

Susan, 977, 1263
Verna, 1229
William, 848, 954, 1158, 1229
FIGLEY John, 1201
  Margaret Ann, 1192
  Peter, 1201
  Susan, 1200, 1201
  William, 1192
FILLER Lydia, 580
FILMORE ---, 358
FILSINGER Frederick, 656
  Mary M., 656
FINDLAY ---, 47, 1140
  Anna Howell, 624
  Archibald I., 623
  Archibald Irwin, 235, 622, 623
  Elizabeth, 622
  Governor, 181, 235
  J. V. L., 317, 562
  James, 89, 235, 428, 452, 456, 563, 574, 622, 623, 1080, 1102, 1140
  Jane, 622, 623
  John, 623
  John King, 623
  John V. L., 321, 556
  John Van Lear, 235, 623
  Jonathan Smith, 623
  Joseph W., 447
  Michael U., 186
  Mr., 624
  Nancy, 623
  Nancy I., 235
  Nancy Irwin, 574, 623, 624
  Nannie, 672

Nathan, 623
Robert, 623
Robert Smith, 623
Samuel, 622, 623
Sarah R., 574
Sarah Roberta, 624
Sophia, 235, 622, 623
Sophia Van Lear, 623, 624, 1080
Thomas, 623
William, 235, 574, 623
FINDLEY Mr., 1254
FINK Charles, 1048
  Lillie K., 1048
FINKS Tabitha, 1292
FINLEY M., 722
  Michael A., 201
FINNEGAN Wesley, 379
FIREY ---, 1252
  E. A., 674
  Eliza J., 1314
  Frank P., 674
  Gela, 674
  Henry, 1314
  Jacob, 562
  John, 747, 748
  Joseph H., 563
  L. P., 562
  Lelia, 674
  Mary, 674, 747, 748
  Max J., 674
  N., 562
  Nathaniel, 674
  S. M., 471
  Sabina, 747
  Samuel, 470
  Samuel M., 556

Thurman C., 674
FISACH Henrieta, 1221
FISCHACK Catherine Rebecca, 1290
FISCHER Jacob, 392
FISH Charles B., 215
General, 137
Nancy, 684
FISHACK Frederick, 539
Henrieta, 936
Henry, 991
Margaret, 991
FISHER ---, 487
Aaron Crosby, 568
Anthony, 987
Charles, 511
D. E., 559
Eliza, 872
Elizabeth, 1271
Emma J., 983, 1098
George, 1131
George L., 451
Helen, 1271
John, 1271
Malinda, 987
Mary, 1109
Peter, 79, 121
Phillip, 79
R. D., 983, 1098
Rebecca, 677
Rezin D., 911
Sarah, 882
Thomas, 756
William, 1109
William A., 557
FISHOCK Annie, 808

FISK ---, 233
Charles B., 248
James, 834
FISKE Charles B., 233
FITCH G. N., 293, 296
FITZGERALD James, 51
Philip P., 480
FITZHUGH, 140
---, 187, 247, 265, 374, 440, 644, 908
Ann, 138
Anna, 382
Benjamin, 200
Benjamin G., 443
Catharine, 284
Clagett, 290
Col., 125, 138, 139, 140
Daniel, 140
Elizabeth, 140
Emily, 140
George, 141
Henry, 140, 141
James, 140
John, 200
Marie Antoinette, 247
Mary, 141, 285
Mary Pottinger, 284
Meta McP., 284
Mr., 140, 290
Mrs., 140
Peregrine, 79, 140, 200, 284, 285, 389
Rebecca, 301
Samuel, 140
Sarah, 141
Sophia, 284
Susan, 141

W. H., 562
William, 79, 80, 99, 109, 112, 125, 135, 136, 138, 140, 141, 143, 194, 200, 201, 203, 247, 284, 285, 376, 389
William H., 140, 141, 160, 167, 186, 200, 224, 230, 234, 245, 253, 256, 562
FITZPATRICK Gen., 350
James, 216
Mr., 791
FITZSIMMONS James I., 1078
Sophia C., 1078
FLANAGAN ---, 375
FLANNAGAN ---, 371
FLAUGHER John, 472
FLAUT Mary, 848
FLAUTT Annie, 1204
Bessie, 1204
Cora, 1204
Edward, 1204
Eliza, 1204
George, 481, 1204
John, 1204
Martha J., 1204
Mary, 844
Melvin, 1204
Myrtle, 1204
FLEGLEY Samuel, 277
FLEMING Alice V., 744
Alvena V., 1320
Ann, 1320
Anna N., 1097
Annie M., 1097

# INDEX

Caherine, 1097
Clorinda, 795, 1320
Cora A., 817, 1320, 1321
Donald H., 1321
Dr., 795
E. C., 1320
Ed. E., 1320
Edward, 1320
Edward E., 817, 1321
Edward R., 1321
George W., 1097
Gertrude, 1320
Ida M., 1097
J. C., 744
J. S., 1097
James, 487, 1097
Jennie, 1320
Jenorous K., 1320
John, 1320
John A., 475, 1097
John B., 1097
John N., 1320
John Q., 1097
Joseph Walter, 1097
Lillie, 1097
Mary K., 1097
Mary S. E., 1097
Mr., 1321
Mrs., 1321
Paul N., 1321
Raymond E., 1321
Richard L., 1321
Robert, 1320
S. Eugenia, 1097
Wonda C., 1321
FLEMMING Clorinda, 1320

Edward E., 1320
J. K., 1320
John A., 563
FLETCHER C. A., 562
Charles, 1083, 1095
Charles A., 237
Elizabeth, 538, 547
Mary, 1158
FLICK ---, 1018, 1209
Catherine, 1234
Elizabeth, 937
John, 79
Margaret, 1206
William, 1206, 1209
FLIPPO Mollie, 1230
O. F., 1230
FLOAK Rosa, 1318
FLOOD Louisa, 1202
FLOOK Betsy, 935
Carrie, 1186
Clemmie, 685
Edna, 1186
Elizabeth, 935
Emma, 1186
Florence, 1186
Frank, 1186
Harman, 1186
Howard, 1186
Jacob, 1122
Jennie, 1186
John, 1186
Jonas, 531
Lydia, 1186
Mary, 887
Oscar, 1186
Sarah E., 1122

FLORA Alexander, 626
David, 646
Elizabeth, 645, 646
Jacob, 646
John, 646
Mary J., 715
Peter, 645, 646
Rebecca, 997
Sarah, 798
FLORY Alex, 562
Alexander, 891
Amanda, 891
Amelia, 891
Benjamin, 991
Catherine, 891, 892, 1202
Christopher, 538, 988
Conrad, 539
Daniel, 197, 891, 892, 1202
David, 892
David H., 891, 892
Elizabeth, 891, 988, 991
Frances, 1202
Frances Elizabeth, 892
Hannah, 892
John, 538, 991
Margaret, 991
Maria Amanda, 892
Mary, 891, 991
Mary Catherine, 892
Mary Etta, 892, 1202
Mclanchton, 991
Mercy, 891, 892
Nancy, 991
Peter, 539

Sarah, 991
Susanna, 991
Wilhelmina, 991
FLOUGHER John, 548
FLOYD D. B., 464, 494, 497, 507
David B., 507
Edith H., 1174
Henrietta C., 1174
John, 497
Secretary, 258
William T., 1174
FLUCK Daniel, 1170
Elizabeth, 1170
Miss, 655
FLYNN ---, 481
FOARD James, 97
FOCKLER Alice, 924
Alice M., 1290
Annie, 1290
B. Edwin, 1290
Benjamin, 1289, 1290
Caroline, 1290
Catherine R., 1290
Clifford B., 1290
Ella S., 1290
Ella V., 1290
George, 146
George S., 1290
Harry L., 1290
James B., 1290
John P., 563, 893, 924, 1175, 1289, 1290
Laura K., 1290
Leah, 1290
Louisa H., 1289, 1290
Lutie B., 1290
Mary, 1290

Mary Ellen, 1290
Michael, 82, 83
Mr., 1291
Peter, 1289, 1290
Susan, 1290
Susan B., 1290
Vera, 1290
William, 1290
FOGLE Edna Dent, 1293
John, 79
FOGLER Curtis, 773
George, 539
Milton, 1215
Miss, 848
Simon, 79, 537
Telina R., 987
FOLEY Harriet, 628
FOLKE George, 45
FOLTZ Ann, 747, 988
Ann C., 793
Annie, 936, 942, 1221
Annie K., 793
Barbara, 793
Benjamin F., 734, 793, 794
Catharine, 735
Catharine A., 936
Catherine, 793, 837
Catherine A., 1221
Clara B., 936, 1221
Clara Etta, 936
Cora A., 794
D. W., 938
Daniel W., 564, 793, 794
Effie May, 794
Elizabeth, 793
Emma, 793, 1131

Emma K., 794
Emma L., 936
Esther, 793
F. F., 564
Frederick, 735, 942
Frederick F., 936, 988, 1221
George, 793, 1221
George W., 793
Grace, 936
H. C., 485
Harry E., 794
Harry R., 1221
Henrieta, 936, 1221
Henrietta, 1221
Henry, 793, 836, 874, 936, 1221
Henry C., 564, 936, 1221
Jacob, 735, 793, 794, 1007
Jacob L., 793
John, 793, 1221
John F., 1221
John H., 793
Jonathan, 793
Katie G., 936
Kitty, 1007
Lewis N., 735
Louis N., 793
Lula Jane, 735
Lula M., 936
Lydia C., 793
Magdalena, 793
Mary, 761, 793
Mr., 937
Nancy, 793, 794, 836
Nettie Blanche, 794
Robert G., 936

# INDEX

Sadie, 938
Sadie V., 793
Sallie G., 936
Samuel, 529, 825, 837
Samuel M., 793
Sarah, 677, 1083, 1095
Savilla, 734
Saville, 794
Simon, 1221
Susan, 793, 874
William R., 936, 1221
FOLWELL Charles H., 708
  Mary Nelson, 708
FONDERBURG Miss, 924
FOOTE Andrew Hull, 926
  Gov., 283
  Henry, 727
  W. W., 727
FOOTHE Samuel A., 926
FORCE Calvin, 701
  Peter, 48
FORD ---, 134
  Blanche, 628
  George, 628
  Grace, 1265
  Hettie, 1200
  James P., 803
  John, 782
  Malinda, 803
  Martha, 782
  Mary, 782
  May, 1200
  Miss, 781
FOREMAN ---, 99
  Francis, 99
  Jennie, 736
FOREST Jacob, 549
FORESTS William, 497
FORGAN Andrew, 1065
  David, 1065
  Mary, 1062
FORREST Jonathan, 436
  Susan, 436
FORTHMAN Frederick, 724
  Margaret Ann, 656
  Sallie E., 724
FORTNEY Samuel, 791
FOSNACHT Joseph, 553
  Mr., 871
FOSTER H. C., 975
  Henry C., 559
  John T., 897
  Martha, 975
  Mary, 628
  Mary Jane, 897
  William, 628
FOUCH George, 531
FOUCK George, 1324
  Mary, 1324
FOUFF Alice, 1155
FOUK ---, 551
  H., 562
FOUKE Annie, 1233
  Davis, 1225, 1233
  Elizabeth, 1225
  Elmira, 1225, 1233
  Emma, 1225, 1233
  Eva, 1225, 1233
  Florence, 1225, 1233
  George, 1225, 1233
  H. C., 1233
  Henry, 182, 186
  Henry C., 1225
  Lizzie, 1233
  Luella, 1233
  Mary Lizzie, 1225
  Michael, 121
  Sydney, 1225, 1233
FOUT Birdie May, 811
  Calvin U., 811
  H. H., 508
  Maria Catharine, 811
  Mary S., 811
  Osceola, 811
  Robert N., 811
  Virgil A., 811
FOWKES ---, 908
FOWLER David, 234, 425, 1260
  John, 425
  Robert, 234, 251, 253, 343, 401, 402, 415, 425, 562
  S. F., 472, 517, 548
  Samuel F., 494
  Sarah, 1270
  Susan, 1260
FOX Charlotte, 796
  Clara, 1311
  Daniel, 312
  Elizabeth, 844, 848
  Emma, 1232
  G. F., 1311
  Hannah, 567
  Luther, 504
  Margaret, 848
  Margaret A., 844

# 80 HISTORY & BIOGRAPHICAL RECORD OF WASHINGTON CO.

FOYE Capt., 200
 Captain, 199
FRAMBACH James, 483
FRAME John O., 494
FRANCE H. S., 487
 John, 703
 Mollie, 703
FRANCK Mary, 585
FRANCKE ---, 520
 Hermann, 520
FRANK Joseph, 581
 Susan, 581, 698
FRANKENFELD Theodore, 461
FRANKLIN ---, 38, 39, 523
 Benjamin, 37, 38, 117, 122, 473, 962, 986
 Catherine, 962
 Dr., 91, 117
 Gen., 330
 John, 962
 Lieut., 127
 Lydia, 962
 Lydia Ann, 962
 Miss, 1190
 Rev., 497
 William F., 962
FRANTZ ---, 551
 Anna, 510
 Barbara, 1273
 C., 717
 Christian, 510
 Eliza, 1275
 Elizabeth, 1273
 Emanuel, 863, 945
 Henry, 1273
 Jacob, 510, 1273
 John, 510, 1273
 L. Franey, 1273
 Lewis, 551
 Michael, 522
 Samuel A., 1275
 Susan, 1273
 William W., 463
FRASER F. L., 502, 553, 554
FRAZER Etta Susan, 781
FRAZIER Bertha, 931
FRAZIERS ---, 50
FREANER ---, 275, 422, 631
 Col., 242
 George, 275, 305, 307, 308, 314, 317, 344, 366, 413, 456, 556, 557, 562
 James L., 241, 281
 Jim, 282
 John, 257, 258
 John A., 223, 281, 431, 435, 440
 William, 241, 277
FREASE Marion, 947
FREDERICK Father, 482, 483
 George A., 482
 J. Alphonse, 482, 483
 Lord of Maryland, 718
FREED J. D., 499, 501, 503
 Mayberry G., 548
 Rev. Mr., 873
FREEDLEY Cecelia, 1236
 John, 1236
FREESE Mary C., 937
 William, 937
FREMBACH Father, 480
 James, 479, 483
FREMONT General, 1156
 J. C., 257
 John C., 258
FRENCH ---, 335
 Andrew, 646
 Anna, 646
 Annie, 698, 725
 George, 256, 419, 422, 556, 557, 561, 562, 563, 565, 992, 562
 John, 698, 725
 Judge, 198, 250, 420, 444
 Magdalene, 1002
FRESH Kate, 1312
FREY Alonzo, 781
 Ann, 693
 Barnard, 79
 Bernard, 79
 Cecilia, 781
 Daniel, 781
 Ella, 935
 Francis, 781
 George, 393
 Johannes, 393
 Louisa, 538, 547
 Mr., 726
 Sarah, 988
 William, 781
FRICK ---, 1066, 1067, 1193, 1221, 1323
 Abraham, 510
 George, 1193
 John, 510

INDEX 81

Maria, 510
FRIDINGER Charles, 307
　Frederick, 379
　George W., 398
　John, 379
　William H., 398
FRIEDLIE Sallie, 1223
FRIEDLY Andrew, 824
　Catherine, 824
　Elizabeth, 824
FRIEND Alice Z., 785
　Catharine, 785
　Charles, 19, 21
　E. H., 563
　Edward, 563
　Elizabeth, 785
　Ellen, 1176
　Harry B., 785
　Henry, 785
　Jacob, 22, 75, 564, 785
　Lizzie, 785
　Mary Julia, 785
　Nancy, 785
　Nancy W., 785
　Rose K., 785
　Thomas, 785
　Tobias, 79
FRIES W. O., 467
FRIESE Jacob, 625
　Laura, 1029
　Lucinda, 625
FRINFROCK Ann, 633
　Eliza Jane, 633
　Irene, 633
　Isabella, 633
　Isabelle, 633

Jacob, 633
Jeremiah S., 633
John, 633
John Henry, 633
Letitia T., 633
Mary Jane, 633
Panama B., 633
FRISBY Ann, 138
　Peregrine, 138
FRITZ William, 558
FRIZZLE Elizabeth, 1012
FROCK George, 1029
FROMBACH James, 483
FROMMEYER Augustus, 1274
FROUNFELTER Samul, 530
FRUHLIG Mr., 537
FRUSH Mary C., 816
　Samuel, 816
FRUSHOUR Henry A., 841
　Lavinia, 841
　Margaret, 841
FRY Barbara, 1126
　Catherine, 1126
　Enoch, 1126
　George, 82
　Henry, 1126
FRYDINGER Jerome, 857
　Sarah, 857
FRYE Amanda C., 774
　George W., 774
　Joseph, 1195
　Sophia L. S., 1195
FULK Mary, 1191

FULKERSON J., 508
　John W., 499
FULLER Andrew, 79
　E. L., 404
　Frederick, 79
FULLERTON ---, 443
　Matthew Lind, 390, 443, 445
　Rev. Mr., 175
FULTON ---, 9
　Charles C., 343
　R., 117
　Robert, 118
FULTZ Sarah, 1232
FUNK ---, 633
　Adaline, 1230
　Albert, 998
　Alice, 646, 822
　Amelia, 646
　Amelia A., 995
　Amy Jane, 995
　Andrew, 742, 993, 1049, 1092, 1225, 1233, 1281
　Andrew N., 993
　Ann, 1225
　Ann C., 996
　Ann Catharine, 995, 1049
　Ann Catherine, 1049
　Ann Maria, 993, 1225, 1233
　Anna, 1066, 1223
　Anna M., 1184
　Anna Mary, 882
　Anne, 784
　Annie, 1223, 1225
　Annie L., 822
　Annie V., 998

Any Jane, 1049
Athalinda, 1066
Barbara, 893, 1066, 1224, 1230, 1273, 1276
Ben, 1230
Bertha S., 1185
Bessie, 998
Betsy, 993
C. Tilghman, 645
Catharine, 752, 911, 993, 994, 1114, 1230, 1233, 1280, 1315, 1316
Catharine A., 782, 996
Catharine V., 994, 995
Catharine Virginia, 996
Catherine, 742, 993, 1066, 1092, 1225
Charles B., 996
Charles T., 993, 995, 1049
Christian, 1066, 1184
Christiana, 573, 821, 822
Cladie M., 996
Claggett, 1049
Clara, 822, 998, 1233
Clara E., 994, 997
Clifford, 996
Clinton, 998
Cora May, 997
Daniel, 1223, 1225
Daniel W., 995
David, 1089
David Henry, 996
David I., 993
Della M., 1291
E. W., 307
Edith, 998
Edna, 998

Edward, 998
Eliza, 998
Elizabeth, 953, 956, 993, 996, 1066, 1222, 1223, 1225, 1233, 1236, 1275, 1316
Elizabeth A., 994
Elizabeth G., 1066
Ella, 1291
Ella V., 993
Ellen O., 994
Ellie, 1229, 1233
Ellsworth H., 994
Elvin W., 998
Emanuel, 1230
Emery F., 995
Emma, 1230
Ephriam, 998
Fannie, 917
Flavia F., 998
Florence, 998
Frances M., 822
Frank, 998
Frank Lee, 996
George, 645, 797, 993, 995, 996, 1049, 1224, 1230
George C., 645, 646, 765, 993, 995
H. Seth, 998
Harry, 998
Harry Hughes, 998
Henry, 93, 381, 513, 562, 782, 992, 993, 996, 997, 1066, 1230, 1241, 1275, 1291
Henry G., 1066
Henry W., 510
Ida, 998

Isaac, 993, 1223, 1224, 1225
Isouri B., 994, 995, 994
J. B., 501
J. J., 529
J. Kieffer, 998
J. M., 782
J. W., 501, 802
Jacob, 67, 75, 100, 278, 513, 529, 573, 821, 822, 993, 996, 1049, 1316
Jacob J., 821, 822
Jacob M., 841, 993, 995, 996
Jane, 645
Jane D., 997
Jeremiah, 996, 1120
John, 472, 510, 524, 529, 645, 734, 821, 993, 994, 997, 998, 1066, 1225, 1230, 1316
John H., 993, 997, 998
John Henry, 998
John W., 995
Joseph, 953, 997
Kate, 645, 998, 1049, 1232, 1233
Katie, 993
Ketura, 1233
Laura, 998
Laura J., 994
Laura M., 996
Lawson, 822
Lee, 1230
Leo, 998
Lilian, 1232
Lina, 1232
Lizzie, 1230
Lizzie A., 994

Louisa, 1233
Louisa B., 573
Louisa J., 994
Louise, 822
Lula J., 995
Lydia, 1230
Malinda A., 1260
Mamie, 998, 1120
Manie, 996
Margaret, 996
Margaretta, 1049
Margie, 637
Margie M., 998
Maria, 1224, 1230, 1280
Martin, 993, 997, 998, 1230, 1232
Martin A., 994
Martin C., 998
Mary, 645, 646, 797, 993, 994, 995, 996, 998, 1223, 1225, 1230, 1233, 1291
Mary A., 782, 996
Mary Ann, 734
Mary E., 645, 995
Mary Etta, 995
Mary L., 993, 997
Mary Welty, 1049
Maude, 998
Merle Russell, 996
Michael, 636, 1224, 1230
Millard, 1230
Miss, 1145, 1226, 1223
Missouri, 1233
Molinda, 529
Mr., 86, 894
Mrs., 1223

Nancy, 734, 998, 1049
Nannie G., 996
Nettie, 996, 1120
Nevin U., 998
Norman, 997
Pearl, 998
Peter, 998, 1223, 1224, 1225, 1230
Philip, 997
Pollie, 645
Polly, 645, 1049
Prudence, 1066
Robert, 998, 1232
Sallie, 1049
Samuel, 473, 683, 993, 994, 995, 996, 998, 1223, 1224, 1225, 1230, 1233, 1280, 1281, 1291, 994
Samuel I., 997
Sarah, 628, 1230
Savilla K., 993
Sevilla, 1233
Solomon, 998
Sue, 996
Susan, 683, 993, 997, 998, 1049, 1066, 1089, 1222, 1224, 1230
Susan Myers, 996
Susannah, 1002
Tobias, 1241
W., 508
Warren, 998
William, 645, 646, 882, 993, 1224, 1230, 1233
William E., 993, 994, 995, 996, 997, 1049, 1281
William H., 1185
William O., 994, 1110

FUNKHOUSER Anthony, 1195
Carrie E., 1195
Charles Edward, 1195
Eliza, 1195
Elizabeth, 1195
Elmer N., 1196
Euphrasia E., 1195
Goldie May, 1196
Ivy, 1195
Joseph E., 1195
Marion L., 1196
Mary E., 1196
Miss, 581
Mr., 1196
N. E., 563
Newton E., 1195, 1196
Raymond J., 1196
Roy P., 1196
Ruth P., 1196
Sophia L. S., 1195
W. Scott, 1195
William, 499
FURLONG Henry, 487, 488
FURNIER James, 79
FURREY ---, 1260
FURRY Martha, 1260
Miss, 1235
Nancy, 796
FURST Luther C., 568
Lydia J., 568
FURTNEY John, 1181
FUSS Elizabeth, 1274
Mamie, 1263
FUTTERER C. M., 584
J. Frank, 433

## 84 HISTORY & BIOGRAPHICAL RECORD OF WASHINGTON CO.

-G-
GABBY Anne, 389
 Joseph, 167, 169, 182, 186, 230, 254, 256, 389, 427, 446, 513, 561, 562, 917, 1275, 446
 William, 144, 160, 165, 177, 180, 182, 203, 228, 446, 561
GABE Charles A., 878
GABLE Barbara, 1071
GABRICK Catherine, 962
GABRIEL ---, 551
 Alva H., 775
 Calvin, 774
 Calvin N., 774
 Calvin T., 775
 Catharine, 774, 775
 Catharine W., 774
 Edith Otto, 775
 Elizabeth, 774
 Franklin J., 774, 775
 Grover Cleveland, 775
 Harvey K., 775
 James, 774
 John, 774
 John F., 774
 Josiah, 774, 775, 776
 Margaretta, 774
 Maria, 774
 Mary Jane, 775
 Mollie F., 775
 Mrs., 776
 Nancy Jane, 775
 Naomi Grace, 775
 Richard, 774, 775
 Richard H., 775, 776
 Ruth Alice, 775

 William, 511, 774, 775
 William Tell, 775
GAFFNEY Mary, 1175
 Michael, 1175
GAGE Lt. Col., 52, 53, 54, 55
GAINES Arialon Francis, 913
 Betty George, 914
 Edwin Lewis, 914
 Edwin Ruthven, 913, 914
 Ellen Ann, 913
 Helen Jeannette, 914
 Helen Strother, 914
 Henry, 913
 J. M., 559, 661, 696, 733, 1189
 James H., 914
 Jane Price, 914
 John M., 426, 688
 John Mutius, 913, 914
 Lewis Conner, 914
 Lucy Barbour, 913, 914
 Mary Edwina, 914
 Mary Slaughter, 913, 914
 Nellie, 914
 Reuben, 913
 Sarah Elizabeth, 914
 Susan, 914
 Susan M., 426, 661, 688, 914
 Viola Payne, 914
GAINS Helen Jeannette, 753
 J. M., 753, 754
GAITHER Catharine, 1239

 Catherine, 163
 Catherine Holland, 1239
 E. C., 487
 Edward, 80, 389, 1239
 George R., 407, 884
 H. H., 80, 556
 Henrietta, 1239
 Henry, 28, 80, 112, 1239
 Henry H., 163, 555
 Henry Howard, 1239
 James Henry, 1239
 Julia Annie, 1239
 Louisa, 1239
 Martha, 1236, 1239
 Matilda, 1239
 Rebecca, 1239
 Sarah, 1239
 Stuart, 1239
 Susan Stuart, 1239
GALE Capt., 51
GALES ---, 258
GALLAGHER H. P., 714
GALLATIN Albert, 127, 276
GALLION Martha, 1200
 William H., 1200
GALLITZIN Demetrius, 483
GALLOWAY ---, 199, 440
 Ann, 200
 Benjamin, 129, 130, 140, 169, 182, 186, 198, 239, 284, 389, 562
 Benjamin, 164
 Ed, 817

# INDEX

Elizabeth, 1164
Henrietta Mariain, 200
Henry, 817
Ike, 817
Lewis, 1164
Mary, 197
Mr., 170, 200
Mrs., 200
GALOR Catherine, 1121
Eliza, 1121
John, 1121
Lewis, 1121
Mahala, 1121
Savilla, 1121
Sherman, 1121
Webster, 1121
GAMBIER Michael, 79
GAMBLE ---, 1041
GAMBRILL ---, 832
Florence M., 833
George T., 765, 768, 832, 833
J. H., 712
James H., 344
Margaret J., 833
Mary, 832, 833
Mr., 833
Rebecca, 833
Richard, 832
Stephen, 216
GANNON W. H., 559
GANOE Belle, 918
GANS D., 393
Rev. Mr., 263
GANSON Martha, 845
GANT Ellen, 1086

GANTZ ---, 472
Ala, 1232
Alfred, 1225
Amelia, 1225
Ann, 1225
Ann Amelia, 1232
Anna, 1232
Annie, 1316
Antoinette, 994
Barbara, 734
Catharine, 1232
Cordelia, 1110
David, 734
Elizabeth, 1225, 1232
Eve, 734
Flora, 1232
Frank, 1232
Frederick, 1232
Henry, 317, 326, 562, 564, 1225, 1232
Jacob, 1232
John, 1224, 1225, 1232
Joseph, 994
Lewis H., 1121
Louisa, 1225, 1232
Maria, 1224
Mary, 1225, 1232
Mary L., 1121
Nellie, 1232
Nicholas, 1316
Olivia, 801
Samuel, 1225, 1232
Sarah, 1225, 1232
William, 1225, 1232
GARAUGHTY Patrick, 200
GARBER Annie, 1181
Belle, 1181

David, 1181
Edward, 582
Elizabeth, 1181
Fannie, 1182
Franklin, 1181, 1182
Hattie, 976
Jennie, 582
John, 1181
Mary, 1181
Naomi, 1182
Naomi Viola, 1182
Ruth Elizabeth, 1182
Samuel, 1181
Samuel Edward, 1182
Sarah, 1181
Solomon, 1181
William Lloyd, 1182
GARDENER Altie, 1137
GARDENHOUR Boas, 937
Catharine, 876
Edgar, 937
Ellen C., 937
Raymond, 937
William, 937
GARDENOUR Elizabeth, 844, 848
George, 844, 848
Julia Ann, 722
GARDINER Mary, 864
GARDNER Alice Richardson, 1157
Andrew Blake, 98
Belle, 1157
Dessie Y., 1048
Dr., 1158
Elijah, 902

Elizabeth, 902, 1048
Eveline, 902
Francis, 1157
Frank Harper, 1157
George, 902
Grace E., 1049
Hannah, 1157
Harriet Eveline, 1158
Isabella, 902
Jacob, 902
James Brown, 1157
John, 902
John William, 1157
Louisa I., 1049
Maria Kate, 1049
Mary, 499, 1157
Mary E., 1048, 1049
Mary Eliza, 1157
Mary Elizabeth, 1048
Mary Richardson, 1157
Nettie E., 1048
S. Howell, 558, 1157
Scott H., 1048
Solomon, 902
William, 1048
William C., 1048
GARFIELD General, 835
  President, 1241
GARIS Adam, 558
GARITY James, 1306
GARLING ---, 1004
  Amanda J., 1266
  C. H., 1269
  Catharine, 1266
  Charles H., 1266, 1269
  Charles Henry, 1266
  Daniel, 1266
  Elizabeth, 848, 851, 1266
  Ethel, 1269
  Ida Elizabeth, 692, 1266
  Isaac N., 1266
  Jacob, 1266
  John, 1266
  Mary, 1002, 1003
  Mary C., 1266
  Mary Catherine, 1266, 1269
  Mr., 1269
  Mrs., 1269
  Nancy, 692, 1266
  Peter, 692, 1266
  Polly, 1266
  Rose, 1266
GARLINGER ---, 381
  B. A., 563
  Benjamin A., 564
  Elizabeth, 1113
  Mary, 1002
GARNAND David F., 943
  Emma C., 943
GARNER Margaret, 511
GARRETT C. F., 511
  Edward, 563, 804
  Elizabeth Ann, 804
  Emma, 892
  John W., 338, 402
  Mary, 1319
  Robert, 402
GARRETTSON Freeborn, 486
GARROT Hannah, 1176
  William, 1176
GARROTT ---, 237
  E. M., 559, 858, 1179
  Edward, 248
  Edward West, 1179
  Erasmus, 1176, 1179
  Erasmus M., 1179
  Erasmus Mortimer, 1176
  Fannie, 1179
  Harry, 1179
  Margaret Francesca, 1179
  Martha, 1038
  Martha Boteler, 1179
  Martha Washington, 1176
  Mary, 858, 1037
  Mary Edith, 1179
  Mary Kretzer, 1179
  Prudence Chaney, 1179
  Sarah Ann, 1179
  William M., 1038, 1179
  William Mortimer, 1176, 1179
GARVER ---, 371, 375, 936
  Barbara, 1222
  Benjamin, 513
  Eliza, 1273
  Eliza Ann, 1275
  Elizabeth, 1222
  Emma, 924, 1290
  Eva, 987
  John G., 538, 547
  John W., 1273, 1275
  Joseph, 510, 801
  Mary, 510

# INDEX

Melchior, 962
Melchoir, 924
Samuel B., 1200
Susan, 836
GARY E. Stanley, 1017
James A., 413, 1017
Louise Macgill, 1017
Mary Ragan, 1017
GASSAWAY Catherine Agnes, 613, 846
John H., 613, 846
GASSMAN Alice Kate, 673
Anna Eliza, 673
Anna V., 735
Catharine, 673
Edlla Malinda, 673
Emma J., 673
Flora Savilla, 673
George, 673
George E., 673
Howard Main, 673
John, 456, 485, 672, 673, 1107, 1122
Josephine, 1122
Josephine R., 673
Mary, 673
Sarah, 988
Savilla, 673
William, 449, 563, 673
William M., 988
GATCH ---, 486
GATES Captain, 49, 50, 56, 57
Catherine, 867
Catherine Louisa, 868
Cora, 868
Edward W., 867, 868
General, 62, 116, 138
Horatio, 69, 78, 93, 116, 121
John W., 407
Julia, 867
Lee Edwin, 868
Lillian, 868
Louisa, 867, 868
Mary, 867
Newton, 867
S. Asbury, 867, 868
Sarah, 867
Susan, 867
Theodore, 868
Wendell, 867
William, 867, 868
GATRELL John H., 564
GAUDIG Isau, 392
GAUFF Annie J., 1104
Daniel, 876
Joseph, 845
Nancy, 845
Rachel, 876
GAUL Miss, 1184
GAVER Caroline, 922
Carroll D., 581
Daniel, 581, 922
David, 581
Ella F., 581
Emma, 581
Frank, 922
G. R., 559
Harry, 922
Lillie M., 922
M. D., 473, 475, 581
Margaret, 581, 922
Margart, 1294
Mary, 581
Miss, 848
Thomas M., 581, 922
William, 581
GAYLE Ellen Mary, 887
V. W., 887
GAYLOR William, 473
GEARHART Ada, 1281
Charles, 1281
Flora, 1327
Florence, 696
Harry, 696
Henry A., 824
Margaret, 993
Maria, 824
GEARY ---, 480
A. C., 492, 493, 551, 913
J., 560
Rev. Mr., 1101
GEATHARD Matthias, 1173
Susan, 1173
GEDDES Mr., 206
GEDIGER John, 89
GEETING ---, 1126
Ada, 1127
Ann C., 1127, 1243
Barbara, 743
Barbara Ann, 1127
Catherine, 704, 1127
David, 1127
Emanuel, 743, 1127, 1128, 1243
Emmanuel, 1121

Ephriam, 476, 1127, 1243
Fannie, 1127, 1128
Fannie G., 1121
G. A., 479
George, 1127
George A., 466, 476, 1212
George Adam, 1127
Henry, 704
Isaiah, 704
John, 704
Joseph, 1127
Malinda, 1127, 1128
Malinda C., 1121
Martha, 1127, 1243
Martha A., 743
Mary C., 1243
Rachel, 1127, 1128, 1243
Rebecca, 1127, 1211, 1212, 1213, 1214
Rev., 494
Rosanna, 704
Russell F., 1243
Russell H., 1128
Sarah, 1243
Simon, 1127
Sophia, 644, 755
Susan, 1127
Susan M., 1243
W. C., 476
William, 644, 755, 1127
William C., 1121, 1127
GEHR ---, 892
Agnes, 956
Andrew, 956
Annie, 898
Arthur C., 957
Baltzer, 956
Catherine, 956
Daniel, 165, 956
Daniel W., 957
Eliza, 956
Eliza J., 957
Elizaabeth, 956
Elizabeth, 956, 957
Ella, 1229
Esther, 956
Fannie, 957
Frances, 1176
Francis Lycett, 957
George, 956
Harriet Berryhill, 956, 957
Henry C., 957
Herbert B., 957
Isaac, 956, 957
John, 956
Joseph, 898, 956
L., 748
Mary, 956
Mary C., 957
Miss, 785, 1024
Nancy, 957
Paul, 956
Peter, 956
Salome, 956
Samuel, 956, 957
Samuel Whipple, 957
Sarah, 956
Susannah, 956
Viria, 957
GEIGER ---, 99
Frederick, 278
John, 113, 115, 126
Miss, 443
GEISER ---, 543, 1067, 1193, 1204
Allen, 1090
Catherine, 1090
Daisy, 1090
Daniel, 953, 1090, 1236
David, 1066, 1090
Elizabeth, 1090
Ellen, 731
Jason, 1090
John, 510, 1089, 1090
Martin, 731, 1090
Mary, 510, 953, 1089, 1090
Nancy, 953, 1090
Peter, 953, 1066, 1090
Samuel, 1089, 1090
Sarah, 987, 991, 1090
Susan, 1090
Susanna, 1090
Virginia, 1090
GEIST Isaac, 655
Mary, 655
GELTMACHER
Amanda, 745
Amanda C., 745
Ann Maria, 745
Barbara Ellen, 745
Bessie L., 746
Clara A., 745
Delilah, 745
Eliza, 745, 1167
Elizabeth, 745, 746
Eva M., 746
Henry, 745, 1167
Hettie, 745
Jacob, 744, 745

# INDEX

John, 745
John T., 745, 746
John W., 744, 745, 746, 854, 1167
Loretta G., 746
Lydia, 744, 746
Lydia A., 745
M. A., 745
Margaret, 745
Martha, 745
Mary, 745, 963
Mary A., 746, 854
Mary P., 746
Matilda, 745
Minnie Florence, 745
Nancy, 745
Oscar D., 746
Oscar J., 745
Pamela, 745
Sarah J., 745
Thomas, 744
Thomas J., 745, 746
William H., 745
GELWICKS Charles A., 326
Miss, 631
GELWIG Charles, 150
GELWIX Beulah B., 633
Edwin, 633
Ellen, 733
Emma, 633
H. Clay, 633
Jonathan, 733
Julia, 633
Leslie, 633
Margaret, 633
Nellie, 633
Susan A., 633

Walter Russell, 633
GEOGHEGAN A., 129
Ambrose, 108, 126, 129
GEORGE Ellen, 1192
John, 843, 998
Lotta, 843
Nancy, 922
GEORGE II King, 892
GEPHART William P., 381
GERARD John G., 1162
Sallie E., 1162
GERHART Andrew, 1182
Lula B., 1182
GERMAN W. S., 487
GERONIMO, 588
GERRAM William, 145
GERRINGER ---, 540
GERRY Thomas, 1149
GERSTELL Eugene, 1097
Ida M., 1097
GESSFORD James, 1308
Lilly M., 774
Mary, 1308
GETING Rebecca, 704
GETTING ---, 1260, 1261
George, 1260
GETZEN ---, 1012
GETZENDANNER Mary, 911
GIBBONEY Ann, 389
John, 389
GIBBONS J. L., 487

James Cardinal, 484
Rev., 549
GIBBS Benjamin, 107
Capt., 127
E. G., 148
Jane Allen, 847
Wade Hampton, 847
GIBLER J. H., 1059
GIBSON C. H., 559
Charlotte C., 453
Eugenia McEndree, 1017
George T. M., 1017
Joseph, 486
Louisa Macgill, 1017
Sara Thornburg, 1017
William, 344
GIEGER Jacob, 146
GIESER Mathies, 79
Peter, 146
GIESY Elizabeth, 917
S.H., 245
Samuel H., 246, 301, 393
GIGEOUS Susan, 763
GIGOUS Elizabeth, 511
GILBERT A. N., 517
D. C., 558
D. Clayton, 1032
David, 429, 615
David Allen, 1032
Eleanor, 948
Elizabeth, 1203
J. Lemuel, 1032
Jacob B., 173
John, 1203
John L., 948
Laura, 806

Lewis DeLoyd, 1032
Mary Virginia, 1032
Maude, 1003
Myrtle E., 1032
Roy, 806
GILES ---, 480
Mary, 731, 876
Mary L., 731
Sarah W., 731
William F., 731
GILL ---, 228
William, 486
GILLAN W. Rush, 715
GILLEECE ---, 484
GILLILAND Ann, 389
GILLMYER George, 443
GILMAN Frasier, 835
Isabella, 835
Isabella C., 835
John, 835
Laura Louise, 835
Preston, 835
GILMER Major, 359, 360
GILMORE Andrew, 1219
Anne, 79
Major, 260
Robert, 79
William, 79
GILPIN Harriet, 455
Henry B., 453, 455
GINGRICH Anna, 584
Fanny, 691
GIST ---, 540
GITT Engineer, 987
GITTING George, 79
Peer, 79

GITTINGS Annette, 1038
Edward L., 1038
GLABER ---, 1003
GLADHILL Caroline, 793
James, 793
GLASCOT John R., 728
GLASS John, 628
Lucinda, 628
GLASSCOCK Miss, 1293
GLAZE Catherine, 1186
GLENDENNIN Elizabeth, 943
John, 943
GLENN Elias, 173
James, 1003
Mary, 1003
GLESSNER G.W., 537
John, 698
Sarah, 698
GLOSS ---, 1325
Blanche, 1162
Catharine, 1162
Cora E., 1134
Daniel, 1161, 1162
Elizabeth, 737, 853, 877, 903, 1161
Ellen, 875
George W., 1161, 1162
Jacob, 499, 737, 1161
Jacob B., 1161, 1162
John L., 1161
Martha A., 586, 1161
Mary, 503
Mary A., 1161
Mary Ellen, 1161

Mary Sophia, 1161
Mr., 1162
Mrs., 1162
O. R., 1134
Rebecca, 1161, 1325
Sarah, 1161
Sarah Ann, 1162
Simon, 586, 1161
Sophia, 1162
Susan, 1162
GLOSSBRENNER Adam, 246
Bishop, 501, 553
J. J., 467, 499, 575
Peter, 145
GLOSSOOK Miss, 1293
GLOY John C., 484
GLOYD John, 481
GOBIN Charles, 552
GODDARD Anna M., 908
F. T., 757, 908
Sallie C., 903
Sally C., 757
GODWIN Earl, 643
GOFF Henry, 782
Isaiah, 781
Lillie, 781
Mary Belle, 782
Miss, 781
GOHEEN Rev., 549
Rev. Mr., 135
GOHN C. C., 508
GOHRING ---, 395
Rev. Mr., 394
GOLDING Maria, 583
GOLDSBOROUGH C., 560

## INDEX

Edward Y., 557
Miss, 141
W. T., 560
William T., 241, 253
GOLIVERT Emma, 1230
Simon, 1230
GOLL Baltzer, 89, 99, 100
Carl, 537
John, 146
GOLLODY Naomi, 1271
William, 1271
GOLTSCHICK Elise, 1164
GONTER Sarah, 1232
GOOD Ann, 654
Anna, 683
Christiana, 821
D., 504
D. J., 499
Elizabeth, 1275
J. Omar, 1315
Jacob, 82, 513
Jacob F., 1315
John, 128
Mary Kate, 1315
Mary S., 947
Miss, 828
Mrs., 768
W. A., 393
William, 984
William H., 462
GOODELL Eleanor, 948
J. E., 948
GOODMAN ---, 721

GOODRICH Aldro, 1230
Mary, 1230
Nancy, 851
Nellie, 1230
Raymond, 1230
William, 463, 471
GORDON Addie, 935
Alexander, 935
Alice, 1269
Ann, 1269
Annie Hawbaker, 1269
Armatha, 1269
Barbara, 1255
Calvin, 1269
Catherine, 1266, 1269
Charles, 1255
Daniel W., 1266, 1269
Elizabeth, 1269
Elmer, 936
Emma, 633, 1269
Gen., 355
Gertrude, 1269
Harry C., 1269
Henry, 1269
Irvin, 1269
J. H., 556
Jennie, 858
Jeremiah, 1002
John, 140, 1269
John B., 421
Joseph, 858, 1269
Josiah, 563
Josiah H., 216, 413, 420
Julia, 857, 858
Laura, 1269
Lillie, 1269

Mary Catherine, 1266, 1269
Michael, 1269
Mr., 55
Rebecca, 1269
Sallie, 1269
Susan, 1269
Susannah, 1002
GORMAN A. P., 216, 411, 413
Arthur P., 216, 411, 981
Mr., 413, 414, 944
Senator, 981
GORRELL Fannie, 1225
Mary A., 1225
GOSCHARD Fannie, 693
Jacob, 693
GOSHORN Helen, 757
Martin L., 757
GOSSARD Ada, 1312
Amanda, 634
Annie R., 1311
Eliza, 1311
Kate, 1312
Lela D., 1312
Leonard Bruce, 1312
Nettie, 1311
Samuel R., 1311
Vesta Caroline, 1312
Viola, 1312
Wilford Ross, 1312
GOSSERT Charlotte, 1282
George, 1282
GOUFF Alice, 903
Charles, 1155

Charlotte, 499
Edward E., 1121
Emma, 1155
Fannie, 1155
Laura S., 1155
Maria, 1155
Martin L., 1155
Rosanna, 1121
Samuel, 1155
Sophia, 802
Susan, 1155
GOULD ---, 404
Edwin, 407
George J., 407
Helen, 835
Miss, 1102
GOWER Jacob, 146
Lucretia P., 1233
GOYER Jacob, 145
GRABILL ---, 654
C. J., 652
G. A., 466
J. M., 471
Jane S., 652
Susanna, 807
GRADO Sam, 14, 231
GRAEBER Elizabeth, 1003
Henry, 1003
J. G., 493
Johann George, 464
GRAFF ---, 865, 1018
Anna, 866
Daniel, 866
David, 866
Fannie, 866
Hans, 865
Hantz, 654

John, 654, 866
Marcus, 866
Mary, 866
Peter, 866
Samuel, 866
GRAHAM Ann Jennings, 1072
Charlotte, 1224
Elizabeth, 1104
George R., 344
George W., 557
James, 1104
John, 1072
Mary, 1302
GRAMMAR Rev., 553
GRANDLIENARD Henri L., 394
Henry L., 485
GRANT ---, 335, 347, 410, 411, 1031, 1169
Alice, 635
General, 634, 921
President, 434, 452, 1310
GRASON William, 216, 560
GRAVES D.B., 552
Martha Ellen, 1319
GRAY Abraham, 1201
Albert, 711
Ann Rebecca, 711
Annie, 1201
Barbara, 1121
Carl, 1201
Charles, 1201
Col., 311
David, 122
Elizabeth, 1121
Ella Cecilia, 947

Isaac, 1200, 1201
J. Claggett, 947
J. R., 562
Jacob, 1201
John, 146, 248, 1200, 1201
John F., 473, 486, 801
Joseph, 1201
Katherine, 1201
Lydia, 1201
Mary, 1201
Mary L., 1121
Mary Susan, 1201
Peter, 1200, 1201
Samuel, 1201
Sarah, 1233
Susan, 251, 1200, 1201
William, 1201
William C., 1121
GRAYBILL Anna, 1230
Cora, 1230
DAvid, 1230
Eliza, 1230
Emma, 1230
Henry, 22
Mary, 1230
GRAYHAM Rev., 508
GRAYSON Ada, 1292
Andrew, 1292, 1294
Andrew F., 1292
Ann Elizabeth, 1293
Anna Louise, 1292, 1293
Annie, 1292, 1293, 1294
B. F., 1292, 1293, 1294
Beatrice, 1293
Bertie, 1292

# INDEX

Bettie, 1292
C. S., 1292
Caroline, 1292
Catherine S., 1292
Charles Y., 1294
Clarinda, 1292
Corrine, 1294
Cuba, 1293
David C., 1292, 1293
Edna Dent, 1293
Edward Lee, 1292, 1293
Ellen, 1292
Emily, 1292
Ernest L., 1294
Eugene W., 1292, 1293
Frank, 1292, 1293
Frank O., 1292, 1293
Frank V., 1294
Gertie, 1294
Gladys, 1293
Hattie, 1292, 1294
Irine, 1294
Irine, 1292
James H., 1292, 1293
Jane, 948
Joel, 1292, 1293
John, 1293
John L., 1293
John Lee, 1293
John S., 1292, 1293
John Watson, 1292, 1293
Julian Ann, 1292
Kathryn, 1294
Lauck, 1292, 1293
Leonora, 1293
Lillian, 1292, 1293
Lucian, 1292, 1293
Lucy, 1293
Lucy Caroline, 1293
Margaret, 1294
Margaret R., 1294
Martha, 1292, 1293
Mary, 1292, 1293
Mary Emily, 1292
Mattie, 1292, 1293
May, 1292, 1293
Merlin F., 1294
Meta S., 1292, 1293
Myrtle, 1294
Nan, 1293
Nellie, 1292, 1293
Oscar, 1292, 1293
Patsy, 1292
Ralph, 1293
Raymon, 1293
Raymond, 1293
Robert, 1294
Robert L., 1294
Saleane, 1293
Saleane Moreland, 1293
Sarah, 1292
Sarah E., 1294
Stewart, 1293
Stewart Whitefield, 1293
Tabitha, 1292
Texanna, 1294
Thomas, 1293
Virginia, 1292, 1293
W. Edward, 1292
W. Edwin, 1294
Walter, 1292, 1293
Walter E., 1293
Whitfield, 1293
Will, 1292, 1293
William, 1292, 1294
William A., 1294
William F., 1292, 1294
Willie, 1292
GREATHOUSE ---, 78
  Jacob, 79
GREAVER William F., 470, 474
GREAVES Eleanor, 1224
  Thomas, 159
GREBNER G., 550
GREECHBAWN Philip, 79
GREELEY ---, 416
  Horace, 792, 1132
  Mr., 416
GREEN ---, 292, 293, 295
  Adolphus, 792
  Alice, 792
  General, 792
  Jesse, 1279
  Lemuel, 486
  Lieut., 291, 292
  Nathaniel, 78
  Shields, 291
  Thomas C., 292
GREENAWALT Elizabeth, 1005
  L. M., 1030
  Luther, 1005
GREENE Gen., 78
GREENEWALT Jennie, 703
GREENLAND ---, 1044

GREENLUND May Bell J., 1047
GREER Lawrence, 407
GREEVES Phoebe, 92
Thomas, 92
GREGG A., 402
General, 634
GREGORY ---, 552
George, 1244
Lizzie, 1002
Mary, 872
Moses, 872
Richard, 1002
Richmond, 887
GREILICH Frantz, 392
Herman, 392
GREINER John, 94
GRICE ---, 1018
J. Cleveland, 550
GRIEVE Mr., 188
GRIEVES Phoebe, 148
Thomas, 148, 246, 389, 433
GRIFFE Catharine, 696
Catharine S., 695
Clara, 695, 696
Clara Mary, 696
Jacob H., 695, 696
Margaret, 696
Sarah, 696
Teressa, 696
GRIFFEY Emanuel, 1264
Mary, 1264
GRIFFIN Thomas, 145
GRIFFITH ---, 1206

Sarah Maccubbin, 1206
W. C., 558
William I., 1250
GRIM Elizabeth, 486
Mary, 486
Thomas B., 324
GRIMES Adam, 82
James, 201, 428, 688
John, 688, 1026
John T., 559
Joshua, 538, 547
Margaret, 428, 688
Sarah, 1317
Sarah E., 688
Sarah Elizabeth, 426, 429, 661
W. H., 562
William H., 426, 661
William Henry, 428, 688
GRIMM ---, 27
Abraham D., 1103
Addie, 1103
Alexander, 486
Amanda, 745
Amanda M., 586
Annie, 1103
Arhelin, 586, 922
Barbara Ella, 586
Catharine, 903
Daniel, 585
Edgar, 1229
Elizabeth, 585, 586, 745
Emma, 1149
Emma A., 586
Etta M., 586
Frank, 1103

Frederick, 585
Frederick A., 745
George, 1103
George W., 1229
George Washington, 745
Harmon M., 586
Henrietta, 745
Irvin R., 586
J. L., 499, 501, 503, 511
J. W., 466, 497, 511, 553
Jacob, 578, 738, 745
Jacob Luther, 586
Jennie, 1103
John, 585
John H., 745
John Hillary, 745
John Wesley, 585
Joseph, 585, 922
Joseph S., 499, 500, 585, 586
Lila V., 586
Mahlon, 745
Margaret, 585, 745
Margaret Ann, 745
Martha, 853, 877
Martha A., 585, 586, 1161
Martha Ellen, 1103
Martin S., 745
Mary, 578, 585
Mary E., 586, 738
Mary Jane, 745
Matilda, 1168
Maud, 1229
Mollie, 961, 1103
Rev., 508

Samuel, 745
Samuel J., 1103
Sarah, 500, 585, 586, 1229
Sarah S., 586
Sophia, 1162
Sophia C., 586
Statton, 855
Susan, 585, 745
Susan F., 855
Thomas, 585
Thomas B., 431
Thomas Benton, 745
W. O., 476, 499, 503, 504
William, 853
William O., 500, 585, 877
GRING Emma A., 493
Naomi K., 493
W. Aug., 492, 493
GRISBY Judge, 1231
Zoe E., 1231
GRISCHNER Elizabeth, 59
GRISSON Eugene, 1282
Isabella, 1282
GRISWOLD B. Howell, 389, 403, 443
Ellen, 443
H., 292
GROFF ---, 865
Catharine, 866
Daniel, 866
Elias, 866
Elizabeth, 866
Hans, 866, 1071
Henry, 866
Jacob, 865, 866
Jacob H., 866
John, 866, 1071
Joseph, 866
Lavinia, 866
Levi W., 866
Mary, 866, 1273
Mary B., 510
Paul, 866
Peter, 866
Philip, 866
Samuel, 866
Stephen, 866
Susan, 866
Susanna, 866
GROH D. Webster, 692
Eleonora, 692
GROOME J. C., 560
James B., 560
GRORINGER Rev., 1271
GROSH Abraham, 1024
Alice, 1024
Amanda, 671, 975
Andrew, 975, 1024
Ann M., 975
Annie M., 975, 976
Barbara, 79
Carrie, 1199
Carrie V., 976
Charles, 1024
Clara May, 1024
Elizabeth, 888, 975, 1024
John, 671, 975, 1024
John K., 975
Joseph, 1024
Lewis, 888
Mary, 671, 1024
Mary Ann, 975
Mary J., 976
Peter, 57
Rebecca, 1024
Sallie C., 976
Samuel, 1024
Sarah, 1024
Silas W., 975
Susan, 1024
Thomas, 1024
William, 976, 1024
GROSS ---, 551
Charles, 931
David, 507
Elizabeth, 983
Elmer, 931
Geary, 931
J., 551
Jacob, 79
John F., 931
Lloyd, 931
Lucretia, 507
Mary J., 931
Walter, 931
GROSSNICKLE Barbara Ellen, 766
Barbara L., 757
Catharine, 757
Catherine, 757
Christina, 757
Daniel, 757
Effie I. A., 757
Elizabeth, 757
Emma, 733, 757
Hannah, 757
Jacob, 757
John, 757

Joseph, 733
Joseph D., 565, 757
L. L., 559
L. P., 766, 1264
Laura, 668
Laura E., 757
Lawson P., 757
Louis Lowe, 757
Lula M., 836
Lydia, 757, 1316, 1317
Margaret, 1317
Mary, 757, 1317
Minnie K., 757, 766
Peter, 757, 1317
Rebecca, 757
Susan, 757
GROSVENOR ---, 978
GROUND Ann H., 1231
Anna H., 1225
Barbara, 1225
Barry Cornwall, 1231
Edward, 645
Emma, 1232
Helen, 1231
John, 1225, 1232
John Robert, 645
Joseph, 645, 1225, 1231, 1232
Josephus, 1225, 1231
Lewis, 1231
Lizzie, 645
Louis J., 558
Mary, 490, 645, 1231
Mary C., 1231
Maude Z., 1231
Raymond, 645
Robert, 1232

Ruth, 645
Viola, 645
GROVE ---, 350, 1164, 1168
A. Dillon, 865, 866
Alberta, 943
Alva Dillon, 865, 867
Anna M., 943
Barbara, 793
Barbara Ellen, 766
Barbara L., 757
Catharine, 1132
Charles, 507, 1020
Charles E., 1020
Charles G., 1020
Charles L., 943
Christie L., 1233
D. L., 562
Daniel, 469, 507, 885, 1019
Daniel C., 1020
Daniel Locher, 866
Daniel P., 896
Daniel R., 1019
Denton C., 943
Edward, 885
Elias, 866
Elizabeth, 845, 1006, 1024
Ellen, 1019
Emma, 682, 885, 943, 1020
Emma C., 1020
Frances Louise, 867
Frances Shank, 1024
George, 1019
George W., 449, 564
Harriet, 943
Hettie, 1020

Ida May, 943
Irvin, 1020
Isaac, 1024
J. D., 562
J. H., 239, 562
Jacob, 537, 1006, 1019, 1024
Jacob H., 237, 276, 845, 866, 1324
James A., 943
James H., 305, 411, 556, 557, 561
Jennie, 1020
John, 165, 654, 682, 793, 885, 1019
John D., 186
John H., 1032
John S., 557
Joseph, 866
Joseph M., 1020
Josephine, 763, 845
Julia G., 1020
Julia H., 1019
Julia Katherine, 867
L. Jewett, 435
Lavinia, 866
Leonard, 1019
Leroy, 1020
Louisa C., 867
Margaret C., 866, 885
Maria, 865, 866
Marian, 885, 1324
Martha, 1006, 1032
Martin, 1019
Martin S., 1019
Mary, 866
Mary Ellen, 896
Miss, 1294
Mollie R., 943

# INDEX

Moody, 1020
  Mr., 234, 1020
  Mrs., 1020
  Philip, 866, 885
  Philip E., 866
  Polly, 1019
  Robert, 885
  Robert C., 559
  Samuel, 866, 1019
  Samuel E., 943
  Sarah C., 1019
  Stephen P., 865, 866
  Susan, 866, 885
  Thomas H., 557
  Walton, 951, 952
  William, 277, 845, 1019
  William Nelson, 1132
  William R., 1020
GROVES Marian, 1323
GRUBB Anna, 882
  George, 146
  Helen, 1182
  William, 723
GRUBER ---, 309, 435, 1035, 1107, 1113, 1242
  Andreas, 245
  Christiana, 245
  George, 325
  Isaac, 1272
  J., 245, 701
  Jacob, 394, 485, 487
  John, 129, 245, 435
  John Adam, 245
  John Everhard, 245
  John G., 1035
  M. M., 307

  Mr., 160, 246
  Susan, 1086
GRUBR John, 129
  Mr., 160
GSELL David, 517
GUETHING Barbara, 1127
  Christian, 1127
  Elizabeth, 1127
  George, 1127
  George Adam, 1127, 1260
  Henry, 1127
  Jacob, 1127
  Mary, 1127
  Peter, 1127
  Rosanna, 1127
  Simon, 1127
GUMBERT David, 488
  Lillie, 992
  Mary, 992
GURLAUGH Henry, 146
GUTH Michael, 480
GUTHING ---, 1260
  George Adam, 1260
GUTHRIE Charles E., 552
  J. T., 239
  Robert, 82
GUTING ---, 1260
  Heinrich, 1260
  Ludwig, 1260
GUTTING Johann Heinrich, 1260
GUYER John, 1059
GUYNN Mr., 215
GWIN Dr., 282

  Mrs., 283

-H-
HACK F. H., 455
  Nannie, 455
HADE Catharine, 635, 1284
  Jennie, 1143
  Johan, 1143
  Julia, 1143
  Mary Catharine, 1315
  Susan, 1163
HAFER Abraham, 697
  Henrietta, 697
HAFLEY Harriet, 633
  John, 633
HAFNER John, 534
HAGAN Daisy, 1168
  Dennis, 555
  F. T., 1210, 1211
  Frank T., 1211
  John, 783, 853
  John C., 887
  John H., 1168
  Josiah, 1168
  Kate, 754, 1232
  Kate M., 887
  Susan M., 1168
  Thomas, 1168
  Violetta, 1168
HAGAR ---, 26
  Elizabeth, 59, 60
  Jonathan, 60, 65
  Mr., 65
HAGENBACK Carl, 831
HAGER ---, 771
  A., 350

A. H., 1251
Alice, 633
Andrew, 1184, 1251
Andrew H., 312, 365, 977, 1162
Annie M., 634
Bertha, 633
Bessie, 1163
Bitner, 633
Capt., 80, 82
Catharine, 633
Catharine B., 634
Catherine, 68
Charles R., 634
Christian, 67, 68, 69, 144, 561, 633
Christian C., 633
Clara, 633
Clayton, 633
D. C., 1163
D. R., 634
Daniel, 633
Daniel B., 1162
Daniel S., 633
David, 67, 1313
David Emmert, 634
David R., 633, 634
David S., 634
Earl, 633
Edgar, 634
Eli, 633
Elias, 633
Elizabeth, 67, 69, 179, 393, 426, 439, 1163, 1313
Emmy F., 634
Frank, 633
George, 377
George A., 1163

George H., 634, 1162, 1163
Gertie, 634
H. W., 1162
Hade, 633
Harriet, 633
J. D., 235
James T., 1162
Jerome, 633, 634
John, 633, 634
John L., 633
Jonathan, 23, 25, 27, 59, 61, 64, 66, 67, 68, 69, 70, 74, 75, 79, 81, 87, 93, 97, 99, 131, 156, 179, 274, 278, 311, 319, 390, 392, 393, 426, 438, 439, 440, 479, 483, 693, 905, 1144, 1162, 1313, 1314
Jonathan G., 1162
Julia, 1162
Julia Ann, 633
Lee C., 1163
Lelah, 634
Lillie, 633
Lottie, 633
Lydia I., 634
Margie, 634
Mary, 439
Mary Madeline, 69, 87
May, 634
Melchi S., 634
Mr., 66, 483, 1163
Panama B., 633
Rosanna, 68, 87, 438, 439, 1314
Rosannah, 67, 393
Rose M., 1162
Rosina, 59

Ruth, 634
Sallie, 1162
Sallie E., 1162
Samuel, 159, 634
Samuel S., 633
Sarah, 633
Sarah A., 634
Sarah Ann, 633
Scott Snively, 633
Susan, 1066
Susan A., 633
Upton Lawrence, 68
Viola, 634, 667
Virginia, 1163
William, 95, 115, 633
William Henry, 633
HAGERMAN ---, 492
Ann, 1061
Emma, 983, 1098
HAGERS Ann, 1220
James, 1220
HAGNER A. B., 1043
Alexander, 389
Alexander R., 558, 1043, 1068
Alexander Randall, 1043
Annie F., 1043
Annie M., 1043
Daniel M., 1043
Florence B., 1044
Leah B., 1043
Leah Bryan, 1068
Louisa Harrison, 1044
Peter V., 1043
Richard H., 1043
Thomas H., 1043
Thomas W. S., 1044

HAIGHT Governor, 727
HAINES Claudius B., 381
  Claudius R., 386
  Diadana, 1164
  Jacob, 121
  Rev. Mr., 382
HALDEMAN ---, 654
  Anna, 694
  Emily, 694
  Gladys, 694
  Irene, 694
  Jacob, 694
  Nancy, 655
  Paul, 694
  Pearle, 694
  Thomas, 655
HALE Annie, 1192
  Barbara, 1192
  Dora, 1192
  Ellen, 1192
  Emanuel, 1192
  George L., 1192
  J. G., 543
  Joel G., 542
  Julia, 1192
  Martha, 1192
  Martin G., 962
  Mary C., 1192
  Sarah E., 1192
HALEY Catharine, 968
  T. Milton, 968
HALKET Peter, 51
HALKETT Peter, 48, 54, 56
HALL ---, 99, 530
  Anna, 284
  Barbara, 134
  Barbara A., 787, 788
  Buchanan, 281, 282, 283
  Buck, 282
  Catharine, 284
  J. B., 555
  John, 562
  John B., 550, 835
  John Buchanan, 242, 281, 284, 286
  John D., 497
  John P., 497, 549
  Joseph I., 533
  Julia, 635
  Laura, 1189
  Lelia F., 1181
  Margaret, 284
  Mary Sophia, 134, 788
  Miss, 416, 935, 1157
  Mr., 285, 292
  Sophia, 412
  T. B., 169, 561, 562
  Thomas B., 134, 144, 182, 186, 281, 389, 561, 788
  Thomas Buchanan, 412
  Thomas T., 555
  William, 145
  William Ham., 286
  William Hammond, 284
HALLER ---, 196
  Caroline, 722
  Charles H., 722
  Charles W., 865, 1023
  Lucy V., 722
HALLOWELL Benjamin, 623
HALM Dr., 320
  Frederick J., 557
  Mayor, 626
  R. H., 617
  Reinhold J., 557
HALSTEAD Dr., 1249
HALTEMAN Abraham, 962
  Anna, 961
  Catherine, 962
  Elias, 961
  Elizabeth, 961, 962
  Mary, 961
  Samuel, 961
HALVERSTADT Catharine, 574
  Mary, 706
HAM Sallie, 1224, 1231
  Virginia, 1224
HAMBAUGH William, 1270
HAMBLETON Samuel, 216
HAMILL Patrick, 411, 560
HAMILTON ---, 254, 917, 1206, 1209
  A. C., 497
  Alexander, 538
  Ann Catharine, 638
  Anna Catharine, 637
  Anna Mary Magdalene, 611
  Charles T., 637, 638
  Clara, 416, 612
  Clara Holmes, 1312
  Clare, 612
  Fannie, 694
  Francis, 121

Governor, 230, 371, 414, 416, 420, 433, 613, 621, 631, 703, 878, 1023, 1194, 1246, 1250, 1254, 1281
Hannah, 637
Henry, 414, 415, 611
John, 136
John S., 637
Josephine, 612
Julia H., 612
Lenore, 612
Mr., 411, 413, 416
Mrs., 638
R. J., 558
Richard J., 416, 433
Richard Jenness, 612, 1312
W. T., 562
William, 611
William H. A., 557
William T., 141, 234, 240, 253, 256, 274, 275, 305, 307, 356, 357, 366, 374, 398, 399, 410, 411, 419, 420, 422, 425, 433, 444, 449, 450, 555, 556, 557, 558, 560, 611, 612, 618, 721, 912, 953, 985, 1065, 1251, 1252, 1296, 1312
William Thomas, 414
HAMMACK C. B., 499, 501
W. McK., 550
HAMMAKER Peter, 538
HAMMEE Louisa, 1146
HAMMEL Catharine, 542
Christina, 542

John G., 542
HAMMER Alice, 1232
Barbara I., 1225
Barbara L., 1232
Benjamin, 1225, 1232
Bertha, 1232
Chauncey, 1232
Clarence, 1232
Cora, 1232
D. Harry, 1225, 1232
Daisy, 1232
Edith, 1232
Eliza, 747, 1225
Ellen, 1232
Emma L., 1232
Eva, 1232
Faith, 1232
Florence, 1232
Frank, 1232
George, 1225, 1232
George William, 1232
Grace, 1232
Hail, 1232
Hazel, 1232
Jessie, 1232
John, 747, 1225, 1232
John W., 1225
Mary, 1225, 1229, 1232
Minnie, 1232
Narcissa, 1232
Orville, 1232
Ray, 1232
Russell W., 1232
Samuel, 1232
William, 1232
HAMMERSLA William, 553, 554

HAMMET Elizabeth, 848
McKelvy, 848
HAMMETT Catherine, 891
Elizabeth, 987
John, 728
Margaret, 728
McKelvy A., 987
HAMMICK Matthew, 508
HAMMIT McKelvie, 991
HAMMOND ---, 645, 781
Abraham, 742, 755
Adeline, 1230
Alexander, 1037
Alice J., 875
Andrew, 671, 1176
Ann, 1180, 1224
Ann Eliza, 1176
Anna, 1230
Anna Maria R. Tilghman, 242
Annie Kate, 938
Annie M., 624
Carrie M., 707
Catharine, 747, 993
Catherine, 625, 671
Charles, 1230
Christian E., 707
Clara, 763, 1233
Cornelia, 1230
Cornelia G., 1037
David, 399, 624, 1037, 1224
David C., 394
Delany K., 707
Dick, 282

Dr., 147, 313
Eleanora, 707
Elizabeth, 285, 742, 755, 1037
Ellen, 1176, 1224, 1230
Emma, 1224, 1230
F. Clara, 1037
Florence, 1037
Frank, 707
Frank Pierce, 707
George, 242, 707
Gertie L., 707
Harry, 1230
Henry Truett, 285
Isaiah, 707, 855
Jane, 1224, 1230
John, 1037
John Hays, 285
Joshua, 145
Josiah L., 707
Kate, 1230
Laura, 707
Lavinia, 1176
Leroy, 1230
Linwood, 1230
Lizzie, 1037
Louisa, 707
Luther, 1131
Major, 282, 283
Martin, 301, 1224
Mary, 707
Mary A., 855
Mary Ann, 1101
Mary K., 755
Mary L., 1230
Mary Lizzie, 1224
Michael, 313

Mr., 363
Natalie, 285
Nellie, 993
Obed, 707
Otho, 1176
Rebecca C., 1037
Rev., 549
Richard, 282
Richard P., 281, 282, 285, 286
Richard Pindell, 242
S. J., 938
Samuel A., 938
Samuel M., 707
Sarah, 753
Sarah Grace, 707
Sarah L., 707
Susan, 612, 846
Upton, 1224, 1230
Washington, 1224, 1230
William, 168, 242, 281, 282, 286, 662, 707
William A., 707
William L., 563
William O., 1037
HAMPSON James, 194
HAMPTON Gen., 340
Wade, 307, 340, 366, 792
HANBY Bishop, 585
HANCOCK Gen., 1272
John, 872
HANES Coleman, 857
Fannie, 857
HANKS Bartley, 872
Rachel, 872

HANN Benjamin C., 907
Mary, 907, 1224
Peter, 1224
Rebecca, 907
HANNA ---, 130
Alice, 1232
George, 1232
Isaac, 1232
Mary, 731, 1232
HANNEN Annie, 1292
HANNENKAMP Arnold, 731
Mary, 728
Mary E., 731
HANSON Chloe, 1296
Elizabeth, 1296
G. A., 556
James M., 487
John, 1296
Samuel, 1296
HARBAUGH Alice, 893, 924, 1032
Alice M., 1290
Amanda, 647
America, 731
Ann, 1273
Annie, 924, 1204, 1290
Annie Sophia, 1263
Armatha, 1269
Athena, 647
C. A., 497
C. E., 488
Caroline Mary, 1263
Catharine, 1032
Charles T., 1263
Clara, 1032
Clyde Orval, 647
Cornelia Ann, 647

## 102  HISTORY & BIOGRAPHICAL RECORD OF WASHINGTON CO.

Daniel, 924, 1032, 1290
David, 647, 844, 848
Elizabeth, 706
Emily, 647
Emma, 924, 1290
Fannie, 924, 1290
Florence Aminta, 647
George Newton, 1328
George S., 1328
Gertrude, 647
Gertrude A., 647
Hamilton, 647
Henrietta, 1328
Jacob, 731
Jesse Holland, 647
John, 537, 844, 848, 924, 1032, 1290
John I., 647
Jonathan, 1095
Joseph Earl, 647
Keller, 647
Keturah, 924, 1290
Lewis, 1032
Lewis M., 29
Louis, 706
Lucy Alma, 1263
Mabel Cora, 647
Martha A., 647
Martin, 647, 924, 1290
Mary C., 1328
Matilda, 844, 848
Melchior, 1032
Milton, 647
Rachel, 647
Rox Bella, 1263
Roxa Bella, 1263
Samuel, 924, 1290

Sarah Springer, 1263
Sophia, 1263
Sophia Elliott, 1263
Sophronia Elizabeth, 1263
Susan, 647, 844, 848, 924, 1290
Susanna, 647
William, 1263
HARBECKER Annie, 1193
HARBINE Thomas, 165, 263, 274, 276, 434, 556, 564, 832, 1309
HARDEN Mrs., 100
HARDESTY Matilda, 818
Richard, 818
HARDING Gen., 833
Mamie, 716
HARDWICKE Chancellor, 33
Lord Chancellor, 34
HARDY Amanda, 1038
George I., 174
Mariah, 1306
Robert, 1306
Seth, 1038
HARGEST Lewis, 1012
Lillie, 1012
HARISON George, 146
HARKEY S., 470, 471
Simon W., 474
HARLEY A. G., 380
Eliza, 806
Elizabeth, 805
Elizabeth E., 806

G., 502
Joshua, 805
Mahlon, 805
Sophia, 806
Thomas, 805
William, 805
HARLINE Thomas, 556
HARMAN ---, 1272
Ada, 1145
Bertha S., 1185
Carlton Boyle, 1185
Carrie, 1145
Christiana, 1280
Earl, 1146
Elva, 1146
Emma C., 1146
F. E., 1273
Frederick, 1145
Frederick D., 1145
Frederick K., 1185
H. H., 488
James Garfield, 1145
Jesse, 1145, 1185
John Claggett, 1145
John Cleggett, 1185
Lydia, 1145
Lydia B., 1145
Lydia V., 1185
Mary F., 1185
Morris, 1146
Russell, 1146
William Jesse, 1185
HARMANY George, 79
HARMON George, 529, 894
Martha, 894
Miss, 1195

# INDEX

HARN George, 1229
Lucy, 1229
Lydia, 1229
Mary, 1229
Robert, 1229
HARNE Alvy, 1204
Elizabeth, 1204
George, 1204
H. N., 562
Mary, 1204
Overton C., 436
Robert E., 1204
Susan, 436
Wilberdear, 436
HARNER D. W., 943
J. P., 537
HARNISH Ada, 694
Adeline F., 711
Anna, 694, 703
B. Franklin, 703
Barbara, 1321
Catharine, 1242
Catharine J., 703
Catherine, 702, 703
Clara, 703
Cora, 703
Cora A., 1321
D. Clinton, 703
Edna, 703
Elizabeth, 570, 694, 702, 703, 711
Elizabeth C., 703
Emma, 694
Emma J., 703
Enos, 694
Fannie, 694
Frances, 1321
H. R., 817

Harry E., 1321
Henry, 1269
Henry R., 1320, 1321
Ida, 703
Jacob, 570, 694, 1321
Jennie, 703
Jessie, 1321
John, 1321
John H., 703
John W., 1321
Laura, 703
Lizzie, 694
Mary, 1321
Mary E., 703
Mary K., 703
Milton G., 702
Mollie, 703
Nancy, 1269, 1321
Nannie, 1321
Peter, 702
Ross, 703
Rudolph, 711
S. A., 563
S. Alfred, 702, 703
Samuel, 702, 703
Sarah, 702, 1321
Susan, 1321
V. Davis, 703
HARP Alma Hazel, 752
Amelia, 738
Amy Caroline, 751
Beulah V., 752
C. U., 1203
Calvin, 1049
Caroline, 642, 738
Catharine, 738, 1049
Clara Magdalene, 751

Cornelia R., 741
Cyrus Daniel, 751
Daniel, 738
Daniel V., 738, 752
David, 645, 738
Dessie, 645, 1203
Edward, 741, 1203
Elizabeth, 738, 751, 1049, 1179
Elizabeth R., 752
Ellen, 738
Emma, 741
Emma B., 647
Fayette R., 752
George, 738, 751
Hezekiah, 738
Hugh U. G., 752
Ira Homer, 752
Isaiah, 738
Jacob, 738, 741, 1126
James, 741, 894, 1179
Jane, 1233
John, 625, 642, 738, 741, 751
John D., 553, 563, 751, 752, 841
John H., 381, 562, 647, 738, 741, 893, 894, 1001, 1098, 1110
John L., 738
Joseph W., 646, 741, 893, 894
Joshua, 501, 553, 738, 741, 751, 877
Joshua W., 853
Josiah, 738
Julia, 751, 853, 877
Laura C., 751
Lawson, 1049
Louisa Jane, 751

104　HISTORY & BIOGRAPHICAL RECORD OF WASHINGTON CO.

Lydia, 738, 741, 1126, 1216
Lydia A., 751
Lydia Alice, 751
Magdalena, 751
Mary, 738
Mary Ann, 738
Mary E., 586, 738
Mary Ellen, 751, 752
Michael, 738
Minnie M., 894
Mrs., 741
Nancy, 646
Nancy L., 894
Nellie, 894
Oren B., 752
Paul Luther, 894
Reno Overton, 894
Sarah, 738, 751
Susan, 738
Wilbur Paul, 752
Willie, 1203
HARPEL Jeremiah, 534
HARPER ---, 134
　Charles, 696
　Charles W., 558
　Daisy S., 945
　Edward, 945
　Eleanora, 696
　Elizabeth, 696
　Frances, 696
　Frances A., 696, 697
　Indiana, 1098
　Jacob, 696
　Kenton, 308
　Laura, 696
　Miss, 1077, 1157

HARR Belva May, 1327
　Callie, 1327
　Clara E., 1327
　Daniel H., 1327
　David, 1327
　Eliabeth, 1327
　Flora, 1327
　Florence Amelia, 1327
　Frederick Emerson, 1327
　George, 1327
　George F., 1327
　George Russell, 1327
　Harriet, 1327
　Jesse Lee, 1327
　John, 1327
　Joseph Hager, 1327
　Julia May, 1327
　Lucy, 1327
　Lucy Ann, 1327
　Margaret, 1327
　Mary, 1327
　Mary Elva, 1327
　Rachel, 1327
　Samuel, 1327
　Thomas, 1327
　William, 1327
HARRIE ---, 238
HARRIGAN John, 277, 300
HARRINGTON John, 148
HARRIS Annie, 731
　Benjamin, 326
　Capt., 755
　Charles, 553
　Dr., 907

　Elmore, 548
　Gen., 285
　George W., 40, 103, 376, 377, 381, 382, 389, 399, 449, 565, 883, 992
　J. M., 560
　Judge, 285
　Magdalen, 907
　Martha Virginia, 888
　Merritt S., 564
　Natalie, 285
　Sol, 487
　Thomas G., 215
　Thomas J., 1215
HARRISON ---, 230, 237, 246, 364, 1240
　Benjamin, 235, 772
　Brownie, 1272
　Gen., 572
　George, 146
　Governor, 61
　Hall, 363
　Jennie, 1233
　John Scott, 235
　Joseph, 562
　Lydia, 1201
　Nellie, 1233
　President, 148, 174, 416, 623, 716, 725, 876, 981, 1261, 1289
　R. M., 200
　Richard M., 555
　Robert H., 62
　W. H., 157
　William H., 708
　William Henry, 157, 235
HARRY ---, 99, 252, 275
　Amelia, 446

INDEX  105

Betsy, 301
Catharine G., 986
David, 115, 125, 159, 240
Elizabeth, 443
George, 145
George I., 94, 230, 252, 446
Isabella, 1169
Jacob, 94, 128, 130, 131, 438, 446
John, 94, 143, 145, 160, 179
Mr., 81, 126
Samuel, 145
Sarah B., 1138
Silas, 151, 179
Susan, 238, 446
Susan B., 668
William, 145
HARSH Andrew, 852
Andrew J., 813
Anna Catherine, 916
Charles, 916
Effie M., 813
Elmer, 691
John, 471
M. V. B., 474
Mary, 691
Sophia, 1005
HARSHMAN Alva M., 1317
Amos, 1317
Christian, 1316
D. Oscar, 1317
Daniel, 1316, 1317
Daniel C., 1317
Downey I., 1317
Elizabeth, 1316

Emmanuel, 1317
Emma, 1317
Ida V., 1317
Ira Russell, 1317
Isaiah, 528, 1316, 1317
Israel, 1317
Lola Ethel, 1317
Lydia, 1316, 1317
Malinda, 1317
Malissa, 1317
Margaret, 1317
Mary, 1317
Mary C., 1317
Mildred N., 1317
Myra, 1317
Sarah A., 1317
Sis, 1317
Susan R., 1317
HART ---, 552
Captain, 103, 1151, 1185
Catherine, 792, 1185
Col., 103, 104
Eliza, 103, 427
Elizabeth, 1151, 1185
J. D., 562
John, 913
John D., 273, 1185
John De Witt, 1185
Lucretia, 103, 104, 105, 427
Margaret, 913
Martin, 913
Noah, 67, 86
Sarah, 695
Sukey, 103
Susan, 913
Susanna, 103

Thomas, 89, 94, 98, 102, 103, 115, 137, 139, 385, 427
HARTER Alice, 716
Annie, 716
Catharine, 716
David, 716
Elizabeth, 716
George A., 716
Harvey, 716
James, 716
James P., 456, 712
James Poe, 716
Josiah, 716
Mary, 716
Mary Alice, 1096
Nancy, 716
Peter, 716, 893
Peter K., 716
William I., 1096
HARTLE ---, 537
Amelia, 905, 1004
Amelia E., 1185
Ann, 646
Barbara, 713, 1004, 1006
Barry M., 646, 647, 741, 894
Bessie, 646
Bessie R., 647
Calvert K., 714
Carrie, 646
Catharine, 905
Charles K., 646
Charles L., 713
Charles P., 646
David S., 646, 1185
Elias B., 558, 677, 713
Elias Brumbaugh, 713

Elizabeth, 713, 905, 1004, 1006
Emma, 713, 741
Emma B., 647
Ephraim, 646
Evelyn B., 714
George, 82, 646, 1004, 1006
George W., 713
Hadie, 646
Ida, 713
Isaac, 628
Isaiah, 646, 777
Jacob, 537, 646, 905, 1004, 1006
John, 646, 713, 1004, 1006
John H., 646, 647
Kate, 646
L. Blanche, 777
Lavina, 777
Lelia E., 713
Levi, 1004, 1006
Lloyd, 647
Mabel L., 714
Mamie, 646
Margaret, 646
Mary Ann, 1004, 1006
Mary C., 647
Mary V., 714
Mollie, 1185
Mr., 647
Nancy, 646
Nancy L., 894
Nettie, 714
Nora, 713
Peter, 646, 894
Peter R., 647
Robert L., 647

S. Clyde, 713
Samuel, 1004, 1006
Scott, 713
Solomon, 537, 1004, 1006
Stanley W., 713
Susan, 1004, 1006
Susanna, 547
Thurman J., 647
Webster, 713
William B., 713
HARTLEY Joseph, 486
Mr., 483
HARTLOVE Edgar, 881
Louise E., 881
HARTMAN Dorathy, 1264
Ellwood, 1084
Eura, 687
G. K., 468
Howard B. P., 558
Jacob, 687
Julia, 1270
Lillie, 1084
Viola L., 1084
HARTNESS
Elizabeth, 102, 103
Joseph, 103
Molly, 103,105,106,107
Mrs., 108
Robert, 79
Samuel, 103
HARTRANFT
Aaron, 575, 655, 702
Abraham, 702
Catharine, 655
Catherine, 702

David, 702
Elizabeth, 702
Emma, 702
Gen., 421
George, 702
Jacob, 702
John, 702
Joseph, 702
Levi, 702
Mary, 575, 702
Mary R., 702
Owen, 702
Priscilla, 702
Rebecca, 702
Reuben, 702
Sallie, 702
Samuel, 1312
Sarah, 702
Susan, 702
William, 702
HARTSOCK Dr., 487
S. M., 549
HARTWICK J. G., 543
HARTWIG J. G., 541
HARTZELL Hale, 1231
Lydia, 1231
Willis, 1231
HARVEY ---, 484
C. W., 517
H. H., 247, 276
Letitia P., 247
HARWOOD Col., 343
HASKINS Thomas, 486
HASLETT ---, 292, 293
Albert, 291
HASLUP Margaret, 1289

HASSETT Eleanor, 1250
 Ella, 818, 1250
 Mary, 891
 Thomas, 1250
HASSLER J. H., 472
 Jacob, 472, 497
HASSLETT James, 1050
HATCHER E. B., 554
HATFIELD Jacob, 145
 John, 79
HATLE Susanna, 538
HAUCK J. M., 564
 Jacob, 438, 747
 Savina, 747
HAUER Annie, 813
 Daniel, 277
 Elizabeth, 701
 George, 277, 701
 Harriet, 701
 James, 701
 Louisa Susan, 701
 Luther, 701
 Luther C., 813
 Mary A., 701
 Sarah C., 701
 William A., 701
HAUGH Margaret C., 1205, 1206
HAUK A. S., 487
 Pearl, 1012
HAUPTMAN Amos, 697, 717
 Annie C., 717
 Barbara, 717
 Barton W., 717
 Benjamin, 717
 Catharine, 717, 1276
 Dora, 717
 Edith, 717
 Effie, 717
 Elizabeth, 717
 Elizabeth S., 717
 Ezra, 717
 Florence, 697
 Florence E., 717
 Girtha, 717
 Jerome, 717
 John, 717, 1276
 John L., 717
 Katie, 717
 Lantz, 717
 Lillie, 717
 Martin, 717
 Mary, 717
 Sarah, 717
 Susan, 717
HAUSE Alice P., 577
 Harman, 577
HAUSER Jacob, 392, 393
HAUSHALTER Jacob, 393
HAUSHIHL ---, 540, 541
 B. M., 543
 Bernard Michael, 541
HAUSON Mabel, 1310
HAVENER Rev., 550
HAWBECKER Bessie Belle, 1311
 Catharine, 1266
 Daniel, 1266
 Jane, 691
 Mary C., 854
 Peter, 1311
HAWER Daniel, 277
 Margaret, 1182
HAWKEN Agnes M., 1249
 Bertie I., 1249
 Christian, 95, 1054
 J. Albert, 1249
 James E., 1249
 Leah, 1054
 Mary, 981, 1054, 1056
 Mary S., 1249
 Richard G., 1249
 William, 1054
HAWKENS ---, 482
HAWKER William, 24, 464
HAWKEY Samuel,146
HAWKIN Daniel, 145
 M. R., 451
HAWKINS Hamilton Smith, 1209
 James L., 486
 Mary Hamilton Smith, 1209
 Nicholas, 1054
 William, 1209
HAWLEY Col., 1013
HAY Marie Antoinette, 242
 Rebecca, 198
HAYBERGER ---, 1017, 1018
 Conrad, 489, 1018
HAYDEN Clare, 612
HAYES Aleba, 1126
 Andrew, 1126
 Bettie, 1175
 Clarence, 1174
 Emma, 1175
 George P., 389
 George R., 1174, 1175
 Georgie, 1175
 Hattie, 1175

Henry, 511
J. C., 622
Joseph, 866
Joseph C., 165
Julia I., 622
Laura, 1174, 1175
Lavinia, 866
Mr., 1175
Otho, 1175
Rutherford B., 339
Sallie I., 1175
Samuel, 1175
Sophia Pottenger, 1236, 1239
HAYFLITCH Elizabeth, 902
HAYNE ---, 926
HAYNES Amanda, 1167
　Courey, 802
　D. C., 507
　Eliza, 1167
　Elizabeth, 802
　J. R., 499
　John, 802, 1167
　John R., 802
　Mary, 743, 801, 802, 1079, 1167
　Mary A., 802
　Matthew, 802
　May, 803
　Millard L., 802
　Miss, 903
　Rachel, 499, 802
　Rebecca, 802
　Samuel, 802
　Samuel Markwood, 802

Sarah, 1167
Sophia, 802
Susan, 802, 1167
Thomas, 499, 802, 903
William, 802, 1167
HAYS Abner, 538, 547
　Chester R., 1113
　Clifford E., 1113
　Col., 281
　Dr., 24
　Eva, 1244
　Flora V., 1113
　Harriet, 943
　Ira W., 431, 1110, 1113
　J. Clyde, 1113
　J. O., 1203
　John C., 282, 283
　John Coffee, 281
　Joseph C., 420
　Julia I., 420
　Julian, 1002
　Leroy, 1113
　Levi, 943
　Maria Antionette, 198
　Mary, 538, 547
　Nathan W., 145
　Robert C., 1002
　Rufus M., 1113
　Rutherford B., 330
　Susanna, 1110
　Vernie V., 1113
　Wilson, 1110, 1113
　Wilson L., 399, 508
HAYWOOD Mrs., 1201
HAZELHURST ---, 1108
HAZLETT Albert, 295

HEADENHOUSER Louisa, 1317
HEALEY Frances M., 822
HEAPS James, 494
HEARD ---, 254
　America, 1110
　Cladie M., 996
　Ella, 901
　F. A., 326, 510, 901
　Frank, 996
　J. W., 556
　Lucinda, 1110
　M. V., 239
　Mary, 901
　Nimrod, 1110
　Rucilla Louisa, 1110
　William, 1110
HEARSHEY J. M., 467
HEASTER Daniel, 81
HEATH William, 146
HEATON Emaline, 744
　George, 744
　Lavina, 744
　Miss, 1144
　Monroe W., 744
HEATWOLE Miss, 582
　Perry, 687
　Susanna, 687
HEBB Ann, 1205
　Annie, 1205
　Catharine, 1205
　Edward, 1205
　Eliza, 1205
　Elizabeth, 1205
　Emma, 768

# INDEX

Florence, 1205
H., 563
Helen, 1205
Henry C., 1205
Isabella, 1205
John, 1205
Mary, 1205
Mr., 915
Richard, 1205
Sallie, 1205
Samuel Forest, 1205
William, 1205
William Forest, 1205
William Smith, 1205
HEBEL Catharine, 541
HECK Anna, 1086
Ellen Elizabeth, 697
J., 542, 543
John, 534, 547
john, 539
Mr., 1086
HECKERMAN Henrietta, 614
Henry, 614
HECKERT Jonathan, 79
HEDDINGER John, 126
HEDERICK John, 503
HEDGES ---, 764
  Amanda Susan, 755
  C.S., 550
  Joseph, 935
  Lycurgus, 644
  Lyerugus, 755
  S. A., 501
  Sophia, 935
  Susan, 644

HEDRICK ---, 1018, 1209
  Adaline, 1232
  Anna, 1233
  Arda L., 757
  Barbara, 952, 1183
  David, 1183
  Dewitt, 1233
  Emma, 1233
  Eva, 1233
  Frederick, 952
  George, 152, 203
  George W., 757
  Jacob, 1233
  Jacob H., 1316
  Joseph, 145
  Laura E., 757
  Samuel, 1232
  Sarah, 1316
HEENAN ---, 258
HEFFELBOWER John, 853
  Violetta, 853
HEFFENGER S. L., 557
HEFFINGER Catherine, 1020
  Jacob, 1020
HEFFLEFINGER Lieut., 240
  Martha, 1192
HEFFLEMAN Mary, 320
HEFFNER Barbara, 953
  Daniel, 1079
  Jacob, 79
  Susan, 1079
HEGE ---, 692
  Ann, 691

  Annie, 1215
  Benjamin, 691
  Christian, 691
  Elizabeth, 691
  Etta, 691
  Hans, 691
  Jacob, 688, 691
  John, 691
  John B., 634
  Maria, 691
  Martha, 688, 691
  Mary, 688, 691
  Miss, 784
  Rebecca, 654, 691
  Sarah, 654, 691
HEGER ---, 59
HEIFE Frederick, 98
HEIGLEY Peter, 89
HEIKES Calvin P., 431
HEIL Mary, 952
HEIMEL Justus, 550
HEINE Miss, 1031
HEISCHMAN Theobald, 394
  Theobold, 485, 486
HEISE Julia V., 1323
HEISER Philip, 145
HEISEY Daniel, 887
  Emma C., 887
HEIST Lewis, 550
HEISTAND ---, 653
  Barbara, 1226, 1233
  Benjamin, 1226
  Elizabeth, 763, 906, 1225
  Henry, 763, 906, 1225, 1226
  Jonathan, 1226
  Mary, 1226, 1233

# 110 HISTORY & BIOGRAPHICAL RECORD OF WASHINGTON CO.

Sarah, 1226, 1233
HEISTER Catherine E., 68
 Charles, 67, 68
 Daniel, 66, 67, 68, 69, 82, 86, 87, 109, 110, 125, 130, 131, 152, 179, 301, 438, 439, 560, 1313
 Daniel I., 68
 Elizabeth, 67, 68
 Gabariel, 69
 Gabriel, 67, 68
 Gen., 252, 1144
 General, 127, 151, 438, 1314
 Henry, 67, 68
 Isaac, 68
 John, 67, 68, 69
 John P., 68
 Jonathan, 67, 68
 Mary Leah, 67, 68
 Mrs., 1314
 Rosanna, 68, 69, 87, 438, 439, 1313, 1314
 Rosannah, 67, 68, 301
 Samuel, 67, 68
 William, 67, 68, 69
HEITSHU Herbert, 706
 Louisa, 706
HELDEBRAND Johanna, 1044
HELFENSTEIN Albert, 393
HELFFENSTEIN Edward T., 486
 Jonathan, 648
 Samuel, 492
HELFLENSTEIN E. T., 486

HELLER Ann Maria, 1229
 Clinton, 1229
 Eli, 671
 Ella, 1229
 Flora, 1229
 Frederick, 1229
 George, 1229
 Grant, 1229
 Harriet, 671
 Jacob, 1025
 Martin, 1229
 Mary, 1229
 Ruth, 918
 Sam, 1229
 Sarah, 463, 1025
HELMS Daisy, 1230
 Henry, 1230
 Lilly, 1230
 Louisa, 1230
 Myrtle, 1230
HELSER Annabel, 1031
 Annie, 1031
 Cora, 1031
 Daniel, 1031
 David P., 1031
 Florence, 1031
 Florence M., 823
 Franklin P., 1031
 George, 1031
 Henry, 823, 1031
 John, 1031
 Kay, 1031
 Lizzie, 1031
 Lydia, 1031
 Margaret P., 1031
 Margaret Priscilla, 823

 Maud, 1031
 Nettie, 1031
 Solomon, 562, 1031
 Solomon Albert, 1031
 Susan, 1031
 Vergie, 1031
HEMPHILL Joseph, 145
HEMSWORTH Louisa, 1231
HENCH Ensign, 48
HENDERSON ---, 248, 337, 552, 824, 1109
 Ann Louise, 793
 Anna L., 888
 Bessie Jane, 887
 C. W. Roy, 793
 Charles W., 372, 1065
 Charles W. Roy, 888
 Charles William, 887, 888
 Cora S., 887
 Daniel B., 887
 Ellen Mary, 887
 Ernest C., 888
 Ernestine, 888
 Ernestine Virginia, 793
 G. F. R., 336
 Jane Catherine, 887
 Jane Katharine, 888
 John, 887
 Kate Thomas, 887, 888
 Lucy M., 887
 Marian Summers, 793
 Marianne, 888
 Martha Virginia, 888
 Mr., 823

# INDEX

R., 563
Raymond, 888
Raymond Harris, 888
Raymond Lee, 887
Richard H., 205
Robert R., 420
Sarah, 1065
Sqr., 98
HENDRICKS N. M., 559
Nancy, 962
HENGER Robert P., 555
HENNEBERGER
Ada, 1145
Clara, 1199
George, 1145
John, 488
HENNESSEY Mary, 1132
HENNESSY Ellen, 715
Thomas, 715
HENOP F. L., 391
Frederick Ludwig, 392
HENRY, 140
C. D., 977
Charles Edgar, 977
George W., 260
Grace, 997
H. F., 1279
Harriet S., 1286
John, 146, 559
King, 1036
Mary McCleave, 977
Patrick, 122
Professor, 1184
HENSEL Florence, 924

Gertrude, 1176
HENSEY J. A., 497
James A., 487
HENSHAW David, 217
HENSON C. H., 307
Henry B., 407
Mr., 743
Ora B., 743
HEPBURN Judge, 249
HEPFER John, 1269
Lillie, 1269
Rebecca, 1269
HERB ---, 702
HERBERT Arthur, 1182
Catharine, 658
Charles H., 564
Emma, 778
F. D., 317, 380, 562
F. Dorsey, 323, 411
J. E., 399, 508
Jane, 301
Lizzie, 1182
Mr., 671
Phebe, 433
Phoebe, 92, 148
Stewart, 60, 92, 148, 238, 433, 778
W. G., 549
William, 497
William S., 431
HERBST John, 539
HERDLI George, 393
HERLCHY ---, 482
HERMAN E., 1077
George Guy, 1077
H. S., 558, 1077
L. D., 687

Siloam, 1077
HERR ---, 637
Christian, 1232
Christiana, 571
Ella, 694
Emma, 747, 1232
Hannah, 570
Hans, 865
John P., 487
Joseph, 1232
Martin, 570
Mr., 747
Susan, 570, 1305
Veronica, 1032
HERSHBERGER
Sudie, 924
HERSHEY ---, 488, 653, 1170
Ann, 911
Annie, 1071
Barbara, 911, 1302, 1304
Catharine, 911
Catherine, 653, 1226
Christian, 911
Daniel, 912
Elizabeth, 724, 911, 912, 1048
Fannie, 663
Fanny, 1071
Isaac, 1299
Isaac S., 488
John, 466, 695
John V., 724
Joseph N., 1059
Maria, 1059
Mary, 786, 904, 911
Mary E., 1003
Susan, 911, 912

# 112 HISTORY & BIOGRAPHICAL RECORD OF WASHINGTON CO.

Susanna, 1071
HERSHOCK Emma, 876
HERTEL George, 541
Jacob, 541
HERZOG ---, 512
HESITER Catherine, 67
Daniel J., 67
Isaac, 67
John B., 67
William, 67
HESLETINE Charles, 165
HESS ---, 194
  Abraham Lincoln, 655
  Catharine, 866
  Eliza, 1054
  Elizabeth, 644, 786, 1225
  Ellen, 1232
  Frederick, 1089
  George, 465
  Hettie, 655
  Jacob, 146, 152, 476, 1225
  Jacob C., 1054
  Jeremiah, 575
  Johann Jacob, 1260
  John, 575
  Joseph, 510
  Magdalena, 653
  Miss, 755, 884, 1071, 1181
  Nancy, 575, 1089
  Rev., 508
  Rosina, 786
  Sallie, 575
  Susan, 866

HESSEN Catherine, 1108, 1109
  Louis, 1109
HESSER Charles, 713
  Elizabeth, 713
HESSONG John, 1126
  Matilda, 1126
HETRICH John, 1264
  Sarah, 1264
HETZER Eliza, 475
  Elizabeth, 955
  Emma, 1312
  G. F., 1097
  John W., 955
HEWETT Daniel, 177
HEYDE G. W., 487
  George W., 353
HEYSER ---, 256, 263
  Alice, 716
  Alice K., 1174
  Amelia, 716
  Annie, 1174
  Annie L., 1174
  Betsy, 102
  Capt., 1305
  Catherine, 1174
  Catherine H., 1174
  Elizabeth, 1305
  Ella M., 1174
  Emma F., 1174
  George, 1184
  George F., 1174
  Henrietta, 1173
  Ida C., 1174
  Jacob, 79, 716
  John, 339
  John H., 173, 376
  Martha E., 1174

  Mary, 1174
  Sallie, 1174
  Sarah, 1174
  W., 152
  William, 60, 79, 82, 94, 102, 106, 107, 130, 131, 135, 152, 159, 160, 177, 373, 392, 1174, 1251, 1305
HEYWOOD ---, 484
  Alexander, 1225
  Elizabeth, 1225
  Foster, 1225
  James, 1225
HICHMAN Dr., 1300
HICKMAN Louisa I., 1049
  Mary, 764
HICKS Annie, 783
  Annie E., 1068
  C. Arbelin, 582
  C. M., 529
  D. J. D., 548
  George W., 733
  Gov., 306, 310
  Governor, 305, 985, 1245
  Henrietta E., 733
  J. W., 582
  John, 1068
  Magdalena, 68
  Magdeline, 67
  Maria, 774
  Robert, 67, 68
  T. Holliday, 560
  Thomas, 783
HIEL Henry, 473
HIGBEE E. E., 577, 614
  Louisa, 614

# INDEX

Rev. Dr., 661
HIGGINS Basil D., 487
  Dr., 256
  Sarah, 834
  T. A., 468
HIGGS Daniel, 1202
  Florence, 1202
  Thomas, 145
HIGH Susan, 698
HIGHBARGER ---, 1017
  Abraham, 1018
  Alvey Grove, 1018
  Amelia, 1232
  Anna Mary, 1018
  Benjamin Franklin, 1018
  Calvin, 1229
  Carl, 1229
  Catharine, 1018
  Clara, 1018
  Clyde Elizabeth, 1018
  Conrad, 1018
  Daniel, 1018, 1226
  Edith, 1226
  Eliza, 1229
  Elizabeth, 1018
  Ellen, 1229
  Ernest, 1229
  Ernest Waddy, 1018
  Estella, 1018
  George, 1018, 1226
  Grace, 1229
  Harriet Benton, 1018
  Harry, 1018
  Harvey Forest, 1018
  Hattie, 1018
  Jacob, 527

  Jane, 1018
  John, 1018
  Johnson Earl, 1018
  Lizzie, 1229
  Martha, 1226
  Martha J., 1326
  Martin Luther, 1018
  Mary Alta, 1018
  Mary Florence, 1226
  Mary Lucretia, 1018
  Maude Helen, 1018
  Nathan, 1018
  Newcomer, 1232
  Otho S., 1326
  Polly, 1018
  Rebecca, 1018
  Webb, 1018
  William J., 1018
  William Joseph, 1018
HIGHBERGER ---, 1209
  Alice, 1061
  Ann E., 1121
  Catharine, 1061
  Daniel, 1061
  David, 145
  George, 1121
  Jacob, 524
  O. S., 530
HIGHTMAN Annie, 738
  Cecil, 738
  Cora, 738
  Edith, 872
  Ethel, 872
  Frank, 738
  George, 738
  H. C., 738

  Harry C., 738
  Helen, 872
  Helen Augusta, 872
  Lenora, 738
  Lillian, 872
  Mary, 738
  Minnie, 738
  Nina, 872
  Oliver, 872
  Ruth, 738
  Sarah, 1162
  Thomas, 738
HIKES C. P., 557
HILBARGER Jacob, 528
HILBERT Samantha J., 674
HILDEBRAND ---, 991
  A. C., 563, 1203
  Adam, 848
  Adam C., 988
  Alethea, 768
  Ann Amelia, 1232
  Barbara, 848
  Barbara Ann, 988
  Blaine, 1232
  Charles, 1232
  E. O., 907
  Edward O., 988
  Elizabeth, 768
  Emma, 988
  Fannie, 988
  Frisby, 996
  Isaac, 768
  Jacob A., 895
  Jeannette, 988
  John, 1232
  Lite, 1232

114 HISTORY & BIOGRAPHICAL RECORD OF WASHINGTON CO.

Margaret, 996
Mary, 1232
Melissa, 907
Minerva, 1232
Miss, 963
Sallie, 988
Sarah E., 895
Simon, 1232
HILDRETH S. P., 108
HILDT George, 487
HILL ---, 329, 330
  A. P., 331, 332, 335, 337, 347, 350, 1017
  Alice Z., 785
  Annie, 1232
  B., 497
  Capt., 994
  D. H., 330, 331, 335
  Etta, 1120
  Ira, 185, 194
  John, 785, 1120
  Lucy Lee, 1017
  Peter, 145
  Reuben, 397
  Rose, 785
  Samuel M., 194
HILLEARY Sarah, 1013
  Thomas, 1013
HILLIARD Alice, 948
  Barbara, 948
  Charles D., 948
  Charles E., 948
  Christian, 948
  Christopher, 417, 564, 948
  Eleanor, 948
  Eliza, 948
  John C., 948

Louisa, 948
M. Kate, 948
Maria, 948
Maria Barbara, 948
Maria Mittag, 417
Mary, 948
Mary L., 948
Sally, 948
Susan J., 948
T. E., 565
Thomas E., 380, 417, 948, 1023
Thomas Elliott, 417
HILT Daniel, 487
M., 487, 1301
HILTON Col., 139
HIMES David, 578
  Elizabeth, 578
  Jacob, 578
  Nannie, 857
  Sallie, 578
  Sophia, 578
HINDS J. H., 907
  Maud, 907
HINE Henry, 1250
  Jacob, 227
  Katharine, 1250
HINEA Mary C. H., 1125
HINES Calvin Eugene, 794
  Catharine U., 903
  Charles, 903
  Elizabeth, 876
  Franklin T., 746
  George, 145
  Helen, 1271
  Joshua C., 903
  Mary, 875

Maud, 828
Milton, 828
Nettie Blanche, 794
Rebecca, 746
Silas, 313, 876
HIPPLE C. W., 511
HIRSH Jacob, 585
Susan, 585
HIRST William, 487
HISE John, 510
HITCH Amanda, 1229
HITCHCOCK Annie, 1230
  Charles, 798, 1230
  Gen., 365
  Guy, 1230
  Henrietta L., 798
  Lee, 1230
  Mary, 798
HITE Mary, 866
  Thomas, 866
HITESHEW ---, 1161
  Elizabeth, 1295
HITT ---, 934, 1305
  Agnes, 1302
  Ailsey, 1301
  Aisley, 1301
  Alexander, 1301
  Ann, 1299, 1301, 1302, 1304
  Anna, 1301
  Barbara, 1302
  Benjamin, 1301
  Bro., 1300
  Caleb, 1302
  D. F., 1303
  Daniel, 1299, 1300, 1301, 1302, 1304
  Daniel F., 1302

# INDEX

Dinah, 1301
Edwin, 1300
Elijah, 1301
Elizabeth, 1301, 1302, 1305
Ellen, 1229, 1300
Emily, 1302
Fanny, 1301
Frances, 1301
George, 1302
Hannah, 1301, 1302
Harmon, 1300
Harrison C., 1301
Henry, 1301
Herman, 1301
I. R., 1302, 1305
Ira, 1302
Isaac R., 1300, 1304
Isaac Reynolds, 1302
J. W., 1302
Jacky Spencer, 1301
James, 1301
Jane, 1301
Jesse, 1301
Jesse M., 1302
Joel, 1301
John, 1301
John P., 1301
John W., 1300
John Wesley, 1301, 1302, 1304
Joseph, 1301
Lucy, 1301
M., 1301
Margaret, 1299, 1301, 1304
Maria, 1300, 1302
Mariane, 1301
Martin, 1299, 1300, 1301, 1304, 1305
Mary, 1226, 1300, 1301, 1302, 1305
Merman, 1299
Milton, 1300
Moses, 1301
Nancy, 1301
Nannie, 1302
Nathan, 1301
Nimrod, 1301
Pamela, 1232
Peggy, 1301
Peter, 1299, 1300, 1301
Phebe, 1303
Phoebe, 1302
Polly, 1301
Pressly R., 1301
Rachel, 1301
Rector C., 1302
Reuben, 1301
Robert, 1232
Robert Reynolds, 1302
Sally, 1301
Samuel, 1299, 1301, 1302, 1304
Samuel M., 186, 203, 236, 1300, 1301, 1302, 1304
Sarah, 1301, 1302, 1304
Sarah Day, 1301
Stephen, 1301
Susan, 1301
Susannah, 1301
Thaddeus, 1301
Thomas Smith, 1302
Tillman, 1301
W. W., 1302, 1305
Wilbur, 1302
William, 1301
Willis M., 1300
Willis Washington, 1300
HIVNER Elizabeth, 866
HIX Margaret, 963
HIXON Agnes, 872
Amos, 871, 872
Anna, 871
Barbara, 872
Blanche, 872
Catherine, 872
Charles, 872
Charles E., 872
Eleanor, 872
Eliza, 872
Hannah, 872
Helen Augusta, 872
Isaiah, 871, 872
James, 872
Jennie Taylor, 872
John, 871, 872
Joseph, 871
Mary, 871, 872
Mr., 872
Phoebe, 872
Rachel, 872
Sarah, 872
Warren Delano, 872
William, 872
HOAKLANDER Ann, 633
Jacob, 633
HOAR Senator, 981
HOBBS Laura, 835
Samuel, 835

HOBSON Elizabeth, 1017
  Elizabeth Bridges, 1017
  Graham, 1017
  Leila Carroll, 1017
  Lieut., 1214
HOCHMANN ---, 521
  Ernest Christoph, 520
HOCKENS Miss, 987
HOCKLEY General, 231
  Lydia, 724
HOCKMAN S. M., 485
HODGES F. T., 1131
HOECKER Ludwig, 522
HOERNER Florence, 903
HOERT Miss, 1270
HOFF John W., 486
HOFFACHER John W., 1328
  Mary C., 1328
HOFFER Annie, 664
  David, 664
  Elizabeth, 664
  Fannie, 664
  Henry, 664
  John, 664
  Mary, 664
  Michael, 664
  Sallie, 664
  Sarah, 664
HOFFINE J., 562
HOFFMAN ---, 336, 513, 638, 647, 747, 1133, 1163, 1285, 1323
  Aaron, 1273
  Alfred, 1115
  Alfred L., 1232
  Alice, 1273
  Alvey, 1273
  Alvey G., 774
  Ann, 1273, 1275
  Ann M., 893, 1273, 1274
  Anna, 752, 1219, 1273, 1318
  Annie, 751, 1223
  Annie K., 1274
  Benjamin, 767, 1219, 1273
  Bessie, 1119
  Bessie V., 1232
  Bruce N., 1274
  Calvin, 1115, 1119, 1232
  Calvin K., 1116, 1119
  Caswell, 1318
  Catharine, 1273, 1322
  Catherine, 625, 1119
  Charles, 1232, 1273
  Charles W., 1103, 1232
  Charlotte Richard, 774
  Christian, 1273, 1274
  Clara, 633, 1232
  Clara J., 1116, 1120, 1232
  Clara Lucile, 1119
  Clarence, 1103, 1232
  David, 1115, 1223, 1232
  David L. W., 1232
  Dorothy, 1232
  E. H., 491
  Earl, 774
  Edith, 1119
  Edmma B., 893
  Edna S., 1274
  Edward, 1103, 1232
  Effie S., 774
  Eliza, 1115, 1223
  Eliza H., 943
  Elizabeth, 586, 1103, 1273
  Ella, 1219, 1273
  Ellen, 751, 1273
  Emanuel, 1273
  Emma, 1232, 1273
  Emma B., 1274
  Ernest, 558, 1103, 1232
  Evy, 1273
  Fannie S., 1274
  Florence, 1273
  Frank, 752, 1232
  Frank K., 1116, 1119
  Frederick, 751
  Gela, 674
  George, 82, 1115, 1232
  George C., 1119
  George K., 1116
  George W., 1102
  George S., 1116
  Grover F., 1232
  H. W., 557, 560
  Hannah, 1115
  Harold, 1119
  Henry, 145, 1273
  Henry C., 1232
  Henry W., 275, 420, 560, 563
  Hettie, 1273
  Ida, 1273
  Ida F., 1232
  Iola, 1119

# INDEX

Iola E., 1108
Isaac, 633, 1273
J. Aaron, 893, 1273, 1274
J. C., 1116, 1119, 1120
J. N., 776
Jacob, 513, 751, 1115, 1232, 1273
Jacob A., 1274
Jane, 696, 1232
Jela, 1232
Jelia, 841
Joe, 1232
John, 1115, 1119, 1220, 1223, 1273
John C., 1232
John Calvin, 1115
John H., 1273
John Harrison, 1274
John Henry, 751, 752
John N., 893, 1273, 1274, 1275
Joseph, 695, 841, 943, 1108, 1115, 1223, 1232, 1273
Joseph K., 1116, 1119
Joseph T., 674, 1103
Joshua, 1103, 1223
Julia, 1103
Iola, 1119
Kate, 1115, 1232
Knode, 1232
L. Franey, 1273
Laura, 1273
Laura Belle, 1119
Leah, 1273
Leah M., 774
Linzey, 1232
Lizzie, 1232, 1273

Lloyd, 1232
Lloyd A., 1119
Lloyd K., 1116
Lydia, 1273
Lydia A., 751, 752
Maggie, 1273
Maggie M., 1232
Margaret, 1232
Margaret H., 1025
Maria, 1219
Mariam Jane, 1119
Martha, 1219, 1273, 1274
Martha A., 1274
Martha E., 1274
Mary, 841, 943, 1103, 1115, 1232, 1273
Mary B., 1116
Mary Belle, 751
Mary E., 1116
Mary K., 1116, 1119
Mary L., 1232
Mary Margaret, 1305
Matthias, 1273
Mattie, 1273
May, 1219, 1273
Melva Emmert, 774
Miss, 984, 997
Mollie, 1232, 1273
Mr., 1012, 1195, 1201
Nancy, 1273
Nettie, 1103, 1232
Newton, 1273
Orpha, 767
Ralph S., 1119
Rebecca, 1119
Robert, 1115
Robert V., 1116

Rolly, 1232
Roy L., 1274
Ruth E., 1274
Sallie, 774, 1115, 1223, 1232
Samuel, 696, 1115, 1232, 1273
Sarah, 1232
Sarah C., 1133
Sarah Catherine, 1103
Sarah L. E., 1232
Sarah R., 1116
Stanley, 1232
Susan, 1273
Thomas, 1115, 1232
Tice, 1273
Vic, 1265
W. W., 1020, 1103
William, 1175, 1232, 1273
William C., 1116
William D., 1232
William K., 1116
William P., 1274
William Paul, 1119
William T., 1232
Worth, 841
Worthington, 1232
Worthington W., 1103
HOFFMASTER
Charles N., 550
Ellen, 857
Freeling, 497
George, 145
HOFFMEIER Frank W., 559
J. W., 472, 492
Sally M., 975
T. F., 975

118   HISTORY & BIOGRAPHICAL RECORD OF WASHINGTON CO.

T. Frank, 490
T. Franklin, 492
HOFFMEYER Rev., 534
HOFFMIRE Frank, 1233
  Gertie, 1233
  Harry, 1233
  Mary, 1233
  Sallie, 1233
HOFLICH Amelia, 1184
HOG Thomas, 75
HOGE J. Blair, 365
HOGG Capt., 51
HOGMEIER Jonas, 492
HOGMIRE ---, 971
  Andrew, 230, 439, 498, 773
  C., 80, 83
  Capt., 81, 83
  Col., 439
  Conrad, 74, 75, 81, 82, 85
  Elizabeth, 106
  John, 439
  Jonas, 852
  William, 439
HOHN Miss, 894
HOKE Elmira, 748
  Florence E., 1192
  Gen., 1319
  Mary, 569
HOLBERT ---, 484
  Archibald, 824
  Catherine, 824
  Emma, 824, 1109
HOLBROOK ---, 1276

HOLDEN Margaret, 644
HOLDUMAND Frederick, 22
HOLIBERT Capt., 321
HOLKER Miss, 247
HOLLAND
  Alexander, 954
  Anna Mary, 954
  Annie, 954
  Beulah, 955
  Catherine, 954
  Charles R., 955
  Daniel L., 955
  Daniel Ringgold, 954, 955
  Elizabeth, 955
  Evelyn, 954
  John, 954
  John W., 954
  Joseph, 954
  Littleton, 954
  Mary, 954
  Mary Ann, 954
  Mr., 955
  Prudence, 79
  William E., 955
HOLLENBERGER David, 743
HOLLIDAY Clara, 1126
  Jennie, 1191
  Nora, 1126
  Tilghman, 443, 868
  William, 159, 443
HOLLINGER Ada K., 1096
  D., 529
  Daniel, 510
  John, 1096

  Keziah, 1096
  Mary V., 1096
  Myrtle, 1096
  Myrtle E., 1096
  Samuel, 1096
  Samuel A., 1096
  Susanna M., 1096
HOLLINGSWORTH
  Alice, 902, 924
  Ann, 902
  Annie, 902
  Augustus, 902
  Capt., 224, 233
  Catharine, 902
  Charles S., 902
  Col., 249
  Elizabeth, 902
  Ella, 902
  Enoch, 902
  Eveline, 902
  Franklin, 902
  G. H., 556
  G. Howard, 286
  George, 902
  George H., 555
  Henry, 902
  J., 426
  Jacob, 234, 254, 256, 286, 386, 389
  John, 902, 924
  John F., 902
  John H., 627
  Joseph, 902
  Malinda, 902
  Margaret, 627, 902
  Martha Jane, 902
  Mary, 902
  Mary E., 902

# INDEX

Mary Eveline, 902
Mr., 693
Samuel, 902
Susan, 902
Thomas, 902
Thomas Howard, 902
Valentine, 902
Wilford S., 902
William G., 902
HOLLMAN Capt., 224
  Joseph, 237, 562
HOLLOMAN Ella, 1312
HOLLY Capt., 318
HOLLYDAY Alice, 1050
  John, 497
  R. V., 555
  Samuel, 1050
  William, 497
HOLMAN ---, 224
HOLMES Bessie, 1319
  Elizabeth, 499
  Harden, 1042
  J. E., 953
  Janet, 708
  Jeremiah, 562
  Keziah, 743, 801
  Letha, 1168
  Mary E., 1042
  Oliver Wendell, 340
HOLSINGER Catherine, 702
  D. M., 825
  Elder, 532
  Elizabeth, 825, 966
  Frances, 971
  Frank, 971, 1122
  George, 966

Henry R., 531
Miss, 734
Norman B., 825
Samuel, 702
HOLT Drusilla, 389
  Ellen Ann, 913
  Martha, 1229
  Samuel E., 913
HOLTON ---, 560
HOLTZMAN Christian, 1137
  Elizaabeth, 1137
  Elizabeth, 1137
  Ellen, 1292
  Hezekiah, 1137
  Jacob, 1137
  Lydia, 1137
  Margaret, 1137
  Rebecca, 1137
  Sarah, 1137
  Susan, 1137
  William, 1137
HOLZAPFEL Chester, 1250
  Conrad, 1250
  Harvard, 1250
  Henry, 1092
  Julia Martha, 1251
  Katharine, 1250
  Martha, 1250
  Martha Elizabeth, 1250
  Mary, 1250
  Mr., 1251
  William, 1250
HOLZAPPEL Henry, 1250
  Martha Elizabeth, 1250

HOMMOCK Eliza, 1195
HONODEL Charlotte, 1282
  Francis, 1282
  Margaret Albearda, 1282
HOOD ---, 331, 332, 335, 336, 1139
  Benjamin, 403
  Col., 994
  Hanna Mifflin, 403
  John M., 403, 407
  John Mifflin, 403
  Mr., 404
HOOE Bernard, 1296
  Ellen, 1296
HOOK ---, 480, 484
  James, 831
  Sarah, 831
HOOKER ---, 332, 335, 347
  General, 1013
HOOPES Mary C., 1317
HOOVER ---, 99, 513
  A., 501
  Aaron, 808
  Ada, 1137
  Ada Geeting, 1243
  Andrew S., 1002
  Ann, 654
  Anna, 961
  Barbara, 584, 906, 1071, 1223, 1225
  Benjamin, 953
  Benjamin F., 1134, 1137
  Calenthia, 1137
  Catharine, 547, 1134

120  HISTORY & BIOGRAPHICAL RECORD OF WASHINGTON CO.

Catherine, 538, 953
Christian, 511, 544, 723, 802, 953
Clara, 953
Cyrus, 544
Daniel, 953, 1002, 1134, 1137
David, 513, 514, 543, 796, 953, 1004
Edmma E., 1137
Effie, 1137
Eleonora, 954
Elias, 1134
Eliza, 877, 903, 1134
Elizabeth, 765, 802, 953, 1134, 1137
Ellis W., 1137
Eva, 1243
Ezra, 1137
Fannie, 686
George B., 954
Gertrude, 1121
H. Webster, 1002
Harry, 1137
Henry, 99, 1134
J. R., 476
J. Wesley, 559
Jacob, 79, 99, 538, 547, 654, 686, 1134
Jacob R., 737, 1127, 1134, 1137
Jeremiah D., 954
John, 513, 514, 873, 953, 1137, 1243
John W., 988
Joseph, 628, 1002
Joshua, 646, 998, 1137
Joshua M., 1121
Kate, 796
Kate C., 1002

Kittie, 904
Laura, 628, 1137
Lemuel F., 1137
Lorena S., 954
Martha, 953
Martin, 1002
Martin L., 953, 954
Mary, 654, 723, 953, 1032, 1134, 1137
Mary E., 961
Mary Eleanor, 873
Mary Ellen, 1137
Mary M., 1137
Mary Magdalena, 1002
Mollie, 1002
Mrs., 1005
Myrtle, 1294
Nancy, 686, 953
Peter, 513
Rebecca, 808, 1002
Rhoda, 1243
Roberta, 954
Samuel, 904
Sarah, 953, 988, 1002
Silas, 528
Simeon, 873
Susan, 873, 953, 1134
Susanna, 873, 1071
Upton, 1002
Virginia Florence, 1137
W. L., 1060
William, 1002, 1137
HOPEWELL Joseph, 22
HOPKINS Eva, 1109
J. A., 548
Johns, 401, 402

Rose, 1164
HOPWOOD
Catharine, 1098
Catherine, 983
William, 983, 1098
HORINE Annie, 1008
Elizabeth, 1020, 1026
Emma, 581, 1231
Fannie, 1231
George, 1224
John, 229, 247, 1224, 1231
M. C., 538, 539, 542, 543, 547
M. P., 581
Malinda, 1122
Minnie, 731
Miss, 747
Mr., 1236
Nancy, 1224
Polly, 1225
HORMAN Nancy, 797
HORMELL George W., 887
HORN A. M., 504
A. N., 511
Nannie, 687
HORNBERGER Jacob, 702
Priscilla, 702
HORNE Mary, 1316
Mary F., 1270
Thomas, 1270
HORNER Adolphus, 1307
Emma, 1279
John, 1279
John A., 1213
Lucinda, 1110

# INDEX 121

Sophia L., 1307
HORRELL ---, 255
HORSHMAN
Elizabeth, 1134
HORST ---, 818
  Aaron M., 962
  Abraham, 514, 570, 654, 662, 961, 962, 1071
  Abram, 654
  Abrham, 570
  Alice, 655
  Altha, 961
  Amanda, 655, 691
  Amos M., 962
  Ann, 654
  Anna, 570, 654, 655, 657, 961
  Anna M., 962
  Annie, 654, 962, 1071
  Barbara, 654, 662, 961, 1071
  Benjamin, 653, 655
  C. M., 962
  Catharine, 654, 655, 961, 1032
  Catherine W., 657
  Cecelia Ann, 962
  Cecilia Ann, 962
  Christian, 654, 657, 961
  Christian M., 962
  Clarence, 657
  Daniel, 653, 698
  Daniel E., 514, 655, 697, 698
  David, 654, 655, 698, 1071
  David H., 657
  Dollie, 962
  Elizabeth, 654, 655, 663, 697, 784, 812, 961, 962, 1007, 1032, 1071
  Esther, 654
  Fannie, 654, 655, 697
  Harvey, 698
  Henry, 654, 693, 1071
  Hettie, 655
  Jacob, 653, 654, 655
  John, 513, 654, 655, 1071
  John H., 654, 961
  John S., 654
  John V., 655, 657
  Jonas, 654, 657
  Joseph, 654, 655, 656, 697, 698
  Katie, 1102
  Leah, 654, 655, 657, 807, 961
  Levi, 1071
  Lizzie, 653, 663
  Lydia, 653, 654, 655, 663
  Magdalena, 654
  Maggie, 653
  Martha, 1071
  Martin, 570, 654, 663
  Martin M., 962
  Mary, 570, 653, 654, 655, 961, 962, 1071
  Mary E., 961
  Mary M., 1312
  Mattie, 654
  Mattie M., 961
  Michael, 513, 514, 529, 653, 654
  Michael E., 653, 654
  Miss, 655
  Mollie, 961
  Moses R., 962, 963
  Mr., 963
  Myrtle, 961
  Nancy, 575, 654, 655, 694, 695, 1071
  Nancy K., 653
  Nannie, 698
  Noah, 653
  Paul, 653
  Peter, 654, 807, 961
  Rebecca, 654
  Roy, 698
  Roy M., 961
  S. L., 570
  Samuel, 653, 655, 691, 695, 1102
  Samuel A., 654
  Samuel E., 654, 961, 962, 1312
  Samuel L., 655
  Samuel M., 962
  Sarah, 654
  Susan, 570, 654, 655, 662, 698, 1312
  Susan M., 962
  Susanna, 657, 807, 808, 1071, 1313
  Susanna Elizabeth, 1071
  Tenie, 655
  Willie, 961
HOSE Jacob, 79, 277
HOSHOUR S. K., 397, 472, 474, 539, 542, 543
  Samuel H., 538
  Samuel K., 547
HOSKINS Annie E., 1174
  Catherine, 952

John, 952
HOSLER Abram, 634
HOST Alexander, 1193
Nettie, 1193
HOSTETTER ---, 1220
Anna, 694
Annie, 694
Christian, 694
Cornelia J., 817, 818
Emma, 694
Jacob, 694
John, 654, 655
John H., 663
Mary, 654, 655, 663
Reuben, 694
HOTT C. M., 501, 504, 511, 865
J. E., 499, 503
J. W., 476, 499, 503
John E., 501
HOTTS J. W., 499
HOUCK Anna, 687
Eliza Jane, 687
Ida V., 1004
John, 687
Joshua, 687
Lizzie, 756
Marion, 687, 1004
Martin Luther, 687
Susan, 687
Wealthy, 744
HOUFFER Isaac, 97
HOUKE Anna Barbara, 778, 843
HOUP Cathrine, 803
HOUPT Anna, 1265
Bettie, 1265
Carlton, 1265

Edna, 1265
Emma, 1265
George, 1265
Lawson, 1265
Lizzie, 1265
Manzella M., 1265
Mary, 1265
HOUSE Betsy, 772
Elizabeth, 936
Henry, 146
Mary, 738
Polly, 1019
HOUSEHOLDER Flora V., 1113
Miss, 997
Philip, 197
William, 1113
HOUSER Addie, 913
Annie, 1192
Barbara, 578
Bessie, 913
Caroline, 795, 796
Catharine, 913
Catharine Amelia, 913
Charlotte, 796
Christian, 913
Christian Ebersole, 913
Christopher, 1152
Elizabeth, 913
Ella, 1004, 1006
George, 1004, 1006
Helen, 913
Jacob, 578, 913
John, 796
John B., 796
John Burkhart, 795
John J., 796

Julia, 796
Lavinia, 866
Maria, 1280
Mark K., 796
Mary Elizabeth, 683
Miss, 1222, 1223, 1243
Morgan, 913
Rebecca, 796
Samuel, 795, 796
Susan, 866
Susanna, 796
HOUSTON Helen S., 988
Sam, 932
HOUT Henry, 752
Henry Rudolph Washington, 1183
Joseph, 952, 1183
Mary, 952
Mary J., 1183
Rudolph, 1183
Susie May, 1183
Urilla, 752
Urilla Virginia, 1183
HOVERMALE Emma, 756
HOVIS Bertha, 633
William, 633
HOWARD B. C., 168
Beal, 161
Benjamin C., 317
Christopher Leroy, 736
Elijah, 1304
Elizabeth, 1304
Emma W., 736
George, 560
George W., 736
Harriet L., 736

# INDEX

Isaac, 555
James H., 736
John, 146
John E., 559
John Eager, 144
John M., 736
Leonard Credle, 736
Lois Ann, 736
Lucy A., 737
Lucy A. M., 736
Lucy H., 736
Major, 292
Margaret, 736
Mary M., 736
Mary S., 788
Miss, 902
Mr., 737
Oliver Z., 736
Sarah, 1239
Thomas Pasture, 736
Walter, 736
Walter Himman, 736
William D., 736
William H., 662, 736, 788
HOWE J. W., 501, 503, 504
HOWELL Charles, 901
  Clare E., 901
  Frances, 428, 624
  Sallie, 1157
HOWIE Sarah, 1289
HOWLAND Robert S., 278
HOWLING Joseph, 486
HOWSER ---, 134
  Rosanna, 1127

HOY C. A., 497
HOYE Ann, 1307
  J. Mitchell, 579
  James, 579
  M. Esther, 579
  Martha B., 579
  R. Anna, 579
  W. S., 494, 548, 1008
  Walter S., 472, 473, 494, 548, 579, 1219
  William Walter, 1307
HOYL Conrad, 79
HOYT George H., 292
HUBER B. G., 698
  Cora, 1306
  Elizabeth, 698
  Esther, 698
  Jacob, 537, 698
  John, 698
  Martha, 698
  Martin, 698
  Mary, 698
  Samuel, 698
  Susan, 698
HUDSON George R., 485
  Henry, 31
HUEFFER Michael, 657
HUFE Daniel, 97
HUFF Eva E., 1196, 1221
  P. W., 1196, 1221
HUFFER Abram, 1229
  Ada, 1127, 1137
  Ada Nannie Arena, 1092
  Adam, 793
  Addie, 1019

Alfred, 1104
Alfred C., 1104, 1128
AlfredC., 1091
Amanda, 865
Amanda S., 1059, 1060
Annie, 1019
Arbelin, 1162
Barbara, 585, 737, 1229
Bessie Linden, 1092
Betsy, 1091
Catharine, 1019, 1020, 1098
Catherine, 737, 865
Catherine A., 1186
Charles, 737
Clarence, 1005
Daniel, 499, 1019, 1020, 1091
David, 1019, 1020
Eliza, 982, 983, 1019, 1020, 1098, 1101
Elizabeth, 737, 743, 802, 814, 865, 964, 1091, 1168, 1222
Elizabeth C., 1104
Ellen, 1019
Esther, 793
George, 743, 802, 1019, 1091, 1168
George C., 1020
George E., 1104
Gertrude, 647
Gladys, 1104
Harvey, 737
Howard, 1229
J. B., 503
J. Dawson, 1019

Jacob, 503, 585, 743, 865, 1019, 1020, 1029, 1091, 1186, 1321
Jacob Calvin, 1092
Jacob W., 1091, 1092
John, 499, 737, 801, 1019, 1020, 1091
John Henry Carlton, 1092
John W., 802
Jonas Q., 1091
Joseph, 1019, 1091
Joseph L., 1019, 1098
Joseph T., 1020
JosephD., 1020
Josiah, 865
Josiah Bealer, 1059
Julia, 1020
Julia H., 1019
Lavinia, 1019
Leah, 1091
Lelia, 1229
Lenora, 1092
Lizzie, 1019
Lurilla Alice, 1092
Lydia, 743, 801, 1091
Magdalene, 737, 783
Malinda, 1019
Margaret S., 1055, 1092
Maria, 1059
Markwood, 737
Mary, 1019, 1091
Mary E., 1168
Mary Elizabeth, 1004
Mary Ellen, 865
Mollie, 1091
Nancy, 1091, 1162
Ruanna, 762, 1091

Sallie, 1321
Sarah, 503, 585, 586, 865, 1019, 1091, 1092, 1186
Sarah Ann Elizabeth, 1091
Silas, 737, 803, 865
Sophia, 743
Susan, 1325
Susan A., 802
Vida, 1104
William, 1019
William E., 1020
HUFFMAN John, 737
Mattie, 737
HUFFMASTER Celia, 762
W. S., 762
HUGER Capt., 589
HUGGINS Harry, 283
HUGHES ---, 233, 247, 265, 374, 482, 552
Adelaide, 247
Ann, 389
Anne, 140
Barbara, 1108, 1119
Barnabas, 59, 79, 247
Capt., 81, 83
Catherine, 247
D., 82
Daniel, 67, 80, 85, 98, 140, 143, 151, 152, 166, 247, 384, 385, 389, 555
Elizabeth Isabella, 247
Harry, 1108
Helen, 1229
Henrietta F., 247
Henry, 247
Holker, 382
Iola, 1119

Iola E., 1108
James, 51, 80, 247, 552
John, 79, 247, 1108
John H., 247
John Holker, 247
Letitia P., 247
Lewis, 247
Louisa, 247
Margaret, 247
Marie Antoinette, 247
Mary, 1055, 1108
Miss, 771, 998, 1239
Napoleon, 247
Rebecca L., 247
Robert, 98, 107, 126, 129, 130, 152, 166, 247
S., 81, 82, 83
Samuel, 62, 67, 74, 75, 80, 81, 82, 85, 87, 109, 125, 138, 143, 161, 182, 247, 555, 561
Samuel A., 1108
Susan, 301
Susannah, 247
W. S., 1055
William, 247, 1119
William D., 375, 1108
HUGHEY T. Cook, 557
HUGHS Catherine, 888
Hugh R., 888
HUKILL John, 98
HULGATE Gen., 1053
HULL Albert, 1023
Alice, 1023
Anna B., 1023
Catherine, 1023
Charles, 1023

Charles Ralph, 1023
D. Franklin, 1023
David Franklin, 1020, 1023
Dollie, 723
Dorothy Louise, 1023
Edgar, 1023
Elizabeth, 1023
Francis M., 1023
Franklin, 1023
Jane, 823
John, 277
John P., 823
Josephine A., 1023
Kieffer, 1023
Laura, 1023
Laura V., 1023
Mark, 1023
Mary Elizabeth, 1023
Matilda, 1020, 1023
Miss, 898
Napoleon B., 1020, 1023
Otho, 1023
Richard, 1023
Victor, 1023
HULLINGER David, 634
HULLMAN Joseph, 555
HUMBRICHOUSE J. W., 558
HUME, 140
 Ella, 714
 Thomas, 714
HUMMEL John, 1078, 1279
 Mary, 1078, 1279
HUMPHREYS Jonathan, 538

HUMRICHHOUSE Charles W., 449
HUMRICHOUSE ---, 1324
 Amelia, 1233
 Annie, 1233
 Antoniette, 1054
 Bessie, 1056
 C. W., 475
 Catherine, 698
 Charles, 1050, 1053, 1233
 Charles W., 191, 259, 376, 417, 429, 436, 438, 456, 981, 1056
 Charles William, 1050, 1053, 1054
 Clara, 1233
 Claude, 1233
 Dr., 735
 Edgar, 1233
 Edward, 1233
 Eva, 1233
 F., 562
 Frederick, 94, 145, 194, 195, 231, 277, 1233
 Frederick Post, 698
 Harry, 1054
 Hattie, 1233
 J. W., 1092
 J. Walker, 429
 James Walker, 1054, 1056
 Leah, 417, 981, 1054
 Levis Minford, 1054
 Louise Roman, 1056
 M., 301
 Maria, 1050, 1053
 Mary, 981, 1053, 1054, 1056

 Mrs., 231
 Peter, 159, 231, 731, 1050
 Samuel P., 465
 Susan, 1233
 William H., 1054
 William Hawken, 1054
HUMRICKHOUSE Peter, 1053
HUNGERFORD Annie M., 1043
 Dr., 1043
HUNSHBERGER David, 654
 Mary, 654
HUNT Job, 487
 Rev. Mr., 500
 Victorine, 885
 William, 464, 493, 885
HUNTER ---, 354, 358, 363, 552
 Andrew, 357, 358
 Bettie, 1251
 C. S., 443
 Catherine, 1104, 1107
 D., 359
 Elizabeth, 683
 General, 357, 363, 977, 1167
 James, 215, 487, 867
 John, 145, 1107
 John C., 205
 Joseph, 144
 Mr., 215
 Otho Holland Williams, 1251
 Raney W., 683
 Ranney, 310, 312
 Sarah, 867

HUNTSBERG
Amanda, 1109
HUNTZBERRY Etta M., 586
  Henry, 146
  Ida, 628
  Lavinia, 1265
  Margaret, 1167
  Susan, 503
  William, 628
HUPTMAN Sarah A., 1276
HURD Annie, 1246
  Annie E., 816
  Annie E. S., 1246
  Byram Pitney, 1246
  Catherine, 1246
  Etoile Abbott, 1246
  Fritz D., 1246
  George W., 816, 1245, 1246
  Isaac, 1246
  John, 1245, 1246
  Joseph, 1245, 1246
  Lucy C., 1246
  Mary F., 1245
  Mary Frost, 1246
  Mason M., 1246
  Minnie Augusta, 1246
  Miss, 1042
  William G., 1246
  Willie S., 1246
HURLEY ---, 480, 673
  Alfred N., 1107
  Annie, 1107
  B. F. M., 557, 1107
  Benjamin Franklin Morgan, 1245

  Catherine Elizabeth, 1107
  David M., 1107
  Elizabeth, 1107
  Ella, 1107
  Emma K., 1107
  Frank, 1245
  H. W., 1107
  J. I., 563
  James, 625, 1107, 1245
  James I., 149, 235, 276, 482, 857, 861, 1285
  Josephine, 862
  M. L., 1107
  Maria, 625, 1107, 1245
  Mary C., 862
  Mary S., 1107
  Mollie, 1233
  Mr., 862, 1285
  Nettie, 857
  Otho J., 862
  Rev., 503
  S. W., 1107
  Samuel, 1107
  Sophia A., 861, 862
  Sophia Agnes, 857
  Sophia J., 862
  Susan, 1107
  Ulie, 1245
  W. C., 1107
  W. F., 1107
  William J., 861, 862
HURST John E., 560
  Maria, 1325
  William, 497
HUSS John, 520
HUSSEY ---, 256
  Obed, 160, 196, 234

HUTCHENS Lovell B., 1037
  Mabel, 1037
  Susan F., 1037
  Wellington, 1037
HUTCHINGS George B., 1017
  Leila Carroll, 1017
HUTCHINSON ---, 264
  Clarina, 1292
  John N., 263
  Philip, 1292
HUTT John, 487
HUTZEL Adam, 896
  Catherine Amelia, 896
  Hariet, 856
  Mary, 896
  Miss, 903
  Mr., 761
  Nancy, 864
  Sarah, 924
HUTZELL Edward E., 508
  Sarah, 803
HUYDEN Josie, 1222
HUYETT ---, 1144
  Alice, 998, 1232
  Bettie, 1311
  Catharine, 1242
  Catherine, 892
  D. Gaither, 389
  Daniel, 398, 501, 666, 731, 891, 1236, 1239
  Daniel D., 1239
  Daniel Dunhurst, 1236
  Daniel Gaither, 1236, 1239
  Daniel Potter, 1236

David Yerlee, 1239
Dora, 1232
Edward, 1232
Eliza, 666
Eliza Ann, 666
Eliza Margaretta, 1236
Elizabeth, 892, 956, 1018, 1236
Elizabeth Julian, 1236
Emma, 1232, 1236
Emma Merrick, 1239
Eugene Gaither, 1239
Francis N., 1242
Gertrude, 1236
Henrietta, 1236
Henry, 1232
Henry S., 891
Henry Swope, 1236
Jacob, 146, 848, 892, 1232, 1236
Jacob Henry, 1236
John, 1236, 1242
John B., 562
John D., 1311
John William, 1236
Joseph Merrick, 1239
Josephine Price, 1239
Kate, 1232
Louis, 1236
Louisa Darby, 1239
Ludwick, 1236
Lutie, 848
Margaret, 501, 731, 1236
Margaretta, 1236
Martha, 892, 1236
Martha A., 991
Martha Ann, 1236

Mary, 891, 1232, 1236
Mary Magdalene, 1236
Mary Wickliffe, 1239
Peter L., 1236
Sallie L., 891
Sally, 1232
Samuel Courtney, 1236
Sarah Gaither, 1239
Sophia Merrick, 1239
William, 892, 1232
William Merrick, 1239
HUZEL Jacob, 627
Malinda, 627
Sarah, 627
Silas, 627
HYDE Ada, 1281
Blanche M., 1281
Charles Alfred, 1281
Clayton, 1281
Ella, 1281
Ellen A., 1281
Hamilton Griffith, 1281
Harry, 1281
Henry, 1281
James Richard, 1281
Jesse L., 1281
John, 1281
John William Thomas, 1281
Julia Hamilton, 1281
Leroy Warfield, 1281
Mamie, 1281
Mr., 1282
HYER William, 81
HYKES Emanuel, 702
Emma, 702

Jacob M., 663
John, 656
Mary Ann, 663
Samuel, 1275
HYNES ---, 53
Col., 100

-I-

IFORD Catherine, 503, 865
IGLEHART Margaret, 1047
Thomas S., 1047
IGO John, 56
IMBODEN General, 731
IMMEL ---, 501
INGE Col., 283
INGELOW Jean, 855
INGLEHART Mary, 832
INGRAM Benjamin, 892
Catherine, 892
Cynthia, 892
Edith, 1067
Edith H., 892
Edward, 892, 991
Elizabeth, 892, 1003
Elizabeth F., 892, 991
John, 75, 82, 892
Joseph, 892
Laura V., 892
Martha, 892
Martha A., 991
Martha E., 892
Mary E., 892
Rachel, 892
Rachel C., 892

Sarah, 892
Susan, 892
William, 892
INKSINKLO Eliza, 1134
Mr., 1134
INNES Col., 55, 58
Governor, 57
IRONS John, 223
IRVIN Charles, 1132
Goldie E., 1132
Harry B., 1328
Hattie G., 1132
Henrietta, 1328
John, 1146, 1327
Lula, 1328
Lydia, 1146
Mary Ellen, 1132
Maude, 1132
Sallie, 1230
T. H., 318
William T., 1327, 1328
IRVING Thomas P., 385
W., 550
IRWIN Alice, 887
Archibald, 235, 623
Col., 310
F. H., 436
Helen, 1048
Henry, 1048
Jane, 623
Jennie, 1230
John, 576
John P., 1060
Margaret, 576
Mary, 235, 623
Nancy, 235, 623

Rufus H., 555
S. Addison, 555
Sophia, 576
W. H., 312
William, 235
IRWING V. P. G., 146
ISAACS C. O., 550
ISEMINGER Michael, 155
ISENMINGER Ella, 497
ISINGBARGER Gabriel, 145
ISRAEL ---, 1305
  Midshipman, 141
  Mr., 79
  Priscilla, 79
ITNEYER Abraham, 627
  Annie, 628
  Betsy, 628
  Blanche, 628
  Catharine, 627, 628
  Catharine L., 628
  Catharine Pearl, 628
  Catherine, 814
  Charles, 628
  Charles E., 628
  Clarence, 628
  Clyde, 628, 767
  Dora, 628
  Edna, 1265
  Edward, 628, 814
  Elias, 628
  Elizabeth, 627, 814
  Emma, 628
  George, 627, 628
  Harriet, 628
  Helen, 628

  Ida, 628
  Indinola, 628
  Irma, 628
  Jacob, 627, 628
  Jennie, 628
  John, 628
  Jonas, 627, 628
  Joseph B., 628
  Laura, 628
  Laura Virginia, 628, 767
  Lula, 628, 767
  Luthera, 628
  Mollie, 628
  Mr., 628
  Nanny, 628
  Pruda, 628
  Ruan, 627
  Sarah, 627, 766
  Sarah Ann, 628
  Van, 628
  William, 627, 628, 767, 814
ITTNIER Laura, 1023
IVANS Henry, 1289
  Rebecca, 1289
  Sarah, 1289
IVES Bishop, 583
IZER Mr., 945

-J-

JACK Jeremiah, 22, 47
JACKSON ---, 182, 185, 186, 187, 188, 194, 195, 236, 329, 331, 332, 335, 336, 347, 411, 503, 872
  Andrew, 157, 188, 242, 255, 276, 431, 436,

684, 772, 885, 932, 978, 1083, 1272, 1295, 1306
Bessie, 903
Clyde, 1192
Elihu E., 560, 1290
General, 150, 187, 188, 236, 237, 269, 281, 337, 433, 439, 440, 1308, 1310
Governor, 626, 821
Joseph, 385
Lydia E., 386
Mary, 1192
President, 195, 1043
R. H., 557
Samuel, 186
Stonewall, 319, 330, 337, 339, 411, 421, 912, 976, 1017, 1023, 1239
Thomas, 486
W. A., 499
William, 146
William G., 386
JACOB Levy, 115
JACOBS ---, 472
Annie, 1205
Eli, 1083
Elizabeth, 389
George, 248, 773
Governor, 1245
Henry, 534
J. J., 78
John, 534, 1205
John I., 78
Martin, 537
Mr., 248
Samuel, 494
Susan, 773
JACOBUS Rev., 497

JACQUES ---, 26
Alice B., 815
Ann, 854
Anna, 871
Catherine, 833
Denton, 319, 562, 833
Elizabeth, 891
L., 129, 230, 562
Lancelot, 25, 26, 107, 125, 182, 188, 427, 815, 833, 854, 908, 1073
Miss, 908, 1145
Sarah, 1056
Thomas, 854, 908
William, 872
JAMES Amelia, 1017
Charles Macgill, 1017
Elizabeth, 1301
John, 160
King, 574, 622
Margie, 1017
Margie Macgill, 1017
Norman, 1017
Rezin, 277
Sarah, 1301
Watkins, 498
JAMES I, 1036
JAMISON ---, 285, 484
A. L., 1078
A. M., 1078
B. I., 1078
J. V., 1078
Jane E., 1078
John I., 1078
Mary Vincent, 1078
R. L., 1078
Sophia C., 1078
Teresa, 1078

JAMISS ---, 1252
JANELECK Father, 481
JANES Alice DeM., 975
John M., 975
JANNEY Phineas, 206, 217
JAQUET Daniel, 79
John, 79
JARBOE J. T., 558, 1204
Joseph B., 1204
Marcella, 1204
JARRETT A. Lingan, 317
JEFFERSON ---, 77, 107, 126, 127, 128, 129, 131, 187, 197, 246, 265, 299, 411
Charles, 1272
Hamilton, 487
Ollie, 1272
President, 143
Thomas, 623, 773, 908, 978, 1062
JEFFESON ---, 144
JEFFRIES Annabel, 1233
Rev., 1233
JENCK E., 1255
JENIFER Col., 314
Daniel, 62, 82
St. Thomas, 62, 82
W. H., 62
JENKINS ---, 348, 552
Catherine, 723
G. W., 551
Gen., 347, 355
Helen, 918
Irene, 915

Lillian, 868
Martin, 723
Solomon, 399, 918
JENNESS Clara, 416, 612
  Clara Holmes, 1312
  Richard, 612
JENNINGS Abbie, 1103
  Abigail, 1103
  Angie B., 1103
  Ann, 1072
  Annie, 531, 903
  Annie M., 531, 1104
  Betsy, 1103
  Celia, 1103
  Charles, 1103
  Charles E., 1103
  Clara, 1103
  Constance A., 1103
  Cora, 1103
  Edwin Oscar, 1103
  Effie S., 1103
  Elizabeth, 1103
  Elva, 1103
  Emanuel, 502, 1103
  Emma, 1103
  George, 198, 1103, 1104
  George B., 531
  George Henry, 1103
  George Hubert, 1103
  George S., 1103
  Hannah Susan, 1103
  Harry B., 1103
  James William, 1103
  Jesse McClellan, 1103
  John, 1103
  Joseph, 1103
  Julia, 1103
  Laura, 1103
  Laura E., 531, 1104
  Leah Ardella, 1103
  LeRoy, 903
  Lizzie, 1103
  Lucretia, 1103
  Maggie Ethel, 1103
  Martha Ellen, 1103
  Mary, 1318
  Minnie Elsie, 1103
  Nellie Sophia, 1104
  Orville, 1103
  P. Orville, 1103
  Patrick, 531, 1103
  Rose, 1103
  Samuel, 531, 1103, 1104
  Samuel Clinton, 1103
  Sarah, 1103
  Sophia, 1103
  Stella E., 1103
  Wilbur, 1104
  William, 1103
JESSUP General, 224
  John, 486
  William, 486
JESTUS Mary, 894
JILTON Thomas M., 94
JIRB Henry, 537
JOBES Campbell, 517
JOHANNES John G., 292
JOHN, 140
  Emily, 1302
  Maria, 1302
  Peter, 472
JOHNS Crampton, 553
L.H., 550
Rev. Mr., 443
JOHNSON ---, 26, 1030, 1149, 1319
  Abbie, 1319, 1320
  Abigail, 578
  Ada Catharine, 573
  Adeline, 1050
  Alexander, 1305
  Amanda, 984
  Andrew, 343, 747
  Ann, 825, 1072
  Ann Jennings, 1072
  Ann Rebecca, 1072
  Anna, 1073
  Annie, 1319, 1320
  Annie R., 1062
  Arthur, 95, 159, 168, 196
  Baker, 1062, 1072
  Benjamin, 1072, 1073, 1319
  Benjamin F., 702
  Betty, 1319
  Bradley T., 312, 358, 556, 1062
  C. C., 573
  Captain, 791
  Catharine, 1318
  Catherine, 892
  Charles, 768, 1073
  Col., 311
  Cora Elizabeth, 702
  Daniel, 578, 1149, 1319, 1320
  Dorcas, 1061, 1062, 1072, 1073
  Edward, 421, 825
  Eleonora, 1319

# INDEX

Eliza, 754
Elizabeth, 1062, 1072, 1305, 1323
Ellen, 1062, 1319
Ellen May, 1073
Elsie, 768
Elvira, 1072
Emma, 825
Ernest Clement, 1149
Fannie, 1072
Frederick F., 702
Gen., 312, 911
Governor, 854, 908
Grace Edna, 1149
Greenberry, 1073
Harriet, 1072
Hattie, 1018
Irwin W., 702
Jacob, 578, 754, 1320
James, 446, 1061, 1062, 1072
Jane, 389
Jeremiah, 1056, 1062, 1305
John, 97, 389, 538, 1043, 1050, 1062, 1072, 1073
John Benjamin, 1319
Joseph, 578, 1320
Joseph E., 1012
Joseph G., 1149
Joshua, 1062, 1072
Juliet, 1073
Kate J., 861
Lizzie, 578
Louisa C., 1062
Mary, 1061, 1062, 1072, 1073, 1319
Mary Ann, 1072
Mary E., 1320
Mary G., 702
Mary K., 1230
Mary Skinner, 1062
Miss, 1229, 1326
Mollie, 1012, 1320
Mollie E., 1149
Mr., 1320
Nancy, 578, 1149
Nannie, 1056, 1062
Olive L., 702
Peggie, 1062
Peggy, 389
Polly, 578
President, 1245
Rafe, 436
Rebecca, 738, 805, 1072
Reverdy, 133, 228, 415, 419
Rhoda M. Agnes, 702
Richard, 578, 1319, 1320
Richard D., 218, 1065
Richard W., 1149
Robert, 1062, 1073
Roger, 1062
Roger Johnson, 1072
Ruth, 854, 1062, 1073
Ruth Ellen, 1073
Samuel B., 702
Susan D., 1073
T. Belt, 1062
Thomas, 25, 26, 65, 559, 1061, 1062, 1071, 1072, 1073
Thomas A., 502, 553
Tobias, 552, 854, 1062, 1073
Tobias Belt, 1073
W. C., 560
W. D., 892
William, 159, 805, 1053, 1305
William C., 215
William Cost, 237
William P., 702
JOHNSTON ---, 552, 1020
Albert, 1269
Albert P., 1269
Dr., 795
Elizabeth, 389, 622
Emma, 1162
Frank, 628
Gertrude, 1269
Indinola, 628
Jacob, 1162
James, 622
John, 145, 622
Joseph, 428
Joseph E., 1319
Le Roy, 1269
Robert, 622
Sarah, 389
Susan, 389
Thomas, 622
W. A., 561
William, 277
JOHNSTONE ---, 552
JONATHAN
Rosanna, 438
JONES ---, 264, 310, 721, 1202
A. J., 240, 559
A. M., 1296
Andrew Johnson, 1195

Ann, 1231
Annie, 1326
Anson, 932
C. A., 549, 551
Charles A., 549, 550
Christian, 802
Col., 340
D. R., 335
D. W., 663, 1121
David, 75, 82
David W., 558, 1194, 1195
Dr., 1195
E. H., 471, 974
Elder, 539
Eliza, 1121
Elizabeth, 663, 745, 746, 1194
Elizabeth Attaway, 1296
Ellis H., 464, 498, 507
Father, 482
Frank, 309
Gertrude, 1195
Harold W., 1195
Harrison, 745
Hattie, 1271
Henrietta, 796
J. H., 573, 1050
J. Thomas, 557
James R., 239
Jane E., 1078
John, 145
John H., 398
John M., 481, 482
Jonathan, 663, 776, 1194
Joseph, 487, 1194
Joshua, 145
Lawrence S., 1195
Lawrence Scott, 1195
Lewis R., 1195
Lieut., 307, 362
M., 497
Maggie, 1195
Margaret, 1235
Margaret Ann, 1195
Maria, 786
Mary, 1194, 1195
Mary Celia, 1195
Melvin, 1271
Miss, 1308
Mr., 96, 166
Mrs., 96
R. Chew, 557
Rachel, 802, 851
Rev. Mr., 500
Sarah J., 1182
Sophia R., 776
Susie, 1233
W., 555
Walter, 133, 203
Walter W., 1195
William, 796, 1235, 1244
JORDAN Ann, 136
JOSEPH Aaron, 99
JUAREZ President, 1144
JUDITH Sister, 1176
JULIUS Calvin, 245
John, 149
JUNG Eustagines, 392
JUNKIN A. B., 1149
JUREY Mary Slaughter, 913
Nancy, 913
Reese, 913
JUSTUS Martin, 514

-K-
KADLE Rebecca, 1264
KAEGE Susanna, 852
KAETZEL Ella A., 854
George, 531
George W., 854
KAGI John, 291, 299
KAHL Otho, 534
KAILOR Jacob, 994
Mary J., 826
KAIN ---, 1305
Anna, 1305
KAISER Leonora, 1293
KALB Abraham, 552
KALKGLASSER John Henry, 522
KANE ---, 1213
KANODE Miss, 1235
KAPP Frederick, 728
Harriet E., 728
J., 499
KARN Catherine R., 578
KARNES Capt., 318
Delia, 511
KARNS Charlotte, 798
KARR Johannes, 392
KAST C., 485
Carl, 394
KAUFFMAN ---, 1326
Abram, 1004
Andrew, 1114
Anna, 825
Annie, 781

INDEX 133

David, 781
Elizabeth, 671
Fannie, 694
H. L., 825
Ida, 768
Jacob, 570, 671, 1132
Maria, 570
Mary W., 1114
Simon, 874
KAUSLER Amelia, 894, 957
  Catharine, 398
  Catherine, 894, 957
  Christian, 957, 894
  Christiana, 894, 957
  Eliza, 894, 1223
  Eliza Margaret, 957
  Elizabeth, 958
  George, 894, 957
  Jacob, 231, 398, 894, 957
  John, 231, 894, 957, 958
  John H., 231, 240, 355, 398, 573, 894, 957, 1231
  John Henry, 398
  John L., 1231
  John S., 398, 573, 957, 958
  John W., 573
  Joseph, 398, 449, 894, 957, 958
  Margaret, 894
  Mary, 894, 957
  Mary E., 894
  Prudence, 398, 957, 1231
  Sallie, 958
  Sallie C., 1231

Sally C., 573
William, 894, 957, 958
KAYHOE J. F. F., 544, 548
  Matthias, 1003
KAYLER Jacob, 277
KAYLOR Antoinee, 994
  Charles, 837
  Clara E., 736
  Clarinda, 994
  Cyrus B., 994
  Elizabeth, 1121
  Hannah, 733, 736
  Harry, 1181
  Harry W., 995
  Isouri B., 994
  Jacob, 994
  Jacob R., 994
  John, 1181
  John W., 994, 995, 1281
  Lulu May, 1181
  Mary R., 995
  Nancy, 837
  Orbannah L., 777
  Robert B., 1121
  Rosanna, 994
  Samuel C., 995
  Sarah, 994
  Thomas, 733, 736, 994
  Thomas M., 777
KAYTON Samuel, 1279
KEALHOFER ---, 1252
  Elizabeth Lane, 731
  George, 276, 425, 728, 731

Henry, 146, 159, 728
John, 146
Mary, 728
Mary E., 731
Mary L., 731
Richard H., 731
Theobald, 728
William, 425, 450, 453, 556, 557, 662, 728, 731, 791
William H., 958
KEALHOFFER John, 277
KEALLYER Jesse, 145
KEALY Jacob, 145
KEAN ---, 99
KEARSLEY John, 122
  Mr., 116
KEATING Mr., 1289
  Thomas J., 413
KEEDEY H. H., 558
KEEDY ---, 480, 695, 846, 864, 1260
  A. Osburn, 1313
  Ada, 928
  Albert, 928
  Alberta G., 931
  Alfred, 737, 745
  Alice, 928
  Ann Elizabeth, 1240
  Ann Mary, 737
  Anna M., 922
  Anne, 1260
  Annie, 479, 737
  Annie E., 958
  Barbara, 737, 928, 933, 952, 1260, 1261, 1262
  Barbara Ann, 1261

Barbara E., 1262
Betsy, 737, 1261
C. C., 877, 1149
C. L., 534
C. M., 259, 492, 764
Catharine, 1162
Charles, 745, 931
Charles C., 1001
Charles E., 1262
Christian M., 928, 931, 1262
Clarence, 953
Clayton E., 1261
Clayton O., 558, 705, 1259
Clementine E., 931
Cora, 931
Cora A., 764
Cornelius L., 952, 1261
Cyrus, 922
Cyrus Christian, 881
D. D., 476, 499, 503, 865, 881, 963
D. H., 548
Daniel, 737, 952, 1186, 1260, 1261
Daniel D., 921, 922, 923
Daniel George, 1260
Danield, 1260
David, 548, 952
David D., 921, 922, 1261
David H., 548, 1260
David Homer, 922
Delilah, 745
Drusilla, 737
Earl, 737
Edna Carr, 931

Edna K., 931
Edward E., 922
Edward Everett, 922
Edwin, 1240
Eliza J., 737
Eliza Jane, 737, 738
Elizabeth, 937, 938, 952, 1224, 1260, 1261, 1313
Elizabeth Lane, 953
Ella, 928, 931
Emily, 922
Emma H., 614
Ernest, 737
Etta E., 931
EttaE., 764
Ettie, 757
Eugenia, 737
Fannie M., 922, 923
Geneva, 737
George Adam, 1260, 1261
George W., 928, 1262
Guy, 928
H. H., 451, 557, 822, 1001, 1020, 1026, 1103
Harman, 737
Harriet, 737
Hattie, 737
Henry, 737, 928, 1259, 1260, 1261, 1262
Henry B., 614
Henry H., 411, 413, 422, 449, 450, 564, 952, 953, 1026, 1092, 1261
Henry I., 743, 801
Henry L., 737
Herbert, 745
Horace B., 922
Ira. 737, 882, 922

J. D., 227
J. J., 492
J. Marbourg, 558
Jacob, 548, 737, 928, 931, 1137, 1260, 1261, 1262
Jacob H., 737, 933
Jesse, 928
Joanna, 928
John, 882, 922, 952, 1260
John A., 1260
John D., 507, 1261
John E., 928
John J., 737, 928, 933, 1262
John Lincoln, 922
Jonathan, 1260
Joseph, 952, 1210
Joseph E., 507, 743, 895, 998, 1259, 1261, 1262
Josephus C., 1262
Judge, 422, 1001
Julia, 422
Julia Lane, 953
Julia M., 952, 953, 1020
Laura V., 953
Laura Virginia, 953
Leah, 743, 801
Lena, 928
Lillie, 877, 922
Lillie I., 881
Lillie M., 922
Lodowick, 1260
Lorena, 928
Lottie B., 931
Lucinda, 921, 922

M. L., 489, 558, 563, 564, 705, 712, 847, 951, 1035, 1095, 1098, 1120, 1262
Malinda, 1211
Malinda A., 1260
Mararet Leona, 882
Margaret, 922
Maria, 737
Marie L., 922
Martha, 1260
Martin L., 421, 562
Martin Luther, 998
Mary, 896, 928, 1260, 1261
Mary A., 1169
Mary C., 1002
Mary E., 764, 928
Mary Ellen, 928
Mary S., 1262
Mattie, 737
Mayor, 626
Melinda, 737
Minnie, 737
Mr., 882, 931, 953, 1001
Osborne, 745
Otho C., 737
Paul, 737
Polly, 737
Prudence, 668, 928
R. M., 958, 1240
Rachel, 737, 928
Reuben, 952, 1024
Reuben M., 1261
Rev., 508
Rev. Mr., 1019
Richard D., 953
Samuel, 504, 737, 757, 1260, 1262
Samuel H., 952, 1261
Sarah, 641, 928
Sherman, 928
Sophia, 743, 928, 998, 1186, 1261
Susan, 1260
Thomas, 1262
Thomas J., 928
Wilmer, 928
KEEFAUVER Alice, 1167
Amanda, 1167
Catharine, 1167
Elias, 1167
Frederick, 1167
George, 1167
Jacob, 1167
John, 1167
Julia, 1167
Magdalene, 1167
Margaret, 1167
Maria, 1167
Martha, 1167
Mary, 1167
Mary C., 1167
Minnie, 1167
Otho, 1167
Ruanna, 1167
Samuel, 1167
Sophia, 1167
Susan, 1167
Washington, 1167
KEEFER ---, 657
Andrew, 822, 823
Anna, 724
Annie, 822, 823
Barbara, 822

Blanche Viola, 823
Catharine, 1215
Catherine, 822
Christian, 657, 724
Cyrus, 677
Edgar S., 724
Edgar Spangler, 724
Edith Pauline, 724
Ella K., 724
Elmer, 724
Elmer C., 724
Emma Kate, 822
Florence, 1031
Florence M., 823
Frances K., 658
Fred F., 724
Frederick, 822
Frederick F., 724
George, 82, 463
Grace, 677, 724
Harry Helser, 823
Helen V., 658
Henrietta, 822
Isaac, 822
Isaac A., 822
Jacob, 822, 1215
Jake, 822
Jane, 823
John, 822
John F., 823
John R., 724
Laura V., 658, 724
Mary, 822
Mary E., 724
Mary Ellen, 823
Mary Jane, 658, 724
Mary Margaret, 823
Mary S., 658

Michael, 822
Michael T., 823
Minnie Martha, 823
Missouri, 677
Peter, 822
Sallie E., 724
Samuel, 658, 724
Samuel K., 658
Sarah, 822
Sarah Ellen, 822
Solomon Albert, 823
Thomas J., 823, 1031
Thomas Jefferson, 822
William L., 724, 823
William Z., 724
KEEN Thomas, 145
KEENAN Joseph, 259
KEENER Aaron D., 571
  Adam, 571
  Amos, 571
  Anna F., 571
  Christiana, 571
  Eliza, 571, 575
  F. Ella, 571
  Fannie, 571
  Frances, 571
  George, 571
  George S., 513, 514, 571, 575, 702
  Henry, 571
  John, 571
  John C., 571
  Lena, 571
  Maggie, 571
  Margaret, 571
  Mary M., 571
  Paul Edgar, 571
  Peter, 571
  Stephen, 571
KEFAUVER Addie, 935
  Albert, 935
  Amanda, 745
  Annie E., 1243
  Betsy, 935
  Catherine, 875, 935
  Charles, 1121
  Charley, 1243
  Daniel, 721, 935
  Daniel Carlton, 934
  Dawson G., 934, 935
  Della, 935
  Edward, 935
  Elizabeth, 935
  Ella, 935
  Eugene Clarence, 935
  Fannie O., 935
  Frank, 1243
  Frank B., 1212
  Fred, 503
  George, 499, 875, 935, 963, 964
  George Hamilton, 935
  George Rupley, 935
  Harry, 1243
  Henry, 934, 935
  Henry M., 934, 935
  Henry Milton, 934
  Jacob, 935, 1243
  John, 754, 935, 1168
  Jonathan, 935
  Joseph Walter, 935
  Julia, 867
  Lena, 934
  Lena S., 935
  Lester Markwood, 935
  Mahlon Calvin, 935
  Margaret, 503
  Maria, 934
  Martha V., 935
  Mary, 499, 503, 754, 935, 964, 1168
  Mary Elizabeth, 935
  Michael C., 935
  Milliard, 935
  Mollie, 934
  Nora, 935
  Peter Russell, 935
  Rosanna, 1121
  Sarah Ann, 935
  Sophia, 935
  Theodore Clinton, 935
  Virginia, 935
  William Emory, 935
KEHLER J. H., 550
KEITER M. F., 476, 499, 504
  Rev. Mr., 1079
KELL ---, 1305
  Harriet Ann, 1305
KELLAR ---, 551
  Thomas, 169
KELLER ---, 512
  Abraham, 782
  Ada, 837
  Alice, 706
  Annie, 1229
  Barbara, 1224, 1229
  Bessie, 1229
  Clara, 1229
  Clarence, 1233
  David, 1224

# INDEX

Dixon, 1233
E., 534
Edgar, 1229, 1233
Edna, 1229
Eliza, 706
Elizabeth, 706, 782, 912, 1181, 1224
ElizaJane, 706
Ezra, 397, 497
Florence, 1233
Frank, 1224, 1229
George, 901, 1224, 1229, 1233
George D., 982
Harry, 782, 1229
Helen, 1229
Henry, 1224
Hiram, 1224
Hugh, 1229
Ida, 1229
Ida V., 901
Isaac, 706
J. B., 475, 539
Jacob, 1229
Jane, 1224
Jennie, 685, 1229
John, 82, 782, 1224, 1229
Kate, 782, 1229
Levi, 497, 498, 1181, 1327
Lizzie, 1224
Louisa, 706
Luther A., 559
Lynn, 1229
Margaret, 706
Martha, 706, 782
Mary, 782, 1229
Mary Jane, 638

Mary M., 706
Mary Magdalene, 717
Mollie, 1229
Nancy, 782, 996
Robert, 1229
Robert Jesse, 706
Roy, 1233
Sallie, 706, 1225, 1229
Sam, 1224
Samuel, 1229
Samuel E., 638
Sarah, 782, 1229
Solomon, 325, 782, 1224, 1229
T. I., 562, 1274
Talley, 1224
Tally, 1229
Thomas, 203, 256, 561, 706, 1233
Thomas I., 703
William, 1224, 1229
KELLEY John E., 893
Mr., 125
S. N., 558
William B., 1026
KELLINGER Major, 292
KELLY Gen., 319
John, 991
W. B., 562
KELSO Isabella, 568
KEMLER Malinda, 902
KEMP ---, 715
Bessie, 1271
Bishop, 166
Caroline, 721
Catharine, 1271
Christian, 718

Clayton, 774
D. C., 664
Daniel, 721
David, 721, 1271
David C., 718, 721
Dyson, 1271
Edna, 1271
Elizabeth, 721, 1271
Ella, 798
Eva, 1271
George, 488, 1271
George M., 721, 722
Hattie, 1271
Herman, 1271
Ida R., 722
Isaac M., 721
James, 386, 1271
James D., 1271
James Dyson, 1270, 1271
John, 721
John Q. A., 721
John W., 721, 722
Joseph, 798, 1271
Lorenzo, 1271
Lucy V., 722
Margaret, 721
Maria, 1271
Martha A., 721, 774
Mary, 721, 1271
Mary M., 664, 721
Naomi, 1271
Noma, 1271
Rebecca, 718, 721, 722
Ruth, 1271
Ruth E., 722
Sidonia, 1226
Susan, 721

W. H. C., 564
Webster, 1271
William H., 1243
William H. C., 718, 721, 722
KEMPER ---, 1301
KEMPFER Jacob, 987
　Lydia, 987
KENDAL James, 99
　Mrs., 165
KENDALL Fannie, 636
　James, 555
　John, 636
KENDELL John, 851
　Susan, 851
KENDIG Annie E., 1122
　David, 971
　E. D., 1122
　Elizabeth, 971
　Jacob, 510
KENDLE Abraham, 961
　Albert, 1102
　Almira, 1102
　Amelia, 1102
　Amelia Angle, 1025
　Anna, 961
　Catharine, 654
　Edwin, 961
　Emma, 1102
　Florence, 1102
　George, 961, 1025, 1102
　George B., 1102
　Harry, 1102
　Ida, 1026, 1102
　John, 988

　John D., 1025, 1102
　John M., 1025, 1026, 1102
　John W., 961
　Katie, 1102
　Lavinia, 1176
　Lizzie, 1102
　Lulu, 1102
　Martha, 1102
　Mattie, 654
　Mattie M., 961
　Mollie, 988, 1102
　Mr., 1026
　Nannie, 1026
　Oma, 1102
　Preston, 1102
　Roy, 1026
　Ruth, 1102
　Sallie, 1102
　Samuel, 961
　Samuel Milford, 1102
　Susan, 961
　Vernie, 1026
　Walter, 654
　William, 1102
KENDRICK H. C., 517
　Martin, 865
KENLY Ann Hoye, 1146
　Col., 313, 317, 319, 431
　Davies L., 1146
　General, 41
　George Tyson, 1146
　John R., 323, 341, 354, 918
　Robert Gordon, 1146
KENNEDY ---, 251, 288, 290, 292, 439

　Alexander, 99, 1189
　Anna Howell, 624
　Capt., 308, 317, 318
　Catherine, 1226
　Dr., 296, 753
　E. Ellen, 1189
　Eleanor, 1189
　Elizabeth, 175
　Ella, 1230
　Frances, 382, 428, 624
　Frank, 382, 428, 431
　George S., 401, 402, 587
　George Scott, 402, 1189
　H., 551
　Howard, 89, 94, 187, 195, 222, 253, 340, 382, 428, 431, 624
　Hugh, 149, 254, 255, 389, 390
　James, 254
　James H., 249
　James Hugh, 254, 439, 446, 447
　Jeanette, 661
　Jeannette E., 912
　John, 99, 149, 159, 170, 254, 301, 358, 389, 439, 446, 661, 911, 912, 1226
　John Fancis, 224
　John W., 159, 254, 439
　John Wagoner, 446
　Judge, 693
　Laura, 1189
　Lazarus, 748
　Louisa M., 254
　Louisa Margaret, 358
　Lydia E., 386

# INDEX

Margaret, 389
Mary, 254
Matthew, 170
Mr., 170, 250, 338, 390
R. F., 287
Rebecca, 1189
Robert F., 911
Sarah A., 254
Susan, 748, 911
T., 561, 562
T. C., 557
Thomas, 144, 168, 169, 170, 175, 182, 186, 187, 194, 200, 203, 222, 224, 251, 428, 555, 561, 624, 911
Thomas B., 693
Thomas H., 431
Walter Scott, 1189
William, 170, 661
William B., 326
KENNEWEG C. F., 561
KENNEY Anna M., 1133
  Jabez, 179
  Sampson, 1133
KENNON Elizabeth, 846
  William, 846
KENNY Maria, 1295
  Mr., 54
KENNYHOOT Rev., 508
KENRICH Arch. Bishop, 481
KENRICK Francis Patrick, 484
KENT Governor, 193
  Joseph, 203, 206, 544, 560

KEPHART E. B., 467, 468
KEPLINGER Anna, 1295
  Betsy, 963
  Catharine, 1295
  Claggett, 1295
  David, 933, 1295
  Drusilla, 1036
  Elizabeth, 933, 1295
  Ella, 1295
  Frank, 1295
  Jacob, 1121, 1295
  John William, 1295
  Jonathan, 1295
  Laura, 1295
  Maria, 1295
  Mary, 1295
  Mary Ann, 1121
  Matilda, 1121
  Michael, 274, 1036
  Samuel, 1121
  Theresa, 1295
  Viola M., 1121
KEPPLER Samuel, 487
  W. McK., 224, 563
  William McK., 234, 380, 411, 417, 556, 557, 563, 565
KERCHEVAL Mr., 19
  Samuel, 14, 17, 18
KERFOOT Bishop, 708
  Cynthia, 912
  Doctor, 977
  Dr., 277, 278, 311, 320, 342, 350, 362, 363, 364, 365
  J. B., 339

John B., 278, 341, 353, 1314
Mrs., 342
Samuel H., 278, 957
KERLIN A. A., 464, 498, 500, 507, 1012
  Mr., 1013
  Rev. Mr., 1013
KERLINE A. A., 465
KERNEY Father, 484
KERR J. J., 465
  Maria F., 389
  William, 96
KERSCHNER Andrew J., 782
  Hannah, 782
  J. B., 577
KERSHNER ---, 29, 127, 265, 439, 461, 551
  A., 561, 562
  Alice, 1161
  Andrew, 182, 192, 229, 234, 239, 253, 260, 637, 984
  Anna, 1158
  Assistant Surgeon, 1158
  Benjamin, 146
  Capt., 81
  Dr., 1161
  Edward, 1158, 1161
  Edward C., 1161
  Elizabeth, 59, 393
  Ella L., 1161
  Fannie G., 637
  Florence Eleanor, 1161
  Frank, 637
  George, 146
  Gustavus, 1158

Jacob, 146, 1158
Jacob Brewer, 1158
Joseph H., 1158
Lieut., 292
M., 561
Major, 93
Margie L., 637
Martin, 83, 108, 109, 126, 129, 130, 131, 152, 162, 376, 561
Mary, 1158
Philip, 1158
Surgeon, 1161
KESSELRING Anna, 852
KESSLER Andrew, 805
Laura, 805
KETCHUM Elizabeth Yocum, 828
General, 412, 985
KEY Eliza, 1048
Francis Scott, 429, 615
John R., 231, 555
Philip, 62
Philip Barton, 135
KEYES Miss, 1157
KEYFAUVER Charles, 1210
Emma, 1155
Frank B., 1210, 1211
George T., 1155
John, 507
Laura S., 1155
KEYSER ---, 439
Ettie L., 836
Mary, 742
Peter, 522
William, 143, 179, 426, 836

KEYSTER William, 70
KIBBEY Mary Elizabeth, 1282
KIBLER John, 79
KIDWELL Agnes, 857
Hillary, 857
Jane Elizabeth, 918
KIEFER C. R., 559
Theobald, 394
KIEFFER ---, 1018
Abraham, 567, 572
Benjamin Ephriam, 568
Caroline, 987
Catherine, 567
Christian, 529, 567
Cyrus, 714
Daniel, 567
Dewald, 567
Dr., 468
E. S., 916
Edgar Spangler, 916
Edith Pauline, 916
Eleanor, 394, 567
Eleanor Spangler, 568
Elizabeth, 398, 567, 571, 572
Elizabeth Buffington, 568
Ephriam, 394, 567
George, 489, 1018
Gideon, 567
Hannah, 567
Hannah M., 568
Henri Louis Grandlienard, 568
Henry M., 568
J. S., 393, 485, 493

J. Spangler, 390, 453, 485, 492, 537, 568, 662, 681, 721, 965
Jacob, 567
James Clark, 568
John, 240, 567
John B., 568
John Brainerd, 568
John D., 538, 547
Joseph, 567
Joseph Spangler, 394, 567
Justus, 567
Louis, 567
Ludwig, 567
Lydia J., 568
Maria, 567
Mary, 567
Mary Edith, 916
Mary M., 568
Moses, 393
Nettie, 714
Paul, 568
Peter, 567
Rebecca, 567
Rev. Mr., 135
Richard Fulton, 568
Sibbie, 567
Simon, 567
Stephen, 567
Susan, 567
Theobold, 485
KIEFT Wilhemus, 32
KIFFER J. Spangler, 1274
KIGER Elizabeth E., 756
Elizabeth Ellen, 756

# INDEX

KILGOUR J. Mortimer, 556
John A. G., 555
KILLIAN J. Melvin, 539
KILPATRICK ---, 350, 1049
  General, 1156
KIMBALL F. J., 450
KIMLER Judith, 1169
KINCAID James, 552
KINDELL Joseph, 146
KINDIG Sarah, 982
KING ---, 486
  Addie, 1233
  Agnes Virginia O., 1190
  Barbara, 1224
  Eliza, 1020
  Elizabeth D., 1181
  Elmer, 1181
  F. L., 474, 1312
  Frank, 1181
  Grace, 828
  Harry C., 1181
  Jacob, 277, 487
  John, 488, 1224
  John H., 488
  Lelia F., 1181
  Margaret, 625
  Margaret A., 625
  Mary C., 1181
  of England, 722, 1256
  R., 1144
  Robert, 1181
  Robert G., 1181
  Roberta, 1181
  S. L., 488
  Sam L., 488
  Samuel, 1020
  Samuel L., 255, **488**
  Sarah Jane, 912
  Seeber, 1190
  William B., 1181
  William F., 1181
KING GEORGE, 1043
KINGERY Rose, 785
KINGRY Miss, 1162
KINKEAD ---, 151
KINKERLY Jacob, 145
KINKLE Henry, 146
KINNEY Cornelia Ann, 647
KINNING John, 98
KINSEL E. G., 1199
  Frederick, 146, 277
KINSELL Frederick, 277
  Mason, 248
KINSEY Alva L., 1200
  Charlotte, 1200
  Clara E., 1200
  Daniel E., 1200
  Edward H., 1200
  Ellen V., 1200
  Fenton, 1200
  Henry, 1200
  Hettie, 1200
  Iva, 1200
  James, 1200
  James W., 1200
  John T., 1200
  Martha, 1200
  Mary E., 1200
  Mary J., 1200
  May, 1200
  Nancyd, 1200
  Nellie, 1200
  Samuel, 1200
  Samuel C., 1200
  Samuel S., 1200
  Sophia, 1200
  Susan, 1200
KINZER Kathryn, 1294
KIPE ---, 540
  Flora, 1132
  J. W., 551
KIRACOFE G. W., 468
  J. H., 468
  J. W., 467, 476, **499**, 503, 504, 508, 511, 704
  Nimrod, 508
  Susan, 704
  William, 508
KIRACOFFE Alice, 701
  John, 701
KIRK Rebecca, 1002
  William, 160
KISSECKER Eliza, 632, 1078
  Miss, 631
KISSEL Jacob, 538
KISSELL Jacob, 547
  John, 538, 547
KISSNER Elizabeth, 655
  Francis, 655
KITCHEN Miss, 871
KITE Julian Ann, 1292
KITMILLER Ella M., 742
  George M., 742
KITZ Frederick, 146

KITZMILLER
Beulah H., 743
Daniel, 742
Edward, 742
Enos, 742
George M., 742, 743
Harvey J., 742
Ida, 742
Jacob, 742
Jennie, 742
Mamie J., 742
Margaret, 742
Mary, 742
Miss, 737
Mr., 292
Otho, 742
Samuel, 742
Susan, 507
Washington, 507
KIZER H. C., 557
KLABER ---, 1003
KLEIN Barbara, 1126
  Catherine, 1126
  George, 1126
  James, 1126
  Johannes, 1044
  Lydia, 1126
  Matilda, 1126
  Melinda, 1126
  Michael, 1126
  Paul, 1126
  Peter, 1126
  Philip, 393
KLEVIS Martha, 711
KLIEN Jacob, 79
KLINE ---, 714, 1115, 1252
  Andrew, 1044

C. Robert, 1115
Catharine, 717
Charles, 734
Charles H., 1115, 1126
Clara, 1126
Daniel, 146, 1044
Elizabeth, 1044
Elizabeth A., 1115
Francis H., 1115
George, 1044, 1115, 1126
George W., 1115, 1126
Herbert A., 1115
J. P., 542, 543
Jackson, 1044
Jacob, 146
Jeremiah, 1044
John, 801
John Henry, 1126
John P., 547
Julia C., 1115
Lewis, 1115
Lucinda, 1044
Lydia, 738
Lydia E., 1115
Mary, 1286
Miss, 714, 1318
Molly Jane, 1126
Nancy, 1115, 1126
Newton, 1044
Ruanna, 1126
Ruhamah, 1044
Samuel, 1044
Sarah, 1044
Scott, 1115
Stanley P. F., 1115
Susan, 801
Upton, 1044

V. Mary, 1115
Victor, 1115
William Scott, 1126
KLOPPER ---, 1003
KNADLER Alice, 928
  Ann Sophia, 928
  Augustus, 928
  Baker, 928
  Blanche, 928
  Charles, 928
  Elizabeth, 928
  Emma, 928
  Ida, 928
  Mahlon, 928
  Samuel, 928
  William, 928
KNEASE Frederick, 145
KNEE David, 1230
  Josephine, 1230
KNEEDY John, 695
KNEPPER Charles D., 564
  Ora A., 676
KNICKERBOCKER Diedrich, 32
KNIGHT Charles, 463
  Emma Jane, 701
  John W., 701
KNIPPLE Miss, 944
KNISELY Sydney B., 568
  W. H., 568
KNODE Amanda, 578
  Amelia, 446, 1119, 1225, 1233
  Anna C., 878
  Annie, 856, 862
  Annie C., 881

# INDEX

Archibald, 578
Artemus, 1119
Augustus, 783
Caroline, 1265
Catharine, 549, 1038, 1119
Catherine, 783, 937
Clara, 1225, 1232
Clara J., 1116, 1120
Cornelius, 1265
Daisy, 1232
Daniel H., 1119
Dora, 1232
Elias W., 1119
Eliza, 1119
Ellen, 1225, 1232
Emma, 783
Emory, 1233
George, 835
Harriet, 1225
Henrietta, 1232
Hettie, 1119
J. Hubert, 1038
Jacob, 145, 146, 1119
Jennie, 1232
John, 498, 1119, 1225, 1232
John E., 1119, 1232
John M., 165
Josiah, 436
Lizzie, 1232
Maggie, 1232
Margaret, 1119
Maria, 1119
Martha, 1233
Mary, 862, 937, 1225, 1232, 1233, 1234, 1265
Mary A., 834, 835
Mary C., 1020
Matthias, 1234
Mr., 862, 873
Nellie, 1232
Rebecca, 1119
Sallie, 1101
Samuel, 177, 1101
Samuel C., 1020
Sarah R., 1119
Simon, 881
Sophia, 853
Susan, 1119, 1225, 1234
Urias, 862, 937
Walter, 1233
William, 1225, 1232
William H., 563, 1116, 1119
Zacharias, 1232
KNODELL Virginia, 944
William, 944
KNODES ---, 150
KNODLE Hiram, 898
Rev. Mr., 471
Susan, 898
KNOTT Henry, 627
Malinda, 627
KNOWLES Major, 634
KNOX John, 445
KOBRETH Ann, 1320
KOCH Catharine, 1317
John, 1030, 1317
Margaret, 1030
Stephen, 522
KOEHLER Herman C., 389
J., 493
KOHLER Elsie Naomi, 982
Hannah, 1089
Harry Bittinger, 982
Helen R., 982
J. Earl, 982
Jesse, 982
M. Leroy, 982
Mary A., 982
Mary Ethel, 982
Milton, 982
Sarah, 982
KOHR ---, 726
KOOGLE ---, 983
Alice, 826
Anna, 826
Annie M., 827
Bessie, 826
Carleton, 826
Catherine, 825, 826
Charity S., 827
Charles E., 508, 825, 827
Clara, 826
Clara V., 827
Clarissa, 1231
Cora, 826
Daniel, 826
David N., 826
Edward, 826
Elizabeth, 825
Flora, 826
Frank, 1231
George, 825, 826
George L., 827
Hazel, 826
Henry, 827
Henry Adam, 825, 826, 827
Homer M., 826

Ira, 826
J. Irene, 827
Jacob, 825, 826
James W., 827
John, 825, 826, 827
John W., 501
Leslie, 827
Lillie, 826
Magdalene, 825, 826
Maggie, 826
Mary, 825, 826
Mary J., 825
Mary K., 826
Mary M., 814, 827
Milo, 826
Mollie M., 826
Pearl, 826
Prudence, 1231
Rebecca, 826, 827
Ruth, 826
Sarah, 826
Sarah E., 827
Sheridan, 1231
Stella, 826
Susan Maria, 826
Vada M., 827
Washington, 1231
KOON Jacob, 463
 Rev., 553
KOONS Alice L., 934
 Henry, 528
 Peter, 934
KOONTZ Abirtha L., 882
 Betsy, 628
 Catherine, 772
 Clinton, 1090
 Daisy, 1090

Elder, 528
Elizabeth, 716, 733
Henry, 531
Henry C., 734
John J., 562, 563
Lizzie, 1168
Loudon, 1049
Mr., 1292
Nancy, 646, 733, 1049
Sarah, 1292
Sarah Ellen, 772, 1114
Silas, 733
Susanna, 734
Thomas, 772
Volunteer, 882
William, 733
KOOTZ Effie, 815
 Jeannette, 988
 Joseph, 988
 T. H., 815
KOST C., 485
 Heinrich, 933
KOTZ Jacob, 79
KRATZER ---, 996
KRAUFF Lucy, 1305
 Rev., 1305
KRAUS Christiana, 1317
 John, 1317
KRAUSE Ella, 1203
KREIDER Andrew R., 778
 Winifred G., 778
KREIGH ---, 480, 481
 Andrew, 1286
 Benjamin, 1286
 Catharine Rebecca, 1286
 David, 1286

Eli, 1286
George, 1286
George W., 1286
J. F., 563
John, 1286
John F., 1286
Margaret Elizabeth, 1286
Maria Louise, 1286
Mary, 1286
Mary Ann, 1011, 1125, 1209, 1286
Mary J., 666
Peter H., 1286
Philip, 1286
Rev. Dr., 447
Sallie J., 1286
Sarah Jane, 1286
William, 1011, 1286
KREMER Ernst, 393
 Leighton G., 394, 485, 486
KREPS Annie, 927
 Catharine, 633
 Christiana, 1048
 Elizabeth, 927
 Fannie, 1229
 Fannie M., 927
 Florence M., 927
 George, 145
 George F., 159, 167
 J. M., 463
 Joel Charles, 805
 John, 927
 Martha B., 805
 Nora May, 805
 Rudolph, 927
 Sabina A., 1005

William, 165, 177, 1084
KRETZER ---, 1205
David, 465
Emory, 1271
Eva, 1271
John, 858, 1120, 1206
Joseph, 757
Margaret S., 858
Mary, 903, 1120, 1206
Mary F., 757
P. E., 465
Sarah, 1206, 1209
Susan, 913
KRETZINGER Nancy, 911
KRIDER ---, 761
George, 146
KRIDLER J. Hanson, 398
KRINER Anna, 853
KRISE Elizabeth, 580
Rebecca, 580
William, 580
KRISINGER Ann, 785
KROH Cora, 778
Emma C., 844
Henry, 537, 538, 547
Huyett, 778, 844
KROHBERGER Christian, 550
KROPE Jacob P., 569
Mary, 569
KROTZER ---, 472
John, 683
Joseph, 768
Katharine M., 683
Martha, 1097, 1224
Sarah, 683

Susanna, 768
KROUSE Elizabeth, 796, 953
Ella, 902
George S., 902
Rebecca, 1006
KROUT Catharine, 925
Daniel, 925
Elizabeth, 925
KRUGER President, 285
KRUGS Charlotte J., 1270
KUHL Charlotte J., 673
KUHN ---, 551
Ada V., 863
Capter Leander H., 1246
David A., 1246
Dodsworth, 1249
Edward, 863
Elizabeth, 697, 927
Elva, 863
Frank, 863
Frederick, 863
George, 904
Jacob, 863
Janet, 1249
John, 863
Joseph, 863, 1246
Josiah, 915
Leander H., 1246, 1249
Libbie, 863
Mahala, 863
Martha, 1249
Mr., 1249
Sarah, 1002, 1246

KUHNES Adeline, 1269
Catherine, 1266, 1269
Cornelia, 1269
Emma, 1269
Hannah, 1269
Laura, 1269
Nancy, 1269, 1321
Susan, 1269
William, 1269
William M., 1321
KUNKEL Jacob, 275
KUNKLE ---, 275
Jacob M., 560
KURTZ ---, 541
B., 396, 547
Benjamin, 167, 168, 394, 397, 470, 474, 538, 539, 542, 543, 547
Daniel S., 539
Elder, 470
Eveline, 943
John Nicolas, 469
Rev., 464, 543
Rev. Mr., 162
KYLE Virginia, 1229
KYLER John, 698
Martha, 698

-L-
LA FAYETTE ---, 180
Gen., 180
LA MAR Caroline, 721
Robert, 721
LABLANC Miss, 589
LABRUN James, 152
LACASSAGNE M., 100

LACKHOVE J. L., 1164
  Maud, 1164
LAFAYETTE ---, 149, 764, 1305
  Marquis, 91
LAHM John, 547
  Nancy L., 1083
  Samuel, 538, 547
LAKE Mr., 52, 53, 56
LAKIN Abraham, 1182
  Abram, 983
  Abram William, 983, 984
  Alexander, 983
  Alice, 983
  Allen, 984
  Allen R., 984
  Amanda, 984
  Amelia, 1235
  Anna, 984
  Anna E., 984
  Arthur D., 984
  Blanche, 1182
  Charles E., 1182
  Charles H., 983
  Daniel, 983
  David O., 984
  Elizabeth, 983
  Fairfax S., 984
  Fannie, 1182
  Helen, 1182
  J. Robert, 984
  Jacob, 465
  James W., 1182
  John, 983
  John H., 1182
  Josephine E., 984

  Josephine Elizabeth, 983
  Lucinda, 1182
  Lula B., 1182
  Mary C., 983
  Mary E., 984
  Miss, 885
  Naomi, 1182
  Octavia M., 1182
  Robert T., 984
  S. Edwin, 984
  Samuel W., 1182
  Sarah, 1182
  Sarah J., 1182
  Teny L., 1182
  William, 984, 1235
  William C., 1182
  William Troup, 984
LAMAR Ada M., 807
  Angie V., 806
  Annie, 955
  Annie M., 807
  Austin A., 806
  Beda S., 807
  Benona, 805
  Blanche, 1284
  Bruce S., 806
  Clarence, 807
  Clifford, 806
  Doctor, 874
  Eliza E., 806
  Elizabeth, 805, 806, 1284
  Elizabeth E., 806
  Ella, 805
  Emma E., 806
  Emma Susan, 806
  Florence E., 807

  Hattie, 1175
  Isa F., 806
  J. C., 1175
  John, 805
  John C., 926
  L. Q. C., 1284
  Lafayette J., 807
  Laura, 805
  Lena, 806
  Lewis, 806, 925, 1322
  Lizzie, 805
  Marene, 806, 807, 925, 1321
  Marine, 955
  Marion Thomas, 1284
  Mary Ann, 805
  Mollie, 1173
  Mr., 926
  Nellie, 806
  Ora F., 926
  Rebecca, 805
  Rhoda, 806
  Robert, 806
  Robert F., 806
  Stanley M., 807
  Susan C., 806, 1322
  Thomas, 805
  Thomas J., 806, 1128
  W. H., 1149, 558, 563
  William B., 805, 806, 925
  William H., 507, 806, 925, 926
LAMB ---, 382
  Thomas J., 558
LAMBDIN M. B., 552
LAMBERT ---, 537
  George H., 513
  George P., 398

# INDEX

J. D., 537
Jacob, 177
Kitty, 816
Sophia J., 1084
LAMBKIN S. L., 488
LAMON Capt., 318
  Col., 317
  Marshal, 338
LAMPERT Elizabeth, 1264
  Mary, 503
  William, 503
LAMPKIN Anthony, 945
  Mary, 1230
LANCASTER Annie A., 725
  Elizabeth, 763
  Jacob, 725
  William, 763
LANDES Abraham, 68
  Rachel, 68
LANDIS ---, 472, 1122
  Abraham, 67, 1223
  Amelia, 1223, 1225, 1229, 1233
  Arthur, 1225
  Barbara, 1223, 1225
  Belle, 1326
  Christian, 1223, 1225, 1233
  Christie L., 1233
  Edllen, 1233
  Elizabeth, 906, 1223, 1225, 1233
  Ellen, 1236
  Eva, 1233
  Florence, 1225, 1233
  Henry, 743, 1119, 1223, 1225, 1233
  Isabella, 1225, 1233
  Jacob, 1225
  Joseph, 1225
  Lavinia, 1225
  Lucian Johnson, 1206
  Mary, 1119, 1223, 1225, 1232, 1233
  Mary E., 743, 1225, 1233
  Miss, 1236
  Mr., 1236
  Nancy, 637, 1223, 1225
  Rachel, 67
  Rose Estella, 1206
  Salina, 1223, 1225
  Sallie, 1223, 1225
  Samuel, 1225
  Shelby, 1225
  Susan, 570, 1119, 1223, 1225
  Vallie, 1233
  Vallie G., 642
  William, 642, 1050, 1225, 1233
  Willie, 1233
LANDS George W., 584
LANDSDALE ---, 1305
LANDSTREET F. S., 219, 407
  Fairfax S., 407
  W. b., 486
LANE ---, 276, 482, 674, 906, 952, 953, 1133, 1150
  Alexander M., 1020
  Ann, 1020
  C. G., 987
  Catherine, 1020
  Charles G., 247, 1020
  Charles S., 451, 1020, 1029, 1103
  Col., 1029
  Eliza, 1020
  Elizabeth, 987, 1020, 1026
  Elizabeth Horine, 451
  Hettie E., 1020
  Isaac, 108
  J. C., 561
  J. Clarence, 389, 422, 451, 557, 778, 953, 1020, 1026, 1029, 1092, 1103
  J. M., 1020
  James S., 164, 1245
  John C., 451, 953, 1020, 1026
  John McG., 617
  Julia, 422
  Julia M., 952, 953, 1020
  Louise Elizabeth, 1029
  Mary, 1020
  Mary C., 1020
  Minnie, 1029
  Miss, 255
  Mr., 108, 452
  Rose E., 617
  Samuel Maddox, 1029
  Seth, 159, 1020
  Virginia Cartwright, 1029
  Virginia Lee, 1029
  W. P., 557
  William Cartwright, 1029
  William P., 389, 451, 456, 1020, 1026

## 148 HISTORY & BIOGRAPHICAL RECORD OF WASHINGTON CO.

William Preston, 451, 1029
LANGE Carl, 462
LANGSTREET James, 344
LANSDALE Herbert, 487
T., 497
LANSFORD Isaac, 487
LANTZ ---, 683
 Anna, 717
 Annie, 1203
 Barbara, 717
 Benjamin, 509
 Catharine, 717, 906, 1276
 Catherine, 853
 Ch'n., 82
 Charles M., 853
 Christian, 82, 534, 537, 538, 547, 1204
 Effie May, 647
 Elizabeth, 538, 547, 717
 George, 537, 1204
 George W., 684
 Gertrude, 853
 Harvey, 853
 John, 717
 Keller, 853
 Martha, 685
 Martha H., 684, 685
 Mary, 717, 1204
 Mary B., 684
 Mattie, 717
 Milton, 647
 N. B., 698
 Nora, 853
 Rosina, 773

Samuel, 146, 513, 538, 547
Susan, 717
LAPHAM Daniel D., 1037
 Edward B., 1037
 Josephine M., 1037
 Thomas, 1037
 Wade, 1037
LAPOLE Mr., 465
LARGENT
 Catherine, 867
 Frank, 867
 Mr., 867
LARKIN Thomas, 487
LARRING Henry, 487
LATE Jonathan, 499
LATHAM George L., 145
LATIMER John, 1310
 R. B., 62
 Susan E., 1310
LATROBE Benjamin H., 197, 1286
 Mary E., 1286
 Mayor, 1286
 Osmundd, 344
LAUCK Annie, 1294
 Mary, 1292
 Mr., 1292
 William Carl, 1294
LAUDER General, 1156
LAUFAIN Louis, 834
LAUGHIN M., 81
LAUGHLIN Agnes, 682
 Anna, 682
 Bertha, 682
 David, 390

 Emma, 682
 Flora, 682
 Frank, 682
 Frederick, 682
 Grace, 682
 Henry, 682
 John, 682
 John R., 682
 Mary, 682
 Mary A., 682
 Mary L., 559
 Rebecca, 682
LAWDERMILCH Wendel, 768
LAWERY Catharine, 1134
 James, 1134
LAWRENCE Aaron, 1326
 Annie, 1203
 Caleb, 856
 Elizabeth, 68, 69, 179, 426, 440, 1203, 1326
 Elizabeth Hager, 390
 Emma, 1203
 Jacob, 1203
 John, 426, 944
 Jonathan, 179, 426
 Jonathan H., 555
 Joseph E., 258
 Kate, 1204
 Laura, 1203
 Lizzie, 1204
 Martha, 66, 179, 426
 Mary A., 1203
 Miss, 393
 Mrs., 426
 Otho, 135, 230, 389, 555, 1251

R. H., 286, 556
Rebecca, 1203
Rena, 856
Rev., 508
Sallie, 944
Susanna, 1204
Upton, 67, 68, 69, 70, 94, 143, 152, 179, 231, 390, 426, 439, 440, 443, 555
William, 1203
Willie, 1203
LAWRENCES ---, 265
LAWTON General, 335, 835
LAY Lydia, 763
Richard, 763
LAZARUS ---, 997
LAZZARI Ausilia, 1256
LE BOTELIER ---, 1036
LEA Dr., 283
Sally E., 283
LEAGOND Lieut., 56
LEAKIN Rev., 537
LEARD Michael, 487
LEARY Lewis L., 291, 294
Peter, 921
LEAS Mary, 744
LEATHER Margaret, 917
LEATHERMAN Ada, 852
Adam, 1317
Annie, 798
Catharine, 738
Charles, 1168
Elizabeth, 852

Elva Viola, 855
Emma, 798
Frederick, 1203
George, 738
Jacob, 524, 531, 738, 852
Lillie, 943
Lizzie, 1168
Lloyd Y., 855
Malissa, 1317
Mary, 1168
Miss, 1170
Rebecca, 738
Susan, 685, 738
Susan R., 1317
W. B., 855
LECHLIDER A. A., 501, 502
LECHRON Annie E., 645
LECHRONE D. O. M., 1233
Lydia, 1233
Osceola, 1233
Robert, 1233
Ruth, 1233
LECKLIDER Mary, 1115
LECKRON Jacob, 904
LECRON ---, 537
Daniel, 763
Lydia, 763
LECRONE David, 634
LEDLER ---, 1143
LEDY David, 1084
LEE ---, 117, 330, 331, 332, 335, 336, 337, 338, 342, 347, 348, 349, 350, 365, 796, 826, 921, 1014, 1164

Blair, 561
Charles, 383
Col., 292
D. J., 317
Dorothy, 643
E. I., 357, 359
E. J., 557
Edmond J., 555
Fitzhugh, 307, 344, 357, 366, 1283
Gen., 329, 331, 336, 337, 349, 353, 354, 355, 362, 428, 446, 976
Jennet, 99
John, 99, 107, 113, 182, 560
Lancelot, 643
Major, 187, 188
Mary, 141
Miss, 1179
Mrs., 187, 353
Philemon, 852
R. E., 353
Rev., 553
Richard Henry, 555, 1062
Robert E., 141, 289, 291, 295, 326, 781, 1310
Stephen D., 337
T. S., 559
Thomas, 643
Thomas Sim, 383, 559
W. H. F., 340
William, 89, 90, 99, 109, 114, 115
Wilson, 486
LEEDS Rev., 537
LEEDY Minnie, 1215
LEEMAN W. H., 294
William H., 291

LEEN Gen., 340
LEFEVER Samuel, 475
LEFEVRE Kate, 1230
LEGG Grace, 763
LEGGE Miss, 1191
LEGGETT Elizabeth, 696
  Isaac, 275
  James W., 275
  John, 517
LEHMAN Abraham, 697, 1275, 1276
  Abram, 1273
  Amelia, 1276
  Anna 1275
  Ann, 1273, 1275
  Ann Catharine, 1284
  Ann M., 893, 1273
  Annie, 1005, 1071, 1274
  Barbara, 893, 1066, 1273, 1275
  Barbara A., 1273, 1275
  Barton, 717
  Christian, 1273, 1284
  Cora, 1284
  Daniel, 1005
  Dora, 717
  Dora E., 1276
  Edith, 717, 1276
  Edna, 917
  Effie, 1276
  Eliza, 1273, 1275
  Eliza Ann, 1275
  Elizabeth, 1275
  Ella, 1284
  Elmer, 1077
  Elva Grace, 1284
  Ethel, 1276
  Florence, 1276
  Gertrude, 1239
  Hans, 691
  Harold, 717, 1276
  Harry, 917
  Harry M., 1284
  Harvey, 1276
  Hazel, 917
  Helen, 1276
  Henry, 717
  Henry C., 1275
  Henry F., 1273, 1275, 1276
  Howard, 1275
  Howard S., 1276
  Iva, 917
  J. B., 1239
  J. Elmer, 1284
  Jacob, 717, 893, 1066
  Jacob B., 1273, 1275
  Jacob S., 1274
  Jessie, 697
  John, 1275
  John F., 1273, 1275
  John Henry, 1276
  Lela Blanche, 1284
  Leroy, 1077
  Leroy K., 1284
  Lester, 717, 1276
  Lillian, 1077
  Lottie, 717, 1276
  Mary, 917
  Mary Ellen, 1284
  Maude, 771
  May L., 917
  Minnie, 1077
  Nellie E., 1284
  Norman, 1284
  Peter, 1274, 1275
  Roy, 1284
  Samuel, 1273, 1275, 1284
  Sarah, 717, 1276
  Sarah A., 1276
  Stewart, 717, 1276
  Susan, 655
  Susanna, 1275
  Susanna P., 1273
  Thomas, 798
  W. Barton, 1276
  William, 717
  William B., 1276
LEHMASTER James, 763
  Susan M., 763
LEHUE Jennie, 858
LEIBERT Peter, 522
LEICESTERSHIRE Abraham, 1156
LEIDER Jacob, 146
LEIDIG Annie, 1274
  Cyrus, 1274
  D. Milton, 1274
  Elizabeth, 1274
  Jacob, 1274
  Joseph H., 1274
  Martha, 1274
  Martha E., 1274
  Michael, 1274
  Sarah, 694, 1274
LEIDRE ---, 683
LEISTER Abraham, 1156
  Adam, 79
  Ann, 988

# INDEX

Annie, 942, 1221
B. Frank, 942
Beulah, 988
Beulah L., 942, 1157
Catharine Ann, 1157
Catherine A., 1156
Daniel B., 942, 988, 1157
Edith, 942
Jane, 942, 988
John O., 942, 988, 1157
John Oswald, 1156, 1157
Levi, 848, 942, 988, 1156, 1157
Louisa, 942
Lydia, 848, 942, 1156
Lydia A., 1157
Lydia Ann, 988
Mary, 942, 988
Mary L., 1157
Sarah, 988
Sarah A., 942
Sarah J., 1157
Sarah K., 942
LEITER ---, 721, 752
  Abraham, 683
  Andrew, 683
  Ann, 627, 684
  Ann Maria, 538, 547
  Anna, 683
  Anna M., 684
  Annie M., 1030
  Barbara, 538, 547, 683
  Barbara A., 547
  Barbara V., 684
  Catharine, 538, 547, 627, 683

Christian, 683
Elizabeh, 547
Elizabeth, 538, 683, 684, 773, 774
Emma, 636
Evans, 683
Fannie K., 684
Flora, 861
George, 537
George Abraham, 684
George T., 431
Isabella, 538, 547
J. Freeland, 537, 685
Jacob, 537, 683
James, 666, 1011, 1209
James Freeland, 684, 685
James M., 683
James W., 684
James William, 685
Jane Frances, 666, 1011, 1209
Jane Frances de Chental, 685
John, 683
Joseph, 562, 627, 636, 683, 684, 1030
Joseph G., 684, 685
Judith, 683
Julia, 683
Juliana, 683
L. Z., 685
Levi Z., 684, 796
Levi Ziegler, 684
Louisa M., 1311
Marguerite, 684
Martha, 685
Martha A., 684
Martha H., 684, 685

Martha Victoria, 685
Mary, 684
Mary Cushwa, 685
Mary E., 683
Mary Elizabeth, 683
Mary T., 684
Miss, 796
Mr., 684
Nancy, 684
Nellie, 685
Peter, 683
Rachel, 683
Rose Ann, 1030
Samuel, 538, 547, 683, 684
Sarah, 683
Susan, 538, 547
Susanna, 683
T. Benton, 685
Titus Benton, 684
Veronica, 683
LELAND Major, 240
LEMAN ---, 299
LEMEN Bessie, 665
Eli W., 665
Eliza Virginia, 665
Herman Light, 665
Jacob, 1174
Jacob F., 665
Joseph Lewis, 665
Mary A. L., 665
Mary M., 665
N. S., 665
Nancy A., 665
Nannie A., 664
Nellie, 665
P. L., 563
Peter I., 665

Peter L., 664, 665
Robert, 665
Sallie, 1174
Sarah E., 665
T. J., 665
Thomas, 665
LEMMEN George, 166
LEMMON George, 385
LEMON ---, 1305
Adrian, 1191
Albertus A., 651
Amanda P., 1318
Anna, 1318
Captain, 1191
Catharine, 1318
Charles S., 651
Charles W., 1318
Clarinda, 1318
Elizabeth, 1191
Elizabeth Gould, 651
Emma F., 1318
Harriet D., 651
Jennie, 1191
John, 1318
John H., 1191
Laurana, 1191
Margaret, 1191
Maria E., 651
Mary, 1191
Mary C., 651
Mary E., 1191
Mary Jane, 1305
Rev. Mr., 174
Robert, 651
William Manning, 1191
Wynkoop, 1191

LENNEN ---, 97
LENOX Peter, 206
LENTZ D.S., 497
Gertrude, 1195
Henry, 1195
Rev., 498
LEOPOLD George H., 462
Rebecca, 1062
LEPLEY C., 544, 548
Christian, 470, 538, 547
LEPLY Christian, 474
LESHER Abraham, 695, 782, 1312
Amelia, 891
Andrew, 1006
Anna, 1005
Barbara, 782
Catharine, 655, 702, 1007, 1032
Catherine, 782
Catherine L., 783
Christian, 510, 655, 702, 1032
Christina, 655
Clara, 798
Daniel, 654, 655, 702, 1007
David, 564, 655, 695, 742, 782, 783
Elizabeth, 654, 655, 782, 1005, 1006, 1007
Elizabeth R., 1312
Emma, 783
Fannie, 655, 697
Fanny, 691
George, 723
Hannah, 782
Henry, 510, 1312

Isaac, 782
Jacob, 513, 691, 782
John, 513, 655, 693, 782, 891, 1005
Kate, 1006
Lydia, 655
Margaret, 782
Martha, 691, 1006
Mary, 570, 655, 723, 941, 1005, 1071
Mary D., 1312
Mary Virginia, 1312
Miss, 784
Nancy, 655, 782
Nancy Elizabeth, 783
Samuel, 655, 698
Susan, 655, 695, 782
William, 782, 941
William M., 783
LESLIE Bertha M., 1167
Charles, 1167
D. Thomas, 559
John, 1167
John W., 1167
Mary Ann, 1167
Mr., 48
Stella, 1167
LESTER Prof., 931
LETCHER Gov., 359
Governor, 357
LETSON ---, 214
LETT, 986
LEVAN ---, 552
LEVERS Cordelia, 572
Cordelia A., 398
Elizabeth, 572
Joseph, 398, 572
LEVI Albert L., 557

Solomon, 318
LEVY ---, 1086
  C. V. S., 557
  David, 1053
  Maria, 1050, 1053
  Mrs., 96
LEWIS Alberta, 943
  Alfred G., 564
  Amelia, 632, 1231
  Anthony, 632, 1224, 1231
  Anthony W., 632
  Capt., 110, 113, 159
  Carrie, 1231
  Charles E., 435
  Col., 160
  Edith V., 1231
  Elizabeth, 397, 632, 1164
  Elizabeth Buffington, 568
  Emma A., 1231
  Fannie G., 1231
  George, 1224, 1231
  George S., 632, 1231
  Gertrude E., 1231
  Harry, 389
  Henry, 70, 87, 143, 144, 152, 160, 167, 168, 175, 439, 561
  Jennie, 1231
  John, 45, 1164
  John K., 277
  John T., 527
  Joshua, 42
  Laura B., 854
  Lizzie, 1224, 1231
  Lizzie J., 632
  Lou, 1231
  Louisa, 632
  Louisa E., 1231
  Louise, 778
  Major, 187, 188
  Mary, 632, 1164
  Mary E., 1224, 1231
  Mary Ellen, 632
  Mary Madeline, 87
  Patience, 632
  Pearl, 1231
  Prudence, 1231
  Robert, 778, 1224, 1231
  Robert H., 632
  Sallie, 632, 1224, 1231
  Sallie A., 1231
  Samuel M., 1231
  Sarah C., 1231
  Susan, 632, 1231
  Wayne, 1224
  William, 79, 109, 112, 175, 397, 553, 632
  William A., 568
  William B., 632
L'HOMMEDIEU
  Eleanor, 1226
LIAS George, 381
LIBBY ---, 686
LIBE Christian, 522
LICHTIG Jacob, 1201
  Mary, 1201
LIDER ---, 683
LIGGETT Mary, 811
  Mary Magdalene, 808
LIGHT Benjamin, 149
  Emma F., 1174
  Helen, 665
  J. H., 1174
  John, 95
  Joseph, 1249
  Martha, 1249
  Peter, 130, 665
  Sarah E., 665
LIGHTER ---, 683
  Abram, 695
  Alice, 814, 1212
  Catherine, 746, 814
  Denver G., 814
  Fannie, 651
  Flora May, 814
  Harvey, 814, 1212
  John, 814
  John H., 814, 864
  Joseph, 814
  Joseph E., 814
  Luther H., 651
  Mary, 814
  Mary M., 814
  Sophia, 814, 864
  Tabitha, 814
LIGHTFOOT Charles, 914
LIGHTNER John H., 1318
  Samuel, 1192
  Sarah E., 1192
LIGON ---, 274
  T. Watkins, 560
LIGUORI Sister, 482
LIKENS John, 446
LIN ---, 794
LINCOLN ---, 410, 957, 1306
  Abraham, 635, 741, 875, 978, 997, 1249
  Mr., 304, 337, 339, 363, 1133

President, 309, 317, 338, 409, 426, 642, 678, 747, 775, 792, 833, 918, 1038, 1151, 1245
LIND Dr., 283, 284
John, 254, 281, 282, 389, 390, 445, 446, 539
Matthew, 389
LINDERMAN Dollie, 962
Ida, 1164
LINDSAY Lewis, 804
R., 486
Sidney Carter, 804
LINE ---, 763, 904
Alvin H., 928
Bertha, 928, 1104
Captain, 762
Catherine, 644, 755, 756, 761, 794
Daniel, 762
David, 1104
Edgar, 1104
Elizabeth, 1325
Emery, 924
Emma, 928
Fannie Martin, 974
G. W., 476
George, 761, 793, 1325
George W., 762
George W. S., 761, 762
George Winfield Scott, 761
Henry, 851
John, 761, 1180
Leila May, 762
Maggie, 1273
Margaret, 732
Martha A., 762

Martha Jane, 1104
Martin, 476, 511, 761, 762
Mary, 761, 793, 896
Mary A., 851
Mrs., 340
Roy, 762
Sallie, 761
Sarah, 1008, 1180, 1322
Sophia, 761
Susan, 842
LINEBAUGH Catherine, 853
Ezra, 1264
John, 1317
Margaret, 1264
Sarah A., 1317
LINGAN Priscilla, 1036
LINGENFELTER ---, 1018
Abraham, 489, 1018
LINGLE J. W., 464, 465, 498, 507
Rev. Mr., 500
LINK Andreas, 392
LINKENHAKER Nanny, 628
LINN James, 985
LINNARD Nina Faith, 644
LISKEY Bertie, 687
LISSINGER ---, 99
LITTELL E. T., 381, 382
LITTLE ---, 480, 484
Ann, 1175
Ann Eliza, 1176
Barbara, 1119

Benjamin P., 1176
Bertha, 1176
Bridget, 1175
C. A., 561
Charles, 562
Charles A., 451, 452, 453, 558, 564, 624, 951, 1079
Charles Augustus, 1079
Col., 1080
Daniel F., 252
Edward, 1176
Frances, 1176
Frances Gertrude, 1176
Frederick, 1079
Gertrude, 1176
Hugh, 1175
Isabelle, 1175
Jacob, 538
James Findlay, 1080
John H., 1079
Julia, 1175
Louis J., 1176
Ludwig, 1079
Major, 451
Mary, 1079, 1175
Mary Ellen, 1176
Mary Eva, 1079
Mary Priscilla, 256
Michael, 1079
Mr., 1080
Patrick, 1175
Peter, 1079
Philip, 1175
Philip Thomas, 1175, 1176
Rebecca, 1203

# INDEX

Rev., 464
Samuel H., 256
Sophia Van Lear, 624, 1080
Stella Regina, 1176
Susan, 1079
Thomas, 1175, 1176
Thomas Leo, 1176
LITTLE TURTLE, 127
LITTLEJOHN John, 486
LIVINGSTON Chancellor, 118
LIZER George, 162
  Jacob, 146
  Jonas, 146
  William, 146, 162
LLOYD ---, 161
  Edward, 197, 560
  Henry, 560, 791
  James, 179
  Mary, 907
LOAPER William, 146
LOBINGIER ---, 494
LOCHER Catharine, 786
  Daniel, 866
  Elizabeth, 1226
  Frederick, 79
  Henry, 177
  Jacob, 866
  John, 146
  Laura, 885
  Mary, 866
  Susan, 866
LOCKE Miss, 1190
LOCKER Jacob, 145
  Mary, 1226

LOCKRIDGE Rachel, 1133
  Rachel, 736
  William, 736, 1133
LOCKWOOD ---, 805
  Margaret, 1164
LODGE Senator, 339
LOGAN, 77, 78
  Daniel, 290
  Elizabeth, 945
  Hugh, 317
  Robert, 239, 444
  William, 417, 564, 565, 716, 948, 1251
LOGSDON Mr., 483
LOHR Barbara, 1003
  William A., 1003
LOKE Ephriam, 1327
  Mary, 1327
LONAREKEN Daniel, 971
  Urilla, 971
LONEY Jacob, 145
LONG ---, 551, 762, 777
  A. J., 564
  A. L., 1310
  Agnes L., 637
  Albert J., 558, 563, 868, 871
  Alberta, 507
  Alice, 1122
  Alice E., 774
  Allen, 1216
  Alva, 1234
  Annie A., 692
  Annie E., 1122
  Ava, 1173

  Barbara, 582, 692, 752, 1223
  Baymond V., 1122
  Caleb, 528, 529, 582, 854
  Catharine, 582, 971, 1061
  Catherine, 966, 1122
  Catherine E., 1122
  Charles, 672
  Clara Etta, 936
  Clarence, 692
  Clinton, 692
  D. Melvin, 971, 1122
  D. Scott, 637, 871
  D. Victor, 524, 527, 971, 1121, 1122
  D. W., 868
  Daniel, 692, 1122
  Davenport, 672
  David, 277, 524, 527, 578, 582, 675, 797, 868, 871, 936, 966, 971, 972, 1122, 1183
  Della, 672
  E. Wilber, 1122
  Edgar, 582
  Edith B., 1122
  Edna B., 582
  Edna C., 668
  Elizabeth, 631, 632, 672, 675, 782, 851, 868, 945, 971, 1018, 1122
  Elizabeth Anderson, 672
  Ella, 971, 1122
  Elliott C., 868, 871
  Emanual, 527
  Emanuel, 582, 692, 752, 1122
  Everett C., 582

Fannie, 582
Fannie C., 854
Frances, 968, 971
Gabriel, 582
George, 851
George W., 668
Hadassah, 1061
Harry R., 871
Howard L., 565
Ina Virginia, 582
Isaac, 945, 1060, 1061, 1122
Isaac S., 716
J. H., 507
Jacob, 503, 524, 527, 1122
James, 672
James Walling, 672
Jennie, 582
Jesse, 277
John, 672, 693, 1122, 1244, 1245
John Davenport, 671, 672
Joseph, 527, 625, 1122, 1326
Joseph A., 971, 1122
Joseph R., 782
Joshua, 527, 533
Julia A., 1122
Julia O., 971
Jushua, 1061
Lella, 871
Levi, 582
Louisa, 672, 868
Louisa L., 672
Lula B., 1122
Lydia, 1234
Martin, 931

Mary, 503, 578, 672, 868, 971, 1080, 1114, 1122
Mary A., 851
Mary E., 672
Mary Edwina, 914
Mary Frances, 1122
Matilda, 868, 931
McClellan, 1061
Millie, 1122
Mollie, 582, 1122
Nancy, 625, 658, 1122
Nathan, 945
Nellie, 1173
Nellie Sebold, 1234
Orville D., 971
Orville V., 1122
Peter, 954
Rachel A., 1231
Rev. Mr., 583
Rosa, 1216
Sally, 672
Sally C., 672
Samue E., 582
Samuel, 1234
Samuel H., 1173, 1233, 1234
Sarah, 672, 1272, 1273
Simeon, 582
Simon, 494, 527, 528, 1061
Sophia, 672
Susan, 971, 1122
Susan A., 578, 1122
Susan E., 868
Verdie E., 582
Victor, 527
Walter S., 971, 1122
Wilber, 582

William, 582
Wilmer Newton, 1122
LONGENECKER Rebecca, 761, 767
LONGMAN Miss, 743, 801
LONGSTREET ---, 326, 327, 329, 330, 331, 347, 584, 914
James, 339
LOOKINGBILL ---, 540
LOOSE ---, 513, 633, 686, 766
Carrie, 771
Frances, 631
Henrietta, 617
Henry C., 617, 953
Janothan, 1220
Jonathan, 463
Joseph B., 443, 617
Laura V., 953
Margaret, 1233
Margaret A., 618
Mary, 575
Mr., 618
R. Elise, 1233
Rose, 617, 1233
Rose E., 617
S. B., 557, 687
Samuel B., 443, 617, 632, 1233
Samuel N., 617, 1233
Virginia, 953
LOPP Mary, 1167
LORA John, 146
LORMAN William, 152
LORTZ Annie, 1201
John, 1201

# INDEX

LOSEBAUGH Ann, 937
LOUDEN Susan, 828
LOUDENSLAGER --, 1067
  John, 468
  Mary, 1232
  Solomon, 1232
LOUGHRIDGE Ella, 128
  Ellen, 425, 708
  J. E., 556
  Rachel, 708
  William, 248, 425, 562, 708
LOUIS XV, 47, 648
LOVE Miss, 187, 188
  Mrs., 187, 188
  Rev. Mr., 254
  Susan, 668
  Susan Bell, 668
  William, 390, 446, 668
LOVELL A. G., 553, 558, 744
  Albert G., 744
  Amon, 744
  Anna, 923
  Anna E., 744
  Emaline, 744
  George Amon, 744
  H. E., 923
  Henry, 744
  Herbert E., 744
  Jesse B., 744
  Kenzie A., 744
  Lavina, 744
  Mary, 744
  Mary A., 744
  Susan M., 744

  Wealthy, 744
  Zachariah, 744
LOWE E. L., 556
  E. Louis, 560
  Enoch Louis, 426, 443
  George, 165
  Governor, 747
  Roberta, 954
  Susan, 798
LOWENSTEIN ---, 786, 787, 1199, 1203
LOWER Mr., 501
  W. L., 501
  W. T., 467, 499, 503
  William T., 501
LOWERY Lucinda, 1182
LOWMAN Catharine, 538, 547
  E. W., 559
  Jacob, 793, 917
  James M., 1196
  Kate, 917
  Mary A., 547
  Mary E., 1196
  Nancy, 793
  Rachel, 1196
  Samuel F., 917
  Susan, 917
LOWNDES
  Governor, 425, 446, 807, 964, 1043
  Lloyd, 218, 331, 344, 416, 560, 561, 731, 782, 881, 883, 944
LOWNES Hyatt, 95
LOWRE Jacob, 79
LOWRY Alice V., 775
  Claggett D., 775
  Daniel M., 775

  David H., 511
  George W., 511
  Harry, 776
  Henry, 145, 511, 628
  John W., 775
  Mary, 775
  Mary Ann, 511, 628
  Mollie, 775
  Mollie F., 775
  Virginia B., 775
  William, 775
LOWTHER ---, 54
LUBER Anna M., 542
  John Jacob, 542
  Peter, 542
LUCAS ---, 301, 685
  A. W., 389
  Daniel Bedinger, 118
  Edward, 1319
  Ellen, 1319
  Judge, 123
LUCKENBAUGH W. Henry, 509
LUCKETT Mountjoy B., 555
LUDDEN J. E., 556
LUDLOW Laura, 1233
  Mr., 1233
LUDWIG Augustus, 1313
  Bertha F., 1313
  Caroline S., 1313
  Charles, 1313
  E. E., 511
  Elizabeth, 1313
  Frederick, 1313
  Friedrich, 1313
  Wilhelmina, 1313
LUDY C. M., 943

Charles W., 943
Cyrus M., 943, 944
Emma C., 943
Grove, 944
Harriet S., 944
Ida May, 943
Joseph A., 943
Lillie, 943
Lloyd C., 944
Magdalene, 825, 826
Manzella M., 943
Susan, 943
William, 943
LULL Col., 1191
LUM Calvin A., 894
  Charles N., 894
  Ella, 894
  Ella M., 894
  Lewis, 894
  Martha, 894
  Mary, 894
  Minnie M., 894
  Pearl I., 894
  Samuel, 894
  Samuel L., 894
  Samuel Luther, 894
  Sian, 894
LUMM Ella, 1168
  M. F., 1168
LUNGER J. C., 464
  Rev., 498
  Rev. Mr., 500
LUSHBAUGH Elizabeth, 1251
  John, 277, 381, 382
LUTHER ---, 532
  Emma L., 676
  J. J., 398

John Jacob, 676
Martin, 518
Rebecca, 676
LUTTRELL Guy A., 553
LUTZ Samuel, 146
LYDAY ---, 237
  Adam, 537
  Henry, 177
  Henry W., 381
  L., 562
  Samuel, 237
LYDER ---, 683
LYLE Rev., 553
LYLES Cecelia, 1296
  Dr., 365
  Kitty, 365
  Mr., 224, 1296
LYMAN ---, 978
  D. E., 278
  Father, 482
  T.B., 278
  Theodore, 382
  Theodore B., 386
LYNAS Anna, 997
  George, 997
LYNCH A. D., 1302
  Ann, 1175
  Edward A., 237
  John A., 147, 556
  Lucretia, 1191
  Samuel, 227
  Susan, 635, 1279
LYNE Annie, 1190
  Betty, 1190
  Cahrles Adrian, 1191
  Catherine, 1191
  Charles A., 838

Charles B., 1190, 1191
Charles Barton, 1190
Edward, 1190
Harry Lee, 1191
Henry, 1190
Jacob, 1190
John, 1190
Julia, 1190
Julia M., 1191
Julian, 1191
Lucy, 1190
Margaret, 1190
Mary B., 1190
Mary Barton, 1190
Mary E., 1191
Minnie, 1191
Stella, 1191
Stella McKeen, 838
Thomas, 1190
Thomas B., 1190
William Biddle, 1191
LYNES George, 145
LYNN ---, 53, 412
  John, 107
  Major, 114
  Mr., 52
LYON Adelia, 836
  Rev., 650
LYONS Dr., 931

-M-

MCADAMS ---, 480
MCAFEE Elizabeth, 844
MCALLISTER G. W., 319
  George Washington, 786
  Isurnia A., 786

# INDEX

Lucy, 1327
Susan, 786
MCALVEY ---, 1013
MCATEE John L., 558
Mary, 731
Thomas, 731
William, 1146
William B., 246
MCAVOY ---, 480, 484
MCCAFFERY ---, 1306
MCCAIN John, 144
MCCALLA Rev., 552
MCCANNON Eliza A., 412
  Eliza Asbury, 787
  James, 787
MCCARDEL William, 277
MCCARDELL ---, 444, 480, 787
  Adrian C., 698
  Albertus, 698
  Alice, 725
  Alice Jane, 725
  Ambrose, 725
  Anna Maria, 724, 725
  Annie, 698, 724, 725
  Annie A., 725
  Annie M., 725
  Catherine, 698
  Charles, 725
  Courtney, 725
  Courtney Upton, 698
  Eugene, 725
  Frederick, 698
  G. W., 435, 672
  George W., 724, 725
  Laura L., 373, 901

  Lucretia P., 698
  Mary A., 698
  Mr., 701
  Nellie, 701
  O. D., 456
  Odelo D., 698, 701
  Rebecca, 698, 725
  Richard P., 698, 724, 725
  Susan, 701
  Thomas, 698, 724
  Thomas E., 698
  Thomas F., 725
  Upton, 724
  W. D., 562
  W. H., 456, 662
  Wilfrd H., 701
  Wilfred, 724
  Wilfred C., 725
  Wilfred D., 698
  Wilfred H., 435, 698, 701
  William, 145, 373, 901
  Willoughby, 698, 725
MCCARTNEY Joseph S., 488
MCCARTY ---, 908
  Anna, 456
  John, 623
MCCAULEY
  Amanda, 983, 1232
  America, 731
  Ann Maria, 1229
  Annie, 841
  Bettie, 1229, 1231, 1291
  C., 1062
  Catharine, 1056

  Charles, 558, 841, 1055, 1056, 1229, 1230, 1232
  Clarence, 841
  Edgar, 1229, 1291
  Elizabeth, 841
  Ellen, 1230
  Eugene, 1230
  George, 1229
  Hannah, 637, 841
  Hannah V., 786, 787
  Harry, 1232
  Henry, 731, 841, 983, 1056, 1232
  Irene, 841
  J. H., 557
  Jela, 1232
  Jelia, 841
  John, 841
  Joseph, 1229
  Kittie, 841
  Laura, 841, 1229
  Lavinia, 841
  Lizzie, 841
  Margaet, 841
  Mary, 841, 1103, 1229, 1232
  Milton, 1229
  Mr., 913
  Mrs. Dr., 1305
  Nannie, 1056, 1062
  Naomi, 841
  Robert H., 1062
  Robert Henry, 1056
  Samuel, 841, 1056, 1110
  Will, 1229
  William, 841, 1291

# 160   HISTORY & BIOGRAPHICAL RECORD OF WASHINGTON CO.

MCCAUSLAND ---, 356, 357, 360, 1144, 1251
  Gen., 324, 362
  John, 355, 357
MCCLAIN ---, 482
  Andrew, 651
  Caroline, 651
  Catharine L., 474
  J., 129
  James, 107
MCCLANAHAN Matthew, 475
MCCLANHAN Robert, 145
MCCLANNAHAN ---, 552
  Anna, 843
  Catherine, 843
  Edward, 843
  Eliza, 843
  Frances, 843
  James, 843
  Jane, 843
  John, 843
  Lotta, 843
  Matthew, 843
  Nancy, 843
  Peter, 843
  Samuel, 843
  Susan, 843
MCCLARY N. E., 558
M'CLASKEY Stephen, 98
MCCLAVE Julia Martha, 1251
MCCLAY Kate Thomas, 887, 888
  Samuel, 887, 888

MCCLEARY Annie, 844, 848, 1204
  Charles R., 893
  Harry, 768
  Harry S., 893
  Mary S., 893
  Mollie, 768
MCCLEAVE Sarah, 976
MCCLEERY ---, 480
  William, 43
MCCLELLAN ---, 327, 335, 336, 337, 338, 340, 348, 410
  B., 339
  Bell, 1226
  Ellen, 1226
  General, 329, 330, 332, 338, 339, 342, 421, 579, 934, 935, 1013, 1116, 1156
  George B., 344, 1213
  Ida, 1226
  Jack, 1226
  Mrs., 579
  Nannie, 1226
  Will, 1226
  William, 58, 1226
  William M., 22
MCCLINTOCK Professor, 250
MCCLURE John C., 292
  Thomas, 486
MCCLURY Amanda, 756
MCCOMAS ---, 472
  Anna V., 883, 884
  Annie W., 833
  Catherine, 416, 883, 884, 977, 1263

F. F., 978
Fred W., 884
Frederick, 884, 977, 1263
Frederick C., 365, 416, 883, 884, 977, 1090
Frederick F., 422, 557, 1090, 1092
Frederick Fechtig, 884, 977
Frederick W., 884
H. A., 380, 822, 884
Harry Gough, 977
Henry A., 377, 389, 456, 833, 883, 884
Henry Angle, 884, 977
John E., 883, 977
Joseph P., 884
Judge, 982
Julia, 1090
Katharine, 981, 1090
Katherine, 1054
Kathryne, 884
L. E., 561, 884, 978, 1263
L. F., 884
Leah, 417, 981, 1054
Louis, 1032
Louis E., 79, 344, 410, 416, 421, 422, 434, 557, 561, 944, 981, 1035, 1054, 1092
Louis Emory, 883, 977
Louis F., 884, 977
Mary, 981, 1054
Matilda Price, 884
Mr., 416, 417, 978
Murray C., 884
Representative, 981
Senator, 981

Susan, 883, 977
Susan Emma, 884, 977
William, 884, 977
Zaccheus, 235
Zacheus O., 977
Zacheus Onion, 883, 884
MCCOMB Lelia, 1240
MCCONNOR Mary, 735
 William, 735
MCCOOL J. Addison, 556, 557
MCCORD Jane, 942
 Oliver, 942
MCCORMICK ---, 196, 256, 481
 Clara, 579
MCCOSH Susie, 1233
MCCOY Amanda L., 945
 Benjamin, 945
 Bertha M., 932
 David W., 398
 Hannah, 932
 Jefferson, 1050
 Jelia, 644
 Lizzie, 1231
 Maria, 1162, 1271
 Mary, 747, 1225, 1252
 Mollie, 1050
 Rachel, 785, 845
 Robert, 932
 Sarah, 755
 Susan, 1162
 Washington, 1162
MCCRACKEN Rebecca, 1305
MCCRACKIN Isabelle Fitzhugh, 284

MCCREA Della, 935
MCCREADY Charlotte, 584
MCCREARY ---, 1323
MCCREERY Ann, 1219
 Hester E., 1220
 Jane, 1219
 Margaret, 1220
 Robert, 1219, 1220
 Rufus, 1220
 Samuel, 488, 1219, 1220
MCCRON Rev. Dr., 475, 509
MCCULLOCH James, 389
MCCULLOUGH Elizabeth, 614
MCCUMSEY Catharine, 1005
MCCURDY ---, 433
 John, 390
MCCUSKER ---, 484
 John, 915
 Mary V., 714
MCDADE Catharine, 578
 Catherine, 1037
 Daniel, 1030
 Elmer, 488
 Mr., 1037
 Stella, 645
 W. E., 488
 William E., 488
MCDANIEL H. C., 550
MCDIVIT Joseph, 1205
 Mary, 1205
MCDONALD ---, 480

 Alexander, 137
 John, 56
 William, 561
MCDONELL W. M., 557
MCDONOGH Father, 481
MCDONOUGH James, 915
 John, 145
 Nannie M., 915
MCDOWELL ---, 371, 1003
 Edith, 851
 Jane, 623
 Lizzie, 1229
 Nathan, 446
 R. E., 851
 Sarah Ann, 1179
 William, 487
 William H., 1179
MACE Ellen, 836
MC'ELFRESH ---, 1206
 Rachel Ann, 1206
MCELFRESH John H., 555
MCELHENNY ---, 480
MCENANY Isabel S., 854
MCENDREE John H., 1017
 Louisa Thompson, 1014, 1017
MCENHANEY Rev., 553
MCFADEN John Duke, 533
MCFARLAND A. B., 211

MCFARQUAIR ---, 389
MCFARREN Catharine, 1271
  Samuel, 1271
MCFERRAN Samuel, 99
MCFERREN Annie, 635
  Catherine, 703
  Emma, 635
  George, 1320
  Gertrude, 1320
  Harriet Jane, 635
  Jacob, 635
  John, 635
  Margaret, 1090
  Mary E., 635
  Rosanna, 635
  Samuel, 635
  Thomas, 635
M'GAUGHEY Tobias, 98
MACGILL ---, 230
  Agnes Hairston, 1014
MCGILL Alexander T., 1020
MACGILL Alice, 1014
  Annie Campbell Gordon, 1017
  Annie Stuart, 1017
  Barlow, 1014
  Belle, 1017
  Carrie, 1014
  Charles, 229, 317, 382, 386, 428, 1013, 1014, 1017
  Charles G., 428
  Charles G. W., 1014, 1017
  Clara, 1017
  D. I. Charles, 1017
  Danridge, 428
  Davidge, 1014
MCGILL Dr., 753, 775
MACGILL Elizabeth Ragan, 1017
  Ellen E., 1014
  Eugenia McEndree, 1017
  Frank, 1017
MCGILL Hettie E., 1020
MACGILL James, 428, 1013, 1017
  John, 1013
  Laura Burwell, 1014
  Louisa Thompson, 1014, 1017
  Louise Rice, 1014
  Lucy Lee, 1017
  Margie, 1017
  Mary, 1014
  Mary Clare, 1017
  Mary Ragan, 1017
  Mollie, 1014
  Nellie A., 1014
  Pat, 1014
  Richard, 1014
  Richard J., 1017
  Richard R., 556
  Richard Ragan, 1014, 1017
  Sarah, 1013
MCGILL W. D., 195
MACGILL William, 1014
  William D., 428, 1014
MCGLURY William, 74
MCGONIGAL Ettie, 762
  Samuel, 762
MCGONIGLE ---, 480
MCGOWAN James, 1191
  Margaret, 1191
MCGOWN Polly, 1018
MCGRATH ---, 96
MCGRAW Jacob, 465, 551, 552
  Robert M., 403
MCGUIRE Hugh, 1186
MCGURDER Alice, 1231
MACHENHEIMER George L., 498
MCHENRY Emma, 988
  Ernest, 1230
  James, 988
  Mary L., 1230
  Mr., 1230
  Paul, 1230
  S., 539, 542, 543
  Samuel, 538, 547
MCILHENNEY John, 389
  Nancy, 389
MCILHENNY ---, 103, 237
  Edward, 444
  John, 165, 222, 444
  John H., 444
  Joseph, 444
  Marshall, 556
MCINTIRE W. W., 589
MCINTOSH William, 95

# INDEX

MCINTYRE W. H., 407
MACK ---, 522
  Alexander, 520, 521, 522, 533
  Elder, 738
  Eliza, 1230
  Hiram, 1230
  Katy, 1230
  Nellie, 1230
MCKAIG General, 254
  T. J., 560
  Thomas J., 415, 555
  W. M., 561
  W. W., 985
  William M., 416
MCKAIGH Thomas J., 253
MACKAY Alexander D., 224
  Frances, 833
  Marguerite, 833
  Mary, 833
  William J., 833
MCKEE Alice DeM., 975
  Allen, 1055
  Barbara, 734
  C. E. S., 429, 974, 975, 1162
  Dr., 975
  Edward J., 975
  Eliza Jane, 974
  Elizabeth, 734, 1304
  Elizabeth S., 837
  Ella, 837
  Evelina, 974, 975
  Ferdinand, 974
  Hugh, 974
  Isabella, 974
  J. B., 429, 718
  J. Stanly, 975
  James B., 974
  James W., 975
  John, 305, 974
  Laura, 975
  Leander, 263, 974
  Margaret, 975
  Mary, 974, 1195
  Mary C., 975
  Olivia, 975
  R. D., 762, 764
  R. Donald, 975
  Robert, 974
  Rosa, 663
  Sallie, 974
  Samuel, 734
  Thomas, 734, 837
  William B., 974
  William C., 975
M'KENDREE Bishop, 177
MCKENDREE Bishop, 1299
MCKENNA ---, 481
MCKENNON Amelia, 1231
  Annie, 1231
  Carrie, 1231
  Dr., 1231
  John, 1231
  Maggie, 1231
  Rob, 1231
  Walter, 1231
MACKENZIE Gen., 589
MCKEPPLER W., 562
MCKESSON Anna Mary, 614
  James, 614
  John A., 555
MACKEY J. C., 534
  John C., 533
  John Crawford, 534
  Kate, 1191
  William, 99
MCKILLIP Abbie, 887
MACKIN Samuel, 539
MCKINDLESS J. M., 549
MCKINLEY ---, 151
  A. H., 487, 550
  Albert, 918
  Mary W., 918
  President, 344, 617, 716, 772, 835, 962, 978, 1261
  William, 339
MCKINSEY Hiram, 891
MC'KLEVREN Harry Bennett, 1206
  Lillian Alverda, 1206
MCKNIGHT Catharine, 1101
  E. Leroy, 931
  Edna K., 931
  Harvey W., 509
  Thomas E., 931
MCKOWN Polly, 1018
MCLANAHAN George, 529
  Laura, 631
MCLANE Gov., 788
M'LANE John, 98
MCLANE Robert, 560

MCLAREN Bishop, 390
John F., 254, 390
Rev., 550
MCLAUGHLIN ---, 200, 480, 551, 963, 1321
Addie, 1233
Alice A., 817
Amelia, 1225
Ann Elizabeth, 817
Anna A., 818
Annie, 818
Arthur, 817
Bertha, 818
Catherine, 723, 817, 927
Cecile, 1233
Charles K., 724
Charles M., 724, 817
Clarence Z., 818
Clyde, 1233
Cornelia J., 817, 818
Cornelia Josephine, 818
Dave, 1225
David, 1193
Dick, 1225, 1233
Edlwood, 724
Ella, 1193
Ella K., 724
Elwood, 927
Emily, 724, 862, 863
Emma, 1233
F. Howard, 818
Florence Resley, 723
Frank, 961
Frank H., 816, 817
Frank Howard, 818
Genevieve, 1233
George A., 818
Harry P., 817, 818
Henry, 723, 817
Howard H., 818
James, 1225, 1233
John, 817, 1225
Kate, 1233
Laura, 724
Lewis, 1225, 1233
Louis, 862
Lula, 1328
Lulu, 1233
Mary Ann, 817
Mary C., 862
Mary E., 817
Mary J., 818
Mollie, 1233
Mollie A., 818
Mollie P., 818
Perry B., 817, 818
Perry W., 818
Samuel, 1225, 1233
Sarah, 817
Victor B., 818
William P., 724, 817
MCLAWS ---, 330, 331
MCLEAD Lt., 53
MCLEAN Eugene, 230
MCLORD Janetta P., 987
MCMAHON John V. L., 41, 193, 555
John Van Lear, 170, 235
Mary, 1108
William, 235
MCMASTER ---, 91, 115
MCMECHEN Dr., 121, 122
Mr., 119, 120
MCMURRAY Grace, 835
MCNAMARA James, 1059
MCNEIL Capt., 954
MCNEILL W. Gibbs, 216
William Gibbs, 214
MACON Nathaniel, 137
MCPHERRIN Thomas, 254, 389
William, 145, 148
MCPHERRINS William, 435
MCPHERSON Catherine, 429, 613, 615
Fannie, 1072
Fitzhugh, 284
George, 742
Horatio, 156, 389
John, 234, 1072
John B., 429, 615
John D., 558
Judge, 426
Major, 284
Mararet, 742
Mary Pottinger, 284
Maynard, 284
Sophia, 284
William, 254
William Smith, 284
MCQUADE Carrie, 507
MACREYNOLDS Andrew T., 921

# INDEX

MCROBERTS Janet, 987
MCSHERRY James, 132, 419, 555
   William A., 1308
MCVICAR James, 1002
   Mary Ann, 1002
MADDOX Anne F., 587
   Cora Martin, 588
   Dr., 373, 1180
   Mary Princilla, 428
   Mary Priscilla, 587
   Miss, 895
   Mr., 587
   Mrs., 588
   Samuel, 586, 587
   Sarah Fowler, 587
   Sarah Sophia, 588
   Thomas, 245, 256, 349, 374, 401, 402, 428, 456, 586, 587, 588
   Thomas J. C., 453
   Thomas John Claggett, 588
MADES Jennie, 1167
   Susan, 856
MADISON ---, 144, 299
   James, 144
   Mr., 139
   President, 198
MAGILL Charles, 305
MAGRUDER A.C., 133
   General, 932
   T., 502
   Zadok, 555
MAGUIRE Mary, 1079

Mr., 483
MAHON Martha, 686
MAIN Adam, 1122
   Annie R., 1125
   Catharine S., 1122
   Charlotte K., 1125
   Clarence L., 1122, 1125
   Clay A., 1125
   Daniel, 673, 1122
   Edgar Werbel, 1125
   Emeline L., 1122
   Frederick Tobias, 1122
   G. Frank, 1122, 1125
   George W., 1122
   H. C., 1122, 1125
   Harry, 509
   Harry Biddle, 1125
   Henry R., 1122
   J. D., 509
   John D., 565, 1122
   Josephine, 1122
   Josephine R., 673
   M. L., 1125
   Malinda, 1122
   Martin Luther, 1122
   Mary C. H., 1125
   Rosa, 858
   Sarah E., 1122
   William D., 1125
MAINS Thomas, 481
MAISACK Jacob F., 398
   Lenhard, 485
   Leonard, 394
   Y., 550
MAISCH Aug. C., 559
   Augustus Carl, 673

   Charlotte J., 673, 1270
   Dr., 674
   Elda K., 674
   John M., 673, 1265, 1270
   Maria H., 1270
MALONE Lanchlan, 35
MALONEY M. E., 502
MALOTT Benjamin, 692
   Daniel, 144, 186, 564
   Miss, 1232
   Peter, 101
MALOTTE Daniel, 201
   Mrs., 100
   Theodore, 145
MALOYTTE ---, 71
MAMMY LUCH, 149
MAN Soloman, 145
MANDAVILLE J. H., 584
MANFORD Charlotte, 1318
   Wade, 1318
MANGES ---, 793
MANGIS Ann, 875
MANGLE Jacob, 538, 547
MANHOLD J., 556
MANLY Dominic, 482
MANN ---, 552
   Elizabeth, 1202
   J. H., 562
   Job, 1169
   John H., 230, 1202
   Joseph, 552
   Kate, 663
   Mary Elizabeth, 1169

Rebecca, 1202
W., 562
MANNING Miss, 1191
MANSFIELD ---, 332, 335
General, 965, 1013
Lord, 21
MANTZER Elizabeth, 585
MANUEL James, 127
MAPES Elizabeth Y., 828
Elizabeth Yocum, 828
Mary Jane, 827, 828
Seliah Riley, 828
MARBURY Alexander M., 486
MARCELLIS Kate, 782
MARCY Gen., 579
Mrs., 579
MARECHAL Ambrose, 483
MARIN Joseph, 222
Mary, 812
MARK Ann, 122
John, 122
Mrs., 122
MARKER ---, 1168
Amelia, 915
Capt., 145
Ezra, 781
Fanny, 1203
Jacob, 331, 549, 564
James, 915
John, 1004, 1006
Julia, 915
Rebecca, 826, 827
Susan, 1004, 1006

MARKLEY Martin, 98
Michael, 98
MARKLY Nicholas, 804
Rose Emma, 804
MARKS John, 792
Louisiana, 792
Miss, 792
MARKWOOD Arbelin, 500
Bishop, 500, 501
J., 500, 503, 508
J. E., 499
Jacob, 501
MARLOW Hanson, 792
Louisa, 792
MARQUETTE Agent, 1182
John M., 1181
Sarah, 1181
MARR A. H., 468
Helen, 501
Katie, 501
Mary, 578
Rose, 501
William, 398, 501
MARROTT Maggie, 757
Samuel, 757
MARROW Clyde Elizabeth, 1018
Ernest Fillmore, 1018
Joseph Clarence, 1018
Pauline, 1018
William Andrew, 1018
MARSH James, 482
Mary, 285
MARSHALL ---, 137, 349, 435

C. K., 517
Chief Justice, 1301
John, 127
P. H., 147
Richard H., 555
William M., 135, 240, 252, 276
MARSILIUS of Padua, 518
MARSTELLA Rebecca, 1018
MARTEN A. B., 557
MARTENEY George, 487
John, 277
Mrs., 497
MARTIN ---, 137, 481, 991
A. B., 983
Aaron, 691
Abraham, 570, 702, 812
Abraham Earl, 785
Abraham H., 513, 784
Abram, 1006
Adam, 848
Adam B., 988
Alexander, 137
Alice, 1003, 1078, 1279
Amanda, 570, 655, 691
Amanda Catherine, 784
Amos, 632, 655, 691, 784, 812
Amos Jacob, 785
Andrew, 862
Ann, 728, 1224
Anna, 691, 824, 1006, 1231
Anna M., 691

# INDEX

Anne, 784
Annie, 784, 812, 1031, 1279
Annie B., 752
Annie Mary, 785
Anthony B., 145
Barbara, 570, 1226
Barbara A., 1272
Barbara Ann, 1272
Barkley, 727
Bertha, 691
Captain, 988
Catharine, 538, 547, 1223
Catherine, 817, 1226, 1271
Catherine A., 1272
Christian, 782
Clara B., 988
Clinton, 1279
Daniel, 560, 671
Daniel L., 1279
Daniel Webster, 331
David, 774, 784, 812, 1223, 1226, 1231, 1271
David H., 655, 1272
David L., 1078, 1279
Denton, 514
Denton Tobias, 784
Eliza, 706, 1224, 1231
Elizabeth, 671, 691, 727, 784, 812, 924, 942, 961, 962, 1006, 1279
Elizabeth H., 688
Elmer, 570
Emma, 691, 1103
Emma K., 774
Ernest, 691
Esther, 654

Etta, 691
Fannie, 655
Fannie Ada, 785
Fanny, 862
Fanny Elizabeth, 812
Fanny Kate, 812
Flora B., 774
Frances, 691
Frank, 774, 1312
George, 728
George Adam, 524
Grace, 727
Harriet E., 728
Harry, 1193, 1279
Harvey, 529
Harvey Daniel, 785
Helen, 862
Henry, 691, 784, 942, 1224, 1231
Henry H., 812
Hettie, 691
Honore, 427, 587
Howard B., 1276, 1279
I. D., 584
Ida May, 785
Ira David, 785
Isaac, 785
J. B., 514
J. H., 954
J. West, 727
Jacob, 534, 671, 691, 782, 784, 812, 1133, 1224, 1231
Jacob R., 736
Jacob Snively, 812
Jane Foote, 727
John, 514, 517, 538, 547, 655, 784, 812, 924, 942, 1006, 1327

John B., 811, 812
John C., 691
John G., 817
John West, 728
Jonas, 688
Joseph, 222, 654
Josephine, 1151
Kate, 548, 1032
Lawson, 862
Lenox, 78
Lewis, 728, 1279
Linna Bell, 988
Lizzie, 662, 691
Louisa, 1231
Luther, 70, 78, 135, 179, 555, 727
Lydia, 654
M. Alice, 774
Maggie Shank, 785
Margaret, 636, 728, 1226, 1233, 1272, 1276, 1279
Maria, 671, 961, 993, 1231, 1279
Mariah Ellen, 1262
Marie, 1224
Martha, 691, 784
Martha A., 812
Martha Elizabeth, 812
Martin, 988
Mary, 427, 655, 691, 774, 784, 812, 942, 961, 1078, 1224, 1226, 1233, 1279
Mary Alice, 812
Mary Ann, 988
Mary E., 1272
Mary Eliza, 728, 731
Mary Elizabeth, 784
Mary Ethel, 691

Mary K., 691
Mary L., 1279
Mary Marguerite, 1279
May W., 784
Michael, 691, 784, 812
Michael W., 655
Minnie Elizabeth, 784
Miss, 655, 782
Missouri, 983
Morris, 988
Moses, 961
Mr., 52, 728
Mrs., 793
N. Bruce, 666, 1011, 1209
Nancy, 654, 687, 782
Nannie, 812, 1226, 1272
Nicholas, 524, 529, 1223, 1226, 1271, 1272
Nicholas M., 1272
Nora, 1279
Otho, 1224, 1231
Paul, 812
Paul Adamsd, 1279
Paul Henry, 785
Percy, 1279
Phares, 691
Rachel, 727
Rebecca, 691
Rose, 1043
Rosie, 945
Ruth Irene, 785
Ruth Showalter, 812
S. D., 563
Sally, 988

Samuel, 555, 571, 662, 691, 702, 728, 784, 812, 1078, 1279
Samuel B., 728
Samuel Barkley, 727
Samuel D., 417, 565
Samuel H., 1032
Samuel K., 1003
Sarah, 942, 1193
Sarah Catharine, 1011
Sarah Catherine, 666, 1209
Scott, 988
Shelby, 728
Snively, 687
Solomon, 784, 812
Sophia, 701
Stanley, 691
Stephen, 537
Stephen G., 784
Sue E., 530
Surgeon, 1158
Susan, 728, 736, 848, 1133, 1231, 1327
Susanna, 961, 988
Thomas, 196, 564, 727, 728, 731, 1078, 1279
Titus, 691
Upton, 1279
V. R., 557
W. L., 468
Widow, 654
William, 636, 1078, 1279
William A., 292
William S., 1276, 1279
MARTINEY John, 145
MARTS Rev., 498
MARTZ Andrew, 1264

Barbara, 1232, 1264
Bettie, 1265
Calvin, 1265
Calvin Luther, 1264
Carlton, 1264
Catharine, 1264, 1265
Clara, 1126
Clayton B., 1264
Clinton L., 1264, 1265
Daniel, 1264
David, 1264
Elias, 1264
Eliza, 1232
Elizabeth, 1126, 1264
Ella, 1265
Fannie, 1265
Frank, 757
Franklin B., 1265
G. J., 464
George, 1264
Georgiana, 1264
Gertie, 1265
Jacob, 1264
John, 1126, 1264
Laura, 1264
Lester, 1265
Mahala, 1264
Manzella M., 1265
Margaret, 1264
Mary, 1264
Maude, 1265
May, 1265
Mina, 1265
Minnie, 1265
Peter, 1264
Rebecca, 1264
Rev. Mr., 500
Roy, 1265

# INDEX

Russell, 1265
Samuel, 1265
Sarah, 1264
Sophrona, 1264
Tenna, 1265
Vic, 1265
Welty D., 1265
MARVEL Ike, 583
MASILAS ---, 888
Mr., 888
MASILLA Samuel, 1200
MASLIN James M., 455
Mary L., 453, 455
MASON ---, 237, 241, 265, 1030
A. S., 386, 429, 558, 662
Abram Barnes, 132
Alexander H., 847
Ann, 854
Annie, 898
Annie E., 725
Annie Laurie, 786
Augustine S., 846, 847
Beauford A., 847
Bruce, 786
Calvin, 555
Catharine, 785
Charles, 34
Charles Emory, 786
Charles T., 559, 854
Clarence C., 898
Col., 258, 834
Daniel, 786, 854, 908
E. G., 847
E. Virginia, 854
Elizabeth, 897, 898

Elizabeth S., 847
Ellen McGill, 847
Emily Virginia, 908
Emmert, 898
Enoch, 847
Ethel Irene, 786
Fanny A., 847
George, 425, 429, 846, 908, 911
Grace, 898
Hattie, 1294
Isabel M., 855
Isabel S., 854, 855
Isurnia A., 786
J. Augustine, 429, 558, 564, 846, 847
J. M., 557
J. T., 560, 561, 562, 854
James C., 786
James M., 203, 293, 296, 908
James William, 911
Jane A., 847
Jane Allen, 847
Jennie, 898
Jeremiah, 552, 785, 854, 897, 898, 908, 911, 1062, 1073, 1220
John, 908
John C., 898
John G., 847
John T., 234, 480, 560, 561, 854, 908, 911
John Thomas, 785
John Thompson, 76, 114, 128, 131, 132, 135, 179, 234, 237, 240, 266, 286, 307, 325, 374, 376, 389, 415, 419, 420, 425, 426, 427, 618, 722, 908

John Thomson, 555, 557, 611
Lillie, 786
Lucy, 847
Lucy Roy, 847
Margaret, 132
Maria, 786
Mary, 131, 898
Mary Ivy, 786
Mary Landon, 847
Mary McIntire, 846, 847
Miss, 128, 427
Mollie, 898
Mr., 234
Nana Belle, 786
R. Theodora, 847
Rachel, 898
Randolph, 855
Raymond, 898
Rhuan, 898
Richard Randolph, 911
Ruth, 854, 898, 1062, 1073
Ruth Esther, 786
Samuel, 897, 898
Stephen Thompson, 908
Susan, 898
Susan Catharine, 786
Susan Gehr, 854
Sympha Rosa, 911
Temperance, 725, 854, 898
Thomas, 131, 425, 908
Thomas M., 847
Thompson, 131, 908
Thompson F., 908

Tina, 898
W. C., 1294
Walter T., 786
William, 898
William H., 786
William T., 561, 847
Worthington J., 786
Worthington Jeremiah, 785
MASONS ---, 141
MASSIE J. L., 559
MASTER George, 734
Mary, 734
MASTERS Conrad, 687
David, 687
George, 687
Henrietta, 686, 687
Henry, 687
J. B., 562
John, 687
Kate, 687
Lizzie, 687
Rose Ann, 1030
William, 687
MASTON George, 908
MATERE James, 146
MATES John, 146
MATHEWS James P., 556, 557
L. W., 499
MATSON Ralf, 52, 53
MATTHEW M. Grace, 456
MATTHEWS Alice Kate, 673
Edward, 487
Ellen, 964
Henry B., 517

James P., 434, 556, 858, 952
L. W., 476
Lesley, 487
Mercy, 891, 892
Noel H., 673
Rev., 549
Samuel, 472, 473, 494, 548
William F., 805
MATTHIAS Laura, 1203
MAUGANS ---, 962
Alice, 1269
MAULSBY Colonel, 1221
William P., 147, 216, 354, 364, 556, 557, 560, 805, 948
MAUN Mr., 735
Sabina, 735
MAURER J. E., 494
MAWK Nancy, 1235
Samuel, 1235
MAXIM H. Percy, 612
Josephine, 612
MAXIMILLIAN ---, 1144
MAXWELL James, 187, 431, 433
james, 238
Mr., 431
MAY ---, 129, 246
Daniel, 245
Frederick, 206
Genl., 58
Henry, 556
Jacob, 537
John, 964
Martha, 964

Mary Ann, 666
Mattie, 964
Samuel, 435
William, 1254
MAYBERRY P. J., 318, 562, 564
MAYENTALL George, 146
MAYER John L., 1190
Julia, 1190
Lewis, 472, 492
Mr., 1209
Rev. Dr., 1190
MAYHEW James P., 538, 547
Mary, 538, 547
Mary Ann, 916
MAYHUGH James P., 409, 547
MAYNARD Anna S., 1138
Bessie W., 1138
Clarine, 1138
Clarine B., 1138
Florence S., 1138
J. H., 559
Warren, 1138
MAYSELLIS M. L., 468
MEADE ---, 348
Bishop, 141
Gen., 349
General, 934, 1013
George, 347, 589
Rear Admiral, 1161
MEALEY Adelaide, 941
E. M., 252, 562
Edward, 958
Edward M., 253, 402

# INDEX

Edward Merriman, 454
Edward Merryman, 938
Edward W., 198, 240, 253, 284, 398, 399, 440, 449, 450, 453, 456, 557, 573, 681
Edward Windsor, 454, 938, 941
Elizabeth Frances, 938
Elizabeth Francis, 454
Gertrude, 941
Mr., 457, 941
MEANS Thomas, 481
MEDILL Governor, 795
MEDTART J., 543
Jacob, 538, 542, 547
MEESE E. J., 1060
MEGGER Lydia, 793
William, 793
MEGINNIS Charles G., 947
Edith, 947
Mary Elizabeth, 947
Robert T., 947
MEIXSEL Joseph H., 817
Mary Ann, 817
MELLETTE Eliabeth, 1327
Harriet, 1327
James, 1327
Joshua, 1327
MELLOR Viria, 957
MELOWN A. H., 556
MELTON ---, 480
MELVILLE Admiral, 339

MELVIN William J., 559
MENDENHALL A. M., 1042
Elijah B., 149
Emma J., 1042
Mary S., 1249
Miss, 1029
Texana, 1042
Uberto, 1042
MENSER Daniel, 684
MENTZER Annie, 1193
Catharine, 1269
Catherine, 941
Christian, 804
Clara, 1193
Conrad, 539
Elizabeth, 1193
Fannie E., 1193
George, 687, 1193
Jacob, 646
John, 537
John M., 434, 436
Julia, 1270
Kate, 1270
L. L., 508
Lewis L., 399
Lorena, 1193
Matilda, 804
Samuel, 1270
Sarah, 942, 1193
Sophia, 646
MERCER ---, 908
Capt., 51, 55
Charles F., 206, 216
General, 206
John F., 559
Rebecca, 861

Rev., 549
MERCERR Gen., 209
MERCHANT Mary, 694
MEREDITH ---, 1265
Alpheus H., 1270
Barbara, 1270
Catharine, 1269
Col., 310
Edward, 1270
Ethel K., 1270
Fenton A., 1270
Flora Marie, 1270
Flora May, 1270
Gertrude, 1270
H. Lionel, 1265
Harry L., 1270
Harry Lionel, 1269, 1270
Kate, 1270
Lang H., 1270
Lydia, 1270
Maria H., 1270
Mary Ann, 1270
Mary F., 1270
Norris, 1269
Sarah, 1270
Simon, 1269, 1270
V. T., 502
Veniah, 1269, 1270
William N., 1270
MERITHEW Emma, 1164
Grant, 1164
MERKLE Andrew, 160
MERO Frederick, 537
MERRICK ---, 240
Alfred D., 556, 557

Alfred Dunhurst, 1239
Daniel Hughes, 1239
Emma, 1236, 1239
J. J., 556
J. L., 560
Joseph I., 169, 182, 230, 247, 274, 389, 555, 562, 761, 1236, 1239
Mr., 241
Sophia Pottenger, 1236, 1239
William D., 215
William M., 410, 556
MERRIKEN James, 487
MERRILL Lydia, 792
MERRITT ---, 977
MERRYMAN Mary M., 844, 845
METZ Abel, 694
Abraham, 692, 693
Anna, 694
Annie E., 693
Barbara, 692
Benjamin, 693
Bertie, 571
Catharine, 538, 547
Christian, 1274
Christian J., 694
Daniel, 694
Delia, 694
Earl, 694
Fannie, 694
Fanny, 692
Georgiana, 694
Goldie, 694
Henry, 692
Jacob, 571, 692, 693, 694

John, 79, 692
Leah, 694
Levi, 694
Martha, 692, 694
Mary, 694
Mr., 694, 784
Nellie, 507
Richard, 694
Russel, 694
Ruth, 694
Sarah, 694, 1274
Susan, 693
Willis, 694
METZGER W. S. T., 497
MEYER Hilma E., 1169
MICHAEL Adam, 764
Ann, 764
Caleb, 764, 765
Catherine, 764
Catherine Cordelia, 765
Charles, 652
Daisy, 765
David, 764
Elizabeth, 764
Ellen, 764, 1306
Flora, 826
Henry, 79
John, 79
Mary, 764
Mr., 1306
Nancy, 764
Samuel, 24, 764
MICKLEY Catherine, 774
Daniel, 774
Elizabeth, 774

MIDDLEFFAUK
Ada, 852
Jacob M., 852
MIDDLEKAUFF ---, 224, 472, 1018
Aaron C., 851, 852, 1180
Aaron Cushwa, 851
Addie E., 1284
Aletha Pearl, 852
Alice K., 1174
Allen Denton, 852
Ann Catharine, 1284
Anna, 852
Anna E., 675
Annie, 731, 1008
Barbara, 1270
Benjamin, 1321
Bertha, 1284
Bessie, 1231
Betsy, 797
Blanche, 1284
Brewer, 1284
Bruce, 1231
Carrie A., 675
Catharine, 675, 768, 893, 1181
Catherine, 778, 851
Cecilia, 1236
Celia, 517
Charles, 778
Christian, 492, 851
Clara J., 1284
Clyde Aaron, 852
D. K., 1174
Daisy, 852
Daniel, 570, 571, 778, 851, 906, 1226, 1284
Edith, 852

# INDEX

Elenore, 1055
Eliza May, 852
Elizabeth, 675, 771, 777, 851, 862
Ella, 851
Elva, 1284
Emma, 778
Florence, 778
George, 399, 1083
George Calvin, 1321
George W., 851, 916
George Webster, 852
Goldie T., 675
Henry, 149
Hiram D., 917
Ida Myrtle, 852
J. D., 537
J. M., 492
Jacob, 277, 492, 632, 851, 893, 896, 1231
Jacob C., 1253
Jacob M., 851
Jacob Martin, 851, 852
John, 489, 537, 797, 1018
John C., 675
John Calvin, 851
John D., 398
John Elias, 852
John H., 1068
John J., 675, 1181
John Jacob, 851
Jonathan, 635, 1226
Joseph, 394, 1008, 1050, 1145
Laura, 851, 1226, 1233
Laura J., 713, 1284
Laura S., 1180, 1181

Laura Susan, 851, 852
Lavinia, 1225
Leonard, 235
Levi, 517, 1294
Lizzie O., 1008
Lou, 1231
Louisa, 632
Louise, 778
M. L., 558
Margaret, 851, 896
Margaret Catherine, 852
Maria, 635
Martin, 1284
Mary, 928, 1145, 1279, 1321
Mary A., 851
Mary C., 675
Mary Catherine, 778
Mary E., 1231
Mary Ellen, 632, 1284
Milton Homer, 675
Miss, 1212
Missouri, 1321
Mr., 763, 852, 1236
O. V., 558
Ona Catherine, 852
Othelia Mary, 852
Otho Victor, 675
Paul, 1284
Peter, 307, 537, 713, 771, 1284
Rachel, 851
Rufus, 778
Sallie, 856
Samuel, 893, 1226
Samuel D., 778
Sarah, 1321
Solomon, 893

Susan, 713, 734, 851, 1284
Susan M., 787, 1253
Teresa, 1226
Theresa, 763, 906
Victoria, 1284
Virgil G., 675
Virginia, 1145
William, 731, 893
MIDDOUR Miss, 742
Squire, 742
MIDOUR Miss, 1226
MIESCH ---, 1080
Friedrich, 1080
MIFFLIN Governor, 111
MILBURNE L. R., 502
MILER Mary, 1234
MILES Col., 312
General, 1151
J. W., 476, 499
Rev., 501, 508
William, 146
MILEY Elizabeth, 805
Susan, 635, 1285
MILL Allan, 136
MILLER ---, 256, 527, 551, 641, 834, 945, 1018, 1023, 1024, 1185, 1209, 1220, 1241
Aaron, 1186
Abraham, 508, 694, 911, 1315
Abram, 371, 694
Abram B., 694
Ada, 694, 1024
Adam, 483
Albert, 806
Albert S., 1276

Albert W., 801
Albertus, 651
Albertus A., 651, 652
Alburtus A., 651
Alcinda M., 1180
Alfred, 912, 938
Alice, 426, 694, 877, 1231
Alice B., 586
Alice E., 1084, 1186
Alice J., 652, 688
Alice Jane, 661
Alonzo E., 962
Alpha E., 1186
Althia D., 651
Amanda, 742, 753, 864, 911
Amanda E., 1023
Amelia, 1102
Amos, 664, 694
Amos A., 695
Andrew, 694, 812, 896, 912
Andrew R., 651
Andrew Rench, 912
Andrew Rentch, 912
Ann, 646, 911, 1231
Ann Catharine, 752
Ann Mary, 912
Anna, 651, 694, 1231
Anna A., 694, 695
Anna C., 861
Anna Mary, 954
Annie, 694, 912, 936, 962, 1212, 1235, 1316
Annie B., 752
Annie E., 1023, 1024
Annie J., 923, 1128
B. F., 488

Barbara, 692, 694, 752, 786, 1185, 1186, 1200, 1315
Benjamin, 812, 911, 923
Benjamin F., 923, 1128
Bertha, 694
Betsy, 1168, 1186, 1315
Bettie Grace, 798
Capt., 145
Caroline M., 507
Carrie, 962
Catharine, 503, 537, 569, 661, 752, 786, 798, 834, 911, 912, 913, 968, 1061, 1315, 1316, 1317
Catharine Amelia, 913
Catharine R., 955
Catherine, 658, 812, 818, 864, 962, 1186, 1234, 1235
Catherine A., 1186
Cecelia Ann, 962
Cecilia Ann, 962
Charles, 1137
Charlie, 1229
Charlotte, 1200
Christian, 82, 646, 694, 812, 1317
Christiana, 752, 1315, 1317
Clara E., 924
Clarence E., 962
Clarence O., 1186
Clarinda, 1318
Clarissa, 913, 1224, 1231
Clinton, 913
Clinton E., 834, 835

Colonel, 1235, 1325
Conrad, 936
Cora, 913, 1024
Cora Alvernon, 925
Cora E., 1024
Cordelia, 1137
Cynthia, 912
D. F., 1179
D. Frank, 923
D. G., 507
D. J., 507
D. L., 651
Daisy, 663
Dallas H., 1176
Daniel, 146, 474, 527, 752, 797, 812, 911, 912, 954, 1224, 1231, 1315
Daniel Franklin, 1315
Daniel G., 1024
Daniel Martin, 753
Daniel R., 651, 694, 695, 771, 912
David, 694, 752, 798, 812, 911, 1113, 1200, 1229, 1234, 1235, 1315
De Witt Clinton, 652
Della, 825
DeWitt C. R., 559
Dorcas, 876
E. B., 504, 1134
E. S., 533, 923, 925
Edgar K., 1024
Edith M., 667
Edna, 1231
Edward, 962
Edward Carleton, 835
Edward S., 532, 968
Effie, 1231, 1276
Eleanor, 911

# INDEX 175

Eleanor Elder, 1235
Elhanan S., 1128
Elisha, 661, 1225, 1269
Eliza, 1186, 1231
Eliza J., 752
Elizabeth, 547, 503, 538, 625, 657, 661, 694, 752, 754, 812, 864, 906, 911, 912, 913, 952, 1023, 1044, 1180, 1185, 1186, 1200, 1231, 1242, 1315, 1316
Elizabeth A., 1186
Elizabeth S., 1315
Ella, 694, 962, 1179
Ella G., 1231
Ellen, 82, 1231
Ellen L., 753
Elmer G., 1127
Elmer Geeting, 1128
Emanuel, 510
Emma, 694
Emma A., 753, 854
Emma Alverda, 962
Emma Susan, 806
Emory, 499
Enola G., 923, 1128
Ernest, 913, 1231
Ernest W., 923, 1128
Erston V., 924
Esther, 694
Ethel G., 962
Everett B., 923, 1128
Eyre, 651
Ezra D., 504, 507
Fannie, 651, 664, 694, 812, 1024, 1127, 1128
Fannie E., 695, 1024, 1322
Fannie G., 1121

Florence, 1186
Florence Annie, 1315
Frances A., 1235, 1309, 1310
Francis, 1231
Francis Marian, 913
Francis Marion, 912
Frank, 798, 962
Frank D., 1061, 1128
Frank E., 1231
Franklin, 706
Franklin M., 667
Franklin Pierce, 651
Frederick, 99
Frederick M., 753
Gant, 913
Geary, 912
George, 79, 227, 529, 1200
George A., 530, 1242, 1243
George L., 1127
George Lincoln, 1128
George Marshall, 835
George W., 1231
Goldie Virginia, 753
Grace, 835
Grace E., 651
H. S., 562
Hannah, 1101
Harriet, 651
Harriet D., 651
Harry, 694, 1145, 1229
Harry E., 695
Helen Elizabeth, 1316
Helen V., 661
Henry, 146, 503, 528, 537, 694, 812, 876, 877, 911, 1101, 1186, 1231

Henry M., 752, 797, 854, 1183, 1241
Henry Martin, 752, 753
Herman, 912
Hester, 913
Hettie, 694
Howard, 835
Howare E., 1186
Ida, 1231
Ida Catharine, 962
Isaac, 694, 834
Isabella, 835
Isabella C., 835
Isabelle, 1200
J. C., 503, 504, 571, 1024
J. Clinton, 798
J. E., 439
J. Hugh, 913
J. I., 471, 1191
J. Lester, 913
J. McClelland, 257
J. O., 537
J. Ralph, 1243
J. S., 504
Jacob, 24, 45, 79, 192, 503, 513, 562, 658, 661, 694, 754, 812, 835, 877, 911, 912, 913, 1023, 1032, 1168, 1185, 1186, 1200, 1224, 1231, 1315
Jacob A., 401, 402, 562, 834, 835
Jacob E., 510
Jacob F., 752, 1121, 1183
Jacob H., 1024
Jacob J., 292
James, 1318
Jane, 574

Jane S., 652
Jeanette, 661
Jennie, 806
Jennie R., 1024
Jessie J., 912
John, 99, 134, 144, 145, 146, 152, 222, 277, 510, 527, 539, 555, 683, 694, 752, 812, 834, 911, 912, 913, 923, 962, 1101, 1128, 1185, 1186, 1200, 1224, 1234, 1235, 1239, 1310, 1315, 1316, 1317
John A., 923, 1121, 1127, 1128, 1131, 1231
John Cleggett, 513
John E., 559
John F., 798
John Franklin, 661
John G., 895, 1231
John H., 537, 646
John L., 1317, 1318
John M., 1242
John N., 145
John Oliver, 835
John Raymond, 962
John Ross, 651
John S., 503, 504, 864, 1185, 1186
John W., 721
Jonathan, 67, 68, 912, 1200
Joseph, 812, 834, 911, 1224, 1231
Josephine, 548, 1229
Joshua C., 864, 1023, 1024, 1186, 1322
Julia, 834, 912, 1101
Juliana, 67, 68
Kate, 646

Katy, 1224
L. F., 544, 548
L. Grave, 962
Lafayette, 1235
Laman S., 1024
Lana, 798
Laura, 806, 835, 912, 974, 1121, 1231
Laura L., 661
Laura V., 651
Leo, 1186
Leo H., 753
Lewis, 812
Lilly D., 1231
Lizzie, 694, 1231, 1317
Lloyd T., 834
Lorena T., 923, 1128
Loretta, 1231
Louisa, 912, 955, 1317
Louisa K., 913
Louise Price, 652
Lucy, 913
Luther B., 1243
Luther Beard, 1243
Lydia, 962
Lydia Ann, 962
M. H., 1180
M. L., 1084
Madeline, 1186
Maggie, 571, 962
Mahlon, 1200
Margaret, 721, 813, 913, 958, 1235
Margaret A., 1239
Margaret Ann, 911, 1240
Maria, 812
Maria E., 651
Marion, 835

Martha, 812, 911, 1235, 1242
Martha S., 1243
Martin, 694, 1315
Martin L., 812
Marven V., 924
Mary, 486, 644, 651, 694, 752, 755, 796, 797, 812, 834, 864, 911, 912, 1186, 1200, 1229, 1231, 1232, 1235, 1315, 1327
Mary A., 834, 835, 1186
Mary Anna, 771
Mary C., 651, 661
Mary E., 548, 835, 913, 1024, 1200, 1206
Mary Ellen, 1186
Mary Kate, 1315
Mary Lemon, 652
Mary M., 923, 1128
Mary S., 753
Matilda, 923, 1128
Mattie, 663
Mercea E., 1243
Michael, 82, 513, 752, 911, 1180, 1242, 1315, 1316
Mildred, 1235
Minnie, 1229
Minnie F., 1134
Miss, 651, 784, 862, 884, 1235
Mollie, 1229, 1231
Morgan, 912, 913, 1231
Mr., 835, 924
Nancy, 510, 585, 694, 812, 856, 911, 962, 1032, 1186, 1200
Nannie B., 1231

# INDEX

Naomi G., 1024
Nellie L., 651
Nona, 836
Norman, 694
O. W., 1137
Oliver C., 835
Oliver Merle, 962
Otho, 625, 658, 1231
Otho J., 504, 1186
Otho W., 528, 742
Otho William, 753
Paul, 1318
Paul Clifton, 1318
Paul S., 1024
Peter, 92, 99, 834, 912, 1315
Phares, 694
Phebe, 1186
Philip, 987
Pollie, 1315
Polly, 1186
Preston E., 835
Pruda, 628
Prudence, 913, 1224, 1231
Prudence V., 923, 1128
R. Louise, 1127
Rebecca, 743, 801, 825, 911
Reta Louise, 1128
Robert Elroy, 962
Rosa, 1186
Rosanna, 1200
Russell, 1231
Ruth, 913, 1186
S. H., 490
S. J., 544
S. P., 1309

S. S., 497, 537
Sadie, 694
Sallie, 706, 1200, 1224, 1231
Samuel, 644, 755, 812, 911, 962, 1200, 1224, 1231, 1315
Samuel H., 551, 912, 1241
Samuel Henry, 913
Samuel S., 1023
Sarah, 822, 834, 896, 913, 1225, 1316
Sarah Jane, 912
Sarah L., 753
Savilla, 912, 913
Savilla S., 913
Silas E., 1186
Simon, 472, 798, 1200
Sophia, 998, 1055, 1186, 1261
Stella Regina, 1176
Sue, 1231
Susan, 625, 658, 663, 694, 753, 911, 912, 1113, 1186, 1229, 1231, 1269, 1316
Susan F., 753
Susan S., 938
Susanna, 752, 812, 1200, 1315
Sydney D., 667
Thelma, 835, 1176
Thomas, 1231
Thomas Jefferson, 912
Tobias, 694, 812
Upton, 912
Urilla, 752, 1231
Urilla Virginia, 1183
V., 541, 543, 548
V. Hayes, 923

Valetta, 913
Valley, 1231
Victor, 538, 540, 543, 544, 547, 688, 1199, 1229, 1231
Victor D., 426, 559, 651, 652, 661
Victor Davis, 651, 652
Victor H., 1128
Viola, 1231
Virginia, 913
Washington, 911
William, 662, 836, 955, 1224, 1231, 1235, 1317
William Clark, 962
William H., 1315
William Henry, 661, 962
William M., 743, 801
William P., 559
William Preston, 652
Wilmer B., 753
Winfield, 1231
Winfield S., 1231
Zona V., 924
MILLIGAN Jane, 301, 389
MILLS F. M., 487
Mary, 898
Mr., 292
Otho F., 898
Rhuan, 898
W. B., 487
MILROY ---, 347, 354
Gen., 364, 365
Major General, 921
MINCHEN Mary, 1179
MINNICH Henry, 1191

James, 1191
Lucy, 1191
Mary, 1191
MINOR Cassandra, 79
John, 1204
Mr., 79
Susanna, 1204
MINTER C. C., 706
Clarine, 706
MINTON Alfred, 945
Amy, 945
MISH Adam, 1080
Eleanor, 1083
Eleanor Elizabeth, 1083
Elizabeth, 1080
F. W., 1250
Frank, 1083, 1229
Frank W., 558, 1035
Frank Winder, 1080, 1083
George, 1080, 1083, 1113, 1229
Henry, 1080
Joseph, 1083
Mary, 1080, 1083
Mr., 1083
Rose A., 1080
Sarah, 1113, 1229
Sarah A., 1080
MITCHELL ---, 286, 480, 552, 1145
Alexander, 282
Benjamin, 563
Charles, 136
Donald G., 583
Elijah, 136
Elizabeth, 1173
Ella V., 1290

Irvin, 1146
Jane, 1146
John, 553, 1146
John P., 472, 473, 494
Laura K., 1290
Lydia, 1319
M. Esther, 579
Martha, 1146
Rev., 537
Sarah, 1146
W. A., 382
Walter A., 381, 386
MITTAG ---, 238, 245, 258, 433, 434
Barbara, 948
Maria Barbara, 948
Thomas E., 106, 307, 434
MOATS ---, 1322
Emorilla, 1229
Frankie, 1229
George, 1121
Josephua, 1229
Rebecca, 1121
MOATZ Florence, 1309
Henry, 1309
MOBERLY Charles E., 1305
Fannie E., 1305
MOBLEY Edmond M., 564
Edward M., 275, 326
Eli, 372, 641
Laura A., 372, 641
Mary, 901, 942, 988
William, 942
William E., 988
MOCK Samuel, 325

MOFFET Susan, 968
W. M., 968
MOFFETT S. S., 317
William, 222
MOFFITT ---, 299
MOLLER ---, 1115, 1168
George, 1044
Johanna, 1044
M. P., 398, 1092
Mathias P., 1044, 1047
May Bell J., 1047
May Bell Louise, 1047
Mr., 1047
Nelce J., 1044
MONAGHAN Mr., 1326
Rebecca, 1326
MONAHAN ---, 480
Michael, 146
MONATH Anna Cora, 1036
Annie, 1035
Catherine, 1035
Charles, 1035
Clara May, 1036
Drusilla, 1036
Edward, 1035
George, 1035
Henry, 1035
Jacob, 246
Jacob W., 1035, 1036
John, 1035
John Frederick, 1035
Louis, 1035
Mary, 1035
Samuel, 1035
MONDAY Anna Eliza, 673

# INDEX

John, 673
MONDEL Mollie, 1231
MONG ---, 543, 894
  Adam, 793
  Edith, 657
  Eliza, 813
  Elizabeth, 793, 1224
  Joseph, 1224
  Joseph P., 326
  Mary, 1279
  Nettie, 996, 1120
  Peter, 538
  William H., 813
MONGAN Emma, 1121
  John, 1121
MONINGER
  Catharine, 916
  Ellen, 716
  John, 735
MONN J. H., 562
MONRE William, 549
MONROE ---, 198
  Alexander, 28
  James, 136
  Mary, 1229
  Mr., 139
  President, 195
  Rev., 549
  Victor, 1008
  William, 549, 1206
MONTGOMERY ---, 540
  Henrietta, 1307
  Hugh, 1307
  Jacob, 549
  Rev., 497
MONTOUR John, 108

MOOMAW Laura, 885
MOON Matilda, 1309
  Samuel, 1309
  Sarah, 1309
MOORE ---, 137, 481
  Alexander, 954
  Alice Richardson, 1157
  Annie, 954
  Capt., 363
  Caroline Mary, 1263
  Catherine E., 1011
  Cato, 122
  Charles, 1157
  H. J. C., 1263
  J. J., 1037
  John, 488, 768, 933, 1050
  Joshua W., 507
  Julia, 781
  Lucy Barbour, 913
  Miss, 1024
  Nancy Jane, 1042
  R. M., 487
  Rev., 508
  Ridgely, 781
  Robert, 145
  Rosella, 915
  S. B., 517, 548
  Thomas, 145, 146
  Thomas E., 1011
  Wesley, 1042
  William M., 146
MOORHEAD
  George, 1163
  Jennie, 1163
MOORSE Phillis, 136
  Samuel, 136
MORAN Edmund, 22

  Gerald, 1104
  John, 22
  Joseph, 1181
  Malachy, 353
  Malacy, 481
  Roberta, 1181
  Susan, 1104
MORAY George, 217
MORE Lindsay, 1229
  Lizzie, 1229
  Lydia, 1229
MOREN Henry, 837
  Laura, 837
MOREY Nellie, 685
MORFIT Campbell, 230
MORGAL Adam, 510
MORGAN Anna, 1232
  Benjamin, 1265
  Betty, 1224
  Capt., 77
  Col., 1190
  David, 79
  Elizabeth, 1189
  Emma, 1265
  Joseph, 507
  Morgan, 1224
  Nathaniel, 100
  Rebecca, 497
  William, 1189
  William F., 556
MORGANSTERN
  Ernest, 655
  Tenie, 655
MORIN Alfred, 773
  Cora, 773
  George W., 773
  Henry C., 772, 773

Mary A., 772, 773
Mary L., 773
Mr., 773
Samuel H., 773
Upton, 772
MORN Robert, 1232
Sallie, 1232
MOROW Miss, 120
MORRIS ---, 1107
Capt., 58
George U., 1158
L. G., 475
Robert, 70, 138, 383, 384
Thomas J., 1035
MORRISON Daisy, 714
Doris J., 714
Ella, 714
George W. B., 714
James, 1301
Josiah, 798
Lily, 714
Mary, 1279
Mary V., 714
Priscilla, 578
Sarah, 1301
Sophrona, 1264
Susan, 798
Violet, 714
Vivian G., 714
W. B., 559, 584
William B., 714
MORROW ---, 122
Barbara, 692
Charles, 117, 121, 122
Wilson, 692
MORT ---, 499

David, 1204
Elizabeth, 538, 547
Emma, 1204
Harry, 1204
Lydia, 917
Savilla, 1204
MORTER Jacob, 145
MORTON ---, 588, 718
MOSBY ---, 954
Colonel, 1138
MOSE Lena, 781
MOSER Alfred, 861
Clara V., 827
Cora, 827
Eliza, 1216
Elizabeth, 1216
Ezra, 628
Fannie, 1212
Fannie C., 861
George W., 827
Henry, 1216
J., 1212
Lydia, 1216
Mary, 827
May, 827
Rosanna, 628
Ruth, 827
MOSLEY Jennie, 1059
MOTER Isaac, 253
MOTTER Anna Maria, 647, 648
Annie, 664
Annie E., 664
Annie E. S. C., 762
Catherine, 648
Celia, 762
Charles, 762
Cornelia, 1225

Elizabeth, 762
Elizabeth Ann, 762
Emma B., 664
Emma K., 762
Ettie, 762
George, 238, 762, 1091
Henry, 648
Isaac, 374, 557, 562, 664, 665, 721
Isaac S., 664
J. L., 664
J. N., 537
John C., 558
John Luther, 762
John V. M. C. N., 762
Joshua, 664, 762
Judge, 324, 901, 984
Lewis, 664
Lizzie, 777
Martha A., 762
Mary, 664, 665, 762
Mary M., 664, 721
Nancy A., 665
Nannie A., 664
Ruanna, 762, 1091
W., 556
W. D. B., 557
William, 238, 257, 275, 286, 305, 380, 389, 410, 411, 412, 419, 433, 447, 555, 563, 564, 626, 708, 762, 984
MOTZABAUGH John, 146
MOUDY Balsar, 82
Hannah, 1308
John, 1060
Sarah, 412
Tence, 1308

INDEX

MOUSE Philip, 277
MOWBRAY E. S., 487
MOWEN Daniel H., 826
  Sallie, 917
  Susan Maria, 826
MOWER J. E., 507
  Mattie, 853
MOWREY Elizabeth, 777
  John, 706, 777
  Mary, 706
  Susan R., 777
MOWRY Belle, 1231
  Charles, 1224, 1231
  Charles A., 1231
  Cornelia, 1224, 1231
  Daniel, 1224
  Daniel E., 1231
  Daniel N., 1231
  Eva M., 1231
  Francis I., 1231
  Fred D., 1231
  George, 1224, 1231
  Jennie G., 1231
  Jessie, 1231
  Lena E., 1231
  Lorena E., 1231
  Mary, 1231
  Mary B., 1231
  Maud P., 1231
  Morgan W., 1231
  Nancy, 1224
  Otho J., 1224, 1231
  Otto L., 1231
  Rachel A., 1231
MOXLEY Lucy, 915
  Reasin, 915

Spencer, 277
MOYER ---, 551
  Henry, 768
  John, 768
  Peggy, 767
  Rebecca, 767
MUCK Laura, 1230
MUCKLEWORTH John, 145
MUDD Henry Clay, 283
MUHLENBERG Friedrich, 470
  Henry Melchoir, 541
MUHLENBURG F. A., 543
  Frederick, 541
  Frederick Augustus, 542
MUIR ---, 62
MULLEN A. F., 988
  A. O., 988
  Charles A., 666, 1011, 1209
  Clara, 988
  Elizabeth, 914
  Hannah, 988
  Henry, 914
  J. F., 533
  Lula, 988
  Mary Louise, 666, 1011, 1209
  Philip, 988
MULLENDORE Aaron, 668
  Aaron F., 854
  Alice, 903, 1155
  Alice T., 1318
  Allen, 861
  Alvin, 1212

Angie L., 854
Annie, 903
Arnold Lee, 893
Arthur, 903
Bessie, 903
C., 1149
C. E., 1174
Carrie, 903
Catharine, 499, 877, 903, 1019, 1098
Catherine, 499, 853
Cecilia, 853
Charles, 903
Charles L., 903
Clara A., 854
Clara M., 903
Clarence, 903
Clema, 737, 877
Clemmie, 854
Clifford, 737, 892, 893, 1146, 1149
Clifford D., 854
Cora, 854, 1149
Cora N., 1318
D. M., 854, 1318
Daisy, 854, 1318
Daniel, 582, 753, 853, 877
Daniel M., 531, 746, 853, 854, 856, 892, 1146, 1318
Earl D. J., 1318
Edgar Daniel, 857
Edward, 531
Edward C., 783, 853
Elizabeth, 853, 877, 903, 964, 1161
Elizabeth M., 877
Ella, 668, 854

Ella A., 854
Ellis, 1149
Emma A., 753, 854
Emory A., 854, 1318
Etta O., 853
Eva, 903
Fannie, 582
Fannie C., 854
Fannie T., 903, 964
Florence, 903
Frank, 1079
Frank B., 854, 856, 857
Frank V., 963
George, 1146, 1149
George B., 853, 854, 892, 893
Grace, 1149
Grace Elizabeth, 877
Harry, 903
Harry M., 1318
Hayes S., 1318
Hettie, 903
Howard, 903
Jacob, 499, 853, 877, 1161
Jacob H., 877, 903, 964
Jacob U., 903
Jennie, 854, 892, 1149
Jennie E., 903
John, 499, 853
John A., 499, 737, 877, 881, 903
John E., 903
John Hubert, 877
Joseph, 853, 903
Josiah, 877
Josiah E., 965

Julia, 751, 853, 877
Julia C., 1115
Julian, 499
Laura, 783
Laura B., 854
Laura S., 853
Lena, 903
Lillie, 737, 877, 922
Lillie I., 881
Lizzie, 854
Lloyd Theodore, 857
Mabel, 903
Mabel M., 893
Mahala, 853, 877
Malinda, 963
Maria, 853, 877
Marion, 1155
Marion F., 903
Martha, 853, 877
Martha A., 585
Mary, 746, 853, 856, 877, 892, 1079, 1146, 1318
Mary A., 746, 854, 893
Mary Jeanette, 1079
Mary Jennett, 856
Maude, 903
Melinda, 853, 877
Meta Leona, 857
Minnie, 854, 861, 1212
Minnie V., 1318
Myrtle, 1318
N. O., 1174
Nannie, 903
Nettie, 854
Noah O., 854
Olive Virginia, 893
Oliver Scott, 903

Oscar, 903
Pauline, 1149
Ruth, 903
S. J., 853, 881, 903, 1161
Samuel Homer, 877
Samuel J., 499, 737, 877
Sophia, 853
Stella, 737, 877
Susan, 737, 853
Susan A., 877
Vada T., 903
Violetta, 853
Wallace D., 1318
William E., 903
William G., 903
Zella, 903
MULLENIX
Bartholomew, 1191
Basil, 1191
Charles, 1192
Florence E., 1192
George, 1191
J. S., 1192
Jacob S., 1192
John S., 1191, 1192
Kate, 1191
Lucretia, 1191
Lucy, 1191
Lulu, 1192
Margaret, 1191
Margaret Ann, 1192
Mary, 1191, 1192
Mary C., 1192
Mr., 1192
Nancy, 1191
Rena, 1192
Thomas, 1191

# INDEX

MUMFORD General, 986
MUMMA ---, 1210
  Ada, 658
  Ann C. E., 1279, 1280
  Ann Mary, 912
  Barbara, 635
  Barbara Ann, 1261
  Belle, 668
  Benjamin, 1210
  C., 927
  Catharine Elizabeth, 1054
  Catherine, 1170, 1279
  Charles, 668, 912
  Charles T., 1170
  Daniel G., 276, 1054
  Edward S., 1170
  Elias, 704, 752, 1170
  Elizabeth, 625, 752, 786, 913, 1170
  Estella, 912
  Frances, 968
  Franklin, 912
  Henry C., 1261
  Hubert G., 1170
  Jacob, 152, 179, 912, 1170
  John, 786, 1169, 1170, 1279
  John H., 1210
  Jonathan, 1170
  Julia Katherine, 867
  Lillie, 912
  Maria, 1170
  Marietta, 704
  Mary, 911, 1169, 1170
  Mary Ellen, 1170
  Matilda, 927
  Mr., 1089, 1170, 1280
  Nathaniel, 1169, 1170, 1300
  Robert Lee, 912
  Rosanna, 1170
  S., 335
  Samuel, 527, 625, 752, 867, 968, 1086, 1102, 1170, 1210, 1279
  Susanna, 752
  Thomas J., 912
  Thornton, 1170
  Virginia, 912
  William, 1170
MUNDER Charles, 642
  Sophia, 642
MUNDORFF Helen, 876
  Margaret, 876
  Mollie, 876
  William, 876
MUNROE C. R. William, 487
MUNSELL A. F., 557
MUNSON A. W., 945
  Cora F., 945
MURDOCK ---, 1264
  Anna, 1216, 1219
  Belle, 1216
  Benjamin, 1219
  Bessie, 1219
  Catherine, 1216
  Edward E., 1216
  Eliza, 1216
  Elizabeth, 1216
  Harriet, 878
  James, 556
  John, 562, 878, 1219
  John H., 1216
  John W., 1216, 1219
  Joseph, 1216
  Lula, 1219
  Martha, 1216
  Robert, 1216, 1219
  Rosa, 1216
  Stewart, 1219
  W. A., 686
  William, 1216
  William A., 1216, 1219
MURPHY ---, 480, 482
  Clara J., 887
  Dennis, 446
  Dr., 292
  John, 887
  Julia Ann, 633
  R. Heber, 864
  Rev., 549
MURRAY Annie, 837
  Annie B., 814
  Bessie E., 873
  G. E., 559
  John, 553
  Joseph, 410
  Kathryne, 884
  Lewis, 837
  Louis R., 814
  Mary, 1230
  Mary E., 813
  Matthew, 160
  Peter, 684
  Rebecca, 1065
  Susanna, 837
  William, 1065, 1191
MURRY George, 1265
  Gertie, 1265
  John, 146, 277

MUSEY Gertrude, 1131
Reuben, 1131
MUSSELMAN Irene, 633
Jacob, 633
Lizzie, 854, 1104
MUSSER Mary, 942
MUSSEY Colonel, 1156
MYER Simon, 82
MYERS ---, 1199
Ada Virginia, 1125
Aleba, 1126
Ann, 1133, 1273
Anna, 717
Annie, 856, 1134
Beatrice, 1126
Benjamin F., 1133
Bertha V., 1134
Bessie, 1126
Carrie C., 1134
Carrie M., 1134
Catharine, 971
Catherine E., 1122
Charles, 531
Charles M., 1133
Christian K., 1273
Claude, 1126
Cora, 773
Cora E., 1134
Daisy, 856
Daniel, 808, 1327
David, 808, 868, 1327
David B., 558
Dillon, 808
Edward, 1125
Elizabeth, 746, 914, 1092, 1203, 1225, 1273

Ella, 894, 1203
Emma, 1134
Eva, 1327
Fannie, 1005, 1168
Fanny, 1203
Father, 481, 482
Francis, 79
Frank, 1134
Frederick, 1134
George W., 1125
Harry, 133, 1134
Harry G., 1134
Helen, 1235
Henry, 480, 808
Henry J., 808, 1005
Hezekiah, 876
Horace, 1126
Howard, 856, 1126, 1134
Isaac, 1032
J. D., 1199, 1204
J. W., 923, 998, 1134
Jacob, 856, 1023, 1185, 1273
Jacob A., 25, 1294
Jacob C., 1133, 1134
Jacon, 1327
Jane, 1219
John, 52, 735, 736, 856, 1203, 1219
John D., 1203
John H., 1273
John W., 1133, 1134
Joseph, 292, 1134
Laura, 856
Lemuel E., 1203
Lewis, 1003
Lillie M., 1134
Louisa, 868

Lucy, 1134
Lucy Ann, 1327
Lucy H., 736
Maggie E., 1133
Mahala, 1327
Malinda, 856
Margaret, 1327
Maria, 1005
Marshall H., 1203
Martha, 1327
Martin, 805
Mary, 735, 736, 808, 1003, 1032, 1098, 1327
Mary A., 744, 1203
Mary Ann, 876
Mary C., 1133
Mary E., 1203
Minnie F., 1134
Miss, 683, 1032
Mollie, 983
Mollie F., 1134
Mr., 1126
Noah, 489, 808, 1134
Noah W., 1134
Norman, 1311
Peter, 717
Rachel, 882
Rebecca, 1327
Rena, 856
Rev., 549
Romas, 856
Rose, 952, 1125
Rose Ann, 1125
Rosella, 1311
Rudolph, 744
Russell, 1126
Samuel H., 1203
Sarah E., 808

INDEX 185

Seth, 971
Seth F., 1122
Sophia, 808, 1005
Susan, 856, 996, 1005, 1327
Susanna, 808
U. S., 773, 1134
Urilla, 856
Vada, 856
Walter, 1125
William, 529, 894, 1134
William D., 1125, 1126
MYLEY Mary Elizabeth, 947
MYRELY Catherine A., 1156
MYRES Emma, 797

-N-
NACE A. N., 1125
NAGLE Gen., 311
  J., 313
NAHOLT Jennie, 737
  Mr., 737
NAIL Adam, 627
  Maria, 627
NAILL Annie, 1317
  David Henry, 1317
  Florence, 1317
  Franklin E., 1317
  Ida V., 1317
  Iva M., 755
  John G., 1186
  Mary Ellen, 1186
  Samuel C., 1317
  Sis, 1317
  Stella, 1317
  William G., 1317

NAILLE Samuel W., 540
NALLEY Jacob, 507
NAPPER Doctr., 53
NASH F., 137
NASS John, 522
NAYLOR Ralph, 100
NEAD Daniel, 94
  Mathias, 94
  Matthias, 82, 465
NEAGLEY Samuel, 1312
NEAL ---, 552
  B. T., 462
  Hannah W., 1232
  Joseph, 145
NEALE ---, 147
NEANIER Col., 311
NEED Matthias, 24, 82, 464
NEEDY Alice, 701
  Benjamin, 695, 696, 701
  Catharine, 695, 696, 701
  Catharine S., 695
  Clara Mary, 696
  Clara V., 696
  Cora, 696
  Cora Elizabeth, 702
  Daisy, 702
  David, 508, 695, 696, 701
  David W., 701
  Earl K., 701
  Edna, 701
  Elizabeth, 695, 696, 701
  Emma Jane, 701
  Ethel E., 702
  Florence, 696
  George David, 702
  Gertie, 696
  Gertrude, 696
  Henry, 701
  Isaac, 695, 696, 701, 1269
  Jacob Guy, 696
  Jacob H., 696
  John, 695, 696, 701
  Katherine L., 701
  Lewis Edward, 701
  Louisa Susan, 701
  Margaret, 695, 701
  Mary, 696
  Mary C., 702
  Mary Florence, 702
  Mary L., 702
  Nora, 696
  Rose, 702
  Ruth, 701
  Samuel, 508, 695, 701, 702
  Samuel L., 701
  Sarah, 508, 695, 696, 701
  Sophia, 701
  Susan, 695, 701
  William, 695, 696, 701
  William H. H., 702
NEESE E. J., 511
NEFF Albert C., 766, 767
  Alice, 767
  Amelia, 915
  Anna, 767
  Betsey, 766
  Betsy, 503, 766
  Caroline, 1086

Catherine, 767
Eliza, 766, 767
Elizabeth, 988, 1321
Ida M., 1096
Jacob, 503, 766, 767, 1321
John, 277, 634, 766, 767, 1006, 1096
John Earl, 767
Lanah, 766
Laura, 767
Laura Virginia, 628, 767
Lula, 628, 767
Magdalene, 766
Mary, 1321
Miss, 704, 733, 1236
Mr., 42
Nellie, 1121
Salome, 767
Sarah, 1321
Walter, 1121
NEGLEY Ammon, 748
Anna E., 893
Barbara, 1223, 1225
Bertha M., 893
Betty S., 906
Betty Susan, 905
Calvin C., 905
Catharine, 748
Catherine, 1226
Charles, 433, 434, 557, 1225
Christian, 1029, 1223, 1225, 1272
Clarence H., 893
D. M. B., 905
Daniel, 556, 1225, 1226
David, 1226
David A., 748
David H., 1225
E., 905
Elizabeth, 748, 768, 1223, 1225, 1226
Ella, 1225
Ellen, 1225
Elva C., 893
Emanuel, 1226
Ezra, 1225
George W., 748
Henry, 1225
J. Rush, 905, 906
Jacob, 748, 905
James K., 748
John, 1225, 1226
John D., 1225
Jonathan, 1225
Joseph, 748, 1225, 1226
Joshua, 1226
Kate, 1225
Laura, 1225
Louisa J., 748
Lucy M., 893
Lydia, 1225
Mary, 748, 1029, 1223, 1225, 1226
Mary A., 748
Mary Catherine, 905
Mary Ida, 905
Newton, 748
Nora E., 893
Peter, 246, 409, 434, 556, 557, 617, 906, 1223, 1225, 1226
Priscilla, 1225
Richard, 1233
Rose, 617, 1225, 1233
Rueanna, 1225
Samuel, 768, 893
Sarah, 1225, 1226
Susan, 1226
Susan Cushwa, 906
Susan E., 748
Susie, 1233
Teresa, 1226
Walter, 1225
Will, 1225, 1233
William, 1225
William R., 1233
Wolfgang, 1225
NEGLY Betty Susan, 1285
J. Rush, 1285
NEIBERT Alva V., 1068
Annie E., 1068
Barbara, 1226
Barbara Ann, 1272
Elizabeth, 1231, 1272
F. J., 529, 657, 1068
John G., 1068
Julia Ann, 1068
Martin L., 1068
Philip, 1068, 1272
Vernie E., 657, 1068
NEIDIG Mary, 628
NEIKIRK ---, 527, 551
Ann, 797, 916
Ann C., 645
Anna Pearl, 797
Anna V., 916
Annie K., 797
Annie V., 1309
Arena V., 916

INDEX 187

Barbara, 797
Barbara J., 797
Betsy, 797
Catharine, 916
D. M., 492, 763, 764, 922, 923
Daniel M., 564, 797
David, 796, 916, 1219
David H., 916
Elizabeth, 797, 916, 1242
Emma, 797, 1309
Emma V., 916
Eugenia, 797
Eugenia C., 923
Florence, 1309
Frank, 1309
Franklin S., 916
George Miller, 797
Henry, 752, 796
Henry F., 381, 796, 797
Irene, 917
Isabelle, 916
John C., 916
Joseph Clinton, 797
Levi, 797
Manas, 797
Maria, 1186, 1219
Martha, 796, 875, 916, 1170
Mary, 752, 796, 797, 995, 1309
Mary C., 916
Mary Elizabeth, 797
Mary Susan, 797
Michael, 1309
Miss, 756, 873
Missouri, 916

Mollie, 1091
Mr., 273
Nancy, 796, 797
Nancy Catherine, 797
Nannie, 668
Rebecca, 797
Samuel, 668, 952
Samuel Henry, 796, 797
Samuel H., 797
Sarah C., 1309
Susan, 796
Victor D., 916
NEIL David, 552
NEILL ---, 1256
  Adam, 708
  Alexander, 110, 128, 143, 164, 186, 195, 230, 246, 248, 255, 301, 305, 358, 365, 389, 422, 425, 444, 556, 557, 558, 562, 564, 708, 795, 951, 1251, 1259
  Ellen, 425, 708
  Harriet B., 708
  Harriett Burrows, 1256
  Isabella, 301, 708
  Isabella Callender, 708
  Janet, 708
  John Nelson, 708
  Kennedy, 708
  Luke Ternan, 708
  Margaret, 708
  Mary Chandler, 708
  Mary Nelson, 708
  Mary Sim, 425
  Mary Simm, 708
  Miss, 871

  Rebecca, 708
  Robert Callender, 708
  Rosa N., 708
  Sarah, 708
  William, 559, 708
  William Kennedy, 708
NEIMYER Charles F., 786
  Lillie, 786
NELSON F., 561
  F. J., 978
  Frederick J., 556
  General, 795
  J. K., 476, 499, 501, 504, 865
  John, 178, 425, 555, 560, 708, 1191, 1259
  John K., 504
  Mary Sim, 425
  Mary Simm, 708
  Miss, 128
  Robert, 486
  Roger, 131, 134, 135, 143, 560, 1256
  W. B., 555
NEOLE Leonard, 483
NESBIT Isaac, 252, 357
  J., 237
NESBITT Allen, 1229
  Charles J., 431, 556
  Emma, 1229
  I., 562
  Isaac, 224, 229, 286, 305, 356, 401, 417, 564, 992
  Jonathan, 562
NETCIL John, 474
NEUSBAUM Elizabeth, 1003

# 188 HISTORY & BIOGRAPHICAL RECORD OF WASHINGTON CO.

NEVIN J. W., 984
Rev. Dr., 661
NEWBRY Daingerfield, 291
NEWBY Dangerfield, 294
NEWCOMER ---, 93, 473, 513, 551, 994, 1265
Abner, 1223, 1229
Adaline, 1230
Adams, 1224
Albert, 1223, 1226, 1229, 1230
Alexander, 200, 455, 456, 473, 1223, 1225, 1226
Alice, 1224, 1229
Alva, 1229
Amanda, 853
Amelia, 455, 1223, 1225, 1226, 1229, 1233
Andrew, 513, 1222, 1223, 1225, 1233
Ann, 1222, 1223, 1224, 1225
Ann Maria, 1223, 1225, 1229
Anna, 651, 718, 853, 1005, 1223, 1229, 1230, 1233, 1273
Anna M., 975
Anna Maria, 975
Annabel, 1233
Annabell, 1225
Annie, 852, 1222, 1223, 1224, 1225, 1229, 1230, 1231
Armor, 1230
B. F., 230, 422, 453, 456, 564, 743, 1226, 1316
B. Franklin, 1223

Barbara, 743, 763, 906, 924, 1222, 1223, 1224, 1225, 1229, 1231, 1291
Barbara A., 906
Ben, 1224
Benjamin, 1223, 1224
Benjamin B., 1225, 1233
Benjamin F., 200, 453, 1231, 1291
Benjamin Franklin, 454, 455, 1291
Bessie, 853, 1233
Betsy, 993
Bettie, 1222, 1223, 1224, 1229, 1231, 1291
Bishop, 1225
Blanche, 1230
Bushrod C., 1223
C., 1223
Caroline, 1229
Carrie, 646
Catharine, 455, 906, 993, 994, 1222, 1223, 1224, 1266
Catharine K., 1223, 1226
Catherine, 763, 941, 993, 1222, 1225, 1271, 1291
Charles, 853, 1223, 1226, 1229, 1231, 1266
Charles Edgar, 1291
Christian, 192, 200, 454, 466, 513, 514, 564, 782, 906, 1005, 1143, 1222, 1223, 1224, 1225, 1230, 1233
Christian A., 1224
Christiana, 1222, 1224, 1233
Christiann, 1210

Christina, 1225
Clara, 763, 1233
Claude, 1229, 1233
Clyde A., 1233
Cora, 848, 1233
Cora Edna, 942
Cornelia, 1224, 1291
Cyrus, 1223
D. H., 906
Daisy, 1230, 1231
Dallas, 1224, 1229
Daniel, 1222, 1223, 1224, 1225, 1231
Darbara, 1222
David, 146, 277, 562, 661, 935, 1222, 1223, 1224, 1225
David H., 561, 763, 1223
Davis, 1224, 1229, 1233
Della M., 1291
Edith, 1066, 1229, 1230, 1266
Edna, 1230, 1231
Edna Amelia, 1291
Edward, 1223, 1225, 1226, 1230
Edwin H., 1224
Edwin Herndon, 1230
Eleanor, 1224, 1226
Eliza, 747, 1222, 1223, 1224, 1226, 1230, 1232, 1266
Elizabeth, 686, 736, 763, 782, 906, 953, 1222(11), 1223, 1224, 1225, 1226, 1230, 1233, 1316
Elizabeth Alice, 1097
Elizabeth Ellen, 1223

# INDEX

Ella, 1224, 1226, 1229, 1291
Ella W., 1291
Ellen, 1223, 1224, 1226, 1229, 1231, 1233
Ellen O., 994
Ellen R., 1229
Ellend, 1224
Ellie, 473, 1229
Elva, 1229
Emanuel, 1222, 1223
Emily, 1226, 1230
Emily A., 1224
Emma, 1223, 1224, 1229, 1230, 1231
Emma S., 548
Emorilla, 1223, 1229
Emory, 1224, 1230
Ethel, 1230
Ettie, 1229
Eva, 1230
Ezra, 763, 1037, 1233
F. Clara, 1037
F. Louise, 1226
F.S., 559
Fannie, 1225, 1233
Florabelle, 1224, 1231
Francis, 1229
Frank, 1224, 1226, 1229, 1230, 1231, 1233
Frank J., 1225
Fred, 1233
Frederick, 1226, 1230
Frederick F., 1224, 1230
Frederick W., 473, 996, 1291
Friedlie, 1226
Frisbie, 1224, 1230

George, 1222, 1223, 1224, 1225, 1230, 1231, 1233, 1291
George A., 1225
George M., 853
Gertrude, 924
Ginnie, 1229
Grace, 1229, 1230
H. L., 906
Harriet, 455, 1230
Harry, 1231, 1233
Harry K., 1266
Harry Wilber, 1229
Hattie, 1226
Helen, 1291
Henry, 200, 454, 455, 532, 751, 763, 906, 1115, 1119, 1222, 1223, 1224, 1225, 1229, 1230, 1233, 1291
Hester E., 1220
Howard, 994, 1229
Howard F., 1291
Ida, 924, 1224, 1229, 1230, 1233
Ida K., 1291
Iowa, 1229
Isaac, 1222, 1223, 1229, 1261
Isabella, 1223
J. H., 1291
J. W., 713
Jacob, 513, 1222, 1223, 1224, 1225, 1226, 1233
Jacob L., 517, 906
Jacob W., 924
James, 1223
James B., 1225, 1233
Jane, 1233
Jane M., 1229

Jennie, 1230, 1233
Joel, 993, 1222, 1223, 1224, 1231, 1291
John, 237, 454, 455, 513, 561, 562, 564, 646, 941, 1220, 1222, 1223, 1224, 1229, 1266
John B., 924
John C., 1223
John D., 247, 517, 742, 763, 906, 1092, 1223, 1233
John H., 1223, 1226, 1266
John Henry, 1291
John M., 1224, 1229
John N., 941, 942
John W., 517, 1224, 1229
Jonas, 1223
Jonathan, 182, 186, 564, 763, 837, 906, 1083, 1095, 1222, 1223
Joseph, 736, 763, 906, 996, 1066, 1223, 1224, 1229, 1233, 1265
Joseph M., 564, 941, 942
Josephine, 1223, 1224, 1229, 1230
Joshua, 927, 975, 1222, 1223, 1229, 1272
Josiah, 1224, 1231, 1291
Kate, 1223, 1224, 1225, 1226, 1229, 1230, 1233, 1236
Kate A., 1226
Katie, 1291
Katy, 1222, 1224, 1226
Keller J., 848
Knode, 753, 1224, 1229

Laura, 1224, 1225, 1229, 1233
Lena, 806, 1233
Leone C., 1233
Lewis, 1223, 1225, 1229
Lewis H., 1229
Libbie, 1229, 1233
Lillian, 1229
Lizzie, 1223, 1224, 1229, 1231, 1291
Loretta, 1224, 1231
Louisa Jane, 751
Lucretia P., 1233
Lula, 1291
Lydia, 763, 861, 1222, 1223, 1224, 1231, 1233
Lyle Caleb, 1226
M., 562
Maggie, 763, 1291
Mahlon, 994, 1224, 1229
Mahlon F., 994, 1291
Margaret, 734, 742, 763, 906, 1223, 1226, 1230, 1231, 1233
Margaret A., 1224
Maria, 1222, 1224
Martha, 1097, 1224, 1229
Martin, 192, 1222, 1223, 1224, 1231, 1291
Martin Joseph, 1222
Mary, 746, 747, 763, 798, 841, 906, 927, 1119, 1222, 1223, 1224, 1225, 1226, 1229, 1230, 1232, 1291
Mary A., 1224, 1225, 1229
Mary Ann, 975, 1223, 1225, 1291

Mary E., 1223, 1226
Mary Eliza, 1224
Mary Grace, 942
Mary L., 455, 1226
Mary S., 753
Maude Etta, 942
May, 1230, 1231, 1233
Melchoir, 1229
Melchor, 1223, 1232
Michael, 234, 472, 646, 1097, 1222, 1224, 1266
Minnie, 1229
Miss, 993, 1235
Morris, 1226
Mr., 229, 456, 1236, 1325
Mrs., 654
Nancy, 389, 924, 1222, 1223, 1224, 1225
Nannie, 455, 1226, 1230
Nellie, 1230
Oliver, 1223, 1229
Orpah, 1223, 1229
Oscar, 1224
Otis, 1229
P. S., 1060
Paulina, 1230
Peter, 200, 222, 454, 513, 734, 763, 906, 993, 1222, 1223, 1224, 1225, 1230, 1233
Peter S., 1224, 1229
Polly, 1222, 1224
Ralph, 1230
Rebecca, 1223
Rev., 494
Robert, 1226, 1230, 1231

Robert McCauley, 1291
Rose, 1226
Rose Ann, 1223
Ruanna, 763
Ruth, 848, 1229
S. Edgar, 1226
Sallie, 632, 1115, 1222, 1223, 1224, 1225, 1230
Sally, 957
Samuel, 1119, 1222, 1223, 1226, 1229
Samuel G., 1223, 1226
Sarah, 763, 782, 837, 906, 953, 1222, 1223, 1224, 1225, 1230, 1231, 1233
Sarah E., 1233
Sarah J., 1230
Sarah Jane, 1223, 1225
Sidonia, 1226
Silas, 646, 924
Solomon, 510, 563, 1066, 1222, 1224, 1225, 1233
Sophia, 1222, 1224
Susan, 906, 1113, 1143, 1222, 1223, 1224, 1231, 1291, 1316
Susan M., 1223, 1224, 1230
Susanna, 763, 941, 942, 1066, 1222, 1224
Susie, 1222, 1224
Teresa, 1223
Theresa, 763, 906
Thomas, 1226
Tom, 1224
Upton, 1224
Vianna, 1224

Victor, 1224, 1229
Victor H., 651
Vienna, 1231
Viola, 1230
Virginia, 1224
Virginia S., 651
Waldo, 453, 455, 1226
Walter, 1231
Walter B., 924
Walter C., 1233
Walter Scott, 1229
Will, 1226, 1229
William, 200, 453, 456, 473, 746, 747, 942, 1222, 1223, 1224, 1226, 1229, 1230, 1232, 1233, 1266
William P., 1224, 1230
Wolfgang, 200, 454, 563, 906, 1115, 1119, 1222, 1223, 1224, 1225, 1233
Wolfgang M., 763
Zachariah, 1222, 1224
NEWELL Ada, 1231
Ben, 1231
Charles, 1231
Dorris, 1231
Ellen, 1231
Florabelle, 1231
Grace, 1231
Lena, 1231
M. A., 1290
Nellie, 1231
William, 1231
NEWMAN Andrew, 1002
Elizabeth, 1169
Harriet, 1002
John, 904

Joseph, 1002
Martin, 498
Mary, 904
Nellie, 1164
Susannah, 1002
T. H., 1164
NEWSON Abraham, 785
Joseph, 785
Sarah, 785
NEWTON Adia, 1164
David, 1164
NEY George, 106, 373
NICEWANER Annie Florence, 1230
Elizabeth, 1223, 1225
Ephriam, 1230
Ephriam Gazelle, 1230
Irene Hoffman, 1230
Jennie N., 1230
Margaret, 1230
NICHOL Rev. Mr., 500
NICHOLAS Annie, 845
Catherine, 1204
Elizabeth, 1204
Henry, 145, 1204
Marcella, 1204
Martha, 1204
Mary, 1204
Matthew, 22
William, 1204
NICHOLS Annie E., 1074
C. S., 1175
Elizabeth, 952
Georgie, 1175

Jacob, 952
John, 1074
Luther, 398
Sophia, 1103
NICHOLSON Capt., 1080
D., 160
Thomas, 145
NICODEMUS ---, 742, 983
Addie, 651
Agnes, 781
Alice, 983
Alice A., 1101
Anna Maria, 647, 648
Annie, 737
Annie K., 793
C. E., 793
Conrad, 472, 647, 1059
Cora V., 651, 1190
Drusilla, 737
Edwin Newcomer, 651
Elizabeth Ann, 762
Eva May, 651, 733
Evelyn C., 651
Frederick, 537
Hannah, 1101
Jacob, 648, 1101
Jennie, 737
John, 372, 373, 647, 648, 737, 903
John A., 375
John L., 733, 1190
John Luther, 647, 648, 651
Malinda, 903
Martin L., 504, 903

Martin R., 504
Millard, 781
Mr., 651
Randolph, 737
Sophia, 1059
Valentine, 647, 648
Virginia S., 651
NIEDHAWK Amanda, 943
J. K., 943
NIGH Albert C., 917
Albert D., 916
Annie B., 917
Arena V., 916
Carl K., 916
Charles B., 916, 917
Charles Howard, 916
Clyde E., 916
David F., 564, 916, 917
Edward B., 917
Erma M., 916
Ethel M., 916
Fannie, 917
George, 143
George B., 916
Henry, 917
Ida K., 917
Irene, 917
Iva P., 916
John W., 917
Kate, 917
Leroy, 916
Lydia, 917
Mary J., 917
Mary Jane, 916
May L., 917
Sallie, 917
Samuel, 917
Samuel T., 917
Susan, 917
Victor C., 916
W. Keller, 917
NIHISER A. R., 931
Arlington R., 811, 855
Dr., 762
Edwin, 811, 931
Edwin E., 855
Etelka, 811
Gustavia, 811
J. Bowersock, 503
J. W., 499
John W., 855
John Wesley, 808, 811
John William, 811
Lottie, 811
Lottie G., 855, 931
Maggie D., 811
Margaret D., 855
Maria Catharine, 811
Mary, 811
Mary Magdalene, 808
Neva, 811, 931
Neva B., 855
Richard, 499
Theodore Gustavus, 811
Vera, 811, 1290
W. M., 476, 479, 1290
W. Markwood, 808
William M., 559
Winton Markwood, 811
Winton Wemyss, 811
NIKIRK David, 548
NILL T. J., 1184
NIMMO Lucy H., 456
NIMROD ---, 1091
NINIGREST, 644
NISSLEY Barbara, 694
Clara J., 1285
Fanny, 692
Grace, 724
H. L., 1285
Harman, 693
Harmon, 693
Joseph, 693
Susan, 693
NISSLY Anna, 653
NISWONGER ---, 1007
Delia, 936
Eliza, 936
Emanuel, 529
Jacob, 936
Winson, 936
NITLY John, 513
NIXDORF Samuel, 1002
NIXDORFF ---, 580
NOBLE Charlotte, 651
Elizabeth, 833
Elizabeth E., 833
James, 145, 833
Joseph, 651
Julia, 1090
NOCK George H., 431
NOEL James K., 918
Lola Derr, 918
Nancy, 745
NOFFORD John, 538, 547
NOGLE Annie, 724
NOLAN ---, 1030
NOLT Susan, 654

NORFORD Barbara, 713
NORIS Mahala, 914
NORMANT Ulie, 1245
NORMENT N. B., 557
NORRIS ---, 435, 1113
  Albert, 875
  Alma, 875
  Altho, 875
  Ann, 875
  Arthur, 876
  Betsey, 875
  Catharine, 1162
  Catherine, 875
  Celia, 875
  Cora, 876
  Daisy, 1168
  Edward, 875, 1162
  Ellen, 875, 1162
  Emma, 876
  Frisby, 1265
  George, 875
  Horatio, 875
  James, 876
  John, 1162
  John William, 875
  Joseph, 875
  Margaret, 876
  Mary, 503, 875
  Matilda, 875, 1312
  Mollie, 876
  Mr., 876, 1244
  Palma, 875
  Sallie, 876
  Sarah, 875, 1103
  Silas H., 507, 875, 876
  Silas W., 504
  Susan, 875
  Susan E., 813
  Tilghman, 875
  Viola, 876
  William, 875
  William H., 234, 426
NORTH Lord, 74
NOSSKER Rebecca E., 1163
NOTELY Thomas, 256
NOTLEY Thomas, 587
NOYES ---, 917
NUGENT John, 54, 258
NUKASON Lambert, 146
NUMTARIMAN, 241
NUNAMAKER Charles, 1137
  Mary Ellen, 1137
  Paul B., 1137
  Vera E., 1137
NUNEMAKER Clara E., 924
  Eavey, 924
  Mary E., 924
NYE ---, 917
NYMAN Carrie M., 675
  Daniel, 675
  Elizabeth, 675
  Elizabeth A., 674, 675
  Fanny, 887
  George, 675
  George W., 675
  Henry, 26, 675
  John, 675
  Joseph, 675
  L. B., 417
  Lavinia, 675
  Lewis B., 409, 564
  Louis, 675
  Maria, 675
  Mary, 675
  Michael, 675
  Robert V., 887
  Samuel, 675
  Sarah, 675
  Susan, 675
  Susanna, 675
  Vienna, 887
  William, 1279

-O-

OAKSFORD Col., 311
OBAUGH Bliss, 752
  Freddie, 752
  Mary Belle, 751
  William, 752
OBERHOLTZER Jacob, 513
O'BRIEN ---, 480
O'BYRNE Sarah, 947
OCKERMAN J. F., 487
  John, 488
O'DONNELL Dr., 832
  Mary, 832
O'FERRALL John, 145
OGDEN Alice Macgill, 1017
  Alice Macgill Drewry, 1017
  Ellen Swan Drewry, 1017
  Oswald, 1017
  Samuel Davies Drewry, 1017
  Sarah Beatty, 1017

OGLE ---, 99
Anna, 984
Benjamin, 559
Charles, 389
Governor, 23, 125
Samuel, 133
OHMERT Lydia, 1230
Mary, 1230
OHR Elias J., 964
Jacob I., 499
Leah E., 964
O'KANE John, 473
O'KEEFE ---, 480
O'LEARY Daniel, 556
OLIVER ---, 552
Anna, 1203
Denton, 552, 1202
Elinor, 1202
Elizabeth, 892, 1202
Emma, 1203
Georgiana, 1203
John, 1202
Mary, 1203
Neil, 1203
Phoebe, 1203
Rebecca, 1202
Samuel, 564
Wason, 1202
William, 1201
OLLER Annie, 1073
Henry, 1073
Jacob F., 1067
Miss, 924
Sudie E., 1067
OLMSTEAD Stella, 1169
ONDERDONK Adrian H., 278

Adrian Holmes, 1286
Benjamin, 1286
Harriet S., 1286
Henry, 197, 278, 456, 1286
Henry U., 1286
Latrobe, 1286
Mary E., 1286
Mr., 1289
William, 1286
O'NEAL ---, 482
Catharine, 963
Clara, 988
Elizabeth, 1037
Joseph, 988
ONION Susan, 977
ONSHIPPER Peter, 145
OPPENLANDER Fred, 510
ORCUTT Ephriam, 507
O'REILLY Mary, 1175
ORENDORFF C., 80
Capt., 81, 82
Christian, 81, 82
ORICH George, 511
ORME Capt., 52
ORNDORF Christian, 489
William F., 701
ORNDORFF ---, 100, 1018, 1170, 1304
Christian, 25, 69, 75, 87, 93, 100, 112, 1302, 1303
Christopher, 1018
Mary, 93, 100, 439
Mary H., 787
Mary Madeline, 69, 87

Mrs., 271
Rosa, 93
William F., 787
ORR ---, 693
C. H., 237
ORRICK ---, 552
Amelia G., 886
George, 886
L. J., 488
Nicholas, 116, 119, 120, 123
ORTEGO Gen., 1144
ORTMAN Daniel, 145
ORTMANN Louisa, 915
OSBAUGH Ida, 1231
OSBORN Elizabeth, 634
James, 1232
Mollie, 1232
Sallie, 1232
OSBORNE ---, 1305
Jacob, 757
Laura, 757
Margart, 1305
Thomas, 292
W. M., 549
OSBOURN Rev., 497
OSBURN Howard, 708
Rosa N., 708
OSGOOD Samuel, 98
OSLOR Mr., 552
OSTER ---, 551
Daniel, 145, 158, 277
Johannes, 393
John, 79, 81
Philip, 392

# INDEX

OSTERDOCK
Charlotte, 856
OSWALD ---, 543
Adam, 987, 991
Allen H., 988
Barbara Ann, 988
Barnet, 986
Benjamin, 848, 987, 988, 991, 1157
Benjamin F., 988
Caroline, 987
Catharine, 987, 988
Catherine, 821, 844, 847, 848, 1204
D., 464
D. E., 892
Daniel E., 647, 991, 992
Daniel Elijah, 991
David, 991, 992
David Paul, 991
Edward, 992
Edward I., 992
Edward Ingram, 991
Elizabeth, 987, 988
Elizabeth F., 892, 991
Emma, 992
Eva, 987
Eve, 987
George, 1323
George B., 380, 398, 417, 456, 565, 848, 991, 992, 1023, 1050, 1092
Hannah, 988
Helen S., 988
Henrietta, 987
Ida A. J., 988
James, 986
Janet, 987

Janetta P., 987
John, 544, 987, 988, 991, 992
John B., 987
Jonathan, 987
Katharine, 987
Lillie, 992
Lydia, 904, 942, 987, 1156
Lydia A., 1157
Lydia Ann, 988, 991
Malinda, 987
Margaret, 986, 987, 991
Martha H., 991
Mary, 988, 992
May, 988
Mollie, 988
Mr., 992
Nora, 992
Olevia S. K., 988
Olivia, 735
Peter, 987, 991
Philip, 986, 987, 991
Richard, 992
Sally, 988
Samuel, 544, 904, 987
Samuel K., 991
Samuel Kempfer, 988
Sarah, 987, 988, 991, 1157
Sarah Ann, 731, 987
Solomon, 493, 544, 987
Sophia, 988
Susan, 987, 991, 992
Susanna, 988
Telina R., 987
Virginia, 988

William, 987, 991
OSWARD Philip, 987
OTT ---, 563
Adam, 99, 107, 112, 114, 125, 128, 129, 130, 131, 143, 151
Capt., 99
Jacob, 94, 503
John D., 431
Major, 114, 125
Michael, 82
Susan, 503
OTTERBEIN ---, 466, 494
Bishop, 1280
P. W., 476
Philip W., 1127
Philip William, 462, 465
OTTO Alice, 877
Alice B., 586
Ann Catharine, 876, 937
Ann Catherine, 861
Anna Mary, 877
Catharine, 876
Daniel Grove, 876
David, 752
David F., 937
David Franklin, 876
Dorcas, 876
Eliza J., 752
Elizabeth, 876, 877
Emma Catharine, 877
Franklin Buchanan, 877
Johanna, 877
John, 527, 528, 876
John David, 876

John E., 586
John Ecker, 877
John Miller, 876
Maria Catharine, 876
Mary Ann, 876
Mr., 877
OVELMAN Sarah, 1246
OVER David J., 1231
Miller, 1231
Nettie, 1231
Newcomer, 1231
Sallie, 1231
OVERCASH Barbara, 805
Eva, 698
Solomon, 805
OVERINGTON Catherine Rebecca, 1190
John, 1190
Robert Bruce, 1190
OVERMYER John, 381
OWEN Abraham K., 572
Alexander, 572
Ann, 235
Catherine, 572
Clara May, 1036
Clarence W., 399, 572
Cordelia, 572
Cordelia A., 398
Dr., 398
Eleanor, 572
Elizabeth, 398, 571, 572
Eva May, 399, 572
John W., 398, 571, 572
K., 99
Newton S., 399, 558, 572, 1036
Rev. Dr., 399
Robert, 1260
S. W., 394, 397, 398, 771, 773, 996, 1050
Sally, 128
Selina, 572
Stephen W., 571, 572
William O., 572
Wilson, 572
OWENS Clara, 579
Col., 311
J. S., 239
R. Anna, 579
Sarah, 708
OWINGS Rebecca, 833
Richard, 486

-P-
PACA William, 62, 65
PACE Sarah Day, 1301
PACO William, 559
PAGE C. Randolph, 451
Gov., 1189
PAGGETT Jane Grayson, 948
R. H., 948
PAIN Christiana, 245
PAINTER Elizabeth, 726
PALDURF Henry, 146
PALMER ---, 613, 635
Albert R., 777
Aldine D., 827
Belle, 677
Charles G., 827
Christian, 498
Delany K., 707
Dr., 677
Earle, 827
Edith R., 827
Edna J., 827
Edward L., 827
Ethel M., 827
J. G. Blaine, 827
John, 163
Joseph M., 555
Malcolm S., 827
Martin S., 1233
Mary, 961
Mehrle M., 827
Minnie G., 777
Mr., 164, 1233
Nicholas, 1233
Peter, 498, 851
Potter, 684
Ralph L., 827
Ray M., 827
Samuel, 961
Samuel R., 827
Sarah E., 827
Susan, 1121
Velma A., 827
William, 707
PANCOAST Joseph H., 1067
PANTHER Miss, 873
PARDUE H. C., 550
PARK David, 98
PARKER Emma Merrick, 1239
Isaac, 160
Rev., 549, 550
Richard, 292

Thornton J., 1239
William H., 344
William Merrick, 1239
PARKERSON Rev., 497, 549
PARKES Thomas, 146
PARKS Bettie, 1292
John, 74, 75, 82
Joseph, 1121
Lloyd B., 292
Martin S., 941
Mary Etta, 1121
R. S., 1292
PARLETT George, 274
PARMER Mary, 654
Samuel, 654
PARR Cathrin, 140
PARRAN Anna Maria, 1296
John, 1296
PARRETT Helen, 986
PARROTT Cleantha, 1230
Jane, 1107
John, 1104
Rachel, 1104
PARRY Mrs., 728
PARSONS ---, 299, 484
Ann, 832
PARTER Julia J., 1012
Vernon, 1012
PASS Elizabeth, 510
PASSMORE Joseph C., 278
PATRICK M. A., 224
PATTERSON ---, 313
Arthur, 1241
Elizabeth, 1241

Gen., 311, 312
George C., 555
James, 1241
James Agnew, 1241
Joseph, 440
Laura Leila, 901
M. I., 901
Maj. Gen., 312
Margaret, 132
Mary Witherow, 1240, 1241
Samuel, 145
Samuel Joseph, 1241
Sarah, 1241
Sarah Rebecca, 1241
Thomas Leiper, 1065
William David, 1241
PATTON Columbus, 145
PAUL Anna, 1230
Miss, 777
Mr., 1230
PAULDING Julia, 1146
PAWLING Rebecca, 682
PAYNE ---, 1145, 1272
Anna, 1272
Anna M., 1273
Brownie, 1272
Cecelia, 1273
General, 928
J. Davenport, 1272, 1273
John D., 1145
John S., 1273
Margaret Virginia, 1273
Ollie, 1272

Representative, 981
Shields Cunningham, 1272
Shields Davenport, 1273
Summerfield, 1272
Susan, 1272
PAYNTER James, 487
Joseph, 487
PEABODY George, 133
PEACEMAKER Jacob, 581
Susan, 581
PEACHING Mr., 436
PEACOCK ---, 160
PEALMAN Elizabeth, 691
PEARCE E. E., 487
PEARRE George, 563
George A., 236, 412, 420, 452, 556, 561, 681, 985, 1079, 1110
George H., 380
Miss, 1232
Walter, 558
PEARSON George, 317, 417, 562, 741, 796, 858, 882, 991, 992, 1079
George C., 796, 1169
Mr., 1132
Prof., 991, 997
Virginia, 953
PEAS Dr., 983
PECK ---, 108
Jennie, 898
M. L., 898
Mr., 96, 99
Temperance, 898
William, 898

198 HISTORY & BIOGRAPHICAL RECORD OF WASHINGTON CO.

PEDRO Dom, 258
PEIFFER Annie, 1035
  Henry, 1035
PEIPER Betsy, 737
  Henry, 737
PEIRCE Belle, 1017
PELHAM John, 365
PELKINGTON
Henry, 54
PELT Hannah, 772
  J. Van, 772
PEMBROKE
Stephen, 276
PENDELTON Isaac, 106
PENDLETON ---, 132, 552
  B. S., 1179
  Col., 363
  Julia, 1179
  Miss, 913
  Philip, 122
PENN ---, 55, 966
  Miss, 794
  Richard, 35
  Thomas, 35, 865
  William, 32, 33, 512, 627, 654, 902, 943, 1011, 1244
PENNEL Margaret, 897
PENNER Amanda, 1193
  Calvin, 1193
PENSINGER ---, 1005
PENTINGER Susan, 1083
PENTZ Margaret, 845
PEPER ---, 1018
PERCIVAL Arthur, 1213

F. R., 559
PERCY Hugh, 1079
PERE Henry, 256
PERKINS Corporal, 921
  Dr., 918
  Elizabeth, 917
  Governor, 727
  John, 917
  Laura McComas, 918
  Lillian E., 918
  Lola Derr, 918
  Mary J., 918
  Mary W., 918
  Nellie N., 918
  Sergeant, 921
  W. H., 562
  William H., 558, 565, 842, 918, 992, 1169
  William Henry, 917, 918
PERONNEE Capt., 51
PERRAN Dr., 1319
PERRIN ---, 892
  Rachel, 892
PERRY ---, 236
  Commodore, 147, 281, 1144
  D. L., 499
  D. Prather, 1145
  Daniel, 82
  Grace Virginia, 1145
  H. F., 1144, 1145
  H. H., 1144
  J. P., 559, 1144, 1145
  John, 553
  Jonathan, 553
  Joseph, 75

  Judge, 274, 324, 563, 631
  Louise, 1144, 1145
  Roger, 161, 555
  Ruth, 1145
  Ruth Louise, 1145
  Thomas, 253, 317, 411, 412, 446, 555, 560, 563
  Virginia, 1145
  William, 1144, 1145
PERRYMAN
Isabelle, 284
PETE George W., 528
PETER George, 561
PETERKIN Joshua, 498
PETERMAN Flora Jane, 1259
  James, 923, 1128
  Mary E., 723
  Mary M., 923, 1128
  Walter W., 1259
  William, 1259
  William T., 723
PETERS Caroline, 1305
  George, 1305
  John A., 1305
  W. E., 360
PETRE ---, 1049
  Adolphus, 855
  Adolphus B., 1007, 1008
  Amy, 528
  Barbara, 794
  Bessie, 855
  Catherine, 794
  Daniel, 794, 836, 1007
  David R., 528, 655

# INDEX

Eliza, 794, 836, 1007
Elizabeth, 655
Elva Viola, 855
George, 530, 655, 794, 836, 1007
George W., 528, 655
Jacob, 794, 836
John, 655, 794, 836, 855, 1007, 1008, 1180
John W., 855, 1008
Jonathan, 1007
Katie, 836
Kitty, 1007
Lizzie O., 1008
Maggie, 1008
Malinda, 794
Margaret, 528, 794, 836
Mary, 651, 794
Mary A., 855, 1007, 1008
Mary Ann, 1180
Melinda, 836
Nancy, 793, 794, 836
Nellie M., 1008
Polly, 836
Samuel, 655
Sarah, 701, 855, 1008
PETRIE Elizabeth G., 1003
J. W., 1326
John S., 1003
Margaret, 1326
PETRY Mrs., 1089
PETTIGREW Gen., 354
PEYROUNEY Capt., 54
PEYTON Major, 363
PFAUTZ Michael, 522

PFEIFFER Christian, 537
PHELPS Ada, 1233
Ann, 1233
Charles, 1233
Conductor, 291
E. P., 487
Effie, 1233
Ella, 1233
Frank, 1233
Gen., 354
Gertrude, 1233
J. C. T., 1233
May, 1233
Urilla, 1233
PHILBERT P. A., 771
Theodosia, 771
PHILHOWER ---, 540
PHILIPS Capt., 363
Elisha, 497
Thomas, 245
PHILIPY Isaac, 1005
Kate, 1005
PHILLIPPY Annie, 654
PHILLIPS Agnes, 857
Annie, 857
Bessie Pauline, 858
Calvin, 857
Col., 1195
Earl B., 857
Edna, 1229
Edna Catharine, 857
Ellen, 857
Emma, 1229
Fannie, 857
Grace May, 857
J. H., 487

James, 857
John, 487
John A., 857
John Wesley, 857
Leo, 1229
Lorenzo, 857
Louise, 857
Lucy, 857, 858
Maud, 1229
Maud Lillian, 858
Nannie, 857
Preston Norman, 858
Preston R., 857, 858
R. H., 550
Raymond Robert, 857
Rev., 497
Richard H., 486
Ruby, 857
Ruth Naomi, 857
Sarah, 857
Stella, 857
Wilbur Milton, 858
PHILOUR Abram, 503
PHREANER B. W. T., 1210
Edgar C., 1210
Edith, 1210
Emma C., 1210
Franklin, 1210
John, 1210
Leighton K., 1210
Louisiana, 1210
Lulie, 1210
William, 488, 1210
Willie, 1210
PICKELL John, 215
PICKERING Timothy, 1289

PICKETT ---, 354, 914
PIEGLER George W., 1083
PIERCE ---, 618
　Elizabeth, 1224
　Franklin, 128, 419, 1120
　Gen., 283
　President, 282, 415, 427, 611, 747
　Rev., 497
　Winslow S., 407
PIERSON Thomas, 902
PIFER Jacob, 79
　Martin, 79
PIGOTT Isabella C., 835
　Stella, 835
　William, 835
PIKE Daniel, 1108, 1222
　Elizabeth, 1222
PILSON Captn., 50
PINDALL ---, 265
PINDELL Dr., 427
　Elizabeth D., 1181
　Mrs., 138, 427
　Richard, 115, 125, 126, 143, 266, 384, 385
PINDLE Eliza, 103
　Richard, 103, 166
PINKNEY Bishop, 1043
　Ellen, 481
　William, 128, 419, 481
PIPER ---, 971, 1209
　Alice S., 938
　Annie Kate, 938
　Barbara, 938

Barbara A., 934
Catherine, 938
Charles, 1322
Daniel, 937, 938
Daniel Webster, 938
David, 937
Elizabeth, 937, 938, 1240
Elizabeth R., 938
Elmer, 565
Elmer E., 793
Elmer Ellsworth, 938
Henrietta, 987
Henry, 937, 938
Jacob, 937
John A., 938
Martha, 937, 938
Martha A., 952
Mary Ellen, 938
Mary Etta, 938
Mr., 1295
R. S., 938
S. D., 490
Sadie, 938
Sadie V., 793
Samuel D., 911, 912, 937, 938, 1294
Samuel I., 937
Sarah, 937
Susan S., 938
Willie O., 938
PITCHER William H., 487
PITCOCK Thomas, 998
PITSNOGLE ---, 868
　J. E., 558
　Matilda, 868

PITTINGER
　Abraham, 916
　Agnes, 663(10)
　Anna Catherine, 916
　James H., 916
　Lida B., 916
　Lida Belle, 916
　Lydia B., 724
　Martha J., 916
　Mary Ann, 916
　Mary E., 916
　Rev., 497
　Robert Henry, 916
　William R., 916
PITTS A. H., 555
　William, 555
PLANK Samuel C., 1067
PLATA Jean Baptiste, 43
PLATER Col., 384
　George, 559
　John, 138
　Miss, 140
PLAYFAIR Helen M., 616
　Stuart B., 616
PLUM Mary, 907
PLUMMER John, 277
PLUNKETT Joseph, 480
POE Adam, 683, 716
　Andrew, 683, 716
　Catharine, 627
　George, 513, 528, 627, 683, 716
　George Jacob, 683, 716
　John P., 218, 622
　John Prentise, 621

# INDEX

Mary, 716
POERNER John, 485
John B., 394
POFFENBARGER
Andrew, 145
POFFENBERGER
Adam, 862
Adam E., 856
Albert C., 814
Albert L., 1326
Alexander Victor, 1132
Alfred, 856, 862
Allen Luther, 1132
Amelia, 927, 1325
Anna, 745
Annie, 837, 856, 862
Annie A., 1326
Annie B., 814
Barbara Ann, 856
Bertha, 928, 1132
Bessie M., 814
C. M., 927
Catharine, 738, 742, 874, 927
Catherine, 813, 836, 914
Charles H., 1132
Clara, 745
Cora A., 927
Cora E., 1132
Cornelius, 862
Courilus, 856
Daniel, 813
Delanah, 855
Della, 745
Edward E., 928
Elias, 1325
Eliza, 856

Elizabeth, 745, 862, 914, 1132, 1325
Ella E., 1326
Emanuel, 856, 862
Emily, 856
Emma F., 1318
Emma Florence, 1132
Erma, 928
Ethel Estelle, 1132
Fanny, 862
Forisby, 1325
Flora, 1132
Frank, 814
Fred A., 1326
George, 862
George H., 856
George Leo, 856
Goldie E., 1326
Grace L., 1326
H. C., 855
H. S., 777
Hal Leonard, 1132
Hariet, 856
Harvey, 1132
Harry S., 814
Harvey S., 1325, 1326
Hattie Gay, 1132
Helen, 814
Henry, 498, 856, 862, 927, 1325
Henry A., 534, 1325
Henry Clayton, 856
Henry Tilton, 1132
Hettie, 745
Hezekiah, 856, 862, 1325
Hiram, 874, 1325
Hiram D., 1326
Howard L., 1326

Ida May, 928
J. T., 507
Jacob, 836, 927, 1325
John, 27, 507, 745, 814, 856, 862, 1131, 1186, 1318
John A., 856
John C., 1132
John H., 504, 507, 745
John T., 507
Joseph, 862, 1132
Joseph William, 1132
Josiah, 856
Laura, 856
Lawson W., 856, 862
Leo E., 1132
Lillie V., 745
Madge E., 1132
Margaret, 856, 862, 1131
Margaret Aurelia, 1132
Martha J., 1325, 1326
Martin Henry, 1326
Mary, 826, 862, 1200
Mary Blanche, 856
Mary E., 1326
Mary Ellen, 1132
Mary L., 777, 1326
Mattie, 856
Millie, 836
Miss, 835, 914, 1326
Mr., 814, 928, 1132, 1326
Myrtie, 1212
Nancy, 856, 1186
Otho, 862
Otho J., 856, 1131, 1132

Polly, 1186
Raleigh, 855
Rebecca, 711
Sallie, 856
Sallie B., 1326
Samuel, 564, 742, 911, 914, 927, 1325
Sara J., 507
Sarah Edith, 855
Sarah J., 745
Stella, 862
Susan, 856, 862
T. A., 558, 561, 564, 837, 852, 1004
Thomas A., 668, 813, 814
Thomas Roy, 1132
Urilla, 856
William, 743, 813, 836, 856, 862
Woodward, 1212
Zola E., 928
POFFENBERGERF Flora, 1132
Harvey, 1132
Madge E., 1132
POISAL ---, 540
POLE George W., 381, 382, 389, 410
POLK ---, 241
James K., 157
President, 948
POLL George, 48
POLLAD ---, 234
POLLARD J. S., 239
POLLE George, 49
POLSON Capt., 54
POOLE Anna, 1175
Anna Lee, 1175

Annie E., 1174
Charles E., 1174, 1175
Clara Estell, 1174
Edgar L., 1175
Ella, 1174
Frank, 1174
Glenville I., 1174
Hayes R., 1175
James E., 1174
James F., 1174
Jennie, 1174
Laura, 1174, 1175
Nannie, 1174
Vernon, 1174, 1175
POPE ---, 330, 337, 1323
Ann, 797
General, 1156
Letitia T., 633
William, 633
PORKELT Miss, 695
PORTER Admiral, 911
B. D., 502
Charles, 781
Etta Susan, 781
Fitz John, 311, 312, 332, 341, 342, 350
Gen., 341
James, 781
Julia, 781
Levi, 781
Mrs., 311, 341, 350
Rosella, 781
PORTERFIELD Alice, 886
Allen, 886
Annie, 886
Archibald, 1146

Charles, 1146
Daniel, 886
Edward E., 886
Emma, 886
George, 886
Hannah, 1146
Helen O., 886
Hubert L., 886
Ida E., 712, 718, 886
J. Harlan, 886
J. Moller, 886
J. William, 886
James, 886
Jennie, 886
John, 886
Joseph L., 886
Luther, 1157
M. Perry, 886
Maggie, 886
Mary E., 886
Mary Eliza, 1157
Milton, 886
Milton W., 712, 718, 886
Nannie, 886
Neal, 886
Raymond S., 886
Robinson, 886
Sallie, 886
Theodore, 886
Wendell, 886
William, 886
William B., 886
William Perry, 886
Williamson, 886
POSEY ---, 397
F. J., 399
Frederick, 508

Frederick J., 399
Nathaniel, 146
POST Agnes, 1053
Christian, 231
Christian Frederick, 698, 1053
George W., 254
Mary, 1053
Mary Margaret, 1053
Mr., 161
Thomas, 143, 564
POTS Matthias, 82
POTTENGER Dr., 134
Mary, 134
POTTER Barbara, 1233
Benjamin, 145
Clyde V., 1243
D. G., 501
Elizabeth, 745
Ferlie S., 1243
Gen., 1053
George, 1233
H. R., 875
Homer, 876
John, 783, 876, 892, 1149
John A., 1318
Joseph, 531
Mary, 783
Nathaniel, 265
Orville, 876
Paul H., 876
Sallie, 876
Sarah, 1161
Thomas, 145
Vergie, 904
Walter, 904

POTTERFIELD J. A., 501
Jacob B., 507
POTTINGER Margaret, 1235
Mary, 134, 412, 416
Mrs., 278, 281
Thomas B., 144
POTTS Andrew Jackson, 1308, 1309
Caroline, 1308, 1309
Charles, 1308
Comfort, 1308
Elizabeth, 1308
George W., 1308
Hannah, 1308
John, 1308
Mary, 1308
Richard, 127
POULSON Capt., 50, 51
POUND George, 991
Sarah, 991
POWELL Charles, 1102
Miss, 867, 1098
Mollie R., 943
Sallie, 1102
Samuel, 996
Sarah J., 1230
Susan, 1229
William, 943
POWER Maurice, 79
POWERS Catharine, 1132
Charles Henry Anderson, 1133
Clarence Winfield, 1133
Clay, 1132

Eliza, 1132
Fannie, 1132
Frank, 1132
George Briscoe, 1133
Hazel C., 1133
John Brantner, 1133
John H., 1132
Joseph Cecil, 1133
Lillie, 1132, 1133
Lorena C., 1133
Nicholas, 1132
Samuel, 1132
Thomas, 145
Watt, 1132
William Nicholas, 1133
Winfield S., 1133
Winfield Scott, 1132
POWLES J. H., 563
Jacob, 277, 1201
Jacob H., 563
Peter, 19
POYTHRESS Francis, 486
PRATHER Annie E., 725
Basil, 81, 725, 854
Elizabeth, 785
Frank, 726
George T., 725, 726
Henry, 81, 726
James, 126
Louise, 1144, 1145
Lydia, 896
Maggie M., 725
Mollie, 726
Perry T., 725
Richard, 725, 726
Samuel, 552, 725, 1145

Temperance, 725, 854
Thomas, 82
William, 385, 896
PRATT Governor, 241, 250, 611
Mr., 133
Thomas G., 410, 560
Thomas T., 1120
PREBLE Commodore, 141
PRESCOTT Dr., 913
PRESIDT Gates, 48
PRETT Mrs., 904
PRETTYMAN Rev., 549
PRETZMAN David, 325
PRICE ---, 29, 187, 461
Amos, 892
Anderson, 1146
Antoinette, 1146
Benjamin, 112, 230, 254, 422, 426, 446, 555, 661
Bruce, 453
Capt., 78
Catharine, 911, 912
Charles Stewart, 1146
Col., 125
Colonel, 661
Cynthia, 892
Elizabeth, 1316
Isabella Hughes, 1146
J. Willie, 556
Jane, 24, 658, 688
Jane Scott, 426, 658
John, 522
Josiah, 112, 114, 125, 126, 130, 426, 658, 661
Kennedy, 556, 661

Louisa, 422, 948
Major, 114
Mary A. L., 665
Mrs., 252
Nancy, 968
Prudence, 1066
Samuel, 103
Samuel J., 325, 948
Sarah A., 254
Sukey, 103
Thomas, 76
Thomas B., 661
Towson, 1146
W. M., 557
William, 24, 167, 175, 180, 185, 186, 193, 196, 215, 229, 237, 238, 257, 282, 309, 426, 443, 555, 560, 561, 661
William B., 665
PRINDELL Eliza, 427
Richard, 427
PRINT Isaac, 1292
Patsy, 1292
PRINTZ Charles H., 772
Isaac, 1292
Mary Ann, 772
PRIOLEAU Edward Harleston, 589
Sarah Rutledge, 452, 589
PROBST J. F., 538, 539, 542, 547
PROCTOR John P., 552
PROTZMAN ---, 543, 641, 1023
Daniel, 1296
David, 1295
Eliza, 1119

Francis, 1295
Franz, 1295
Henry, 99, 146
John, 1296
Joseph, 99, 559, 1295
Joseph G., 538, 547
Lawrence, 93, 1295, 1296
Ludwig, 1295
Miss, 911
Sarah, 538, 547, 1295
William, 508
William H., 371
PROVANCE Midah, 824
PRUNK Jacob, 82
PRY Barbara, 1108
Charles, 1293
E. A., 491
Elizabeth, 934
Emory, 375, 935
Martha, 1293
Mary, 934, 1108
Mr., 1219
Philip, 332, 934, 1213, 1219
Samuel, 934, 1108, 1219
Susan, 796
PRYMACHENKA Annie, 1164
PRYOR Amelia J., 626
Anna, 1204
Catherine, 1023
David, 1204
Elizabeth, 1204
James E. S., 558, 625
Lewis, 1204
Margaret, 625

# INDEX 205

Martha, 1204
Minnie G., 626
Mr., 626
Samuel, 625
PURVIANCE Ann, 389
Mr., 384
Susannah, 247
PUTMAN ---, 1214
 Amelia, 703, 704, 1210, 1211, 1212
 Andrew, 703, 704, 1210, 1211
 Catherine, 703, 704, 1211
 Elizabeth, 703
 Israel, 1211
 John, 703
 Magdalene, 703
 Peter, 703
 Rufus, 1211
 Susanna, 703
PUTNAM ---, 1210
 George W., 289
PUTTMAN G. W., 562
PYLES Hester, 136
 Reuben, 136

-Q-
QUANTRELL Capt., 147, 255
 Jesse D. E., 255
QUANTRILL Capt., 146
 Thomas, 145
QUEER Henry, 79
QUINN George, 1282
 Isabella, 1282
 J. Robert, 1282

James A., 1282
Katie, 1282
Margaret Albearda, 1282
Margaret E., 1282
Mary Elizabeth, 1282
Norris, 1282
Private, 292
William A., 1282
William Francis, 1282
William H., 1282, 1283
QUINTER James, 530

-R-
RABBIA Sebastian, 905
RABBIT Mary Catharine, 1038
 Thomas, 1038
RABBITT Isaac, 1038
 Maria, 1038
RABBUA Sebastian, 482
RABY Clara, 1193
 James B., 1193
RADCLIFF Mr., 324
RADCLIFFE Major, 292
RAGAN ---, 99, 126, 175, 397, 435
 Annie M., 624
 Col., 146
 Dr., 625, 628
 Elizabeth, 624
 Elizabeth Vanlear, 624
 Ellen W., 624
 John, 97, 98, 99, 130, 143, 144, 389
 John R., 624

Mary, 1014
Mollie, 1014
O. H. W., 429, 559, 757, 429
Otho Holland Williams, 624
R., 152
Richard, 103, 159, 164, 254, 439, 624, 625, 1014
Sarah, 624
William, 23, 252, 277, 389, 429, 624
RAGLAN Ann, 136
 Benjamin, 136
RAHAUSER Anne Mary, 786
 Frederick, 567
 H. J., 159
 Jonathan, 393, 462, 472, 487, 492, 786
 Rev. Mr., 125, 131
RAIFSNIDER Annie, 698
 Catharine, 698
 Joseph, 698
RAILF ---, 299
RALLES Belmont, 803
 Lillie, 803
RAMACCIOTTI Ann, 1255
 Ausilia, 1256
 Catherine, 1256
 D., 1255
 Ida, 1256
 L., 1255
 Louisa Edna, 1256
 May, 1256
 Mr., 1256
 Nancy, 1256

RAMSEUR ---, 355
  Gen., 357, 363
RAMSEY ---, 151
  John, 235
RANDALL
  Alexander, 1043
  V. W., 180, 222, 444, 555
  Vachtel W., 222
RANDELL Mattie, 1059
RANDOLPH ---, 855, 1310
  Agnes, 1193
  B. F., 855
  Isabel, 855
  John, 130
  John L., 402
  Miss, 141
  Mr., 117
  Thomas, 855
RANEY Christiana, 822
  James M., 822
RANGA John, 99
RANGER Henry, 562, 741, 747, 748, 1119, 1128
  Mary, 747, 748, 751
  Mr., 867
RANKIN A. N., 556
  Rev., 537
RANSON B. B., 559
RAPP Catharine, 694
RATCLIFF Lieut., 326
RAUCH Anne E., 1002
  J. H., 1002
RAUHAUSER Jonathan, 551

RAUTH Frederick, 1184
  George, 550
  Mary R., 1184
  Peter, 550
RAUTZAHN Betsy, 993
  Caroline, 993
  Catherine, 742, 993, 1019
  Daniel, 1019
  Daniel R., 1019
  Eliza, 1019
  Ezra, 1019
  Jacob, 993
  John, 993
  Jonathan, 993, 1019
  Joseph, 1019
  Katie, 993
  Mary, 993
  Philip, 993
  Samuel, 993
  Sarah C., 1019
  Sarah Catharine, 1019
RAVENOCK Rev., 464
RAVENSWORTH ---, 140
RAWLE Laura V., 1023
  Marshall, 1023
RAWLINGS Ann, 95
  Betsey, 1206
  Col., 112
  Lieut. Col., 78
  Moses, 107, 112
RAWLINS John M., 1226
  Mary E., 1226
  Mary N., 1226

RAY Jonathan, 1072
  Sarah J., 507
RAYMOND James, 555
REA John, 162
REACH Andrew, 87
READ William J., 557, 419
REAM John, 713
REAMER Ellen, 1292
  J. D., 1012
  John, 1292
  Julia Eliza, 1315
  Lyman H., 1315
  Mr., 775
REBAUGH J., 463
  John, 472, 490, 492, 756, 757
RECHER E. M., 399
  Mary Elizabeth, 784
  Susanna, 1110
RECK Abraham, 493
  J., 543
  John, 538, 542, 547
RECKERT Martin, 259
RECKSICKER Peter, 538
RECTOR Elizabeth, 1301
  Jacob, 1301
RED JACKET, 10
REDFORD ---, 108
REDMAN Alexander, 255
REDMOND Annie, 857
  Father, 480
  James, 479, 483

REDUBUSH John, 503
REECHER Jacob, 510
REED Amanda Ruth, 754
  B. G. W., 487
  Blanche, 1182
  Derrick, 1044
  Felgemacher, 1044
  Florence, 748
  J., 487
  J. C., 748
  J. M., 737
  Jacob, 657
  James, 487
  Jane, 1224
  Mary Ann, 914
  Matilda, 905
  P'r., 83
  Philip, 1137
  Rev., 553
  Rev. Mr., 175
  Sarah Catharine, 1137
  W. J., 563
  William, 754, 914
REEDER Alice V., 895
  Annie, 856
  Barbara E., 895
  Calvin L., 895
  Catharine, 1264
  Celia, 875
  Clayton Alverda, 895
  Florence J., 895
  Francis, 746
  George, 1264
  Hilary W., 895
  Hiram, 895
  Ina E., 895
  John, 875, 895, 1079
  John H., 895
  Mahala, 1264
  Mary, 895
  Melinda, 895
  Ora, 895
  Robert, 895
  Sue, 1231
  Verdie, 1079
  William C., 895
REEGER Otzen, 79
REEL A. H., 1224
  Abbie K., 1243
  Ada, 1137
  Ada Geeting, 1243
  Ann C., 1127, 1243
  Anna Mary, 1243
  Annie C., 743, 903, 1243
  Annie E., 1243
  Barbara, 1223, 1225, 1232
  Benjamin, 1137
  Benjamin F., 1243
  Bettie, 1223, 1224
  Betty, 1223, 1224, 1231
  Catharine, 1224
  Charlotte, 1224
  Chauncey J., 1224
  Christina, 1243
  Daniel, 1223, 1224
  David, 1323
  Effie, 1137
  Elizabeth, 1224
  Estelle, 1224
  Eva, 1243
  Ferlie S., 1243
  Harry, 1223, 1224, 1232, 1243
  Jacob, 1127, 1243
  Jane, 1224
  John, 1223, 1224
  Joseph, 1223, 1224
  Joseph P., 1231
  Mary, 1223, 1224, 1231, 1243
  Melvin H., 1243
  Michael, 1223, 1224
  Nancy, 764, 1223, 1224
  Nettie, 1224
  Peggy, 1224
  Philip Sheridan, 1243
  Ramona M., 1243
  Regin, 145
  Rezin, 1223, 1224
  Samuel, 1223, 1224
  Sarah, 1243
  Susan, 1231
  Valinda, 1224
  Vilanda, 1231
  Virginia, 1231
  Zoe, 1224
  Zoe E., 1231
REESE Amor, 693
  Caroline F., 926
  Clara E., 1200
  Jacob, 1200
  Josephine M., 926
  Mrs., 926
  Rev., 549
REESIDE John E., 157
REGANOFF Catherine, 1170
REGGBERG Elizabeth, 1023

REICHARD ---, 863, 966
Ada Catharine, 573
Albert, 559, 971
Albertus, 861
Amanda, 968
Angela L., 1114
Ann, 968
Anna, 968
Annie, 573
B. F., 564
Barbara, 966
Benjamin F., 968
Bernard, 966
Bernhart, 966
Bertie M., 861
Bessie, 1232
Bessie C., 973
Bessie K., 1114
Bessie Katharine, 573
Catharine, 573, 967, 968, 971, 973, 1114
Catharine Balsbaugh, 968
Catherine, 573, 966
Charles W., 971
Christian, 966
Christie Funk, 573
Cyrus C., 968
D., 562
D. Roy, 1114
D. W., 822
Daniel, 194, 524, 527, 528, 573, 748, 966, 967, 968, 971, 973, 1114, 1122, 1232
Daniel Milton, 968
Daniel W., 968, 973, 1113, 1114
Daniel Webster, 573
David, 573, 967, 968, 972, 1114
David W., 861
Dr., 974
Edith, 861
Elizabeth, 748, 861, 966, 968
Ella, 971
Emma Catharine, 968
Eve, 966
Fannie Martin, 974
Florence, 971
Frances, 573, 965, 966, 968, 1114
Francis, 573
George, 968
George W., 971
Grace, 861
Harvey, 968
Howard, 1114
Jacob, 524, 527, 573, 861, 965, 966, 967, 968, 972, 1114
Jacob Albertus, 968
Jacob Paxton, 968
John, 375, 401, 429, 524, 563, 573, 966, 967, 968, 971, 972, 973, 1113, 1114, 1232
John Davis, 974
John Henry, 966
John L., 573
John R., 973, 1114
John Ringer, 573
John T., 968
Joseph, 861, 968
Julia, 1113, 1114, 1232
Julia Ann, 573, 972, 973
Julia O., 973, 1114
Julia Orpha, 573
Lawson C., 573
Louisa B., 573
Louise, 822
Maria, 748, 966, 968
Mary, 573, 578, 971, 1114, 1122
Mary A., 861
Mary Catharine, 968
Mary Elizabeth, 968
Mary Ellen, 874
Mary W., 1114
Mary Witmer, 573
Mollie, 1232
Mollie W., 973
Mr., 874, 973
Nancy, 968, 1114
Nannie, 524, 971
Norman, 861
Orton, 968
Oscar, 861
R. Howard, 973
Rebecca, 861, 968
Robert Howard, 573
Scott, 1232
Susan, 573, 968, 971, 1114
Susana, 968
Thomas, 861
Urilla, 971
V. M., 456, 533, 559, 1114
V. Milton, 429, 973
Valentine, 524, 573, 861, 968, 972, 1114
Valentine Milton, 573, 973
W. S., 517, 523, 524, 527, 529, 530, 578, 861, 973

William Franklin, 968
Winfield S., 822
Winfield Scott, 573, 1113
REICHERT ---, 966
REICHTER Annie V., 1309
  Caroline, 1308, 1309
  Catherine, 1308
  Charles, 1308, 1309
  Charles Andrew Michael, 1309
  Edna Catharine, 1309
  Edward, 1308
  Edward E., 1308, 1309
  Ella Loree, 1309
  Ellen, 1308
  Emma Josephine, 1309
  Emma May, 1309
  Emma S., 1309
  Helen Elizabeth, 1309
  Helena, 1308
  Joseph, 1308
  Josephine, 1308
  Mary Elizabeth, 1309
  William, 1308
REIFF ---, 576
  Andrew, 513
  David, 513, 575, 654, 694, 695
  Elizabeth, 654, 655, 691, 695, 1312
  Israel, 654, 655, 663, 691, 695, 1312
  Jacob, 691
  John, 695
  Joseph, 513
  Kate, 663
  Magdalene, 575, 695
  Mary, 584, 654, 662, 695, 961, 1005, 1312
  Nancy, 575, 694, 695
  Rebecca, 691
  Susan, 654, 663, 695
REIFSNIDER J. M., 926
REIGART ---, 117
REIGLE Benjamin, 381, 562
REILEY J. Mc-Kendree, 488
  James, 487
REILLY John D., 913
  Wilson, 1309
REILY James R., 393, 462, 492
REIMENSNYDER J. J., 539, 542, 543
  John J., 538, 547
REINECKE Alice, 1232
  Annie, 1232
  Carrie, 1232
  Ella, 1232
  Ernest, 1232
  John, 1232
  Lizzie, 1232
  Mabel, 1232
  Martha, 1232
  Mary, 1232
  Susan, 1232
REINHART Anna, 864
  Christian, 1190
  Elizabeth, 802
  Margaret, 1190
REISNER ---, 1047
  Michael, 35
  W. H., 502

REITZ J. G., 550
REITZELL ---, 854
  Amanda L., 771
  Anna, 771
  Carrie, 771
  Elizabeth, 771
  Elizabeth T., 771
  Jacob, 319, 463, 771
  John, 771
  Katherine Elizabeth, 771
  Mary Anna, 771
  Philip, 771
  Rebecca, 771
  Samuel M., 771
  Susan A., 771
  Theodosia, 771
  Venette, 771
  William R., 771
REMINGTON Joseph P., 1265
REMLEY Ella, 971, 1122
  J. F. A., 564, 1113, 1122
  John F., 1008
  John F. A., 416, 557, 1323
  John F. E., 971
REMSBERG Charles H., 855
  Elizabeth, 855
REMSBURG Adeline, 983
  Agnes E., 1101
  Albert J., 559
  Alice, 983
  Alice A., 1101
  Anna, 983
  C. Hicks, 1098, 1101

Catharine, 1098
Catherine, 983
Celinda, 983
Charles, 983, 1098
Charles E., 1098
Charles Ellsworth, 1101
Cyrus H., 983
Eliza, 982, 983, 1019, 1098, 1101
Elizabeth, 1101
Elizabeth C., 983
Ella, 983
Emma, 983, 1098
Emma J., 983, 1098
Ernest Ellsworth, 983
Flossie Elizabeth, 1101
Frances, 1098
Freddie Fillmore, 1101
George P., 721
Henry, 983, 1098
John, 983, 1098
John D., 983, 1098
John Edgar, 1101
John William, 983
Joseph H., 637, 982, 983, 1098
Lewis, 983
Lewis C., 563, 1001, 1097, 1098, 1101
Lillie May, 1101
Lizzie, 983, 1019, 1098
Louisa, 983, 1098
Lydia, 983, 1098
Margaret, 1098
Margaret L., 1101
Mary, 721, 1098

Mary C., 1133
Maud Elizabeth, 983
Milton Ellsworth, 1101
Miss, 783
Mollie, 983
Ninian, 983, 1098
Peter, 983, 1098, 1133
Sallie, 637
Sallie E., 983
Susie S. Ullum, 1098
T. Harry, 1101
Thomas, 983, 1098
Virginia E., 1098
William, 783, 1019
William Howard, 1101
William P., 982, 983, 1098
William R., 1101
RENCH ---, 237, 551, 971
A., 81, 82
Alice, 426
Alice B., 661
Alice J., 652, 688
Alice Jane, 661
Andrew, 81, 82, 85, 230, 426, 429, 527, 652, 658, 661, 688, 884, 914, 1225, 1324
Andrew W., 81
Angelica, 884
Anjelect, 1232
Benjamin P., 564, 637, 661, 662, 688, 912
Benjamin Price, 658, 661
Bessie Lee, 661
Capt., 81

Catharine, 661, 884, 912, 913
Catherine, 658
Daisy, 702
Daniel, 146, 177, 179, 186, 562, 658, 661, 688, 884, 912, 1232
DeWitt Clinton, 661, 688
Dr., 1060, 1061
Eleanora, 884
Elizabeth, 446, 658
Franklin Andrew, 661
Helen M., 637
Helen Mary, 661
J., 80, 82
Jane, 527, 658, 688
Jane Scott, 426, 658
Jeanette B., 661
Jennie Scott, 661
John, 75, 81, 82, 83, 658, 82
Joseph, 82, 390, 446, 563
Laura, 912
Laura E., 661
Laura L., 637, 661
Levy, 146
Mary, 658
Miss, 631, 775
Mr., 884
Mrs., 661
Nannie V., 661
Peer, 223
Robert B., 662
Sarah, 1225
Sarah E., 688
Sarah Elizabeth, 426, 429, 661
Sarah Louise, 661

# INDEX

Savilla, 1232
Shafer, 884
Susan M., 426, 661, 688, 914
W., 80
RENNER A. R., 696
  Anna, 854
  Bertha, 1132
  Catharine, 1018
  Charles, 826
  Charles E., 467
  Ellsworth, 826
  Francis, 1137
  George, 826
  Ida, 826
  Mary, 826
  Minnie, 696, 1169
  Mr., 1321
  Rufus, 826
  Samuel, 826
  Sarah, 1199, 1321
  Teny L., 1182
  Ulysses, 826
  Virginia Florence, 1137
  Willie, 826
RENO General, 1156
  R. B. M., 1199
RENSCH ---, 1275
RENSHAW Commodore, 932
RENTCH ---, 200
  A., 562
  Abraham, 492
  Andrew, 309
  Angelica E., 637, 638
  Catharine, 638, 786
  Clinton, 309
  Daniel, 638, 144

  DeWitt Clinton, 309
  Ellenora, 638
  John, 638, 786
  Lawrence S., 638
  Mrs., 492
RENTSCH Andrew, 658
REPP Catharine, 538, 547
  John, 146, 538, 547
  Michael, 538, 547
  Peter, 538, 547
REPSOMER Lizzie, 1317
RESCH Daniel, 510
  Magdalene, 510
RESH Agnes, 663
  Benjamin, 663
  Daniel, 663
  David, 664
  Elizabeth, 663, 1194
  Esther, 663, 664, 1194
  Fannie, 663, 664
  Frank, 664
  Jacob, 663
  James, 1194
  John, 663
  Joseph, 663, 664
  Joshua, 664
  Julia, 1204
  Laura, 664
  Laura B., 813
  Martin, 664
  Mary, 664
  Moses, 663
  Peter, 508, 663, 664
  Sallie, 508, 664
  Samuel, 664, 741
  Susan, 663, 664

RESLEY Anna Belle, 1202
  Horace, 1202
  Lydia, 778, 843
RESSLER J. A., 512
RESSLEY Jacob, 984
RETTBERG Jacob, 550
RETZ Catharine, 542
  Christian, 542
RETZIN Catharine, 542
REUBUSH J., 501
  J. H., 511
  John, 501, 503
REUCHLIN of Germany, 518
REVENACHT P., 79
  Philip, 79
REVET Ann, 643
  Mary, 643
  Thomas, 643
REYNOLD ---, 1301
REYNOLDS ---, 552, 1304
  Aletha, 852, 1180, 1322
  Amanda, 1168
  Ann, 1305
  Anna, 1305
  Barbara A., 1305
  Betsy, 102
  Bridget, 1305
  Caleb, 487
  Capt., 101, 125
  Captain, 102
  Caroline, 1305
  Dr., 185

Elizabeth, 101, 102, 1062, 1164, 1302, 1303, 1305
Eura, 711
Fannie E., 1305
Francis, 1305
General, 327, 838, 1156
George, 160
Harriet Ann, 1305
Ida, 998
Isaac, 102, 1300, 1302, 1305
Isaac Newton, 1305
J., 555
James, 1305
James Walling, 1305
John, 81, 82, 95, 100, 101, 102, 148, 173, 179, 203, 222, 230, 426, 433, 443, 498, 1239, 1302, 1303, 1304, 1305
John D., 1322
Joseph, 101, 102, 456, 1302, 1305
Joseph Howard, 1305
Joseph Sheridan, 1305
Joseph Smith, 1305
Lucy, 1305
Mace, 921
Margaret, 1302, 1304, 1305
Martin, 1302, 1305
Mary, 1300, 1302, 1305
Mary Jane, 1305
Mary Margaret, 1305
Mercy, 1305
Mrs., 100, 101, 102
Otho, 1305
Rebecca, 1305

Robert, 1305
Robert Smith, 1305
Sally, 1305
Samuel, 1305
Sarah, 1302, 1305, 1322
Susan, 1180, 1305
Thomas, 1305
William, 94, 101, 102, 115, 389, 498, 1168, 1180, 1305
William M., 1305
RHINE Catherine, 956
RHINEHART Jennie, 575
Lydia, 575
Mr., 766
Samuel, 575
RHOADES Adam, 1241
Clemson, 1241
Elizabeth B., 1241
Elizabeth Brown, 1240
Fannie, 1241
Garner, 1241
George, 1240, 1241
Hettie, 1241
Jacob, 1241
John, 1240, 1241
Mary Witherow, 1240, 1241
William, 1240, 1241
RHODDA Martin, 486
RHODES ---, 325, 1011
Alice, 983
Blanche M., 1281
Cecil, 285
Christian, 692, 693

Clarissa, 1281
David M., 691
Emma, 691
Fanny Kate, 812
Ida Myrtle, 852
James B., 1281
John, 145, 691
Joseph Luther, 812
Julia Martin, 812
Lloyd W., 852
Martha, 692
Mary, 691
Mary C., 983
Miss, 784
Robert, 983
Sarah E., 1294
William, 852
RHODS John, 79
RHOLAND Elizabeth, 1231
RHORER Cora, 964
Frank L., 964
RICCHART Jacob, 966
RICE Abraham, 1325
Abram, 817
Alice, 1230
Alice A., 817
Andrew, 1230
Anna, 703, 1230
Anna M., 943
Barbara, 1230
Catharine, 1280
Dr., 1233
Eliza, 817
Emma, 783, 1230
George, 783
Hannah, 1230

INDEX 213

Henry, 703
Isaac, 1281
J. E. B., 468, 511
Jacob, 993, 1281
Katie, 993
Kitty, 1280, 1281
M. F. B., 549, 552
Mahlon Luther, 943
Maria, 1325
Mary, 1230, 1281
Mollie A., 645
Norman, 645
S. L., 476
Sarah, 1233
RICHARD ---, 966, 1252
John L., 1179
Miss, 1232
RICHARDS John, 499
Raymond, 915
Representative, 981
Sarah, 1225
RICHARDSON ---, 335
A. F., 907
Anna M., 908
G. A., 908, 1246
General, 935
George R., 217
Gustavus A., 907
Harry, 1320
J. L., 517, 907
J. R., 1318
Jennie, 1320
Mary Ann, 907
Melissa, 907
P. M., 907
R. S., 1246

Rev., 508
Susan, 907
Virginia, 907
W. S., 558, 907
X. J., 538, 539, 543, 547, 907
RICHMOND B. A., 563
Benjamin A., 420, 558
RICKARD Eliza, 1179
Elizabeth, 1179, 1180
Elizabeth S., 1315
Ella, 1179
J. L., 1179
James, 1179
John L., 1179
Julia, 1179
Maria, 1179
Mary, 1179
Mr., 1180
Sallie, 1179
Thomas L., 1179, 1315
RICKENBAUGH Laura, 1225
Martin, 394, 443
Mary, 632
Nettie, 632
RICKNECKER Mr., 150
RIDDLEMOSER Dr., 1320
Georgiana, 1193
W., 562
W. A., 275, 317
W. T., 559
RIDENOUR ---, 94
Abbie K., 1243
Adam, 634
Addie, 635

Albert C., 635
Alberta, 1137
Alice, 635
Altie, 1137
Amanda, 634, 1137
Ann C., 996
Anna, 646, 707, 1137
Annie, 634, 1137
Benjamin, 796
Calvin, 628
Catharine, 634
Catherine, 628
Charles, 634, 1137
Charles E., 1243
Chrisley, 707
Christian Statton, 1137
Claude A., 1137
Cornelius R., 1137
Cyrus, 634, 635
David, 129, 398
Eliza, 1220
Elizabeth, 634, 645, 646, 801, 1241
Ellen W., 1184
Elmer, 1137
Emma, 707, 1269
Florence, 1137
Frances, 634
Frederick, 647, 1137
George E., 1121
Grant, 635
Harmon B., 467
Harriet, 646
Harriet Jane, 635
Helen, 635
Homer D., 1137
Isaac, 634, 707

J. Frank, 635
J. R., 499, 504, 476
Jacob, 645, 646
Jacob R., 1137
John, 646
John C., 1184
John D., 488, 1184
John E., 1184
John Wesley, 1137
Julia, 635
Kasia, 646
Lemuel, 1137
Lyida, 634
Manzella C., 1137
Maria, 1184
Martha Elizabeth, 1137
Martin, 540, 1024
Mary, 634, 707, 1134, 1137
Mary E., 924
Mary M., 1137
Mary N., 647
Mary R., 1184
Michael, 146
Minnie E., 1184
Mollie, 1184
Mr., 635, 1185
Mrs., 1185
Nicholas, 474
Oscar Frederick, 1137
Paul Reel, 1243
Rachel, 1243
Rebecca, 646, 1024
Richmond, 1137
Sallie, 634, 646
Sally A., 1184
Sarah, 707, 1044, 1137

Sarah L., 707
Silas, 996
Sophia, 646
Susan, 646, 1137
Susanna, 796
Viola M., 1121
Walter, 1137
William, 634
William H., 1184
William Heaflich, 1184
Zachariah, 634
RIDER Harry, 1204
Kate, 1204
RIDGELY Charles, 560
RIDOUT T., 62
RIEFF Anna, 654
David, 654
RIGDON John V., 487
RIGHARD ---, 966
Jacob, 966
RIGHERT ---, 966
RIGHT Jesse, 146
RIGHTSTINE William, 292
RIGLER Ella, 923
RILEY Anna, 1233
James R., 67, 68, 551
John, 1244
Louisa, 868, 867
Mary, 1244
Reuben, 278
RINALD George, 146
RINE Ann, 1233
David, 1233
Eliza, 1233
John, 1233
Wilber, 1233

William, 1233
RINEHART ---, 480
Alice, 1253, 1254
Archibald, 1066
Barnet, 831
Bennett, 831
Catharine, 1049, 1262
Charles, 832
Daniel, 733, 1067
David, 767
Edith G., 815
Edward, 832
Eliza, 484, 832
Elizabeth, 1066
Elmer, 1066
H. B., 815
Henry B., 1323
J., 497
Jacob R., 743
James, 832
Lewis, 1004
Mary, 767
Mary A., 705
Mary Ellen, 831, 832
May, 1004
Miss, 1235
Mr., 832
Nettie, 1323
Rebecca, 1006, 904
Roy, 1066
Samuel, 484, 828, 831, 832, 1306
Samuel B., 1066, 1067
Sarah, 831
Sarah Anna, 832
Thomas, 832
Thomas Barnett, 832
William, 499

# INDEX 215

Zella, 1066
RINGER Annie, 1232
  Catharine, 782, 996
  Columbus, 754
  John, 573, 747, 972, 1225
  Julia, 1113, 1114, 1225, 1232
  Julia Ann, 573, 972, 973
  Julia Witmer, 573
  Kate, 1232
  Mary, 747, 1225
  Mary Witmer, 573
  Mr., 234
  Peter, 511
  Robert, 754, 1225, 1232
  Susan, 884, 885
RINGGOLD ---, 198, 265
  Ann Cadwallader, 198
  C., 555
  Cadwalader, 242, 281
  Cadwallader, 198
  Capt., 125
  Fayette, 198
  General, 148, 158, 178, 180, 242, 795
  George H., 198
  George Hay, 198, 242
  James G., 967
  Maria, 242
  Maria Antionette, 198
  Marie Antoinette Hay, 242
  Mary, 954
  Rebecca, 198
  Samuel, 107, 108, 125, 128, 129, 130, 143, 144,
148, 151, 152, 160, 165, 167, 179, 197, 198, 242, 246, 281, 374, 376, 389, 435, 444, 510, 560, 561, 795, 967, 971
  Tench, 129, 131, 561
  Thomas, 197
RIPPLE ---, 1263
  Bessie Jane, 887
  Elizabeth, 1226
  John N., 887, 1226
  Lewis, 1226
  Mr., 475
  Philip, 537
RISELY Horace, 1151
  James, 1151
  John, 1151
RISER Peter, 493
RISLEY Ann Catharine, 1151
  Catharine, 1150
  George Jacob, 1150
  John, 1150, 1151
  Mary, 1150, 1151
RISSER Anna M., 962
  Benjamin, 654
  Fannie, 962
  Jacob, 513, 514
  Jacob H., 962
  John, 570, 662
  Magdalena, 654
  Martha, 962
  Martin E., 514
  Susan, 662
RITCHEY ---, 484
RITCHIE Albert, 557
  Charles, 582
  John, 413, 416, 558, 561, 560
  Mollie, 582
  Sallie, 697
RITTASE Christiana, 579
RITTER ---, 134
  Barbara, 1003
  David, 537
  Jacob, 537, 538, 547, 1003
  John, 537
  Mary, 538, 547
RITZ Amanda, 1163
RIVER Peter, 146
RIVES George, 583
RIZER Peter, 464
ROACH Absalom, 946
  Alice, 947
  Alice Virginia, 947
  Catherine, 805
  Cecil, 947
  Charles E., 456, 947
  Charles Edward, 805, 946
  Charles H., 947
  Edith, 947
  Elizabeth, 947
  Louis A. B., 947
  Louis Harold, 947
  Margaret, 947
  Marion, 947
  Mary Eliza, 946
  Mary Elizabeth, 947
  Mary S., 947
  Patrick, 946
  Robert, 805, 946, 947
  Thomas B., 946
  William F., 946
ROBERTS A. F., 1138
  A. M., 451

Benjamin, 486
Hugh, 486
Joseph, 498
Miss, 912
Mr., 206
N. S., 210
R. R., 487
ROBERTSON ---, 299
  Capt., 233, 260
  J. B., 1139
  James, 1310
  John, 79, 94, 254, 389, 421, 446
  Mary, 421
  Mary R., 1310
  T. G., 276, 401
  William, 389, 390, 446
ROBESSON Nina, 1065
ROBINS ---, 817
ROBINSON ---, 1025
  Barbara, 1041
  Cecilia, 1041
  Clara, 1041
  Elizabeth, 1037, 1041
  Ellen, 1041
  Hezekiah, 488
  Ida, 922
  Irvin, 922
  John, 431, 1041
  John C., 1041
  Maria, 866
  Martha, 845
  Mary, 1041
  Miss, 805, 963
  Mr., 101
  Norborn, 866
ROBOSSON Annie L., 845

John, 845
Martha, 845
ROCHESTER ---, 136, 137, 139, 140, 265
  Ann, 136
  Col., 99, 136, 438, 440
  Henry Eli, 136
  Hester, 136
  John, 136
  N., 136, 563
  Nathaniel, 89, 94, 98, 103, 107, 109, 110, 114, 125, 127, 129, 130, 131, 134, 135, 136, 139, 143, 144, 151, 152, 166, 173, 187, 199, 384, 385, 399, 444, 624, 1251
  Nicholas, 136
  Phillis, 136
  Robert, 98, 135, 138
  Roswell Hart, 136
  Sophia, 136
  William, 136
  William B., 135, 136, 143, 173
  William Beatty, 136
ROCKEY C. H., 537
ROCKWELL John, 277
RODE ---, 921
RODEFFER Arbelin, 500
RODERICK George, 1098
RODES ---, 357
ROELKEY Minnie, 738
ROESSNER ---, 149, 439
  Jacob, 449, 456, 508, 676
ROGER ---, 397

Col., 913
ROGERS A. L., 1181
  Benjamin, 1327
  Blanche M., 1152
  Bridget, 1305
  David H., 1152
  Margaret, 510
  Rachel, 1327
ROHRBACH Minnie, 1191
ROHRBACK Ann M., 1104
  Anna Mary, 1104
  Annie, 952, 974
  Annie J., 1104
  Annie Mary, 952
  Barbara, 952, 1183
  Barbara E., 1104
  Carrie, 1104
  Catherine, 952
  Christinia, 952
  Courilus, 952
  Daniel, 952
  Elias, 952
  Elizabeth, 952, 974
  Elizabeth C., 1104
  Fred, 1104
  George, 1104
  George Noah, 1104
  Harriet, 974
  Harry, 952
  Harry Frank, 1104
  Harvey A., 1104
  Henry, 952, 1183
  Henry B., 937
  Jacob, 145, 952
  Jacob Everett, 1104
  John, 952

# INDEX

Joseph, 952
Katie, 1104
Lillie, 1104
Lizzie, 1104
Martha, 937
Martha A., 952
Martha Jane, 1104
Mary, 952
Mary Alice, 1104
Mary J., 1183
Noah, 504, 952, 974, 1294
Nora, 1104
Rose, 952
Sarah, 952, 974
William, 145, 165, 952
William Henry, 1104
Willie, 1104
ROHRER ---, 27, 472, 1325
A. F., 892
Aaron, 745
Aaron F., 1067
Abraham, 507, 745
Abram, 963
Ada A., 974
Adah A., 507
Albert, 974
Albert Clay, 963
Alice, 646, 814, 1121, 1212
Alice Jane, 725
Amelia, 646
Amelia A., 995
Ann E., 1121
Ann M., 507, 974
Ann Maria, 1101, 1225, 1223
Anna, 1295

Anna A., 507
Annette, 974
Annie, 865, 1222
Annie E., 645
Annie M., 974
Barbara, 1121, 1127
Barbara A., 1212
Bertha, 963, 974
Bertha A., 637
Bertha Elizabeth, 963
Bessie, 1067
Betsey, 963, 964
Betsy, 963
C. W. G., 479
Caleb, 705
Caleb W. G., 1212
Caleb Wyand Geeting, 1212
Captain, 963
Caroline, 964
Carrie, 1233
Catharine, 627, 963
Catherine, 1121, 1193, 1236
Ch'n., 82
Christopher, 964
Clara, 865
Clarence, 646
Clayton, 1233
Cora, 974
D. A., 737, 903, 963, 974
Daniel, 783, 963
Daniel A., 564, 964
Daniel D., 742
Daniel F., 964
David, 499, 510, 646, 704, 963, 964, 1167, 1211

Dessie, 645
Edith, 865, 1067
Edith H., 892
Effie, 922
Eliabeth, 1211
Elias, 1186
Elias E., 401, 411, 532, 965
Eliza, 974, 1121
Elizabeth, 507, 510, 645, 646, 658, 704, 745, 903, 936, 964, 974, 1066, 1162, 801, 964
Elizabeth A., 507
Elizabeth G., 1066
Ellen, 964
Elmer, 737, 865, 974
Elva, 1233
Emanuel, 627
Emma, 1066, 1121
Ettie, 963
Eva, 1121
Eva Irene, 865
Eva O., 963
Ezra P., 1121
Fannie C., 745
Fannie T., 903, 964
Florence, 1233
Frank, 922, 1233
Franklin, 737
Frederic, 500
Frederick, 100, 113, 146, 499, 922, 963, 964, 965, 1121
Frederick D., 963
G. C., 562
George, 853, 856, 865, 903, 922
George C., 964
George W., 644, 645

George William Clay, 963
Gertie E., 737
Gertrude, 974, 1121
Grace, 645
H. B., 507
H. C., 507
H. Clay, 507
Harriet, 737, 974
Harriet E., 507, 963
Harry, 645, 963, 974, 1121
Harvey, 1121
Hattie, 974
Henry, 257, 865
Henry Clay, 504, 507, 974
Henry W., 507, 753, 974, 1121
Hettie, 1168
Hiram, 646, 996
Hoffman, 965
Ida, 922
Ima I., 965
Ira, 637, 1233
Iva E., 964
J. F., 507
J. S., 974
J. W., 491
Jacob, 23, 67, 82, 93, 100, 163, 646, 963, 993, 1102, 1121, 1162, 1233, 1262
Jacob C., 1127, 1212
Jacob F., 510
Jacob M., 1162, 1212
Jennie, 974
Jeremiah, 499, 853, 877, 963
Jeremiah E., 964

John, 93, 645, 646, 694, 745, 746, 903, 963, 965, 1065, 1110, 1121, 801
John B., 507
John F., 507
John H., 745, 998, 1066, 1121, 1236
John M., 507, 963
John Q., 963
John V., 507, 737, 974, 1168
John W., 645, 517
Jonathan, 963, 964
Joseph, 504, 507, 963, 974
Joseph E., 1067
Joseph F., 507, 974, 1065, 1066
Joshua W., 922, 964, 965
Josiah, 963, 1121
Josiah C., 964
Julia, 922, 1121
Julian, 963, 974
Kate M., 1066
L. Q., 865
Laura, 856, 974, 1121
Leah E., 964
Lillian, 1121
Lillie, 646
Lillie M., 993, 1262
Lillie May, 645, 963
Lizzie, 645
Lorenzo D., 1121
Lula, 922
Lulu, 936, 964
Mahala, 853, 877, 1121
Mahlon, 1121

Malinda, 903, 963, 1127, 1128
Malinda C., 1121
Margaret, 645, 963, 964
Maria, 853, 877, 963, 1162
Martha, 964
Martha A., 783
Martha Ann, 963
Martha J., 1311
Martin, 507, 510, 725, 903, 1049, 1210, 1211, 1311
Martin J., 1162
Martin T., 745, 964
Mary, 507, 645, 646, 745, 963, 964, 1167
Mary Ann, 1121
Mary Catharine, 974
Mary E., 645, 1168, 801
Mary Elizabeth, 646
Mary Ellen, 865
Mary Etta, 995, 1121
Mary H., 1067
Mary K., 777
Matilda, 1121
Mattie, 964
Maude, 1233
Melinda, 853, 877
Millard F., 922
Minnie I., 963
Moody, 1020
Mr., 108, 741
Mrs., 903
Nancy, 628, 694
Nellie, 737, 1121
Nellie I., 964
Nettie L., 645

# INDEX

Newton, 856
Nina, 974
Ora C., 644
Polly, 963, 1049, 1162
Rebecca, 1121
Reuben, 507, 1162, 1295
Rosanna, 1121
Samuel, 146, 167, 317, 562, 737, 877, 922, 963, 964, 974, 1121
Samuel J., 936, 964
Sarah, 952, 974, 1066
Sarah L., 753
Savilla, 646
Silas, 646
Silas S., 257
Simon S., 1212
Sophia, 499, 737, 922, 963, 964, 974
Sophia S., 507
Stella, 1121, 1295
Sudie E., 1067
Susan, 963, 964, 1121, 1186
Susanna, 1066
Thomas, 974
Tracy, 903
Urilla, 965
Vada, 856
Viola Blanche, 645
Violetta, 737
Violetta A., 964
Virgie, 964
Walter D., 1121
Washington, 1162
William, 645, 767, 1121
William H., 645, 646, 995, 517

William McKinley, 964
ROLAND Harry, 777
Prudence, 777
ROLLER Morris, 574
Rebecca, 574
ROLTER John, 82
ROMAN Benjamin Franklin, 1056, 791
Bessie, 1056
Dixon, 311
J. D., 276
J. Dixon, 230, 240, 252, 253, 254, 263, 304, 305, 307, 317, 321, 339, 356, 382, 394, 399, 401, 414, 434, 555, 556, 560, 1251
J. P., 560
J. Philip, 415, 555
James Dixon, 238, 258, 357, 358, 446, 984, 985, 1251, 791
Louisa, 358
Louisa M., 254
Louisa Margaret, 358
Mr., 358
Sallie, 358, 382
Sarah, 1056, 791
ROMISER Joseph, 978
RONDTHALER J. A., 390
RONEY John, 892
ROOK David, 538, 547
ROOP ---, 1030
Dr., 751
Sarah, 751
ROOSEVELT Alice, 444
President, 416, 444, 712, 981

Theodore, 281
ROOT Amelia, 1225
Elihu, 339, 344
Susan, 693
ROPP Hannah, 1115
John, 146
Miss, 983
ROSCOE Mr., 230
ROSE ---, 1074
Nellie, 1200
ROSECRANS General, 1156
ROSENBERG Catharine, 1233
Henry, 1014
Mollie, 1014
Mollie R. Macgill, 1014
Mr., 1233
ROSENBURG Henry, 382, 386, 428
ROSS ---, 248
Effie, 1204
General, 772, 977, 1011, 1256
George, 79
Joseph, 538, 547
Mercy, 79
Sol, 1139
W. J., 985
William, 555
William I., 555
William J., 556
ROSSMAN Barbara, 1192
Peter, 1192
ROTH Abraham, 668, 671, 975, 1313
Amanda, 671, 975
Bertha, 671

Daniel, 514, 671, 815
Edith D., 671
Elizabeth, 671
Grover Wilson, 671
Lewis, 671
Maria, 671, 815
Nancy, 671
Nannie, 671
Silas A., 671
Susanna, 1313
ROTHGEB Bessie W., 1138
E. L., 1138
ROUDABUSH G. J., 468, 504, 1060
ROULETE William, 102
ROULETTE Ann Elizabeth, 1240
Annie, 974
Annie E., 958
Annie Margaret, 952
Annie Mary, 952
B. F., 1240, 958
Benjamin F., 951, 1240
Benjamin Franklin, 1239, 1240
Bertha E., 1144
Bessie, 961
Carrie May, 1240
Catherine, 961
Catherine L., 961
Clyde Biggs, 952
Daniel, 1240
Dorothy, 952
Ella, 961
Elizabeth, 952, 1240
Elizabeth B., 1241

Elizabeth B. G., 1240
Elizabeth Brown, 1240
Frank, 911
George E., 958
George F., 961
Gertrude, 952
Helen Rebecca, 1240
J. C., 641, 1173, 1241
Jean Louis, 1240
John, 937, 958, 974, 1240
John D., 952, 958
John Daniel, 951, 952, 1240
John Walter, 952
Joseph C., 958, 961
Joseph Clinton, 1240
Joseph Frederick, 952
Lavinia Kate, 641
Lelia, 1240
Margaret, 958
Margaret A., 961
Margaret Ann, 911, 1240
Mary Margaret, 1240
Mr., 961
Noah William, 952
Norman McComb, 1240
Otho William, 1240
Rebecca, 958
Rohrback Ellsworth, 952
Samuel Patterson, 1240
Sarah, 937
Sarah Ann, 1240
Susan Rebecca, 1240

Ulysses Sheridan, 1240
W. S., 958
William, 102, 401, 490, 911, 958, 961, 1240
William Grafton, 1240
William U., 958, 961, 1144
ROUSBY Ann, 138
John, 138
Peregrine, 139
William, 139
ROUSER C. G., 802
Martha A., 802
Susan, 802
ROUSKULP ---, 356
Alice V., 1068
Anna Maria, 1074
Charles Upton, 1068
Emma L., 1068
Harry W., 1068
Joanna, 1068
John, 1074
Mary, 871
Mary Rebecca, 1068
Rebecca, 573, 1068, 1074
S. J., 1068
Samuel, 94, 1074
Samuel E., 1068
Samuel J., 1068, 1074
Upton, 94, 307, 1068, 1074
ROUTSANG Miss, 848
ROUTSONG Miss, 844
ROUTZAHN Anna, 1265
Benjamin, 1150

# INDEX

Calvin, 1265
Catharine S., 1122
Catherine, 1092
H. H., 1122
Hattie L., 1150
ROUZER ---, 1138
ROW Esther, 664
Isaac, 664
ROWE ---, 1066
Addie F., 931
Ann, 1205
Annie M., 931
Anthony, 1205
Carl E., 931
Clara, 953, 998
Elizabeth, 942
Jane, 874
John, 528
John N., 942
Lizzie, 1324
Margaret, 931
Maude E., 931
Rebecca, 1200
Ruth, 931
S. Howard, 931
Samuel R., 931
Sarah E., 931
ROWEN Joseph, 487
ROWLAND ---, 1071
Abraham, 805
Abram, 528
Alice Virginia, 947
Amos, 683
Amy, 683, 895
Andrew, 683
Ann Maria, 668
Anna, 805
Annie E., 896

Barbara, 667, 683, 805
Barbara A., 1273, 1275
Benjamin, 998
Bertie M., 861
Catherine, 805, 1104, 1121
Charles, 1121
Christian, 683, 895
Daniel, 528
David, 95, 528
E., 1114
Elias, 682, 683, 1019
Eliza, 805, 998
Elizabeth, 667, 683, 712, 805
Ellen, 716
Emmert, 527
Ezra, 1273, 1275
Frances Marian, 667
Harry, 998
Harvey, 1322
Henry, 805, 947
Ida, 1102
Ida Florence, 1322
Isaac, 412, 667, 683, 805
Isaac N., 716
J. Edgar, 861
Jacob, 667
John, 517, 528, 529, 667, 805, 1104, 841
John E., 668, 712
John S., 527, 668, 998, 1122
Jonas, 528
Joseph, 524, 528, 555
Joseph M., 1299
Kate, 998

Katharine L., 683
Katharine M., 683
L. B., 1273, 1275
Levi, 683
Lizzie, 841
Lydia, 667
Mabel, 712
Major, 911
Margaret, 1073
Margaret A., 1073
Mary, 667, 683, 998, 1281
Mary A., 716
Mary Ann, 683
Mary C., 985
Mary E., 412, 683
Mary Elizabeth, 805, 947
Mattie, 1322
Miss, 1226
Nancy, 625, 667, 1122
Nannie, 998, 1302
Sallie K., 1019
Sarah, 667
Sarah K., 683
Susan, 667, 683
Susanna, 1275
Susanna P., 1273
ROY ---, 908
Florence, 891
Lucy, 847
ROYALL Anne, 183
ROYER Albertus, 633
Alice M., 711, 751
Ann, 1005
Anna, 682, 724
Annabelle, 583
Annie, 903

Catharine, 633, 1005
Charles, 633
Christian, 703
Daniel, 882, 1005
Daniel F., 1073
Eliza, 583
George A., 469, 471
George Adam, 583
Ira, 633
John, 583, 724, 1005
Laura, 703
Leonora Augustine, 583
Mabel Pauline, 583
Mary Ann, 633
Susan E., 868
ROYLE Lieut., 1282
ROZZEL Samuel S., 487
RUBECK Daniel, 714
Mollie, 714
RUDESELL David, 734
Sarah Ann, 734
RUDY ---, 1269
Aaron W., 1265
Barbara, 1186
Caroline, 1265
Eliza, 1019
Elizabeth, 1126, 1264
George, 1265
Gertrude, 1265
Grace, 1265
H. R., 1270
Harry R., 1265
Joseph, 1186
Lavinia, 1265
Loretta A., 1265
Washington, 1265

RUEBUCH Lanah, 766
Samuel, 766
RUFF Daniel, 486
RUMMEL ---, 551
Barbara, 1003
Mary, 706
Peter, 1003
RUMSEY ---, 25, 117, 118, 119, 120, 121
Charles, 119
Clarissa, 123
Edward, 119, 123
James, 116, 117, 118, 119, 123, 437, 465
Mr., 116
Mrs., 122
Susannah, 123
RUNDTREE Mary C., 1181
RUNION Susan, 1255
RUNKLE J. W., 472, 492
RUPP ---, 956, 1260
RUSH ---, 265
RUSSEL Christiana, 1280
Jacob, 1280
John, 476, 1280
RUSSELL Abraham, 158
Anna, 1230
Bishop, 1167
C. C., 667
C. H., 843
Capt., 318
Catharine, 706
Charles, 672
Charles F., 558, 1157
Christian, 537

Elizabeth, 1072
James E., 721
John, 197, 991, 1127, 1243
John J., 222
Major, 833
Mr., 501, 1230
Rachel, 1127, 1243
Susanna, 991
RUTH Clayton, 1126
Nora, 1126
RUTHERFORD
Anna Bell, 694
Capt., 51, 54, 57
Edith C., 694
Esther, 694
Fannie, 694
Grace, 694
Lee, 694
Wilhelmina, 694
William, 694
RUTHRAUFF F., 543, 547
Florence, 1037
Frederick, 470, 474, 538, 542, 544
Henry, 538, 547
J. F., 543
Jacob, 538, 547
John, 534, 538, 542, 544, 547
Rev. Mr., 175
Susan, 538, 547
William, 1037
RUTLEDGE Abraham, 108
RUTTER ---, 214
Adam, 1240
Catherine, 962

Sarah Jane, 1240
RYAN ---, 480
  Annie M., 725
  Father, 479, 480
  Jennie, 484
  Rev., 222
  Rev. Mr., 271
  Timothy, 231, 480
RYMEBY Philip, 82
RYMEL G. B., 585
RYNOLDS Mrs., 101

-S-
SACHS Alfred, 1194
  Bessie, 1194
  Fanny, 1194
  Frank D., 1194
  Harry M., 1194
  Howard, 1194
  Jacob, 1194
  Matthew, 1194
  Simon, 1194
SADDLER ---, 883
SADLER ---, 1246
  Elizabeth, 1230
  Frank, 1230
  Freeman, 1230
  Minnie, 1230
  Minnie Augusta, 1246
  Myrtle, 1230
  Nellie, 1230
  William, 1230
SAFETY Felty, 82
SAGER A. D., 646
  Aaron D., 517, 563, 798, 801
  Benjamin, 798
  Bessie C., 801
  Catharine, 798
  Charlotte, 798
  Clarence L., 801
  Daniel, 798
  Ella, 798
  Elmer R., 801
  Emanuel, 798
  Frank S., 801
  Hiram D., 798
  Jackson, 798
  Jacob, 798
  John, 146
  Lana, 798
  Louis A., 801
  Mary, 798
  Mary E., 801
  Mary Elizabeth, 646
  Mr., 801
  Nancy Lee, 801
  Olivia, 801
  Samuel, 798
  Sarah, 798
  Sarah Louisa, 798
  Susan, 798
  Tilla, 798
  W. Scott, 798
  William C., 801
  William T., 798
SAGLE Alice, 1109
  Nathaniel, 1109
  Rebecca, 1109
SAILOR Miss, 94, 238
  Samuel, 146
ST. CLAIR Arthur, 963
  General, 112
  John, 53
  Maj. Genl., 28, 80

SAM Nicholas, 24, 464
SAMPLE ---, 288
SANDERS Mary, 1174
SANDS James, 1191
  William E., 451
SANER Julia, 1229
SANGREE Frances, 1254
  M. H., 1254
SANTEE C. A., 1240
  Charles A., 485, 537, 958
  J. W., 537
  Margaret, 1240
  Rebecca, 958
  Rev. Dr., 1203
  Susan Rebecca, 1240
SANTMAN Joseph, 875
  Mary E., 875
SAPP ---, 572
SARDINIA King of, 22
SARGES Catharine C., 1025
  Elizabeth L., 1025
  Frederick M., 1025
  Margaret H., 1025
SARRICK M. A., 745
SARTORIS Ann, 733
SARVER Catherine, 1059
SARY Caleb, 56
SAUER Catharine, 674
SAUM E. K., 517
  Ellen, 718
  Ellen J., 636
  Frank, 636, 718
  M. G., 517
SAUMS Miss, 998

SAUNDERS John, 773
  Mary, 773
  Nora, 935
SAUTZMAN Louisa, 707
SAVAGE Adelaide, 247
  John, 247
  Mr., 266
SAVONOROLA ---, 518
SAYERS ---, 258
SAYLER Annie E., 1229
  Daniel P., 1066
  Elizabeth, 1066
  Sarah, 1066
SAYLOR ---, 149
  A. R., 559
  Matthaus, 393
  Matthias, 146
  Peter, 393
  Susan, 997, 998
SCANTLIN
  Catherine, 1096
  William, 1096
SCHAEFFER
  Barbara, 786
  Charles F., 397
  D. F., 464
  D. M., 559
  Elizabeth, 658
  Emma R., 786
  Harry, 786
  John, 786
  John Nicholas, 786
  Michael, 786
  Samuel M., 786
  Solomon, 396, 397, 470, 474, 542, 543

Thomas J., 786
SCHAMEL Amanda Helen, 915
  Andrew, 836
  Benjamin, 914
  Catherine, 813, 836, 914
  Charles Henry, 836
  Charlotte, 836
  Elizabeth, 914, 915
  Elmer, 836
  Etta, 915
  Frances, 836
  Frank, 915
  George, 836
  George C., 835, 836
  George S., 914
  Helen, 915
  Henry, 528, 836, 971
  Henry W., 551
  Henry William, 914, 915
  J. Tilden, 915
  Jacob, 914
  John, 914
  John F., 915
  Josiah, 914
  Julia, 915
  Leah M., 915
  Lena, 836
  Mahala, 914
  Margaret, 836
  Maria, 914
  Martha, 836
  Mary, 835, 836, 915
  Mary Ann, 914
  Maud, 836
  Minerva, 836
  Nannie, 836, 971

  Nona, 836
  Peter, 914
  Peter H., 813, 835, 836
  Robert, 836
  Rosella, 915
  Solomon, 914
  Susan, 914
  William Henry, 914
SCHARF ---, 247, 1226
SCHATZER Albert D., 798
  John Rea, 798
  Nora D., 798
  Nora G., 798
SCHECTER Charles, 1230
  Joshua, 1230
  Susan, 1230
SCHEEL Casper, 394, 485
SCHEETZ Daniel, 513
SCHEFFER Justus, 871
  Prof., 868
SCHELLER ---, 917
  Annie, 1073
  C. R., 559, 874, 1271
  Catharine, 1073, 1223
  Catherine, 824, 1226, 1271
  Christian, 824, 1073, 1223, 1271
  Christian R., 1073
  Daniel, 23, 1073, 1223, 1271
  Daniel L., 1074
  Daniel M., 965, 1073
  Daniel N., 528
  David, 1226, 1239
  Dr., 1074, 1239

INDEX 225

Fannie, 1290
Frederick, 965
Gertrude, 1239
Henry, 1271
Ima I., 965
Jacob D., 1239
Margaret, 1073
Margaret A., 1073
Mary E., 1074
Mary Elizabeth, 874
Rhoda M., 1239
Samuel, 1073, 1239
SCHENCK ---, 723
General, 1013
Katrina, 653
SCHICK John M., 578
SCHILDNECHT
Josiah, 943
Manzella M., 943
SCHILDNECK Miss, 844, 848
SCHILDTKNECHT
Louisa, 864
Susan, 864
SCHILLING
Frederick, 538, 547
Julia A., 538, 547
SCHINDEL, 1054
---, 573, 647, 863, 1114, 1140
  Addie, 1231
  Addie Aura, 501
  Adelia, 635
  Alice, 1231
  Amelia, 1224, 1231
  Andrew, 635
  Ann Catharine, 718
  Anna, 718
  Anna Catharine, 712

Anna E., 1144
Annie, 1164
Annie L., 822
Barbara, 635
Benjamin, 534, 573, 1114
Benjamin P., 573, 973
Bertha E., 1144
Bessie, 961
Betsy, 1284
Blanche, 1164
Camilla, 635, 1144, 1229
Caroline, 1224, 1231
Carrie, 1164
Catharine, 635, 1284
Christian, 1284
Christiana, 1315
Clara J., 1285
Claude, 636
Daniel, 246, 371, 718, 786, 1224, 1231, 1284
David, 532, 1284
E. Carlton, 1164
E. M., 559, 847
Edward, 636
Edwin M., 1285
Effie, 1284
Elise, 1164
Ellen, 1231
Ellen J., 786
Emanuel, 1284
Emma, 636, 1224
Florence O., 1285
Francis, 1229
Geneva, 635, 1229
George, 635, 636, 1030, 1143, 1229
Gertie, 501, 1231

Gertrude A., 647
Grace, 1231
H. J., 1164
Ida, 635, 1144, 1229, 1231
J. Michael, 1143
Jacob, 635, 1143
Jennie, 1143
John, 1284
John R., 573, 647
Johnathan, 508
Jonathan, 399, 635, 658, 1229
Joseph, 1284
Joseph Emmert, 1163, 1164
Julia, 1143
Julia O., 973, 1114
Julia Orpha, 573
Kate, 1224, 1231
Keller, 1224, 1231
Lavinia, 635
Leah, 1231
Lewis, 398, 635, 1229, 1285
Lewis F., 1285
Lizzie, 635
Louisa, 635
Ludwig, 1143
Mac, 1231
Maria, 535
Martin, 1224, 1231
Mary Catharine, 1315
Mayor, 626
Milford, 635, 1229
Millie, 635
Miss, 654
Mollie, 1229
Mr., 1164

Nellie, 636
Newton L., 1285
Norman, 1229
Norman E., 635, 636, 1163, 1279
Ora, 1231
Oscar, 635, 1229
Philip, 1143, 1284, 1315
Pollie, 1284
R. D., 1164
R. E., 559
Ray, 501, 1231
Richard, 636
Roy, 1231
S. M., 1195
S. Martin, 1285
S. Milford, 1143
Sallie, 635, 636
Samuel, 635, 1143, 1163, 1285
Samuel E., 768, 1163, 1164
Sarah, 1279
Susan, 635, 1163, 1284, 1285
Susanna, 1224
Tillie, 1284
Urilla, 635, 1163, 1164
William, 822, 1284
SCHIRMAN R. J., 559
SCHISTER Johannes Nicolas, 393
SCHLACK Amos, 717
Annie C., 717
Charles, 717
Edith, 717
Gover, 717
Mary, 717

Susie, 717
SCHLATTER Michael, 29, 461, 492, 1002, 1215
Rev. Mr., 462, 541
SCHLEGLE Mary E., 665
SCHLEIGH Daniel, 196
John, 235
Mary, 196
Mrs., 235
William, 145
SCHLEINING Katie, 1104
SCHLEY Admiral, 588
Ann Cadwallader, 198
Anna Maria, 787
Augustus, 787
B. H., 319
Barbara, 134
Barbara A., 787, 788
Buchanan, 134, 247, 286, 389, 416, 557, 613, 787, 788, 791
Capt., 240
Catherine, 787
Col., 791
Eliza, 787
Eliza A., 412
F. A., 560
Frederick, 787, 788
Frederick A., 134, 164, 412, 416, 555
Frederick Augustus, 787, 788
George, 134, 215, 246, 247, 252, 260, 305, 307, 308, 380, 381, 409, 412, 416, 422, 555, 556, 557, 561, 681, 787, 788, 1001

J. M., 556, 561
James M., 148, 787, 788
John, 787
John Jacob, 787
John Thomas, 787
Maria, 787
Mary S., 788
Mary Sophia, 134, 788
Michael, 787
Mr., 416
Nathalie, 791
Philip, 787
Sarah, 791
Sophia, 412
William, 197, 229, 412, 555, 787
SCHLOSSER ---, 803
Alva, 873
Ann R., 875, 946
Bessie E., 873
Catharine, 872, 873
Catherine, 1170
Daniel, 873
David, 726, 873
E. Thomas, 873
Eli, 726, 873
Elizabeth, 726, 1170
Ella, 873
Ellen, 1232
Enos, 511, 742, 872, 873, 972
Harvey, 873
Jacob, 1170
Joel, 511, 726, 872, 873
John, 726, 872, 873, 1170
Josiah, 873, 1110
Leonard, 873

INDEX

Mabel, 873
Martha, 796, 875, 1170
Mary, 726, 873
Mary Eleanor, 873
Minnie, 873
Peter, 872, 873
Polly, 726
Samuel, 726, 873
Sarah, 726, 873
Savilla, 873
Simon, 726, 796, 873, 875, 1170
Susan, 873
SCHLOTTERBECK - --, 1114
  Jacob, 550
  William, 550
SCHMEL Henry F., 559
SCHMIDT Adaline, 863
  Catharine, 863
  Gotlob, 550
  Mollie A., 863
SCHMUCKER Dr., 396
  George, 397, 470
  J. G., 397, 542, 543
  J. George, 394
  John George, 474
  Rev., 464
  Rev. Mr., 125, 987
SCHNAY Rev., 464
SCHNEBELE
  Andrew, 1002, 1215
  Anna, 1002
  Barbara, 1002
  Catharine, 1002
  Christian, 1002

Christiana, 1002
Elizabeth, 1002
Eve, 1002
Fannie, 1002
Henry, 1002
Jacob, 1002, 1215
Johann Jacob, 1216
John, 1002
John Jacob, 1002
Joseph, 1002
Magdalene, 1002
Mary, 1002
Michael, 1002
Susannah, 1002
SCHNEBELL David, 391
  Henry, 391
SCHNEBLEY ---, 492, 551
  Adam, 754
  Amanda Ruth, 754
  Andrew Rench, 667
  Barbara, 754
  Capt., 108, 114
  Caspar, 754
  Catherine, 585, 667, 754
  Colonel (Col.) , 125, 775
  Conrad, 754
  Daniel, 134
  David, 203, 393
  David J., 754
  Dr., 654
  Edith M., 667
  Eliza, 754
  Elizabaeth, 754
  Elizabeth, 446, 667, 754

Emma, 667
Emma G., 667
Eska, 667
Frances Maria, 667
Frances Marian, 667
George W., 754
Harry M., 667
Helen, 667
Henry, 67, 100, 129, 427, 754
Isaac Rowland, 667
J., 427
Jacob, 113, 125, 126, 127, 143, 667, 754
James Henry, 754
John, 754
John C., 754
Julia M., 754
Lillie B., 667
Maria, 667
Martha, 585
Mary, 754
Mary A., 754
Menta H., 667
Milbry, 667
Myra, 667
Sabina, 747
Susan, 754
Susan E., 754
Susan Maria, 667
Vera, 667
William Grimes, 667
SCHNEBLY ---, 309, 916, 971
  A. R., 562
  Ada, 844
  Alfred, 475
  Andrew, 706
  Ann R., 844

228  HISTORY & BIOGRAPHICAL RECORD OF WASHINGTON CO.

Anna Barbara, 778, 843
Barbara, 778, 843
C., 555
Carrie, 844
Catherine, 778, 843
Clarence M., 781
Cora, 778
D., 561
D. H., 194
Daniel, 177, 197, 564, 565
Daniel H., 658
David, 144, 391
David H., 555
David M., 706
Dr., 96
Edward J., 844
Eliza, 301
Elizabeth, 778, 843, 1316
Ella, 844
Emma C., 844
Florence, 781
Florence Rebecca, 844
Frank, 907
Gertrude, 778
Henry, 85, 87, 106, 107, 373, 778, 843
J., 180, 561
Jacob, 115, 144, 563, 778, 1053, 1211
John, 145, 778, 843, 844, 1316
John S., 844
L. R., 471, 794
Lewis Allen, 781
Lewis R., 844
Lewis Resley, 778

Lydia, 778, 843, 1316
Martha, 778, 843
Mary, 658, 706, 907
Mary Catherine, 778
Mary Elizabeth, 778, 843
Mary Louise, 781
Melchior, 778
Melchior N., 843, 844
Mrs., 391
Nancy, 778, 843
Rosanna, 778, 843
Rose, 778, 843
Roy R., 844
Ruth, 844
Sabina, 778, 843
Samuel R., 778
Susanna, 1211
T., 234
Thomas, 254
W., 234
William, 160, 234, 844
SCHNECK B. S., 702
SCHNEE Jacob, 493
SCHNEIDER Adam, 1211
  Jacob, 550
  Philip, 485
SCHNER Mr., 324
SCHNERTZELL Sybila, 113
SCHNINDEL E. K., 501
SCHNURE Jacob, 538, 539
SCHOLL David, 537
SCHRIVER ---, 537
  Catherine, 844, 848
  E., 560

SCHROEDER Catherine, 373, 666, 898
  Frederick, 898
  Mary, 786
SCHROETER Daniel, 542, 543
SCHRYOCK H., 563
  Priscilla, 1251
SCHRYVER Harry, 768
  Nettie, 768
SCHULDES Harry, 945
  Rose B., 945
SCHULTZ Eliza, 583
  J. R., 550
  Mary Ann, 954
  Miss, 1194
  William, 954
SCHUMACKER John G., 493
SCHWAB Helena, 1308
SCHWARTZWELDER Peter, 276
SCHWERDTFEGER ---, 540, 541
  J. W. S., 543
  John William Samuel, 541
SCHWINGER Andrew, 942
  Sally, 988
  Sarah A., 942
SCOTT ---, 103, 308, 552, 613
  Amanda J., 1266
  Amanda Jane, 1269
  Ann, 1020

Catharine McPherson, 616
Catherine, 429, 613, 615
Dr., 616, 1195
Effie, 922
Eleanor, 1189
Eliza, 1048
Elizabeth, 1047
Elizabeth Key, 429, 613, 615
Elizabeth Maynadur, 1048
Gen., 148, 180, 242, 281, 309
George, 1189
Gustavus, 62
Helen M., 616
J. McP., 562, 1056, 1182
J. McPherson, 429, 558, 973
J. O., 1266
James, 192
John, 95, 429, 615, 1048
John McPherson, 615, 616
Joseph, 60
Maria, 510
Mary C., 192
N. B., 425, 429, 561, 838, 901
Norman B., 429, 558, 563, 613, 615, 616
Norman Bruce, 615, 616
O., 485
T. Parkin, 420
Upton, 615
W., 148

Walter, 1036
William, 98
William Ryland, 616
SCULL William, 498
SEAGRIST Fannie, 807
SEAMAN James, 845
Josephine, 845
SEAMONS Charles, 145
Joseph, 145
SEARES Lathana, 1038
Lathena, 1038
Mary Catharine, 1038
Polly, 1038
William, 1038
SEARS S. W., 487
SEATON ---, 258
SEBOLD Alva, 1234
Amelia, 1173
Amy F., 1173
Annie A., 1173
Ava, 1173
C. W., 488
Charles W., 371, 1170, 1173, 1234
Charlotte, 1170
Daniel D., 1170, 1173
Eliza, 1170
Fanny M., 1170
Israel B., 1173
Jacob, 1170, 1173
John, 1173
Matilda R., 1173
May R., 1170
Phoebe, 1170, 1173
Sally M., 1173
Sarah J., 1173

Susan, 1173
Thomas, 1173
SECHRIST Bessie, 1119
I. B., 1119
John, 844
SECRIST Abram, 1095
Ida L., 1095
SEDGWICK General, 1013
Miss, 140
SEDWICK Dorcas, 1061, 1072, 1073
Elizabeth, 1072
John, 1072
SEIBER Julia, 818
SEIBERT ---, 29, 461, 551
Albert, 633
Albert C., 916
Alice, 706
Allen Benton, 722
Amelia, 732, 733
Andrew K., 1254
Ann, 722, 794
Annie M., 1316
Bernard, 722
Carrie, 1254
Catharine, 1254
Cora, 818
D. Page, 1250
Daniel, 722, 778, 818, 843
Daniel B., 1254, 1316
Daniel S., 1254, 1316
David, 411, 561, 562, 722, 794, 818, 821, 927, 975, 1001, 1249, 1254, 1316
David W., 1250

David Warren, 818
Davidd, 1250
Earl, 818
Edward T., 1250
Eleanor S., 818
Elizabeth, 722, 778, 794, 818, 843, 1201, 1254, 1316
Ella, 818, 1250
Emily Hivling, 818
Emma Catharine, 877
Emma H., 794
Enos C., 821
George, 353, 485, 794, 1254
Henry, 722, 818, 1316
Henry A., 818
Henry Michael, 1254
J. A., 1255
Jacob, 722, 754, 818, 1249, 1254, 1316
John, 877, 1048
John Clark, 1254
Joseph, 35, 381, 722, 818, 1254, 1316
Joseph A., 722, 1250, 1254, 1255, 1316
Joseph Harold, 1254
Julia, 794, 927, 975, 1249
Julia Cameron, 821
Kay, 1031
Kieffer Spreckler, 1316
Leila Scott, 1254
Lewis Troup, 722
M. F., 564
M. Finley, 818, 1249, 1250
Major, 732
Mary, 818
Mary A., 1224
Mary Ann, 1291
Mary E., 916
Mary Elizabeth, 722, 1023, 1254, 1316
Mary Stake, 1254
Matilda, 818
Michael, 722, 818, 1031, 1249, 1254, 1316
Michael S., 1254
Michael Thomas, 722
Miss, 1233
Mr., 1255
Natalie, 818
Nellie S., 1250
Page, 818
Paul, 818
Percy, 818
Percy A., 1250
Peter, 167, 229, 1254
Rose, 794, 1254
Russell, 818
Sallie E., 1254
Samuel, 398, 722, 794, 818, 1254, 1316
Susan, 754
Susan Sophia, 1254
Thomas Edward, 818
Virginia Lee, 821
W. W., 471, 722, 794, 818, 1250, 1254
Walter Stewart, 818
William Mason, 722
SEIBOLD Jennie, 553
SEIDENSTRICKER Abraham, 698
Captain, 1221
Mary A., 698
Sarah R., 1116
William H., 488, 1116
SEIFERT George, 394
SEIGMAN George, 695
Mr., 1030
Sarah, 695
SEILER Nancy, 627
SEIPLE George S., 856
SEIPPLE G. S., 499
SEISS Cora, 818
SELBY Nathalie, 791
SELDEN ---, 217, 908
SELLARS Capt., 83
J., 80, 82
John, 80, 81, 82, 83
SELLER ---, 29, 461
Alexander, 79
SELLERS Jacob, 75
John, 107
SELLMAN Nannie, 838
SELSAM Catherine Cordelia, 765
David, 765
Jane, 765
SEMLER Conrad, 761
Elizabeth, 761
Maggie, 1195
SEMMES Richard T., 557
Samuel M., 555
SENCIL Peter, 474
SENER Amanda, 1322, 1323
Amandel, 1242, 1323
Annette, 1323
Annie M., 1323
Carrie, 1323

# INDEX

Carrie H., 1242
Catharine, 1322, 1323
Clyde, 1323
Elizabeth, 1323
Frank, 1323
Frederick, 1322
Frederick L., 1242, 1322, 1323
Julia E., 1323
Julia V., 1323
Nathaniel, 324, 1322, 1323
Nettie, 1323
Pearl, 1323
SENGER Sarah, 1295
SENSEBACH Catherine, 539
Jacob, 539
SENSENBAUGH Barbara, 645
SENSENICH Alice, 694
Amos, 694
Elam, 694
Hettie, 694
Ira, 694
John, 694
SENSENY Dr., 1194
Esther, 663, 1194
SERVER John, 1032
Maria, 1032
SETTLE Elizabeth, 774
SETTON Miss, 1286
SEVERINGHAUS Maria, 1119
William, 1119
SEWARD Secretary, 314
William H., 1038

SEWELL Girtha, 717
James, 487
SEYBERT Henry, 98
SEYLAR George W., 1163
SEYMOUR ---, 410
Horatio, 411, 985, 1031
Miss, 1202
SEYSTER Catherine, 1226
David, 1226
Frank, 1226
John, 1226
SHADE N. B., 559
SHADFORD George, 486
SHAEFFER Solomon, 397
SHAFER ---, 150, 372, 786, 1199, 1203
Alexander, 786, 884
Alice, 786
Angelica, 786, 884
Anna, 786, 1137
Anne Mary, 786
Barbara, 786
Ben, 855
Benjamin, 787, 841
Benjamin F., 786
C. E., 1060
Caroline, 786, 1229
Catharine, 786, 884
Charles, 885, 971
Charles A., 1122
Clarence, 984
Clarence E., 885
Daniel, 786, 884
Edward, 885

Edward H., 786
Eliza, 885
Elizabeth, 786, 787, 884
Ellen, 1019, 1231
Ellen J., 786
Frank, 885
George, 156, 246
Hannah, 841
Hannah V., 786, 787
Henry, 110
Howard J., 955
Isabelle, 885
John, 179, 562, 786, 884
John C., 885
John George, 786
John Henry, 786
John John, 786
John Lenoard, 786
John Nicholas, 786
Jonathan, 786, 884, 885, 866
Julia A., 1122
Julia O., 971
Laura, 786, 885
Louisa H., 787
Margaret, 581
Margaret C., 885, 866
Maria Elizabeth, 786
Mary, 786, 884, 885
Mary C., 786
Mary E., 885, 984
Mary Elisbeth, 1253
Mary H., 787
Mary S., 885
Mr., 234
Nicholas, 1019
Otho, 885

Polly, 884
R. E. L., 1060
Richard O., 787
Robert E. L., 885
Robert F, 787
Robert F., 786, 787
Robert J., 563, 885
Robert John, 885
Rosella, 885
Rosina, 786
Roy W., 1020
S. Marguerite, 787
S. Robert, 787
Samuel, 786, 884
Samuel M., 786, 787, 1253
Susan, 786, 884, 885
Thomas Benton, 787
Victorine, 885
Virginia, 885
SHAFFER ---, 1109
B. F., 662
Catherine, 1131
Christian, 655
Elizabeth, 658, 935, 1271
George W., 655
Henry, 167
John, 911, 1024
Mary, 911
Mary Ellen, 1290
Miss, 1170
Peter, 99, 935
Sarah, 1024
Soloman, 497
Virginia, 935
William, 1271
SHAFFNER Caspar, 97, 99

Casper, 113
M., 563
Matthias, 134
SHALEY Ellen, 1084
SHALL Catharine, 398
Catherine, 894, 957
George, 115, 894, 957
SHANABERGER Lewis R., 994
Lizzie A., 994
SHANAFIELD William, 540
SHANK ---, 1269
A., 463
Abraham, 559, 723, 962, 1005, 723
Abram, 1006
Ada, 1006
Ada C., 1006
Alice, 945
Alice Cecilia, 945
Allen, 663
Amanda, 784, 1006
Amanda L., 945
Amos, 784, 1006
Amy, 945
Andrew, 513, 945, 1005
Andrew J., 1005
Ann, 1005
Ann Elizabeth, 808
Anna, 904, 1005, 1006
Annie, 687, 784, 1005
Annie M., 1006
Annie Mary, 1006
Arimenta, 1005
Barbara, 1004, 1006
Barry O., 1004

Benjamin, 723, 1006, 714, 1005
Benjamin Harrison, 1006
Bertie, 1005
Bessie, 1005
Beulah, 1006
Calvin, 1004
Catharine, 688, 1005, 1006, 1007, 1025
Catherine, 1005
Charles, 663
Charles K., 1006
Christian, 513, 1005
Christopher, 1005
Clara L., 904, 1006
Clarence A., 1006
Clinton, 694
Cora F., 945
Daniel, 513, 904, 1004, 1005, 1006
Daniel V., 1006
David, 1006, 1032, 514
Earl, 694
Edith, 1004
Edith C., 694
Effie, 942
Elizabeth, 570, 663, 687, 784, 807, 954, 1004, 1005, 1006, 1032, 714, 1005
Ellen, 1005
Emma, 1032
Emma May, 1004
Ephriam S., 1005
Ernest, 663
Esther Ann, 1031, 1032, 1041
Eva, 1032
Fannie, 1005

## INDEX

Fanny, 962
Florence Resley, 723
Francis, 1006
Frederick, 662, 1005
George, 1006
George W., 1005
Harvie, 1007
Hattie, 723
Henry, 513, 514, 528, 1005, 1006
Hezekiah, 1005
Howard E., 1006
Ida, 945, 1032
Ida Catharine, 1004
Isaac, 1005
Isaac B., 1004, 1006
Jacob, 663, 723, 1004, 1005, 1006, 1032
Jacob R., 723, 1032
James W., 556
John, 1005, 1006, 1327, 1005
John A., 1005
John B., 514
John L., 807
Jonas, 513, 1005
Joseph, 874, 1006
Kate, 1005, 1006, 1032
Katie, 687, 1006
Keller, 663
Kelly, 1004
Lavinia, 1019
Leah, 1006
Lewis, 784, 812
Lydia, 1005
Lyilia, 1005
Magdalena, 1005
Marchie, 1006
Margaret, 1005
Maria, 1005
Martha, 784, 1005, 1006, 1032
Martha A., 812
Martin Irwin, 1007
Mary, 723, 1005, 1006, 1032, 723, 1005
Mary A., 874
Mary Ann, 907
Mary M., 1002
Mary Magdalena, 1002
Maud, 924
Maude, 1006
Minnie, 1311
Miss, 655, 784
Mr., 1006, 1007
Nettie, 1004
Noah, 663
Noah E., 1005
Ollie, 663
Oscar C., 945
Percy, 1004
Peter, 687, 1005
Preston Moab, 1007
Ralph, 1006
Rebecca, 663, 1006, 1032, 1327
Rhoda, 1006
Rose B., 945
Rosie, 945
S. Calvin, 1006
Sabina A., 1005
Samuel, 145, 514, 1005, 1032
Sarah, 1005
Sophia, 808, 1005
Susan, 1005
Susan M., 962
Susanna, 662
Theodore, 1005
Tobias, 688, 784, 1006
Victor, 663
Virgie, 1006
Virgie L., 1006
William, 904, 1006
William F., 1004
William H., 1005
Xervarius, 945
SHANKS Charles, 99
SHANNAN Joseph P., 248
SHANNEBERGER
Barbara, 848
Ezra, 848
SHANNON Ella, 1174
Walter, 1174
SHAPLEY Anna, 771
Rufus E., 771
Susan, 771
SHARE Eliza, 697
SHARER Amelia, 1225
Ann, 1225, 1233
Barbara, 1032
Charles, 1225, 1233
Cornelia, 1225
Eliza, 1223, 1225, 1233
Ella, 1225, 1233
Henry, 1223, 1225, 1233
Jacob, 278, 1223, 1225
John, 1032, 1223, 1225, 1233
Mary, 1233
Nancy, 1223, 1225, 1233
Sarah, 1225, 1233

234   HISTORY & BIOGRAPHICAL RECORD OF WASHINGTON CO.

Susie, 1233
Susy, 1233
SHAROL Margaret, 1098
SHARP Governor, 41, 524
　Horatio, 489
　M. S., 497, 498, 497, 498
　Rev. Mr., 1181
　Sophia, 1140
SHARPE Governor, 21, 39, 47, 48, 55, 461
　Horatio, 24, 26
SHAVER E. B., 533, 534
　George, 67
SHAW Albert, 1231
　Annie, 1233
　Dan, 1231
　Ellea M., 1168
　Florence, 1231
　Frank, 1231
　Jacob, 146
　Levi, 1232
　Louisa, 1232
　Mary, 1231, 1251
　Olin, 1231
　Oliver, 1231
　Rev., 553
　Rev. Mr., 167
　Samuel, 180
　Samuel B., 385
　Verna, 1231
　Vienna, 1231
　Walter, 1231
　William, 146, 1231
SHAWL Sarah, 798
SHAY Elizabeth, 1231

　Fannie, 1231
　Jacob, 1231
　Joseph W., 1231
　Mary, 1231
　Thomas C., 1231
　Vilanda, 1231
SHEARER Patty, 1146
SHECKLES Louisa, 1149, 1150
　Richard, 161, 380, 1150, 307
SHECKTER Lydia A., 1252
SHED Hattie, 744
SHEELER Mollie, 1054
　Thomas K., 1054
SHEELEY George A., 1326
　Grace L., 1326
　Isaiah E., 1200
　Joseph, 686
　Mary, 686
　Mary J., 1200
SHEELY Ellen, 1095
　Ida, 1055
　Isaiah, 1055
　Mary, 1055
　Molly Jane, 1126
　William, 1126
SHEESE Peter, 79
SHEETS Mary A., 547
SHEETZ John, 538
　Mary A., 538
SHEFFER Bartholomew, 768
SHEFFLER Luella, 1085
SHEIBLEY Mr., 260

SHEIRMAN Ellen, 993
SHEISS Peter, 773
SHEITZ Conrad H., 82
SHELEY Catharine, 1242
　Henry, 646
　Joshua, 646, 1242
　Louisa, 646, 1242
　Margaret, 646
　Sallie, 646
SHELLABARGER Anna, 1230
　Annie, 1224
　Christiana, 1224
　Mr., 1224
SHELLER Daniel, 530
　Fannie, 924
SHELLEY Capt., 81
　Peter, 82
SHELMAN Anna Maria, 787
SHELMIRE Ann, 1302
SHELTON Michael, 56
SHENK Susan B., 654
SHENNEBERGER Elizabth A., 994
　Lewis, 994
SHEPHERD Abram, 121, 122, 152
　C., 488
　Capt., 122
　Eleanor, 121
　Margaret, 1226
　Mr., 483
SHEPLEY Magdalene, 766
　Samuel, 766

# INDEX

SHEPPARD C., 488
  Hayward, 291, 292
SHEPPERD C., 286
SHERCLIFFE ---, 481
SHERER John W., 343
SHERFEY ---, 581
SHERIDAN ---, 354, 366, 925, 1246
  Annie, 924, 1290
  General, 364, 1144, 1164
SHERLOCK Rev. Mr., 647
  Thomas, 487
SHERMAN Elizabeth R., 938
  General, 355, 625, 1121, 1145
  John, 978
  Raleigh, 558, 938
SHERRICK ---, 527, 1295
  Anna, 651
  Annie, 1229, 1231
  Joseph, 527, 1231
  Miss, 1223
  Sallie, 1231
SHERRY James M., 557
SHERVIN ---, 480
  Mary, 945
  Rebecca, 945
  Samuel, 662
  William, 945
SHETRONE Edwin, 1290
  Ella S., 1290
  George A., 1290
SHEWBRIDGE Catharine, 925

James, 925
Margaret Olivia, 925
SHICKEL Barbara, 582
  Catharine, 582
  Daniel, 582
SHIELDS ---, 295
  General, 1156
SHIESS George, 513
  Peter, 1085
SHIFFLER Ann C., 645
  Barbara, 645
  Clara V., 696
  Fannie, 645
  Harlan, 696
  John, 1233
  Lulu M., 645
  May Josephine, 645
  Mollie A., 645
  Orville E., 645
  Otho J., 645
  Rosanna, 645
  Samuel, 645
  Sarah, 1233
  Silas, 645
  Stella, 645
SHIFLER Ada, 837
  Alice E., 1186
  Amanda, 864
  Amanda E., 1023
  Ann C., 793
  Annie, 865
  Arbelin, 837
  Atlee, 837
  Barbara, 837, 864, 865, 1023
  Blanche, 837
  Captain, 864

  Casper, 864
  Catherine, 503, 814, 837, 864, 865
  Clayton, 1186
  Daisy, 865
  Daniel, 864, 1186
  David E., 865
  Earl, 1186
  Edward H., 865
  Elizabeth, 814, 864, 865
  Ella, 837
  Emmert, 837
  Etta, 865
  Frederick, 864, 865
  George, 503, 814, 837, 864, 1186
  George J., 837, 865
  George M., 864, 865
  Harlan, 837
  John, 745, 814, 864, 865
  John L., 865
  John W., 837
  Joshua, 837
  Laura, 837
  Lemuel, 1186
  Lizzie, 864
  Lola, 1186
  Lydia, 837
  Magdalene, 864
  Maria, 1186
  Mary, 1186
  Mary Ellen, 865
  Nicholas, 837, 864, 865, 1023
  Otho, 837, 864
  Raymond, 865
  Ruann, 503

Ruanna, 864, 1023
Samuel, 503, 864, 1023, 837
Sarah, 837
Shirley, 837
Sophia, 814, 864
Susan, 864, 865
Susanna, 814
Violetta, 865
Walter E., 1186
Walter S., 1186
William, 837, 864, 865
SHILLING Barbara, 904
　Charles, 904
　Georgiana, 904
　John, 904
　Lottie, 904
　Mary E., 904
　Miss, 1083
　Vergie, 904
　Walter, 904
SHILLMAN George K., 556
SHIMP Miss, 1163
SHINDLE Christiana, 752
SHINHAM Alice, 656
　Alvey, 657
　Amelia, 656
　Annie, 656
　Barbara, 656
　Catharine, 656
　Cora, 657
　David, 656, 657
　Elizabeth, 656
　Frederick, 656
　George, 529, 724
　George L., 657
　George W., 656, 657, 664
　Harry, 657
　John E., 657
　John M., 657
　Leslie, 1068
　Margaret, 656
　Mary, 656, 657
　Mary M., 656
　Nellie V., 657
　Orville, 657
　Ralph, 656
　Susan, 656
　Vernie E., 657, 1068
SHINJAM George A., 656
　Margaret Ann, 656
SHIPLEY A., 1049
　Isadore, 1138
　John, 145
　Maria Kate, 1049
SHIPMAN Franklin, 752
SHIPP Cyrus, 1194
　Mary, 1194
　Sarah, 1194
SHIPPEN Edward, 383, 384
SHIREY A., 997
　Gideon, 997
SHIRK Benjamin, 697
　Christian, 702
　Ellen, 697
SHIRLEY Annie, 738
　Jefferson, 738
　Mr., 51, 53, 54, 55
SHIRTZ John, 771
SHIVES Daniel, 1327
　Eva, 1327
　Mary, 1327
SHOAFF James, 63
SHOCKEY David, 510
　Solomon, 510
SHOEMAKER
　Catherine, 793
　Elizabeth, 793
　Frank, 697
　Hannah, 793
　Henry, 793
　John, 79
　Lydia, 793, 837, 865
　Magdalena, 793
　Martha, 793
　Mary E., 697
　Prof., 617
SHOLES Ann Elizabeth, 1293
　David P., 1293
　David P. P., 1293
SHOOK Adam, 843
　John, 538, 547
SHOOP Adam, 563
　Alice A., 1222
　Amanda, 733
　Ann, 776
　B. F., 733
　Catharine, 1232
　Ernest B., 1222
　Mrs., 636
　S. B., 528
　Susan, 735
　Susie, 1222
　Wesley, 735
SHOTWELL Ellen, 1300
SHOUP ---, 240
　Barton, 528

# INDEX

SHOWALTER ---, 1200
  Alvah M., 687
  Amanda C., 687
  Amos T., 687
  Anna, 1006
  Annie, 687, 784
  Bertie, 687
  Bertie E., 687
  Catharine, 574, 575
  Effie, 687
  Elizabeth, 687
  Emma, 687
  Emma B., 687
  Eura, 687
  Frank, 687
  George, 687
  Irvin F., 687
  Katie, 687
  Laban, 687
  Martin W., 687
  Mary, 687
  Michael, 687
  Minnie G., 687
  Moab H., 687, 688
  Mr., 688
  Nancy, 687
  Nannie, 687, 812
  Nettie, 687
  Noah H., 1006
  Susanna, 687
  Walter, 687
  William, 687
SHOWERS Betsy, 1186
  Charlotte C., 732
  Jacob, 1186
  William, 732

SHOWMAN Alfred, 846
  Anna E., 846
  Caroline, 964
  Catherine, 754
  John, 754
  Joseph, 1131
  Pembroke B., 257
  Peter, 234
SHREVES John, 871
  Mary, 871
SHRIVER Abraham, 135, 193, 239
  Annie, 1317
  Edmond, 343
  Edward, 253, 343
  Harry, 991
  Henry, 513
  Judge, 178
  Mary Ann, 1270
  Miss, 733
  Rebecca, 732
SHRODER ---, 150
SHROY John, 145
SHRYOCK Capt., 81, 146, 147, 277, 397
  Col., 114
  David, 145
  Elizabeth, 175, 397, 632
  George, 145, 146, 159, 175, 277, 396, 397, 632
  Henry, 82, 90, 114, 115, 127
  John, 89, 175, 397
  Mary, 397
  Mary Teagarden, 175
  Thomas J., 407
SHUEY Catherine, 755, 644

  Mr., 755
  William, 644
SHUFORD M. L., 472, 492, 493, 497, 661
SHULTZ Ann Elizabeth, 1293
  David P., 1293
  David P. P., 1293
SHULTZE Frederick, 67, 68
  John, 67, 68
  Mary, 67, 68
  William, 67, 68
SHUMAKER Carrie, 1231
  Ella, 1231
  Grace, 1231
  John, 1230
  Prof., 617
  Susan, 1230
SHUMBERGER ---, 687
SHUNK Casper, 235
  Francis R., 235, 623
  Jane, 623
SHUPP Abraham, 514, 671, 815, 896
  Annie, 815, 896
  Annie M., 816
  Annie May, 816
  Benjamin, 815
  Bessie L., 816
  Charles A., 815
  Christian, 815
  David, 816
  Elizabeth, 815
  Frank, 816
  Henry, 815
  John, 815

John D., 815
John W., 816
Joseph, 815, 816
Laura E., 816
Lucy, 816
Lydia, 815
Maria, 671, 815
Mary Elizabeth, 816
Mazie V., 837
Melinda, 815
Walter A., 816
SHYROCK Capt., 81
Henry, 82
John, 81
Leonard, 82
SIBERT Caroline, 1292
SICKAFUS Rose, 702
SIDES Christian, 79
SIFER Emanuel, 853
SIGLER Amanda R., 1222
  George, 539
  George B., 1222
  John, 538
  Margaret A., 1222
SILER ---, 484
SILL Julia A., 1002
SILVER Eleanor, 1250
SILVERS Mr., 726
SIMMES Thomas, 67
SIMMONS A. M., 1078
  Abram, 1067, 1256
  Ann Sophia, 1067
  Anna, 1230
  Anna Russel, 1068
  Charles S., 1067, 1078
  Dr., 1068
  Elizabeth, 1067
  Emory, 1067
  Etta, 1230
  Florence, 1068, 1230
  Frederick, 1230
  Harriet B., 708
  Harriett Burrows, 1256
  Howard, 1067
  Isaac, 977
  J. Vernon, 708
  James, 1067, 1256
  James Vernon, 1067, 1256
  John, 487
  John F., 1067
  Leah B., 1043
  Leah Bryan, 1068
  Mary, 1173
  Mary R., 1067
  Mr., 1259
  R., 1067
  Rebecca H., 1067
  Richard, 1067
  Roger, 1230
  Roger Edwin, 1068
  Ruby, 1230
  Samuel, 1067
  Sarah, 976, 977
  Serena, 1067
  Sophia, 1067
  T., 1230
  T. W., 389, 444, 558, 1043
  Thomas W., 429, 1068
  Thomas Warfield, 1067, 1281
  Vernon, 434
  Vernon N., 431, 558
  Vernon Nelson, 1256
SIMON Amanda, 1163
  Carl Robert, 574
  Catharine, 574
  Clarence R., 574
  E. W., 574
  Ezra H., 574
  Harvey E., 574
  Henry, 1163
  J. S., 508, 509, 573, 574
  Jonas D., 574
  Lois E., 574
  Lois Juliet, 574
  Menno, 512, 1274
  Minnie A., 1163
  Philip, 574
  Rebecca, 574
  Walter Vose, 574
SIMONDS Ruby, 857
SIMPSON Benjamin, 277
  Cora, 696
  J. H., 696
  J. N., 559
  Jane, 389
  Lieut., 289, 292
  Sarah, 389
  Sophia, 1067
SIMS, 321
  H. A., 380, 381
  J. P., 380, 381
  Thomas, 1067
SINCLAIR John, 1295
SINGER Barbara, 575
  Hannah, 1089
  Israel, 1089
  John, 575, 1089
  Mary, 1089, 1090

Nancy, 1089
Susan, 1089
Yowel, 1089
SINN Mary, 935
SIPEL Anna, 1250
  Conrad, 1250
  Martha Elizabeth, 1250
SITES James, 796, 1269
  Kate, 796
  Laura, 1269
SITTRO David, 537
SITZLER Lydia, 944
SITZTER William, 81
SKEGGS T. W., 1199
SKINNER J. S., 180
  James A., 557
  Joseph, 628
  Joseph A., 556
  Peggie, 1062
  Susan, 628
SLAGLE Charles W., 407
  Jacob, 230
SLAHARDY John, 553
SLANKER Sarah, 1002
SLAUGHTER John, 913
  Nancy, 913
  Smith, 123
SLAUSBURY R. B. Daniel, 487
SLEASMAN Alice, 1204
  Annie, 1204
  Arthur R., 1204
  Catherine, 1204

Celia A., 1204
Charles W., 1204
Effie, 1204
Eliza, 1204
Elizabeth, 848, 1204
Elizabeth H., 844, 1204
George, 1204
George H., 1204
Hannah, 1204
Harry T., 1204
Jacob A., 1204
Jennie, 1204
John M., 1204
Joseph H., 844, 848, 1204
Kittie L., 1204
Louisa, 1204
Marcella, 1204
Markwood, 1204
Martha J., 1204
Mary, 1204
Mollie, 1204
Rachel A., 1204
Sarah, 1204
Savilla, 1204
Susan, 1204
Walter B., 1204
William F., 1204
SLEIGH May E., 517
SLESSINGER John, 538
SLICER Emma, 1232
  Samuel, 165
SLICK Lydia, 1084
  Martha L., 1032
SLIFER ---, 196
  Ada, 1024
  Angeline, 531

Anna C., 746
Annie A., 1326
Annie E., 897
Arthur C., 746
Catharine, 1319
Catherine, 746
Charles, 1326
Cora, 777
Daniel, 746
Eliza, 507
Elizabeth, 746
Emanuel, 531, 746
Esrom, 746
Etta, 865
Etta O., 853
Ezena, 746
Ezra, 182, 746
Gideon, 746, 825
Hannah, 746
Henry, 746
Henry E., 746
Jacob, 746
John, 746, 853
John C., 777
Jonathan, 897, 972
Joshua, 507, 746
Juliana, 746
Laura, 777
Levina, 897
Lewis H., 746
Louis H., 746
Louisa, 746
Lydia, 744, 746
Lydia A., 745
Lydia C., 746
Martha A., 746
Martin L., 746
Mary, 825

240 HISTORY & BIOGRAPHICAL RECORD OF WASHINGTON CO.

Orben E., 746
Oscar R., 746
Otho, 777
Rebecca, 746
Samuel, 746
Sarah, 746
Susan, 746
Thomas W., 746
Virgie, 964
William, 746
William J., 746
SLOAN David, 563
David W., 420
James, 218
SLOCUM ---, 331
General, 330, 349, 834, 1249
SLOWMAN Susan, 836
SLUSMAN Jacob, 145
SLUSSER Martha J., 1325, 1326
SLYER Mamie, 736
SMALL Albert, 380, 556, 557, 1001, 1230
Alice, 1230
Arthur Cushing, 1230
Bertha, 1230
Edgar, 1230
Edith, 1230
Emma, 997
Harry, 634
Mary, 634
Mr., 246
P. B., 246, 276, 563
Peter B., 401, 402
Philip A., 926
SMALLWOOD Sarah, 925

William, 65, 559
SMELTZER Howard, 814
Jacob, 814
Mary, 814
SMITH ---, 47, 143, 330, 480, 481, 552, 562, 572, 846, 863, 898, 927, 1301, 1310, 1326
A. Ellen, 1306
A. G., 586
A. J., 1311
Ada V., 863
Adaline, 1306
Adam, 81
Albert H., 586
Alexander, 379
Alice, 1162
Amanda M., 586
Amelia, 716, 845
Andrew K., 1162
Angeline, 1279
Ann, 1299, 1301, 1304
Ann C. E., 1279, 1280
Ann Catherine, 944
Ann Maria, 1101, 1102
Anna, 745, 805
Anna C., 753
Anna V., 883
Annie, 783, 815, 896, 1089
Annie B., 917
Annie E., 896
Annie M., 1169
Annie W., 833
Arbelin, 1162
Arthur, 1306
Arthur Garfield, 1162

Ashbel, 932
Athalinda, 1066
Atho, 903
Aurelia, 845
Barbara, 1225
Barbara A., 1274, 1306
Benjamin, 145
Bernie, 915
Bertha, 1311
Betsey, 1206
Betsy, 1091
Birney, 290
Brent G., 1306
C. J., 863
Capt., 81
Captain, 1283
Carrie M., 675
Catharine, 903, 1101, 1162
Catherine, 628, 648, 745
Catherine B., 1003
Catherine Virginia, 1206
Charles, 745, 754, 825, 915, 531
Charles E., 564, 803
Charles H., 563
Charles L., 805, 816, 896
Charles W., 497, 833
Christiana A., 1305
Clara, 783
Clara M., 1162
Clarence, 833, 915
Clayton, 903
Clema, 877
Clement, 205, 206

# INDEX

Clemmie, 685
Clyde W., 711, 1280
Cora, 696, 868
Cora G., 842
Daniel, 145, 517, 745, 896, 1012, 507
Daniel H., 507
David, 674, 737, 805, 896, 938, 1101, 1102, 1169, 1174
David M., 1102
David R., 896
Delia, 745
Dennis, 915
Dr., 81, 255
E. H., 533
E. Kirby, 1139
E. T., 732, 753, 754
Edgar, 735
Edgar T., 500, 558
Edna, 631, 917
Edward, 487, 538, 1060
Edward E., 915
Edwin, 550
Elias, 1162
Eliza, 1162
Elizabeth, 663, 726, 833, 876, 903, 1029, 1101, 1162, 1169, 1205, 1206, 1241, 1303, 1304, 1305
Elizabeth A., 674, 675, 883
Elizabeth Alverda, 846, 1206
Elizabeth Lane, 731
Ella, 844, 1280
Ella L., 1161
Ella M., 1174
Ellen, 1162

Elmer J., 685
Elta, 497
Elta E., 711
Emeline D., 932
Emily, 724, 862, 863
Emma, 1162, 1231, 1279
Ephraim, 746
Evelyn C., 651
Everhearet, 79
Ezra, 501
Flora, 1280
Frances, 631
Frances A. K., 696
Francis, 932
Francis J., 753
Frank, 783, 1279, 1280, 1279
Frank M., 696
Frisby R., 1102
G. F., 490
G. Finley, 549, 1101, 1102, 1241
G. W., 556, 557, 562
George, 152, 651, 713, 783, 833, 877, 1101
George H., 862, 863
George S., 1162
George W., 234, 246, 253, 356, 366, 380, 422, 425, 449, 451, 556, 557, 613, 628, 631, 771, 847, 903, 915
Gerard, 146
Gerrit, 141, 290
Gerritt, 140
Gertrude, 500
Governor, 344, 675, 782, 815, 1083
Harry, 1309

Harry E., 1162
Harvey, 1162
Harvey J., 1060
Helen, 833
Helen Jeannette, 753, 914
Helen Virginia, 944, 1089
Henrietta, 733
Henrietta E., 733
Henry, 476, 487, 538, 539, 944, 1002
Henry N., 674
Hettie, 903, 1020, 1162
Hiram J., 467, 586, 711
Holley, 1162
Ida, 713, 1146
Ignatius Waters, 1206
Ira, 1279
Irene M., 631
Isaac, 293, 628
Iva M., 903
J., 82, 289
J. E., 560
J. H., 955
J. Harlan, 674
J. Irvin, 1146
J. Isaiah, 1306
J. L., 488
J. T., 255, 389
Jacob, 499, 507, 674, 711, 733, 797, 845, 862, 1162
Jacob J., 685, 903
James, 80, 81, 487, 783, 863, 1302, 1303, 1304
James B., 863
James R., 1306, 783

James Ripley, 1306
Jane, 622, 1301
Jane Allen, 847
Jeannette Y., 753
Jennie, 685
Jeremiah, 42
John, 79, 145, 674, 696, 842, 863, 876, 903, 1116, 1302, 1303, 1304, 1306
John C., 985
John E., 557, 754
John H., 551, 745, 846
John Hamilton, 1206, 1209
John L., 563
John M., 556
John P., 24, 145, 463, 465, 527, 540, 549, 550, 551, 846, 867, 1003
John Philemon, 1206, 1209
John R., 835, 896
John W., 1162
John Walker, 421
John Walter, 339, 420, 560, 788
Jonas, 711
Joseph, 80, 81, 82, 85, 86, 464, 514, 663, 815, 863, 896, 1101, 1162, 1239, 1302, 1303, 1304
Joseph C., 1102
Josephine, 1048
Joshua, 1162
Josiah, 753
Josiah F., 371, 399, 425, 429, 482, 500, 563, 731, 1048
Julia, 863, 1101
Julia E., 711

Julia K., 754
Kate, 754
L. C., 562
L. G., 533
Laura, 631
Lauran A., 451
Lauran F., 631
Leah, 654
Lelia, 1146
Levi, 915
Lewis C., 216, 557
Lewis Cass, 414, 626
Lieut., 112
Lieut. Col., 81, 1050
Lillie V., 1168
Linwood, 915
Louisa, 983, 1098, 1146
Louisa Waters, 1206
Lucinda, 944
Lucy, 915
Lulu, 745
Lydia, 896
Lydia C., 711
Mahlon, 868, 1162
Mahlon H., 586
Mamie, 1280
Margaret, 915, 1299, 1301, 1302, 1304
Margaret Ann, 1206
Margaret Hamilton, 1206
Margaret J., 833
Maria, 903, 1162, 1306
Maria L., 1102
Mariah, 1306
Marian F., 1162
Martha, 896, 1146
Martha Shearer, 1146

Martin, 903
Mary, 79, 623, 628, 674, 745, 825, 866, 896, 1012, 1279, 1302, 1303, 1304, 1309
Mary A., 1116, 1169
Mary B., 1116
Mary C., 1085
Mary Corrella, 1206
Mary E., 675, 685, 896, 903, 1306
Mary Ellen, 938, 1170
Mary Hamilton, 1209
Mary J., 783
Mary Jane, 783
Mary S., 833
Mary Sophia, 1161
Matilda, 745
Matilda Price, 884
May, 917
Michael, 481, 862, 863, 1205
Minerva, 836
Minnie, 745
Minnie E., 1162
Miss, 654, 733, 868, 912
Missouri, 754
Mollie, 1162
Mr., 234, 446, 631, 675, 1209
Myra, 500
Nancy, 797, 1091, 1162, 1224, 1306
Nannie M., 915
Nathaniel R., 967
Nellie, 915
Noble, 833
Nora, 735, 783
Nora O., 1162

# INDEX

Oscar, 1146
Otho, 733, 745, 863, 1162
Otho B., 753, 754
Otho J., 482, 500, 753, 914
Otis, 917
Pearly, 1162
Peter, 145, 1085
Philemon Hamilton, 1206
Philemon Mc'Elfresh, 1206
Philena, 1279
Phoebe, 1302
Polly, 737, 963, 1162
R. Hurst, 1306
Rachel, 1303
Rachel Ann, 1206
Rachel Anne, 1206
Reba, 915
Rebecca, 580, 628, 711, 1304
Richard, 644
Robert, 101, 126, 129, 130, 561, 631, 1301, 1302, 1303, 1304
Robert Darlington, 915
Robert M., 631
Rose Estella, 1206
Roy, 915
S. P., 215
Sadie, 500
Sallie, 1101
Salome, 674
Samuel H., 205, 317, 674
Sarah, 896, 1161, 1162, 1167, 1206, 1209, 1302, 1304, 1305, 1306

Sarah A., 711
Sarah A. E., 1162
Sarah Ann, 1162
Sarah Jane, 1146
Sarah R. P., 1102
Sarah S., 586
Seymour, 1162
Solomon, 1161
Sophia, 674, 1059, 1162
Sophia A., 861, 862
Sophia Agnes, 857
Sophia C., 586
Susan, 628, 685, 896, 1162, 1280
Susan Rebecca, 1206
Susannah, 1002
Teressa, 696
Theodoric, 833
Thomas, 745, 1170, 1299, 1301, 1302, 1303, 1304, 1305
Thomas E., 1059
Tillison, 1306
W. G., 1212
Walter, 206
Wesley, 903, 1162
William, 33, 79, 146, 623, 674, 743, 783, 833, 863, 983, 1091, 1098, 1146, 1162, 1224, 1306
William Anderson, 1206
William E., 724, 862, 863
William F., 558, 562
William G., 1162, 1210, 1211, 1214
William L., 1306
William P., 896

William Prescott, 229
William R., 1305
SMITHLEY John, 79
SMITHMEYER John M., 331
SMOOT Betty George, 914
George C., 565
Mrs., 443
SMURR John, 99
SMYSER Katharine, 987
SNAPP Ellen, 751
J. H., 503
SNAVELY ---, 466, 764
Adam, 1170
Alice J., 494, 875
Amanda, 1168
Ann R., 875, 946
Anne, 875
Annie F., 875
Annie M., 1169
B. F., 517
Benjamin F., 875
Betsy, 1168
Casper, 1168, 1186
Catharine, 874
Catherine, 1168
Catherine Showman, 1170
Charles G., 1168
Christina, 766
Edgar, 1169
Edith, 1169
Edna Gertrude, 1169
Elias R., 1168
Eliza, 644

Elizabeth, 1023, 1185, 1186
Ella, 971, 1168
Ellea M., 1168
Fannie, 1168
George, 644, 874
George W., 971
Gladys Pauline, 1169
Harry, 875
Helen, 875
Henry, 75
Henry S., 494, 875
Hettie, 1168
Hezekiah, 1168
Hilma E., 1169
Howard F., 1169
Ida, 1168
Jacob, 704, 766, 1168, 1186, 1211
Jacob Miller, 1168
John, 736, 874, 1168
John H., 494, 874, 875, 946, 1168
Joseph, 1168
Lena, 1322
Letha, 1168
Lizzie, 1168
Lucretia, 1168
Lydia Ann, 1168
Mabel, 875
Margaret, 851
Martin E., 465, 1168
Mary, 1167, 1168, 1169, 1170
Mary A., 874
Mary E., 875
Mary Ellen, 874
Mary S., 875, 946
Matilda, 1168

Minnie, 1168, 1169
Mr., 875, 1169
Myrta Irene, 1169
Oliver, 1168
Peggy, 1224
Pembroke, 1168
Rachel, 736
Ruhanna, 874
Susan, 704, 736, 874, 1186
Susanna, 1211
Walter S., 1169
Washington, 1168
SNEAKGUN ---, 185
SNEAKING ---, 185
SNEARY ---, 239, 245, 258, 433
John, 307
John R., 409, 433
Mr., 434
SNEBLEY Henry, 74
SNECKENBERGER Christian, 81
Mamie, 1281
Martin L., 1281
SNEDEKER Rev., 497
SNEEDOR John, 145
SNELL ---, 480
Arbelion, 904
Arthur B., 581
Benjamin, 581
Elmer R., 581
Jacob, 581
Jacob M., 581
Joseph, 581
Joseph F., 581
Lydia, 581
Margaret, 581
Mary, 581

Monroe, 883
Rebecca R., 581
S. H., 476, 499, 504, 581, 582, 904, 501
Susan, 581
Walstein M., 581
SNEPP G. H., 499
SNEVELEY Caspar, 754
Catherine, 754
Eliza, 754
Elizabeth, 754
Jacob, 754
John, 754
Lydia, 754
Mary, 754
Susan C., 754
Susanna, 754
Washington C., 754
SNEVELY Susan C., 754
SNIDER Catharine, 538, 547
Henry, 538, 547
Henry H., 538, 547
Jacob, 44
John G., 533
Lucinda, 762
SNIVELY ---, 1137, 1150, 1186, 1211, 1320
A. J., 1216
Aaron, 744
Abraham H., 755
Alice, 1003
Alice S., 755
Andrew, 1002, 1003, 1266, 1002
Andrew J., 1215
Ann, 1002

# INDEX

Anna, 755
Anne E., 1002
Annie, 1215
Annie E., 897
Annie Eliza, 1216
Barbara, 744, 1002, 1223
Belva, 1003
Benjamin F., 755
Casper, 235
Catharine, 1002, 1215, 1002
Catharine K., 1230
Catherine, 864
Catherine Amelia, 896
Catherine B., 1003
Catherine Virginia, 1206
Charles, 1003
Christian, 510, 1215, 1216, 1244
Clarence, 833
Cora, 803
Cora E., 755
Cornelia, 1230
Cornelia G., 1037
Cornelius, 896, 897
D. H., 1210, 507
D. S., 775
Daniel, 1002, 1215
Daniel W., 755, 1003
David, 1002, 1244, 1321
David H., 508, 755
Delia, 896
Dr., 1215
Earl, 1230
Edith, 1230
Edwin S., 1230

Effie, 1003
Elias, 476
Eliza, 744, 755
Elizabeth, 755, 864, 1002, 1003, 1224, 1230
Ella, 1230
Ella M., 755
Emma, 923
Emma K., 755
Eva, 1244
Ezra V., 744
F. B., 399
Fannie, 812
Fanny, 1002
Franklin B., 1230
Fred, 1224
Fred B., 634, 1037, 1230
Frederick K., 1230
George, 511, 744, 755, 896, 1224
George B., 1230
George Jacob, 1244
George M., 1230
George W., 1262
George Winchester, 1244
Grace, 1003
H. B., 726, 1210
Harriet, 1244
Harvey Ellsworth, 897
Harvey J., 1230
Hattie, 744
Henry, 513, 1002, 1321
Hiram B., 744
Hugh, 1230
I. N., 1216
Isaac N., 1215
Iva M., 755

J., 560
J. Scott, 1003
Jacob, 216, 253, 778, 864, 1002, 1215, 1216, 1244
Jacob A., 1002, 1003
Jacob M., 755, 923
Jane G., 1230
Jennie, 1230
Jessie E., 1230
John, 513, 1002, 1215, 1216, 1232, 1244
John H., 833
John Jacob, 1243
John K., 1215
John L., 755
Joseph, 664, 896, 1232
Josephine L., 743
Julia A., 1002
Keziah, 1002
Lena, 897
Lizzie, 1002, 1232
Louella, 1230
Lucy, 897
Lulu M., 755
Margaret, 896
Marietta, 743
Martha, 798, 1215, 797
Mary, 664, 665, 896, 1002, 1003, 1150, 1151, 1224, 1232, 1244
Mary Ann, 1002
Mary C., 726
Mary E., 744
Mary Ellen, 896
Mary Etta Florence, 897
Mary K., 755
Mary M., 1002

Mary Magdalena, 1002
Mary S., 1262
Maude, 1003
Maurice O. N., 1230
Melchi H., 1230
Melchi K., 1230
Melchi L., 1230
Melchor, 1224
Minerva, 1230
Miss, 1190
Mollie, 1002
Molly, 1002
Nancy, 1002, 1003
Nellie C., 1230
Norman Scott, 1003
Polly, 1266
Ralph, 1003
S. K., 559
Samuel, 1002
Samuel Edward, 1003
Samuel K., 1215, 1216
Sarah C., 744
Scott, 1224, 1230
Scott K., 1230
Susan, 755
Susan M., 744
Susan May, 744
Susannah, 1002
Viola, 1003
Washington C., 507, 755
William Andrew, 1243
SNODGRASS Dr., 1230
Elizabeth, 365
Ella, 1230
Louise, 1230
Stephen, 365, 1230

SNOOK ---, 1264
Eva V., 636
Norman, 636
Susan Elizabeth, 854
William, 854
SNOVEL Mr., 288
SNYDER ---, 776, 846, 1114, 1145, 1202, 1210, 1214
Aaron, 704
Aaron D., 705
Abraham K., 1055
Adam, 703, 704, 1211
Agnes, 955
Albert, 485, 836
Alice, 876, 1225, 1321, 1029
Amelia, 845
Andrew, 845, 1205
Anna, 705, 767, 864
Anna V., 1322
Annie, 845, 955
Annie E., 705, 887, 1074, 1319
Annie J., 1128, 923
Annie M., 807, 1030
Atilla, 704
Aurelia, 845
Barbara, 705, 754
Betsey, 836
Beulah Virginia, 1030
Bruce, 1225, 1029
Capt., 350
Catharine, 390, 1319
Catharine R., 955
Catherine, 703, 704, 705, 864, 1030, 1211
Charles H., 1221

Charles L., 1196, 1220, 1221
Christian, 704, 1030, 1225
Christian N., 1029
Christopher, 1321
Clarence V., 846
Clarence Victor, 1206
Clarissa, 704
Cora A., 927
Cora E., 1322
D. F., 468
D. Frank, 1030
Daniel, 1030
Daniel Frank, 1029
Daniel Franklin, 1029, 1030
Daniel Franklin Leiter, 1030
David, 1321, 1029
David Edward, 1225
David O., 705
Dora, 705, 998
E. A., 560
Edgar C., 955
Edith H., 1174
Elias, 864
Elias D., 704
Eliza, 696
Eliza Ann, 704
Elizabeth, 704, 705, 845, 864, 876, 925, 1029, 1173, 1210, 1308, 1321
Elizabeth A., 1186
Elizabeth Alverda, 846, 1206
Elsie Mann, 1174
Elva, 1055, 1221
Emanuel, 703, 916

# INDEX

Emma, 663, 707, 876, 931
Emma J., 703
Emma Mildred, 1030
Emory, 876
Ephraim A., 1173
Ephraim Baner, 1174
Ephraim H., 1173, 1174
Ephriam, 717, 1174
Eva E., 1196, 1221
Ezra, 864, 1213
Ezra J., 704, 705
Fannie, 1024
Fannie E., 1024, 1322
Fidelia, 705
Firey, 1055
Frances, 1055
Frances Louise, 1030
Frank, 1225, 1321
Frederick, 1202
G. A., 485, 931
G. C., 1060
G. W., 1060
George, 390, 845, 895
George A., 394, 486, 934
George C., 467, 674, 955, 1321, 564
George E., 1024, 1321
George Elmer, 1322
George Merlin, 1322
George N., 806, 1321, 1322
George W., 472, 497
Gertrude, 952
Gladys, 1174
Harlan, 928
Harold, 1055, 1322

Harry R., 1077
Helen Irene, 1206
Helen L., 846
Henrietta, 1173
Henry, 704, 845, 1055
Henry H., 547
Hubert E., 1077
Irene M., 934
Irma Idella, 846, 1206
Iva, 1200
J., 501
J. B., 530
J. C., 463
J. F., 479
J. O., 558, 1196, 1220, 1221
J. T., 1196, 1220, 1221
Jacob, 390, 551, 552, 634, 704, 705, 836, 845, 867, 955, 1055, 1074, 1211, 1321, 490
Jacob M., 503, 504, 705, 955, 1321
Jacob S., 704
James, 552, 781, 845, 1074, 1168, 1206, 876
Jeannette L., 1322
Jennie, 704, 1321
Jeremiah, 705, 1210, 1319
Jesse O., 1196
John, 319, 636, 663, 704, 754, 845, 1145, 1225, 864
John A., 704
John H., 1055
John L., 1321
John Luther, 1029
John M., 1322
John S., 1322

John T., 802, 1055, 1196, 1220, 1221
John W., 1319
Joseph, 503, 704, 807, 1321, 503
Joseph H., 503, 955
Josephine, 845
Joshua, 501
Josiah, 704
Laura, 705, 1029, 1233
Lena C., 928
Leonard, 1220
Leslie M., 1173
Lizzie, 864
Lola Marguerite, 1030
Louisa, 845, 864
Lydia V., 1185
Lydis B., 1145
Mabel Rosalie, 1030
Magdalene, 704
Malinda, 856, 1055
Margaret, 845, 1319, 876
Margaret E., 876
Maria, 704
Marian, 1173
Marietta, 704
Martha, 845
Martha E., 1174
Martha Ellen, 1319
Martin, 705, 717, 864, 1186
Martin T., 705
Mary, 704, 836, 864, 876, 998, 1029, 1055, 1173, 1196, 1221, 1225, 1321, 876
Mary A., 507, 705, 846, 1186
Mary Aminta, 1206

248  HISTORY & BIOGRAPHICAL RECORD OF WASHINGTON CO.

Mary Arita, 705
Mary E., 705
Mary Etta, 1213
Mary Magdalene, 717
Matilda, 704
Milton, 497
Milton T., 704
Miss, 998
Mollie, 628, 1173
Morton, 864
Mr., 956, 1127, 1199
Mrs., 706, 1077
Nancy, 845, 864, 1029, 1321
Nellie, 1319
Norman B., 1173
Norman Guy, 1173
O. H., 563
O. M., 887
Olin E., 1322
Oliver, 767, 1174
Oliver B., 1173
Ora, 500
Otho, 705
Otho M., 955, 1321
Paul J., 1322
Peter, 277, 704
Preston, 1173
Rachel, 845, 876
Raye Evers, 1030
Rebecca, 876
Roann, 1321
Rosa, 636
Rosanna, 704, 705
Roscoe, 1322
Roy M., 1322
Ruanna, 864, 1023
Sallie, 876, 1321

Samuel, 628, 864
Samuel M., 928
Sarah, 845, 928, 1029, 1086, 1213, 1321
Sarah A., 704, 705
Sarah M., 806
Savilla, 1121
Simon, 1321
Soloman, 1321
Solomon, 1029, 1225
Sophia, 503, 807, 955
Susan, 705, 845, 864, 876, 1029, 1137, 1163, 1221, 1321
Susan C., 806, 1321
Susan M., 1196, 1220
Susanna, 704
Thomas, 845
Verda A., 705
Verna, 1173
Walter, 1233
Walter H., 846
Walter Hayes, 1206
William, 707, 955, 1030, 1121, 1128, 1225, 1321
William E., 923
William F., 1196, 1220, 1221
William H., 1029
Xenia, 1173
SOHN Peter, 534
Rev., 534
SOLIDAY George G., 485
SOLLERS Basil, 60, 66
SOLLIDAY Alice Jacques, 1243
B. H., 1243
G. G., 564

SOMERS Andrew, 1327
Capt., 141
Mahala, 1327
SONNER Elizabeth, 1127
SONTAG Jacob, 522
SOPER Miss, 791
Thomas, 145
SORTWELL Almon, 555
SOTHORON Elizabeth Attaway, 1296
John, 1296
SOUDER Elizabeth, 962
Mr., 962
SOUDERS David, 319
Miss, 914
SOULE Bishop, 177
SOUTH Ada N. L., 895
Albert, 711
Albertus, 895
Alice V., 895
Amy, 895
Annie, 731
Benjamin, 637, 692, 895
Benjamin G., 895
Benjamin Gera, 895
Bessie, 895
Charles C., 895
Daniel, 260, 564
David C., 731, 895
Edna, 731
Elizabeth, 1327
Emma Jane, 1327
Florence, 711

INDEX 249

Florence J., 895
George, 895
Jane C., 895
John H., 895
Joseph, 1327
Laura Jane, 895
Margaret, 637, 692, 895
Rachel Ann, 895
Roy, 895
Sarah E., 895
William B., 895
SOWER Christopher, 522
SOWERS Catharine L., 702
Jacob F., 702
John, 146
Mary, 656
Mary Florence, 702
Percy F., 702
Russell H., 702
SPAET John, 274
SPAIDE Bertha, 1210
George, 1210
SPALDING Annie M., 1307
Martin John, 484
William T., 1307
SPANGLER Charles, 1012
Clinton, 1315
Eleanor, 394, 567
Florence Annie, 1315
George, 277
Henry H., 652
Heyward Miller, 1315
J. T., 467
Louise Price, 652

Lydia, 568
Maria L., 1102
Martin, 568
Mary E., 1012
Miss, 694
R. L., 563
SPANOGLE Catharine, 968
John, 968
SPARKE Gen., 56
Major, 50, 51, 52, 53, 54, 55, 56
William, 51
SPARKES Maj., 58
SPARROW Matilda, 977
SPATES Alfred, 216, 312
SPEAKER Eleanora, 696
Frederick, 696
Mary, 1262
Mr., 64
William, 1262
SPEAR Emma, 1230
Eva, 1230
William, 1230
SPECHER Barbara Ann, 824
SPECK Emma, 1309
SPECKLER David, 927
Matilda, 927
SPEDDEN James, 836
Mary, 836
SPEER Sarah, 807
SPENCER ---, 693
Bushrod, 1225, 1233
Clarence, 1233
J., 556

James M., 555
Jervis, 237, 286, 389, 984, 562
Lizzie, 805
Mary Ann, 1225
Mr., 805
William, 1225, 1233
SPENER ---, 520
Philip Jacob, 519
SPEROW Aletha Pearl, 852
Almeda, 704
Benjamin, 785
Clarence C., 852
John, 852
Lizzie, 785
W. E., 559
William B., 704
SPERROW Lizzie, 1055
SPESSARD ---, 543
Ada, 1006
Ada C., 1006
Alice, 767
Alice M., 1242
Anna, 904
Arbelion, 904
Arthur H., 1004
B. F., 537
Barbara, 1004, 1006
Benjamin F., 905
Bessie, 904
C. Arbelin, 582
Catharine, 905, 991
Christian, 904
Christian C., 904, 1003
Clara L., 904, 1006
Clayton, 853, 1004
Clayton L., 905

Cleggett, 1004, 1006
Cora B., 904
Daniel, 991, 1004, 1006
Daniel D., 501, 582, 904
Daniel Levi, 1004
David, 501, 508, 711, 902, 904
David C., 853, 1003, 1004
David R., 761, 904
Dorothy, 1004
E. G., 904
Edith E., 905
Edna Grace, 1005
Edna Ruth, 904
Edward, 1006
Edward W., 1004
Effie S., 1085
Elizabeth, 853
Ella, 1004, 1006
Emma K., 905
Emma May, 1004
Ethel V., 1085
George P., 1004, 1006
George Peter, 767
Georgiana, 904
Gertrude A., 905
Harry E., 1242
Harvey, 853
Harvey R., 558, 1004
Ida, 853, 904
Ida Catharine, 1004
Ida V., 1004
Ina W., 1085
Jacob, 904
Jacob M., 905
John, 501, 904, 991

John D., 904, 1003
Kennedy, 905
Kieffer Roy, 904
Kittie, 904
Laura C., 904
Levi, 1006
Lillie, 853
Lillie M., 1004
Lutie, 853
Lutie B., 1004
Lydia, 904
Lydia Ann, 991, 988
Martha, 711, 904
Mary, 902, 904
Mary Ann, 1004, 1006
Mary C., 711
Mary E., 904, 1003
Mary Elizabeth, 1004
Mary O., 905
Matilda, 905
May, 634, 1004
Melvin T., 582, 904, 905, 991
Michael, 904
Miss, 848
Nettie A., 1005
Nora E., 1004
Peter, 501, 905, 1004, 1006
Quincy, 904
Rebecca, 904, 1006
Sallie, 905
Samuel O., 1004, 1006
Susan, 902
Theodore, 904
Vergie, 853
Vergie E., 1004
Webster L., 1085

William, 853, 1004
SPICER Mr., 95
SPICKLER Alice, 102
Alice V., 775
Althia D., 651
Alvey, 657
Amanda, 657
Bernard, 657
C. Newton, 774
Catharine G., 774
Catharine W., 774
Cora, 774
David, 975
Dorsey, 775
Edith, 497, 657
Elmer, 657
Elva, 657
Emma, 774
Franklin P., 774
Frisby T., 657
Harry, 774
Henry, 774
Ida, 774
Lewis A., 564
Lloyd, 657
Mary, 657, 1078
Matilda, 975
Mrs., 497, 916
Norman, 1029
Paul, 657
Robert Z., 558
Samuel, 511
Theodore, 657
Thomas, 373, 657
SPIEGLER Lewis, 1169
SPIELMAN ---, 777
Ann, 1095

Ann M., 1104
Anna, 1086
Anna Maria, 648
Annie, 952, 1231
Annie M., 1104
Arthur, 1050, 1086
Catharine, 886
Catharine E., 1131
Charles, 1231
Dora, 1086, 1231
Edward, 1086
Edward B., 1162
Emanuel, 671
Frank, 1231
Hezekiah, 635
James F., 1095
Jennie, 1232
John, 1086
Jonathan, 1086
Julia, 1162
Laura, 1231
Lizzie, 1231
Lulu, 1231
Maggie, 1231
Margaret, 986, 987, 991
Martha, 671
Mary, 674, 1086, 1095
Mary Ann, 1042
Melvin, 1231
Mr., 465
Nettie, 1086, 1231
Oliver, 1231
Peter, 1042
Rebecca, 1086
Samuel, 868, 1131
Seventh Ann, 1042
Susan, 1050

Susan Ann, 1042
Virginia, 1086
William, 952
William H., 1104
SPIGLER Alice, 1321
Gertrude, 1270
Mary, 1279
Norman, 1321
William, 1270
SPIRES Zach'h., 82
SPITZER Elizabeth, 538, 547
SPONSELLER
Corinne, 1030
Ernest J., 1030
Frederick, 1030
Henrietta, 1030
Jacob N., 1030
Leila, 1030
Margaret, 1030
Rush, 1030
SPOTTSWOOD Gov., 1301
SPRAGUE Gov., 311
SPRECHER Annie, 813
Barbara A., 825
Bertha V., 813
Bessie, 1231
Bessie Belle, 836
C. D., 664
Catharine, 816
Catherine, 816, 927, 975, 1246
Charles, 1049
Cleggett, 813
Daisy, 1049
Daniel, 1242, 1276
David, 825

Edgar Lawson, 813
Effie M., 813
Eliza, 813
Eliza Amanda, 836
Florence, 1276
Frederick O., 813
G. Harvey, 498, 813
George W., 813, 836
Gertie, 696
Isaac, 927, 975
Jacob, 813
Jacob H., 813
Jacob M., 813
John W., 836
Laura, 664, 667
Laura B., 813
Lillie, 1169
Margaret, 813
Martha, 1242
Martin Luther, 836
Mary, 825, 836
Mary E., 813
Mary K., 1311
Mary Kate, 836
Milford Harsh, 813
Missouri E., 813
Mollie, 667
Mr., 722
Nancy, 825
Nora, 696
Philip, 1231
Sallie M., 813
Susan, 1231
Susan E., 813
William, 836
Willis, 1231
SPRECKER Daisy, 856

George A., 773
Mary A., 772, 773
SPRECKLER Annie M., 1316
David, 1316
Mary, 1316
SPRENKLE Susan, 1273
SPRIG Thomas, 100
SPRIGG ---, 265
Col., 114
Daniel, 135, 145, 386, 389
Gen., 110, 125, 272
Gov., 215
James C., 78
Joseph, 67, 85, 87
M. C., 560
Maria, 301
Michael C., 182
Michael Cresap, 78
Micheal C., 216
Osborne, 78
Samuel, 205
Thomas, 90, 100, 107, 109, 112, 125, 127, 128, 129, 130, 135, 143, 144, 151, 166, 192, 198, 376, 384, 385, 565, 1314
W. O., 561
William E., 443
William O., 167, 173, 274
SPRIGGS ---, 687, 1276
Mr., 1275
Samuel, 560
SPRINGER Francis, 1286
Mary, 1286

SPRINKLE Matilda, 763
SPURGIN Agnes, 1307
Samuel, 1302
William, 1302
SPURRER ---, 540
SRIT John, 145
STACK ---, 382
STADLER Henry, 79
STAFFORD Lady, 481
STAHL Ann, 717, 1269
Annie, 718
Jeremiah, 1269
Missouri E., 813
STAHLY Lizzie, 907
STAIK Frank, 768
Naomi, 768
STAKE ---, 482
A. K., 149, 275, 562
Andrew K., 380, 984
Andrew Kershner, 373
Annie, 664
E. G. W., 626
Edward, 219, 380, 412, 421, 425, 434, 449, 450, 468, 557, 561, 562, 563, 564, 626, 675, 708, 985, 986, 1110
Edward G., 664
Edward Greene Williams, 421
Eli, 665
Elie, 482
George, 231
Helen, 665
John M., 559
Judge, 788, 951, 953, 1001, 1035, 1080
Rosanna, 149

Susan Sophia, 1254
STALEY Ann M., 858
D. H., 377, 563
Genevere, 862
James, 1232
Kate, 1232
Kieffer, 862
Madge, 862
Stella, 862
W., 488
Warfield, 488
William, 488, 862
STALL Miss, 735
STAMEY Anna, 724
George, 724
STAMM ---, 673, 1107
H. E., 1107
Mary S., 1107
STAMY Annie, 1215, 1226
Catharine, 1233
Catherine, 1226, 1271
Christian, 1226
Daniel, 1226
John, 1215, 1226
Margaret, 1226
Martin S., 1233
Mary, 1226
Solomon, 1226, 1271
Susan, 1226
STANDEFORD ---, 1304
Francis, 1304
Rebecca, 1304
STANHOPE ---, 625
Lewis G., 1029
Minnie, 1029
STANLEY Henry M., 331

# INDEX

STANSBERRY Carrie, 1014
STANSBURY ---, 397
STANTON Elizabeth, 1042
  Secretary, 365, 977
  Sophronia Elizabeth, 1263
  William, 1263
STARCHMAN Eliza, 927
  Robert, 927
STARK F. G., 982
  Gen., 335
STARKEY Anna, 826
STARLIPER
  Catharine, 785
  Henry, 898
  Mary, 898
STARRY D. J., 1157
STARTSMAN Christian, 474, 748
STARTZMAN Ann, 717
  Ann Catharine, 718
  Anna Catharine, 712
  Annie, 718
  Charles, 636
  Christian, 464, 470, 471, 636, 718, 975
  Clara, 636
  Daniel, 636, 712, 717, 718
  Daniel R., 636
  David K., 636
  Eli, 888
  Eliza, 636, 718, 975
  Eliza U., 636
  Elizabeth, 636, 718
  Ellen, 718
  Ellen J., 636
  Eva V., 636
  Gabrielle E., 712
  George, 636
  George W., 636, 718
  Harry, 1231
  Harry K., 563, 711, 712, 718
  Henri, 718
  Henry, 82
  Ida, 1231
  Ida E., 712, 718, 886
  Jacob, 1231
  Jacob M., 636, 644, 712, 717, 718, 886
  James, 718
  James W., 943
  Jennie W., 636
  John, 718
  Kate, 1231
  Laura, 636
  Lillie, 636
  Mabel, 712
  Martin, 376, 399, 501, 508, 636, 718
  Martin L., 636, 718
  Mary, 636, 718
  Mary Alice, 636
  Mary E., 636
  Max, 636
  Mr., 321
  Newton, 636
  Paul, 636
  Rev. Mr., 500, 955
  Sallie, 636
  Samuel, 636, 717
  Samuel C., 636, 718
  Sarah, 644, 718, 755
  Sarah A., 644, 718
  Susan, 636, 717, 888
  Virginia, 718
  William, 718
STATTON A. B., 467, 468
  A. W., 503
  Arthur B., 467, 1007
  G. W., 499, 503, 585
  George, 501, 553
  George W., 501
  I. K., 476, 499, 503
  Isaac, 501
  Isaac K., 1007
  Lola M., 1007
  Madeline, 1007
  Philo A., 1007
  R. K., 508
STAUB ---, 540
  Miss, 1321
  R. P. H., 557
  Sophia, 955
STAUBBS George C., 807
  Jacob M., 807
  Otho M., 807
  Sophia, 807
STAUBS Catherine, 705
  Elizabeth, 755
  George, 1186
  Jacob, 705
  Josiah F., 539
  Lizzie, 1168
  Mary, 1186
  Sarah A., 704, 705
STAUFFER ---, 652, 653
  A. P., 942, 943, 1103
  Abraham, 653

Alfred, 517
Alice, 694
Alvin Packer, 943
Amanda, 943
Anna, 653
Barbara, 653
Barton, 943
Benjamin E., 653
Benjamin H., 653
Catherine, 653
Charles C., 673
Christian, 653
Clarence, 852
D. F., 836
Daniel, 653
Eliza H., 943
Elizabeth, 943, 1103
Emma, 943
Emma J., 673
Eveline, 943
Fannie, 653
Helen Josephine, 943
Henry, 653
Isaac W., 943
Jacob, 653, 943
John, 653
Joseph, 653
Katrina, 653
Lucinda, 943
Lydia, 943
Magdalena, 653
Maria, 653
Martin, 653
Mary, 653
Michael, 653
Nancy K., 653
Newton, 943
Othelia Mary, 852
Peter, 653, 943
Ralph Stanley, 943
Samuel, 653
Susan, 653
Susan B., 654
Susanna S., 943
Tilman, 694
Veronica, 653
STEAN Addie, 635
STEARN C. I., 476
C. T., 499
Mr., 501
Rev., 501
STEARNES I., 287
STEBBINS J. C., 258
STECK Annie, 1279
Elizabeth, 1003
STEEL D., 563
Miss, 827
Mrs., 149
STEELE Anne, 134
Barbara J., 797
David, 390, 487, 488
Elizabeth, 389
J. N., 560
John N., 134
L. R., 553
Samuel, 389, 390
Simon P., 797
William C., 488
William H., 446
STEER Maude, 588
STEFFEY Amanda C., 1140
Carlton M., 1140
Carrie Lee, 1140
Charles L., 1140
Edward P., 623, 1140
Elizabeth Sharp, 1140
Elizabeth Sharpe, 1140
Fannie A., 1140
Frances A., 1140
Gertrude C., 1140
J. Grayson, 1140
John Grason, 1140
John L., 1140
Lena W., 1140
Lillie C., 1140
Luther, 1140
Miss, 848, 953
Peter, 1140
William, 380
William A., 1140
William M., 1140
STEFFY Frank, 1307
Margaret, 987
Mary Coale, 1307
STEIKLEIDER John, 95
STEIN Annie, 802
Charles G., 802
Florence V., 802
George B., 802
George M., 802
Harriet L., 802
Ida S., 802
John F., 802
Mary E., 802
Miss, 793
STEINCYFER Johannes, 392
STEINER John Conrad, 462
Stephen, 946
STEINHAUER C., 550

STEINMETZ George, 394, 485, 683
  Hannah, 892
  Maggie M., 725
  Rachel, 683
STELLE Stella, 1317
STEM Charles E., 1174
  Ida C., 1174
STEMPLE John F., 349
STEPHEN ---, 908
  Miss, 99
  William, 146
STEPHENS Blanche, 798
  Edith, 1266
  General, 116
  Michael, 798
  Nellie, 798
STEPHENSON Capt., 112
  Emily, 1292
  P. D., 552
STEPHEY Andrew, 543
  George, 543
  Harriet, 646
  John, 646
  Michael, 543
  Peter, 543
STEPHY Roscoe W., 1084
  Susanna M., 1084
  Theodore, 1084
STERLIN ---, 897
STERLING ---, 482
  Lord, 199, 200
STERN C. T., 503, 756
STERNS Christopher, 932

Emeline D., 932
Mary A. A., 932
STERRET James, 145
STETSON William, 276
STEVENS ---, 145, 292, 293, 295
  Aaron C., 291
  Capt., 51, 146
  D. Q., 766
  Davis, 487
  Mary, 766, 1303
  Samuel, 560
  Thaddeus, 260
STEVENSON Capt., 112
  Daniel, 1302
  Mary, 768
  Richard T., 1302
  Sarah, 1302
  Susan, 997
STEWART ---, 235, 332
  Andrew, 206
  Anthony, 1209
  Elizabeth, 977, 1276
  Fannie S., 1274
  George, 1302
  Gertrude, 1239
  Jennie, 1230
  John, 510
  M., 806
  Sarah, 1276
  William, 1276
STICKEL William, 1176
STICKELL Clarence, 1284
  Clarence M., 713

  Daniel A., 712, 1284
  Daniel R., 712, 713
  Edna, 1284
  Howard, 1284
  Howard K., 713
  Laura Edna, 713
  Laura J., 713, 1284
  Mabel, 1284
  Mabel I., 713
  Mary, 1284
  Mary Catharine, 712
  Mary Z., 713
  Mr., 713
  Ross, 1284
  Susan, 712
  Susan Alice, 712
  William H., 712
  Zella, 1284
  Zella G., 713
STIER ---, 552
  J. Frederick, 487
STIGERS Abner H., 1107
  Adam, 1104
  Amos C., 1107
  Baltus, 1104, 1107
  Catherine, 1104, 1107
  Elizabeth, 1104
  Jane, 1107
  John, 1104, 1107
  P. Elwood, 559
  Rachel, 1104
  Sophia, 1104
  Susan, 1104
STILLMAN Joseph F., 788
STILLWELL Obadiah, 1104
  Sophia, 1104

STINE Alfred Harman, 922
Amanda, 926, 1012
Ann M., 974
Annie, 903
Atha, 922
Barnet, 1325
Bessie, 922
Catharine U., 903
Charles, 903
Clara M., 903
Daisy E., 903
Eliza, 877, 903
Elizabeth, 903
Elizabeth M., 877
Emma, 783
Fannie, 903, 1155
Frank L., 922
George, 903, 1325
George B., 499
George Hubert, 877
George W., 877
Herbert G., 903
Hettie, 903
Hiram F., 903
Howard, 904
Hubert, 903
I. J., 464
Jacob, 903
Jacob B., 1324, 1325
James, 1083
Jennie R., 1024
John, 903, 1325
John B., 1161
John E., 922
John F., 1012
John M., 507
John N., 926
John William, 877
Joseph, 503, 633, 1161, 1325
Josephine, 922
Josiah, 903
L. H., 517
Laura, 903
Lawson, 903
Lizzie, 903
Lottie, 904
Louise, 922
Malinda, 803
Maria, 737, 903, 1324, 1325
Maria L., 1325
Marie L., 922
Martha A., 677, 1084
Martha Ann, 1324, 1325
Mary, 503, 633, 903, 1243
Mary A., 1161
Mary Virginia, 1312
Minnie, 738
Miss, 806
Mr., 1325
Myra, 922
Nicholas, 507
Ora F., 926
Rebecca, 1161, 1325
Rev. Mr., 500
Rosanna, 1167
Rose Ann, 903
Samuel, 903
Samuel S., 922
Sarah, 903
Susan, 632, 1231, 1324, 1325
Susan S., 1325
Thomas L., 903
Thomas Luther, 903
Tracy, 903
William, 903
STINEMETZ Solomon, 277
STINESPRING C. J., 511
C. W., 1060
STIRLING Annie, 1231
Betty, 1231
George, 1231
Harry, 1231
Katie, 1231
Lucy, 1231
Mazzy, 1231
Meta, 1231
Scott, 1231
Susie, 1231
Verner, 1231
STITT J. B., 488, 1001
Joseph B., 487
W. C., 353, 390
STITZEL ---, 551
STITZELL Mary, 683
STOCKSDALE John Thomas, 1114
Lula, 1114
STOCKSLAGER Albert L., 1077
Alva L., 842
Alvey, 1216
Anna, 767
Annie, 761
Benjamin, 767
Bessie C., 1077
Caroline, 1077, 1114

# INDEX 257

Caroline Rebecca, 842
Carrie E., 842
Catharine, 1077
Catherine, 1216
Cetta H., 761
Clara A., 842
Cora, 497
Cora G., 842
Daniel, 761, 767
Ella, 761
Ellen, 767
Emory H., 1077
Favoretta, 1077
Flora A., 842
George, 497, 761
George H., 1077, 1114
Guy E., 1077
Harvey, 842
Helen, 767
J. R., 761, 767
Jacob, 761
Jacob D., 842
Jacob R., 768, 1077, 1114
John, 761, 767, 1077
Katie, 842
Leah D., 1077
Lemuel E., 1077
Lillian, 1077
Lillie M., 1077
Louisa, 768
Louisa A., 765
Louisa E., 1077
Lula E., 1077
Luther, 842
Martin, 761
Martin H., 767

Martin L., 842
Mary, 761, 767
Mary E., 1077
Max, 1077
Mr., 761
Olive M., 1077
Orpha, 761, 767
Oscar, 497
Polly, 761
Ray, 1077
Raymond W., 1077
Rebecca, 761, 767
Roman J., 1077
Sallie, 761
Salome, 761, 767
Siloam, 1077
Susan, 761, 767
Susanna G., 1114
Susannah G., 1077
William, 761, 767
STOCKTON ---, 184, 938
George, 43
Isabella, 43
William, 42
STODDERD ---, 52
STOFF Maria, 538, 547
STOKES ---, 184, 938
John, 146
STOLTZ Herman, 537
STONE A. M., 504
Allen, 504
Benjamin, 503
Governor, 1138
Henry, 503, 504
John G., 561
John H., 559
L., 62

Miss, 654
Thomas, 62
STONEBRAKE
Adam, 79
STONEBRAKER ---, 150, 492, 773, 971, 1226
Abraham, 1225, 1232
Abram, 637
Alice Catherine, 667
Alma, 667
Almira A., 897
Angelica E., 637, 638
Anjelect, 1232
Ann Catharine, 638
Anna Catharine, 637
Annetta, 667
Annie, 667, 1232
Barbara, 637, 1225, 1232
Benjamin Franklin, 667
Caroline, 1229
Caroline Virginia, 667
Catharine F., 947
Catharine Frances, 948
Catherine, 373, 666, 898
Charles, 1232
Charles H., 638
Christian, 947
Clara, 638, 1229, 1232
Clare E., 901
Daniel H., 666, 667
Daniel Huyett, 666, 667
E. W., 667
Edmond, 634
Edward, 947, 1232

Edward L., 638
Eliza, 666
Eliza Ann, 666
Elizabeth, 637, 947
Ella, 638, 901
Ella Cecilia, 947
Ellen, 667, 998, 1232
Emma, 667
Emma A., 493
Esther, 897
Florence V., 897
Frances, 634
Frances Isabelle, 667
Frances Marian, 667
Frances Rebecca, 667
Frank, 786, 1229
Frelinghuysen, 667
Genevieve, 947
George, 319, 732
George B., 897
George E., 257, 947
George Edward, 667, 947
George M., 377, 562, 626, 897
Gerard, 277, 666, 898
Girard, 144, 373
Henrietta, 1225, 1232
Henry, 637, 638, 1225, 1232
Hettie, 1119
Huyett, 998, 1229
Ida, 1229
Ida V., 901
Irene, 667
J. Claggett, 947
J. Ellsworth, 373, 901
J. W., 901, 1221, 1281

Jane, 947
John, 898, 1232
John E., 902
John R., 638
John W., 144, 372, 373, 376, 453, 564, 635, 662, 898, 901, 1023, 1195, 1271
Joseph, 325, 637, 1225, 1232
Joseph R., 638
Joseph William, 667
Kate, 1232
Landis, 1225
Laura, 667, 786
Laura L., 373, 901
Laura Leila, 901
Levin, 897, 1004
Lizzie, 1225, 1232
Louisa, 947
Marcellus, 637, 1225, 1232
Margaret, 897
Martha, 638
Mary, 637, 666, 667, 1225, 1229, 1232
Mary Ellen, 947
Mary Jane, 638, 897
Michael, 897
Miss, 1243
Mollie, 667
Mr., 901
Mrs., 948
Nancy, 637, 1225
Nora, 902
Oliver, 276
Ralph, 667
Samuel, 455, 897, 1229
Samuel A., 493, 1119

Samuel Eugene Santee, 667
Sarah, 947
Sarah R., 1119
Savilla, 1225, 1232
Sevilla, 637
Sophia, 1195
Susan Maria, 667
Theodore, 667
Viola, 634, 667
W. E., 493
William, 637, 666, 667, 1225
William F., 947, 948
William S., 947
STONEHOUSE Henry, 538
STONER Abraham, 1090
Andrew H., 1002
Annie, 1276
Balinda Ann, 1122
Barbara, 1223
Charles, 904
Daniel, 1090
David, 1002, 1090
David F., 1002
Edith B., 1122
Eliza, 1002
Elizabeth, 882, 1002, 1090
Emanuel, 1090
Ephriam W., 1122
Isaac, 1276
Jacob, 1274
John, 1090
Joseph, 1002
Julian, 1002
Margaret, 1002, 1090

# INDEX

Martha, 1276
Mary, 1090
Mary E., 904
Michael, 1002
Nancy, 1002, 1090
Susan, 1090
Susannah, 1002
STONESIFER
Charles, 885
J. B., 485
John, 1279
Laura, 696
Mary, 885
Pauls S., 885
Rebecca M., 885
Robert, 696
Rosella, 885
STONESTREET
Father, 481
STORM Adrian C., 1025
  Alice C., 878
  Annie E., 1025
  Catharine, 877, 1025
  Charles Henry, 1025
  Clementine, 878
  Elizabeth, 1025
  Elizabeth L., 1025
  F. E., 878
  Frances M., 878
  Francis E., 877, 878, 1025
  Harriet C., 878
  Harvey, 1025
  Hattie, 878
  Henry, 1025
  Jacob, 1025
  John M., 878
  Katie, 878
  Magdalena, 1025
  Margaret C., 1025
  Maria, 1053
  Martin L., 878, 1025
  Mary, 1025
  Mary L., 1025
  Meta, 1025
  Pauline, 878
  Pauline E., 878
  Philip, 877, 1025
  Rebecca, 1109
  Sarah, 1025
  William J., 1025
  Winifred, 1025
STOTLAR Mary, 1041
STOTLEMEYER Mrs., 841
STOTLER ---, 983
  David, 508
  Elizabeth, 696
  Henry, 487
  John M., 696
  John P., 501
  Peter, 487, 539
STOTSELL Ella, 1202
STOTTLEMEYER Kasia, 646
  Rosa, 1186
STOTTLEMYER Annie, 1203
  Dessie, 1203
  Elias, 1203
  George, 1203
  R. F., 564
STOTTLER Ann Maria, 1233
  Christian, 1233
  Elizabeth, 1233
  Markwood, 1233
  Miss, 848
STOUFFER ---, 991
  A.P., 558
  Abraham, 514, 524, 873
  Abram, 513, 686, 687, 733
  Abram N., 686
  Adelia, 836
  Adeline F., 711
  Albert, 711
  Alfred, 517
  Alfred W., 711
  Alice M., 711, 751
  Amelia, 927, 1276, 1325
  Ann Rebecca, 711, 836
  Anna, 944, 1276
  Anna Elizabeth, 837
  Annie, 628, 1276
  Annie M., 837
  Barbara E., 836, 837
  Benjamin, 634, 655, 733
  Betsey, 836
  Bishop, 514
  Carrie, 711
  Catherine, 836
  Catherine A., 711
  Charles, 687, 1229
  Charles E., 836
  Charlotte, 711
  Christian, 571, 625, 686, 836, 1233, 1276
  Christian S., 1276
  Christiana, 571
  Clara, 733
  Clarence, 687, 1229

Clinton A., 836
Cora, 687
Cornelia A., 711
Cornelia R., 741
Cornelius J., 836, 837
Cyrus, 687
D. F., 757
D. S., 530
Daisy, 711
Daniel, 513, 524, 528, 733, 836, 1229
Daniel F., 498, 528, 733, 873, 874, 1074
David, 738
David T., 741
Drusilla, 874
Edgar, 1229
Edith, 687
Edward, 1276
Eliza, 766, 767, 1276
Eliza Amanda, 836
Eliza Jane, 687
Elizabeth, 664, 686, 711, 733, 742, 836, 1049, 1092
Elizabeth S., 837
Ella, 1280
Ellen, 836, 1005
Elmer, 711
Elta E., 711
Emma, 733, 757
Emma J., 836
Ettie L., 836
Eura, 711
Fannie, 686
Florence, 711
Frances, 571
Frank, 837
Frank A., 837

George, 733, 1233, 1272
Hannah, 733, 736
Henrietta, 686, 687
Henry, 571
Hiram, 837
Hiram D., 836
Hiram J., 836
Ida, 687, 924
Isabella, 825, 1276
Jacob, 571, 686, 693, 766, 836, 1276
Jacob S., 711, 751, 1280
Jane, 874
Jennie, 456
Jennie M., 836
Johanna, 877
John, 514, 571, 686, 733, 836, 837
John H., 711
John J., 836
John W., 836, 837
Jonathan W., 836
Joseph, 733
Josiah, 766
Julia E., 1276
Katie, 836
Laura, 687, 1229
Lena, 733
Lydia, 738, 741, 742, 836, 927
Madeline, 711
Magdalene, 571
Margaret, 510, 836
Margie M., 836
Maria, 571, 691, 1276
Martha, 1276

Mary, 654, 686, 836, 1233
Mary C., 711
Mary E., 711, 1074, 1272
Mary Elizabeth, 874
Mary I., 1276
Mary L., 836, 837
May, 687
Mazie V., 837
Michael, 571
Millie, 836
Minnie O., 711, 751
Nancy, 655, 686, 733, 836
Nettie, 687
Nettie M., 711
Nicholas, 1233
Oscar S., 837
Peter, 733
Philip, 571
Rosanna, 625
Ruann, 733
S. Walter, 1276
Sadie, 733
Sallie, 836
Samuel, 686, 687, 766, 836, 874
Samuel C., 711, 1049, 1092
Samuel J., 711
Samuel S., 564, 1276
Sarah, 733
Sarah A., 711
Sherman, 687
Simon, 825
Simon P., 836
Susan, 687, 733, 836, 873

Susan Jane, 874
Susanna, 733
Veronica Fannie, 571
W. R., 564
Wesley, 733
Wilford R., 711
William, 877
William H., 836
STOUGH Elizabeth, 106
John, 106
STOUT Mr., 106
STOVER Addie, 772
C. W., 382
Carrie, 778
Carrie Y., 676
Catharine, 991
Catherine, 1066
Christian, 1005
Clyde, 772
Edgar E., 676
Elizabeth, 968
Emma L., 676
Frederick, 675
George E., 675, 1210
George M., 558, 777, 778
George W., 399
George William, 675
Gertie, 634
H. W., 675
Hans, 1007
Harry E., 675
Helen, 1210
Ira L., 676
J. Mitchell, 971
Jacob, 777, 904
Jacob T., 777

Laura, 841
Lulie, 1210
Mary, 777, 911
Mary E., 675, 904
Mary K., 676
Mitchell, 375
Mollie B., 778
Mr., 778
Nannie, 971
Ora A., 676
Prudence, 1066
Rebecca, 676
Reverdy J., 778
Sarah, 1005
Susan R., 777
W. W., 440
William Wallace, 675, 676
Winifred G., 778
STRANGE J. B., 342
STRATTON ---, 712, 867, 883, 1108, 1246
STRAUB Annie A. C., 1253
H. H., 1253
S. D., 439
STRAUSE Henry, 149
STRAUSS George, 562
STRAWBRIDGE Robert, 486
STRAYER Miss, 987
STRAYLEY Wentle, 79
STREIT Anna, 1032
Barbara, 1032
Catharine, 1032
Christian, 1031, 1032
Elizabeth, 1032
John, 1032

Joseph, 1031
Magdalena, 1032
Maria, 1032
STRICKER George, 82
STRICKLER Snively, 556
STRINE Emmeline, 931
STRIPLER Ella, 1164
STRITE ---, 627, 882
A. C., 558, 655, 1091
Abraham, 585, 1032
Abraham C., 798, 1031, 1032, 1035
Abram, 253, 513
Albert, 1032
Amanda, 654, 1313
Ann E., 575
Anna, 575, 663
Annie, 798
Barbara, 575
Benjamin, 1032
Benjamin S., 575
Bettie Grace, 798
Beulah L., 798
Boyd, 663
C. R., 512, 571, 717
C.R., 694
Caroline, 798
Carrie, 663
Catharine, 654, 655, 688, 916, 1006, 1032
Catherine, 585, 1313
Charles, 663
Charles L., 575
Charlotte, 663
Chester, 663

Christian, 513, 575, 585, 1032
Christian R., 514, 575, 576, 697
Clara, 798
Clarence E., 1032
Clyde, 663
Cora M., 1032
Daisy, 663
Daniel, 513, 571, 1032
Daniel D., 1032
David, 575, 627, 663, 1032
David F., 663
David G., 1032
E. Belle, 575
Edgar I., 576
Edith M., 575
Edwin D., 1032
Eliza, 571, 575
Elizabeth, 584, 585, 663, 798, 807, 962, 1005, 1006, 1032
Elizabeth C., 1032
Ella K., 575
Ella V., 576, 697
Ellsworth, 663
Emma, 663, 798
Emma K., 1032
Emma N., 1032
Emma S., 663, 1032
Emmert, 798
Esther Ann, 1031, 1032, 1041
Eva, 1032
F. M., 655
Fanny, 663
Florence E., 576
Frank, 575, 663
Franklin M., 655, 663
Franklin Monroe, 1032
Grace, 663
Hattie, 723
Henry, 798
Henry Clinton, 1032
Henry L., 663
Henrietta L., 798
Ida C., 663, 1032
Ira, 663
Ira Oscar, 663
Isaac, 575
J. A., 537
Jacob, 312, 663, 798, 1032
Jacob A., 1032
Jacob H., 798
Jennie, 1032
John, 471, 513, 575, 585, 655, 663, 695, 797, 798, 917, 1005, 1032, 1313
John A., 663, 1032
John B., 575
John C., 1032
John F., 1032
John H., 798
Joseph, 513, 585, 663, 1005, 1006, 1032, 1095
Josephine C., 1035
Joshua Rush, 798
Kate, 663
Katie, 942
Lizzie, 663
Louella Cordelia, 1035
Louis E. McComas, 1032
Lydia, 655, 663
Magdalene, 510, 575, 695
Mahala, 575
Margaret, 798
Maria, 798
Marshall, 663
Martha, 585, 663, 797, 798, 1005, 1032, 1095, 1096, 1169
Martha L., 663, 1032
Martha S., 798
Mary, 575, 663, 1005, 1032
Mary Ann, 663, 1032
Mary E., 1032
Mary K., 663
Mary Myrtle, 798
Mary R., 702
Mary Virginia, 1032
Mattie, 575, 663
Maud E., 798
Melchior E., 798
Melchoir E., 663
Melinda, 807
Mildred Fiery, 798
Milton, 663
Minnie, 663
Miss, 654
Mr., 576
Nancy, 575, 585, 812, 1032
Newton, 798
Nora G., 798
Paul, 663
Rebecca, 663
Robert, 1032
Rosa, 663
Rush Kenneth, 798
Russel, 663

Sallie, 575
Samuel, 381, 513, 514, 563, 575, 585, 723, 771, 797, 798, 1031, 1032, 1041
Samuel B., 798
Samuel Harvey, 1032
Samuel M., 1032, 1041
Silas, 663
Stanley, 663
Susan, 663
Walter, 663
William A., 1032
STROAM Henry, 79
STROBEL Annie Sophia, 1263
Victor, 1263
STROBLE W. D., 475
STROCK ---, 551
Alethea, 768
Alice, 893
Anna E., 893
Anna H., 893
Calvin, 768
Carlton, 768
Caroline, 768
Catharine, 768, 893
Christian, 768
David, 768
Edgar L., 768
Edith I., 893
Edmma B., 893
Effie, 768
Elizabeth, 768
Elsie, 768
Emma, 768
Emma B., 1274
Fannie, 771
Frank H., 893
George W., 768
Harry E., 893
Henry, 511, 767, 768, 771, 893
Howard A., 768
Ida, 768
Isaac H., 768
J. Calvin, 1274
Joseph, 768
Joseph Calvin, 893
Lehman H., 771
Lewis H., 893
Lillian, 768
Louisa, 768
Louisa A., 765
Louisa E., 1077
M. Grace, 768, 771
Martin Luther, 768
Martin O., 768, 893
Mary, 768
Mary S., 893
Maude, 771
Michael, 767, 768
Mollie, 768
Nettie, 768
Oliver, 768
Peggy, 767, 768
Rebecca, 767, 768
Retiza, 771
Rosanna, 767
Ruth P., 893
Susan, 768
Vienna, 771
Walter M., 771
William, 697, 765, 767, 768, 771, 893
Willoughby M., 765, 1077
Willoughby Myers, 768
Yost, 893
STRODE ---, 1190
James, 428
Margaret, 428, 688
STROTHER Nellie, 914
STROUBLE ---, 484
STROUD Joseph, 145
STROUSE Margaret A., 732
STUART ---, 335, 337, 347, 350
Amelia, 1230
Belle, 1230
Capt., 52
Elizabeth, 1239
J. E. B., 290, 292, 307, 340, 366, 1017
James E. B., 365
William, 1230
William Robert, 1230
STUBBS Robert, 121
STUCKEY Miss, 567
STUFF Ida, 637
Miss, 793
STULL ---, 81, 138
Amanda, 733
Capt., 80, 81, 147
Col., 95, 115
Daniel, 100, 113
David, 733
Henry, 733
J., 82, 83, 99
John, 67, 74, 75, 76, 79, 80, 81, 82, 85, 87, 166, 384, 385
John I., 163
Judge, 148, 439

Louisa, 733
Mary, 733
Mercy, 79
O. H. W., 148, 149, 195, 238
Otho H. W., 389
Prudence, 163
Sarah, 733
Susan, 733
STUMBAUGH F. S., 239, 556
STUMP Sarah, 1213
STUPP Curtis, 1012
Mary, 1012
STURR Thomas, 146
SUDSBURG Joseph M., 344
SUFFOLK Earl of, 684
SULLY General, 1013
SUMAN ---, 1167
I. C. B., 1284
Mary Elizabeth, 1284
Nancy, 747
William, 747
SUMMER Barbara, 1255
Carrie, 1254
Charles E., 1255
David, 816
Elias, 1254
Elizabeth, 816
Elmira, 1254
George F., 1255
John, 816
John L., 816
L. C., 1255
Louisa, 706
Mary Elizabeth, 816
Paul, 1255

Solomon, 706
W. Bruce, 1255
SUMMERS ---, 517, 552, 1083
Alice, 792
Ann Louise, 793
Anna, 757
Anna L., 888
Annie, 915, 1233
Barbara, 1233
Bessie L., 1092
Bruce, 1233
Carrie, 1233
Catherine, 792, 825, 1185, 1325
Charles, 1233
David, 793, 1055, 1325
David Walter, 793
Dent, 792
Elias, 1233
Eliza, 1055
Elizabeth, 585, 792, 1032, 1055
Elizabeth R., 792, 888
Elmer, 671
Elmira, 1233
Elva, 671, 1055, 1221
Era, 1325
Ezra, 825, 1325
George, 1055, 1233
Gertrude, 436, 1185
J. W., 562
Jacob, 1055, 1233
John, 513, 517, 757
John Wesley, 792, 1185
Joseph Thomas, 792
Kieffer, 1233
Lancelot, 792

Lewis, 1233
Louisa, 792
Louisiana, 792
Malinda, 1055
Marie, 871
Mary, 791, 792, 793, 1055
Matthias, 537
Michael, 537
Nathanael, 792
Nathaniel, 791, 792, 1185
O. L., 1092
Paul, 791, 1233
Rhoda, 633
Ruth, 793
Sarah, 792, 1185
Sophia, 1055
Stephen, 792
Sylvester, 791, 792, 888, 1185
SUMNER ---, 332, 335
SUTER Mary, 501
SUTTON ---, 823
Elizabeth, 911
John, 911
Mary E., 913
Robert B., 486
SWAIN Benjamin, 1132
Blanche, 872
Howard H., 1132
John L., 1132
Lester Elmer, 1132
Margaret Aurelia, 1132
Raymon Emanuel, 1132
SWALES James, 277

INDEX                    265

SWAN ---, 274
C. A., 1306
Ellen E., 1014
John, 74, 75, 81
Lieut., 127
Major, 428
Robert, 1014
SWANEGIN Miss, 633
SWANLY Addie, 1019
SWANN Governor, 985
Robert, 274
Thomas, 343, 410, 560, 883
SWARTZ ---, 1059
Alice, 1012
Anna B., 582
Charles E., 1012
Cora, 1012
E., 1077
Emma, 1012
Eva, 1012
George, 581
J. D., 530
Joel, 508
John, 581, 1012
John Duval, 1012
Maggie, 1012
Mary, 688, 691
Mary E., 1012
Nellie, 1012
R. E., 517
Rebecca R., 581
William, 1012
SWARTZWELDER M., 555
Peter, 159, 252
SWATZWELDER Rev., 549

SWEARINGEN ---, 81, 102, 194
B., 107
Benjamin, 107
Benoni, 107
C., 80, 81, 82
Capt., 81, 162
Charles, 74, 82, 107
Elizabeth, 1189
Elizabeth Morgan, 1189
George, 192, 193, 555
Hezekiah, 1189
John Van, 178
Mary C., 192
Rebecca, 1189
Thomas Van, 555
Van, 1189
SWEARINGER
Benoni, 122
George, 564
J. V., 564
Joseph, 122
SWEASEY William, 834
SWEENEY Edward, 857
Ellen, 1255
Ellen Holton, 857
Frederick, 857
James H., 857
John, 857
John B., 857, 862
Josephine, 857
Major, 359
Nettie, 857
Patrick, 857
Richard, 857
Sophia J., 862

SWEIGERT
Catharine, 748
George, 748
SWEITZER H., 561
Henry, 134, 277, 564
SWENGLE ---, 99
SWIFT Commodore, 140
SWIGLEY Otho, 399
SWINGLE George, 67
Nicholas, 98
SWINGLEY ---, 236, 1252
Allen, 1226
Ann, 1225, 1233
Benjamin, 911, 1223, 1226
Burte, 1233
Carrie, 1233
Catharine, 911
Catherine, 1226
Charles, 1226, 1233
Cora, 1226
Eliza, 1225
Elizabeth, 1223, 1226
Ellen, 1226
Ettie, 1233
Frank, 1233
George, 1223, 1226, 1233
Gertrude, 1233
Grace, 1226, 1233
Hiram, 1233
Howard, 1233
Jacob, 1225, 1226, 1233
James, 1225, 1233
Jane, 1233
Jennie, 1233

John, 1226, 1233
John H., 1225, 1233
Lida, 1233
Lillie, 1226
Louisa, 1226
M., 562
Martha, 1223, 1226
Mary, 644, 1223, 1226, 1233
Mattie, 1233
Mellie, 1233
Michael, 230, 1223, 1226
Minnie, 1233
Miss, 755
Nathaniel, 1225
Neely, 1233
Nellie, 1233
Net, 1233
Nicholas, 1225, 1233
Oliver, 1226
Oscar, 1226
Otho, 508
Rose, 1226, 1233
Sam, 1226
Samuel, 1223, 1226
Sophia, 1233
Susan, 1226
Thomas, 1233
Upton, 1225, 1233
Urilla, 1225, 1233
William, 1223, 1226
SWINGLY George, 82
SWINNEY E., 292
SWISHER Callie, 1327
  Harvey, 633
  Rose, 633
  William, 1327

SWITZER Frederick, 79
SWONGER A. G., 962
SWOPE ---, 481, 771
  Ann Catharine, 1151
  Barbara, 1004, 1006
  Benjamin, 230
  Bernard, 766
  Betsey, 766
  Betsy, 766
  C. E., 230
  Catharine, 1318
  David, 470, 471
  Elizabeth, 1151, 1185
  Jacob, 159
  Mary, 1236
  Miss, 666
  Peter, 1151, 1185
  Rev. Mr., 311
  Samuel, 892
  Susan, 892
SWORD Amanda, 657
  Caroline, 798
  Catharine, 657
  David, 471
  Elizabeth C., 703
  J. M., 562
  Jane, 657
  John, 657
  Mary, 657
SYESTER ---, 422
  A. K., 135, 274, 275, 317, 365, 446, 556, 557, 560, 562, 563, 564, 626, 1309, 1363
  Andrew K., 277, 304, 307, 308, 366, 380, 410, 411, 419, 556, 795, 838, 986

Andrew Kershner, 412, 984
Catharine, 906
Catharine G., 986
Catherine, 763
Daniel, 412, 984
David, 763, 906
Helen, 986
Judge, 421, 625, 626, 631, 985, 1023, 1185
Lewis D., 558, 563
Louis Duffield, 986
Mr., 985, 986
Sarah, 412
.SYLVANUS Ada, 1292
Mr., 1292

-T-
TABB Moses, 561
TABBS Moses, 135, 136, 561, 144
TABLER A. J. P., 771
  Rebecca, 771
  Susan, 968
TABOR Frank, 834
  James, 635
  Millie, 635
TAGGART Ella, 1157
  Lydia, 821
  Mary E., 848, 1204
  Mary Etta, 821
  Miss, 868
  William, 821
TAGGERT ---, 480
  Mary E., 844
TALBERT Adeline, 1050
  Alice, 1050

Alice Ann, 1050
Ann, 1050
Benjamin, 1050
David, 1050
Emma, 1050
J. Alexander, 1050
John, 1050
Mollie, 1050
Nicie Ann, 1050
Susan, 1050
Thomas, 1050
William, 1050
TALBOT William, 487
TALBOTT J. F. C., 588
TALHELM Catharine, 633
TALIAFERRO ---, 908
W. B., 293
TALLEY
 Anna Russel, 1068
 Elihu, 1223
 Elizabeth, 1223
 Henry, 1223
 John, 1223
 Lydia, 1223
 Sarah, 1223
 Williamson, 1068
TALLY Amanda, 1229
 Elihu, 1229
 Elizabeth, 1229
 Frank, 1229
 Henry, 1229
 John, 1229
 Lydia, 1229
 Martha, 1229
 Sarah, 1229
 Virginia, 1229

TANEY Roger B., 68, 69, 135, 787
 Roger Brooke, 179, 419
TANNER Betty, 1319
 Dr., 1324
 Elizabeth, 822
 Imogene, 1319
 Isaac Scott, 1319
 Jacob, 538, 547
TAPP George W., 292
TARLTON Rudolph, 146
TASKER Mary, 1017
TAUBER ---, 462
TAVENER Bettie, 1175
 Luther, 1175
TAYLOR ---, 94, 308, 358, 472
 Alice, 881
 B. F., 344
 Barbara, 763
 Bertha, 1210
 C. B., 756, 931
 Catherine, 756
 Charles B., 763, 764
 Charles K., 931
 Charles Keedy, 764
 Christiann, 1210
 Clyde K., 764, 931
 Cora, 931
 Cora A., 764
 Daisy B., 1210
 David, 707
 Edith, 1193
 Eliza, 856
 Elizabeth, 763
 Elizabeth A., 1210

Etta E., 764, 931
 Eva C., 756
 Eva T., 764
 Frank D., 1210
 Gen., 245
 George W., 763
 Grace, 763
 Harvey, 881
 Ignatius, 126, 128, 130, 166
 James R., 763
 Jephtha H., 763, 764
 Jeptha H., 756
 John, 872
 John Wesley, 763
 Josephine, 763
 Louisa C. Ross, 1210
 Lydia, 763
 Mar., 98
 Mary C., 763, 764
 Matilda, 763
 Moses, 1078
 Nannie M., 1210
 Nannie Motter, 1210
 Ralph B., 764, 931
 Robert I., 555
 Sallie, 856
 Samuel, 763, 1193
 Sarah, 872
 Stewart, 291, 294
 Susan, 763
 Susan M., 763
 William E., 1210
 William Henry, 763
 William J., 1210
 Zachary, 157, 246, 611
TEAGARDEN Mary, 397

## 268   HISTORY & BIOGRAPHICAL RECORD OF WASHINGTON CO.

TECTER Burtie, 1231
Eliza, 1231
Jacob, 1231
Pearl, 1231
TEETER Catherine, 1269
John, 1269
TEHAN John F., 556
TEISHER Cora A., 1320
Mr., 391
TELLER Secretary of Interior, 1245
TELLOW Caroline Virginia, 1132
TEMPLE ---, 908
TENENT John, 98
TENNANT Charles J., 676
Ella Harrison, 676
Palmer, 558, 563, 676
TERRY ---, 484
TERSTEEGEN Gerhard, 522
THACKSTON Col., 137
THIERRY ---, 643
THIRSTON John B., 161, 449, 776
THOMAS ---, 240, 803, 1137, 1305, 552
Abraham, 763, 922
Abram, 726
Ada, 658
Adj. Gen., 216
Anna, 923
Anna C., 753
Anna E., 744
Annie, 1205

Annie Campbell Gordon, 1017
Arbelin, 586, 922
Bessie, 922
Betsey, 963
Betsy, 963
Catharine, 658
Catherine, 922
Charles, 726
Christian, 550, 726
Conrad, 726, 964
Cora, 964
D. A., 530
Daniel, 761, 864, 1091
Daniel A., 625, 658
David, 145
David T., 145
Edward, 877
Elias, 763
Elizabeth, 726, 763, 964, 974, 1091
Elizabeth K., 507
Ellen, 1232
Ellen Dickenson, 1239
Ellen L., 753
Emma, 923
Emma K., 755
Ernest, 726
Ezra, 763
F., 560
Francis, 216, 230, 234, 237, 241, 304, 415, 436, 555, 560
Frank, 229, 274, 308, 318, 412, 426, 427, 445, 530, 985
Frank M., 456
Franklin M., 625
Frederick, 625, 848, 988

General, 625, 652
George, 146, 726, 873, 922, 963, 964
George B., 1325
George H., 783, 965, 1283
George Milton, 625, 658
Gideon, 963
Governor, 217, 241, 308, 318, 1245
Harriet, 964
Harry, 726
Harvey, 511
Harvey E., 726
Henry, 492, 726, 763, 1225, 1232
Henry B., 559
I. A., 62
J. Frank, 625, 658
J. J., 317, 562
J. Knight, 1199
Jacob, 726
Jacob A., 511, 726, 753
Jacob E., 625, 658
Jacob G., 625, 658
James, 560
Jasper N., 465
Jennie, 753, 756
Jennie E., 1019
Joel, 625, 738
John, 436, 726, 1225
John A., 964
John S., 625
Jonathan, 625, 1170
Joseph, 487, 528, 753
Joseph L., 625, 658
Joshua, 763, 1225

## INDEX

Josiah, 922
Julian, 763
Kate, 1225, 1232
Laura V., 658, 724
Lavinia, 755, 922, 644
Leah, 726
Lewis, 1225
Lucinda, 625
Ludwig, 726
Lydia, 763, 1225
Margaret, 1091
Maria, 625, 743, 1107, 1324
Maria L., 1325
Mary, 726, 767, 814, 873, 915
Mary C., 726
Mary E., 507
Mary Ellen, 274
Michael, 472, 726, 873, 1085, 1086
Mr., 727
Myrtie, 726
Nancy, 625, 658
Net, 1233
Noah, 511, 873
Noah G., 511, 726, 1170
Otho J., 753
Pamela, 1232
Pammela, 1225
Paul, 726
Peter, 726
Philip E., 205
Philip F., 253, 560
Philip Francis, 428, 1014
Polly, 761
Quantrill, 145

Raleigh Colston, 1017
Rosamond, 170
Rosanna, 625, 1170
Ruanna, 726, 763
Rueanna, 1225
Sadie T., 726
Salina, 1225
Sally, 1305
Samuel, 763, 922, 928
Samuel D., 1239
Samuel P., 625, 657, 658, 724
Sarah, 726, 848, 873, 988, 753
Sarah A. E., 1162
Sarah Ann Elizabeth, 1091
Sarah Gaither, 1239
Sarah Huyett, 1239
Solomon, 511, 762, 873
Solomon S., 726, 1091
Sophia, 761
Susan, 625, 658, 753, 763, 864, 963, 964, 865
Susan F., 753
Susanna, 625, 873, 814
Walter, 527
William, 586, 752, 753
Wiloughby, 508
THOMBSON A. G., 487
THOMPSON ---, 99, 908
Dauphin, 294
Dolph, 291
Dr., 284
Elda K., 674
Elizabeth, 1002
Howard, 284

I. R., 584
J. C., 389, 390
Jacob G., 674
James M., 146
John, 1002
Judge, 283
Katharine Breathed, 1065
Katharine L., 683
Maria, 1296
Mary, 1273
Mary Elizy, 1065
Meta, 284
Meta McP., 284
Miss, 1269
Mr., 215
Percy Livingstone, 683
R. E., 1145
Samantha J., 674
Sarah Ann, 1296
Susan, 798
Victor, 159, 254, 389
W. H., 294
William, 291
William B., 215
THOMS Caroline, 793
Elizabeth, 793
Jacob, 793
Jacob S., 793
Lydia, 793
Lydia C., 793
Mary, 793
Samuel, 793
THOMSON Victor, 301
THORN Charles, 1263
Sophia, 1263
Sophia Elliott, 1263

THORNBURG R. C., 381, 382
  Robert C., 380
THORNTON Judge, 283
THORP Mattie, 856
THRASHER Louisa, 947
THRIFT Hester, 136
  William, 136
THROGMORTON Robert, 119
THRUSTON Gen., 233
THUM David, 277, 564, 1157
THURSTON C. B., 556
  Clara, 735
  George A., 556
  J. B., 276
TICE ---, 784
  Annie, 1174
  Barbara, 1224, 1229
  Calvin, 1024
  Claggett, 1229
  Daniel, 145
  E. Virginia, 854
  Elizabeth, 1224, 1229, 848
  Eve, 775
  Francis, 1224, 1229
  Frank, 1224, 1229
  Gertie, 1229
  Henry K., 376
  Ida, 1229
  Jane, 1224, 1229
  Jennie, 1229
  John, 146, 1224, 1229
  Kate, 1224, 1229
  Lucy, 1224, 1229
  Miss, 635, 1024
  Nancy, 1224
  Sarah, 1024
  William, 508, 767
TIDBALL Mrs., 198
  R. M., 195, 198, 230, 556, 555
  R. N., 562
  Robert M., 182
  Robert Mackey, 555
TIDD ---, 299
  Charles P., 291
TIERNAN ---, 99
  Luke, 99, 100, 235
TIERNEY ---, 480
TIGINGER Geroge, 98
TILDEN Samuel J., 1181
TILGHMAN ---, 265, 374
  Anna Maria Ringgold, 242
  Col., 146, 147, 443
  Frisby, 129, 131, 143, 144, 167, 168, 177, 180, 186, 192, 203, 242, 245, 281, 365, 376, 389, 443, 561, 795, 205
  Tench, 215
TILLARD Sarah, 977
  William, 977
TIMBERLAKE Richard, 292
TIMBERLICK Susan, 1272
TIMMONS ---, 481
TITBALL Romert M., 444
TITCOMB Mary L., 453
TITLOW Alma, 875
  George, 875
TITUS T. T., 397, 399, 508, 509
TOBEY ---, 928
  Jonathan, 499
TOBY John, 562
  Madeline, 1186
  Michael, 1186
TODD John, 487
TOLSON J. R., 551
TOMBAUGH J. M., 534
TOMBS Joshua, 742
  Mary, 742
TOME J., 560
  Jacob, 1095
TOMLINSON ---, 102
  Benjamin, 1314
  Betty, 107
  Elizabeth, 103, 104, 105, 106, 108
  John, 19
  Joseph, 102, 108
  Martha, 1314
  Molly, 105
  Mr., 104, 105, 106, 108
  Mrs., 104
  Samuel, 102
TOMM Henry, 79
TOMPKINS Daniel D., 139
TOMS Joshua, 553, 1049, 1092
  Mary, 1049, 1092
  Miss, 738
  Sarah, 1091

TONEYRY Daniel, 98
TOOMBS ---, 326, 327, 330, 331, 332, 335
  Gen., 339
TOOTLE Thomas E., 447
TOTSON George L., 1255
  H. E., 1255
  John, 1255
  Susan, 1255
  William Elmer, 1255
  William R., 1255
TOUCHARD Margaret, 284
TOWLE Mary, 777
TOWNE Rev., 549
TOWNSEND George Alfred, 331
TOWSON Ann Elizabeth, 1146
  Ann Hoye, 1146
  Archibald, 1146
  Arthur Lee, 1146
  Elizabeth, 1146
  Emily Warden, 1146
  Ethelinda, 1146
  Ethelred, 1146
  Hannah, 1146
  Henrietta M., 1307
  Henrietta Maria, 1146
  Henry Clay, 1146
  Isabella Hughes, 1146
  J. T., 201
  Jacob T., 99, 1307
  Jacob Tolley, 1146
  Jane, 1146
  John, 1146
  John T., 227

  John William, 1146
  Julia, 1146
  Louisa, 672, 1146
  Lucy Bishop, 1146
  Lydia, 1146
  Mabel, 1146
  Maria Louisa, 1146
  Martha, 1146
  Martha Shearer, 1146
  Mary Louisa, 1146
  Patty, 1146
  Robert Fenn, 1146
  Sarah, 1146
  Sarah Jane, 1146
  Susanna, 1146
  William, 224, 1146
  William Percy, 1146
  William Tolley, 1146
TRACEY Eliza, 1086
  John, 1086
TRAIL ---, 832
TRAPNELL Joseph, 486
TRASK Anna, 1233
  Mabel, 1233
  Mr., 1233
  Tutor, 1233
TRAVER John, 146
TREGO B. J., 1231
  Belle, 1231
  Cornelia, 1231
  Ernest R., 1231
  Herbert H., 1231
  Walter M., 1231
TRESSLER Sarah, 570
TREVETT R., 550
  Russell, 278
TRICE Thomas, 196

TRIEDEL ---, 543
TRINE Ellen, 1226
  Zeresa, 1226
TRINK Thomas, 80
TRITCH Benjamin, 1127, 1152, 1243
  Benjamin K., 1151
  Susan, 1127
  Susan M., 1243
TRITLE Catharine, 538, 547
  Daniel, 987
  Elizabeth, 956, 987
  Jacob, 956
  L., 562
  Lewis, 538, 547, 956
  Margaret, 956
  Susan, 956
TROUP ---, 551
  Adam, 794, 843
  Amanda, 983, 1232
  Ann, 794
  Catharine, 1056
  Catherine, 794, 843
  David, 794, 983
  Edward, 818
  Eliza, 983, 984
  Elizabeth, 794
  Elizabeth Brewer, 794
  Elizabeth Bruce, 818
  Emily H., 794
  Emily Hivling, 818
  Emma H., 794
  Florence G., 747
  Helen Seibert, 794, 818
  Henry, 794, 843
  James, 916
  Jessie M., 794

Jessie Matilda, 818
John, 794, 916
John J., 916
Joseph, 794, 916
Josephine Elizabeth, 983
Joshua, 724
Joshua A., 916
Joshua Earl, 916
Joshua J., 916
Julia A., 794
Julia Ankeney, 818
Lida B., 916
Lydia B., 724
Mary, 916
Mary E., 724
Mary Edith, 916
Missouri, 983
Mr., 984
Mrs., 984
Rhoda Belle, 916
Rose, 794
Ruth Cleveland, 794, 818
Samuel, 747, 794
Samuel C., 984
Teisher, 916
Thompson, 983
Virginia, 983
William, 983
William E., 794
TROUPE Adam, 778
Ann, 722
Catherine, 778
Elizabeth, 722
Elizabeth Cushwa, 722
Henry, 778, 798
Samuel, 722

TROUT Mary, 717
TROUTMAN
Angelica, 786, 884
Margaret, 1119
TROVINGER ---, 706
Elizabeth, 1003
Joseph, 541, 1003
Mary, 894
Missouri, 1321
Mr., 1321
Samuel, 528
TROXELL Annie M., 1097
Charles M., 1097
J. E., 399
John, 146
William, 488
TRUMP Rev. Mr., 500
TRUMPOUR Catharine, 656
Jacob, 656
Walter, 656
TSCHANTZ John, 698
TSCHUDY David, 146, 318
TSHUDY David, 277
Dr., 230
TUCK William H., 239
TUCKER Judge, 618
Mary Jane, 783
Sarah, 141
TUNK Samuel, 1194
TUNNELL John, 486
TURGUSON Rev., 549
TURNER Edward P., 1310
Edward P. Thomas, 1235
Ehud, 1190

Fanny A., 1310
Frances A., 1235, 1309, 1310
Frank, 1235
Frank Van Lear, 1235, 1309, 1310
Franklin P., 1309, 1310
George W., 292, 295
Helen Frances, 1310
John, 1190
John D., 916
John M., 1310
John R., 1310
John Robertson, 1310
Johnson, 1235
Mabel, 1310
Martha, 1310
Martha J., 916
Mary, 1190
Mary Buchanan, 1310
Mary E. B., 1235
Mary R., 1310
Maud Lee, 1310
Miss, 1190
Mr., 1311
Mrs., 1311
Nina, 695
Susan E., 1310
Thomas, 1310
Thomas P., 1310
Thomas Philip, 1310
William E., 1145
TUSKY Rev., 552
TUSTIN Septimus, 390
TWAIN Mark, 1289
TWIG Robert, 145
TWIGGS General, 1283

# INDEX

TYLER ---, 187, 1138
  John, 131, 241
  Mary Buchanan, 1310
  President, 237, 708, 725, 963
  Walter P., 1310
TYSON Benjamin, 126, 132

-U-
UHLER Carrie, 778
ULLUM Andrew, 1098
  Ella, 983
  Virginia E., 1098
ULMSTEAD Mr., 693
ULRICH Mary, 631
  Samuel, 488, 631
  Virginia, 925
ULYSSES, 10
UMSTOT S. W., 559
UNDERWOOD I., 508
UNGER Aaron J., 988
  David, 848, 988
  Elizabeth, 1004, 1006
  John, 988
  John W., 1222
  Luella E., 1222
  Mary, 848, 988
  Nora E., 1004
  William, 988
  William F., 1004
UNRICH John, 1077
UNRUH J. M., 497
  John M., 493
  John N., 464
  Rev., 498
  Rev. Mr., 500

UNSELD B. C., 1179
  Sallie, 1179
UPDECRAFT David, 145
UPDEGRAFF ---, 94, 883, 1164
  Catherine L., 961
  Della, 641
  Della I., 1133
  Edward, 958
  Edward M., 641, 1133
  Eliza, 371, 638
  George, 371, 615, 638, 641, 958, 1328
  George F., 641, 1133
  James B., 1145
  Joseph, 638
  Joseph B., 871, 1157
  L. V., 1133
  Laura A., 372, 641
  Laura Helen, 642
  Lavinia Kate, 641
  Mary E., 614, 642
  Mr., 372
  Peter, 371, 638
  Sarah, 641
  Sophia, 642
  Viola, 642
  William, 326, 371, 376, 449, 450, 453, 638, 641, 642, 958, 961
  William M., 641
URBAN Amanda, 1322, 1323
  Sarah, 1323
  Theodore, 1323
URNER Martin, 522
  Milton G., 416, 561, 978
UTZE Nathaniel, 32

-V-
VALENTINE Emma C., 1146
  John, 713
  Martha, 638
  Mary, 733
  Nora, 713
  Reuben, 733
  Sylvester, 1146
VALIANT T. D., 553
VAN BOCKELEN Libertus, 1286
VAN BUREN ---, 229, 230, 428, 1014
  Martin, 844
  Mr., 236
  President, 236
VAN DORN Captain, 1282
  Major, 1282, 1283
VAN DREAU Sarah, 882
VAN LEAR ---, 624
  Ann, 795
  Anne Booth, 795
  Annie, 1235
  Col., 125
  Dr., 255
  George W., 1235
  J., 215
  John, 182, 201, 235, 256, 277, 623, 662
  Joseph, 235, 795
  M., 99
  Major, 795
  Maria, 795
  Mary, 623
  Mathew, 107
  Matthew, 129, 235, 623

Matthew S., 156, 201, 203
Sophia, 235, 622, 623
W., 99
W. G., 556
William, 112, 126, 130, 149, 227, 235
William G., 273
VAN WYCK ---, 684
VANARSDALE ---, 487
VANCE ---, 484
Catherine, 778
Gertrude, 778
Governor, 1305
W. G., 778
VANDERKIEFT Surgeon, 339
VANDERSLICE Joseph, 67, 68
Rebecca, 67, 68
VANDERSMITH Rev., 497
VANDIKE William, 552
VANDRAUH Miss, 748
VANMETER Sarah, 1305
VANNEMAN Theodore J., 344
VANNORT William, 560
VARNEY W. W., 404
VATTEL ---, 360
VAUGHN Gen., 355
VEAZEY Governor, 133, 230
Thomas W., 560
VEITCH E. R., 487
VERNON Lieut., 954

VIANT ---, 1210
VINTON Robert S., 487
VIONT ---, 1210
VIRTS Catharine, 1011, 1149
Charles F., 1012
Conrad, 1011
Cornelius, 642, 1011, 1012, 1149
Elizabeth, 1011
Emma, 1012
Grace, 1012
John, 1011
Lillie, 1012
Mary, 1012
Mollie, 1012
Mollie E., 1149
Pearl, 1012
Peter, 1011
Ray, 1012
S. Lillian, 642
VIRTZ Mollie, 1320
VITOZO St. Rozo, 93
VOGEL Adam, 1221, 1222
Adam V., 1222
Alice A., 1222
Amanda R., 1222
Amanda V., 1222
Ann Maria, 1221
Anna, 1222
Elizabeth, 1222
George B., 1222
J. Leonard, 1221, 1222
John A., 1222
Josie, 1222
Lillie, 1222
Luella E., 1222

Margaret A., 1222
Preston S., 1222
VOLTZ Henry, 482
VON HESSEN Catherine, 823
VON LOEHR John
George, 1235
Mary, 1235
VON SCHINDEL Camilla, 1143
Carl Otto, 1143
Casper, 1143
Conrad, 1143
Frantzko, 1143
Frederick William, 1143
Hans Frederick, 1143
Heinrich, 1143
Johan Conrad, 1143
Johan George, 1143
Johan Michael, 1143
Johan Peter, 1143
Martin, 1143
Susan, 1143
Viglas, 1143
VON VOLKENBERG E. C., 1184
VON WITTENGENSTEIN Henrich, 521
VON'WERDEN Helend Roberta, 1206
Lou, 1206
VOORHEES Daniel W., 291, 293
VOSE E. J., 574
Lois E., 574
VULGERMAN ---, 430

# INDEX

-W-
WACHTAL
  Valentine, 277
WADDELL
  Elizabeth, 748
  Lucian Porter, 341
  Lucius P., 311
  Major, 833
  T. A., 748
WADE ---, 1074, 1324
  Bertha M., 1167
  Charles, 696
  Cora, 696
  Dr., 697
  Elie, 696, 697
  Eliza, 696
  Ellen Elizabeth, 697
  Frances A., 696, 697
  H. McG., 558
  Harry McGill, 696
  Henry, 562, 696
  Henry McGill, 697
  J. Hubert, 696
  Jane, 696, 1232
  John, 486
  John A., 696
  John H., 559
  Kirby, 696
  Lancelot, 792
  Louisa, 845
  Martha, 845
  Mary, 791, 792
  Mary Ellen, 696
  Matilda, 1020, 1023
  Minnie, 696
  Nancy, 696
  Sarah, 792, 1185
  Senator, 792
  Solomon, 845
  Susan C., 696
  Webster, 697
  William, 696, 845
  Winnie, 696
WADSWORTH ---, 684
  Ala, 1232
  Mary, 1232
WAGAMAN ---, 994
  C. D., 558
  Charles A., 1103
  Charles D., 517, 564, 1110
  Charles Dahlgren, 1110
  Cordelia, 1110
  David, 1110
  Frank G., 558, 1110
  Glendora, 1110
  John, 1110
  John E., 417, 517, 558, 565, 1110
  Mary E., 1110
  Prof., 868
  Samuel M., 1110
WAGGNER Stuffle, 79
WAGINER Capt., 54
WAGMAN John, 145
WAGNER ---, 472
  Barbara, 744
  Benjamin, 838
  Capt., 51
  Caroline, 765
  Catharine, 925
  Catherine, 1170, 1210
  Charles, 766
  Charles B., 757, 765, 766
  Christina, 766
  Cora Ellen, 766
  D. R., 466, 499, 504
  Elizabeth, 765
  Elizabeth Tyson, 838
  Elmer Ellsworth, 766
  Emma C., 1210
  Felix, 537
  Frantz, 392
  Frederick, 537
  Hans, 1254
  Helen Geneva, 766
  Henry, 765, 766
  Horatio, 765
  Hyatt Sumner, 766
  Isaiah, 765
  J. H., 353
  Jonathan, 765
  Joseph, 765
  Lizzie, 765
  Margaret, 838
  Mary, 766, 1226
  Mary E., 765
  Minnie K., 757, 766
  P. O., 499
  Peter, 392
  S. T., 497
  Samuel, 1170, 1210
  Samuel T., 472
  Sarah, 765
  Snavely, 765, 766
  Susan, 757
  W., 508
WAGNERIN Ann Ursula, 852
WAGONER Clay A., 1125

276 HISTORY & BIOGRAPHICAL RECORD OF WASHINGTON CO.

Elijah, 1125
Ellen, 993
Henry, 79
J. H., 393
John, 107, 254, 318, 439, 563, 993
John H., 517
Margaret, 389, 993
Mary, 254, 993, 994, 1233
Mary L., 993, 997
Nellie, 993
Rebecca, 1125
WAITE Chief Justice, 420, 622
WAKEFIELD R. C., 122
WALDECK Lydia, 746
WALDO Peter, 512
WALFORD Daniel, 695
WALGAMUT J., 562
WALKER ---, 330, 335
A. Marshall, 1184
Anna M., 1184
C. P., 1246
E. C., 1184
Elizabeth, 721
G. W., 565
Gen., 283, 335
George W., 417, 1184
Inez I., 1184
Isaac, 721
John, 721
Lucy C., 1246
Margaret, 721
Mary, 1300
Miss, 572, 1066
Moses B., 1300

Mrs. Col., 1302
R. L., 1310
Scott, 1184
Thomas J., 1012, 1183
W. Dixon, 1184
Wailliam W., 1183
William W., 1184
WALL Edward, 486
WALLACE ---, 62
Charles, 1318
Charlotte, 1318
Daisy, 854, 1318
Elizabeth, 1318
Gen., 364
J., 549
James, 884, 977, 1318
James F., 1318
John, 1302
Lew, 364, 1097
M. R. M., 1302
Major General, 921
Rosa, 1318
Sallie, 1318
Sarah, 1302
Sergeant, 764
Susan Emma, 884, 977
WALLACH Mayor, 1245
WALLER Caroline Rebecca, 842
Henry, 146
M., 552
WALLESLAGER Junas, 146
WALLICH George, 628
John, 628
Mary Ann, 628
Matthias, 628

Nancy, 628
Rosanna, 628
Sarah Ann, 628
William, 628
WALLICK Margaret, 1137
WALLING Capt., 81
Eliza, 672
James, 82, 83, 672
Mercy, 1305
WALLIS S. Teackle, 314, 420
S. Teakle, 622
WALLS John, 487
WALLUCK Matthias, 146
WALSH Josiah, 628
Mr., 416
Rebecca, 628
William, 416, 556, 561
WALTER C. L., 534
Meta, 534
Mr., 375
WALTERMYER Capt., 317
Jacob, 634
WALTERS ---, 486
Mr., 1226
William, 486
WALTERSON George, 555
WALTKEL Elmer, 633
Lillie, 633
WALTON ---, 1091
WALTS C. C., 584
WALTY John, 1327
Martha, 1327
WALTZ F. J., 435
Margaret, 1241

# INDEX 277

Martin, 625
Susan, 687
Susanna, 625
WANTZ Daniel, 1164
Eliza, 1164
WARD Catharine, 715, 1195
Dr., 1144
James A., 715
Mary Ellen, 1161
Mrs., 1024
WAREHAM Anna, 757
Consuelo G., 761
David, 757
Dr., 761
E. A., 714
Edward A., 559, 757, 761
Elizabeth, 761
John S., 757
Joseph, 145
Mary M., 761
Sallie C., 908
Sally C., 757
WARENFELTZ Ellen, 1233
John, 1233
WARFIELD ---, 1206, 1209
Anne, 1206
Azel, 1206
C. A., 201, 227
Charles A., 201
Charles Alexander, 1206, 1209
Edwin, 560, 821, 932
Governor, 676, 697, 713, 771, 782, 815, 1181
Miss, 737

Philip, 528
S. Davies, 407
Sarah Maccubbin, 1206
WARFORD Elizabeth, 1202
WARNER Bob, 168
Carrie, 1311
Joseph P., 292
Rev., 508
Rosanna, 767
Sarah C., 744
Z., 553, 744
WARNOCK Judge, 1302
WARREN Dr., 985
Thomas, 76
WARRENFELTZ ---, 1322
Adam, 842
Anna S., 842
Carrie E., 842
Charles, 842
Daniel, 842
Edward, 497, 842
Edward M., 777
Emma, 842
Emma M., 842
Estella, 497
Florence B., 842
Frederick, 842
Grace, 777, 842
Harry Lee, 842
Ida, 842, 1180, 1322
Jacob, 842, 843, 1322
Jacob Martin, 842
Josiah, 842
Luther, 842
Mary, 842

Mary E., 886
Newton, 497
Newton Jacob, 842
Susan, 842
Susanna, 1322
Van B., 886
WARWICK, 140
WASHABAUGH Martha, 1215
Mr., 1241
Sarah, 817
WASHBURNE ---, 623
WASHINGER W. H., 504, 553
WASHINGTON ---, 38, 40, 56, 76, 78, 85, 89, 90, 91, 92, 109, 114, 116, 125, 144, 175, 199, 246, 259, 265, 299, 354, 523, 552, 984, 1296
B. F., 258
Bushrod C., 203
Col., 199, 200
General, 61, 77, 102, 116, 117, 122, 128, 140, 191, 203, 549, 703, 764, 795, 847, 1050, 1053, 1150, 1242, 1310
George, 37, 62, 65, 119, 146, 292, 632, 908, 978, 1062, 1072, 1085, 1282
George C., 216
Hannah, 383
John S., 831
Justice, 70, 383
Lewis, 289
Lewis W., 292, 294
Mr., 50, 295
Mrs., 199, 200

President, 64, 78, 129, 195, 1289
WASLER Silas, 507
WASON ---, 230, 552, 631
  James, 286, 305, 401, 409, 431, 555, 565
  Robert, 201, 229, 234, 237, 366, 428, 431, 552, 561, 565, 1202
WATERS ---, 1206, 1209
  Anne, 1206
  Elizabeth, 1206
  Ignatius, 1206
  Margaret Hamilton, 1206
  Richard, 1206
  William, 948
WATKINS ---, 160, 256
  D. A., 559
  Elizabeth, 636, 718
  Ellen, 832
  Margaret, 636
  White, 832
WATSON Caherine S., 1292
  F. G., 487
  Fannie, 795
  John W., 1292
  Lewis, 761
  Lucinda, 944
  Miss, 1132
  Nellie, 286
  Rev., 553
  Thomas, 292
WATT ---, 116
  Sophia, 1104
  William, 1104

WATTLERS Annie, 1193
WATTS ---, 1252
  Abram N., 1252
  Annie, 1012
  Elizabeth, 1276, 1327
  F., 557
  Joseph, 785
  Lydia A., 1252
  Mary, 1252
  Mr., 1252
  Nancy, 785
  Samuel, 1012
  Sarah, 785
  Thomas, 785
  Thomas B., 1252, 1253
  William E., 1252, 1253
WAUGH John, 145
WAVERLY Sir Knight, 1036
WAY J. H., 1255
WAYLAND Keziah, 1002
WAYMAN Perry, 146
WAYNE Anthony, 138, 175
  General, 110, 149, 236
  Mad Anthony, 632
WAYNER Catharine, 1180
WAYS Charles E., 403
WEACH Robert, 497
WEACHTER Sarah, 702
WEAGLEY Charles, 994
  Charles E., 994
  Clara E., 994
  William, 449
WEAGLY A., 997

  Andrew, 997
  Anna, 997
  C. A., 1281
  Charles A., 997
  Clara, 473
  Clara E., 997
  Dillon, 997
  Emma, 997
  Grace, 997
  James, 997
  John, 997
  Joseph, 1170
  Mary, 997
  R. C. F., 997
  Rebecca, 997
  Robert, 997
  Solomon, 997
  Susan, 997
  Theodore, 997
  William, 997
WEAST ---, 482
  Emma, 1230
  Horine, 317, 1230
  Joseph, 201, 229, 230, 237, 562, 1089
WEAVER ---, 551
  Abram, 694
  Annie, 962
  Barbara, 872, 1185, 1186
  Casper, 486, 834
  Casper W., 562
  Catharine, 694
  Israel, 694
  J., 501
  Lewis, 1269
  Mary, 694, 1301
  Miss, 654

# INDEX

Rebecca, 1269
Samuel, 776
WEAVIL Rena, 1192
WEBB ---, 472
  Elizabeth, 1018
  Joshua, 494
  Louis N., 847
  Lucy Roy, 847
  William, 126
  William B., 1265
  William J., 553
WEBER Anna, 691
  Benjamin, 691
  Capt., 282
  Col., 283
  Edgar, 691
  Elizabeth, 1313
  Harry, 691
  Ira, 691
  John, 487
  W., 562
  William, 159, 431, 562
WEBSTER ---, 436, 926
  Catherine, 1121
  Col., 1195, 1250
  Daniel, 133, 228, 236
  E. H., 326
  Edwin H., 985
  James S., 552
  Richard, 486
  Sarah, 837
WECK Margaret, 856, 862, 1131
WECKLER Vienna, 887
WEECH Robert W. H., 487
WEED William, 239

WEEK Charlotte, 856
  Margaret, 856
  Michael, 856
WEEMS George, 811
  Gustavia, 811
  Rachel A. D., 811
WEEVER Michael, 79
WEGAND Yost, 392
WEGLEY Mathias, 277
WEIDLER Lydia Alice, 751
  Z. A., 751
WEIDLEY John, 907
  Susan, 907
WEIGAND Edward, 1004
  Vergie E., 1004
WEIHR L., 501
  Louis, 501
WEILLS G. W., 464, 493
  Rev. Mr., 500
WEIMER Father, 392
  Jacob, 110, 391, 392
WEINER ---, 484
WEISEL ---, 1090
  D., 201, 230, 286, 555, 556, 557, 560
  Daniel, 196, 201, 241, 246, 252, 305, 306, 308, 317, 320, 325, 410, 416, 428, 435, 978, 985
  Judge, 422, 957
  Samuel, 428
WEISER Conrad, 1053
WEIST Joseph, 562
WEITZEL Barbara, 822
WELCH Lawson, 1086

WELDER Mr., 57
WELDON Baron von, 865
WELLER Annabel, 1031
  Clara A., 842
  Clay, 1031
  Elizabeth, 1222
  Emma, 1317
  Frank, 842
  Harry, 1031
  Maria, 914
  Maud, 1031
  Miss, 1031
WELLINGTON G. L., 561
  George L., 772, 926, 1001
  Senator, 1323
WELLS Capt., 127
  Elizabeth, 792
  George, 487
  H., 977
  Jeremiah, 82
  Miss, 983
WELSH Carrie A., 675
  Charles, 318, 675
  Elizabeth, 1132
  Henry, 1132
  Mary, 1132
WELSHE Capt., 318
WELTON Anna, 1164
  Linman, 1164
  Sarah, 1164
  Warren, 1164
WELTY ---, 513, 514
  Amy, 734, 1049
  Ann Catharine, 1049
  Anna, 777

Betsy, 1261
Caroline, 1233
Catherine Elizabeth, 1107
Christian, 856, 862, 996, 1049
Christiana, 1233
Daniel, 1049
David, 524
Edith, 861
Elizabeth, 510, 953, 1261
Ellen, 1232
Henry, 1233, 1261
Jacob, 783
John, 230, 239, 510, 538, 562, 784, 1049
Julia A., 1307
Lizzie, 1233
Mary, 995, 996, 1049, 1233
Miss, 734
Mrs., 1007
Newcomer, 1233
Pollie, 645
Polly, 645
Samuel, 1107
Susan, 510, 783, 856, 862, 924, 1226
William, 510
WENDERS Elias, 1113
Elizabeth, 1113
Emma J., 1113
Samuel, 1113
Sarah, 1113
Susan, 1113
WENTZEL Mary, 1096

WERNER John Jacob, 110
WERTZ Henry, 666
I. M., 666
J. M., 487
Mary Ann, 666
Susan, 786
WESENMAN John, 537
WEST ---, 161
Benjamin, 841
Clarkson, 841, 842
Ellen May, 1073
Eneas, 841
Frank, 842
Isabelle, 841, 842
James A., 841, 842
John, 841
Leah, 1290
Levin, 145, 559, 1073
Margaret, 1065
Martha, 179, 426
Mary, 842
Matilda, 1201
Meta, 848
Mr., 147
Nathan, 826
Pinkney, 1201
Sarah, 826
Stephen, 62, 426
William, 841, 842
WESTFALL C. H., 511
WESTHEFFER Abraham, 585
Catherine, 585
WETER ---, 1056
WETZEL Alexander, 1195

Carrie E., 1195
Delegate, 123
J. H., 1195
WEVER Casper, 170, 248
Casper W., 194, 203, 229, 248
WEYANDT ---, 1210
WEYMER Father, 393
Jacob, 462, 472, 492
WHARTON Dr., 224, 1250
J. O., 562
J. T. M., 556
Jack, 128, 427
Jesse, 128
Jesse B., 320
John O., 128, 420, 427, 622
Mary, 420, 427, 622
Mary C., 985
Mary E., 412
Mr., 229, 234
William, 128
William F., 427
WHEATLY ---, 1041
WHEELER Ann, 1233
Ella, 1233
Joseph, 339, 344
Sadie T., 726
W. B., 559
W. C., 1060
W. H., 1233
William C., 558, 726
WHERRITT Capt., 144, 145
George, 240
WHIPP D. M., 581
Mary, 581

# INDEX

WHIPPLE ---, 299
WHISLER Esther, 698
  Mary, 657
WHISTLER Ensign, 112
  George, 28
  John, 28
  Lieut., 113
WHITE A. B., 118
  Andrew, 479, 1164
  B. George, 568
  Carrie, 1164
  Catharine, 716
  Daniel, 564
  Drusilla, 389
  Edward M., 716
  Eleanor Spangler, 568
  Elizabeth, 655
  I. S., 562
  Isaac, 134
  Isaac S., 177
  J. S., 563
  Jacob, 655
  John Campbell, 79, 481
  Judge, 132
  Mary Smith, 79
  Matilda, 1309
  Miss, 801, 1222
  Rachel, 1196
  Rosanna Marshall, 389
  Thomas, 122
  William Pinkney, 79
WHITEHEAD Miss, 78
WHITESELL J. E., 499

WHITFIELD James, 484
WHITMER ---, 1242
  Maria, 798
  Martin, 798
WHITMORE David M., 493
  Grace R., 493
  Hiram, 1321
  Lyilia, 1005
  Mrs., 1113
  Myrtle, 723
  Samuuel L., 493
  Sarah, 1321
WHITNEY Eli, 523
WHITSON Moses, 562, 563, 565, 992, 1001, 1098
WHITTER ---, 1056
  Amanda S., 1059, 1060
  Benjamin, 1059
  Catherine, 1059
  Emanuel, 1059
  Fannie, 1060
  Harland Eugene, 1059
  Jacob, 1059
  Jacob Benjamin, 1059, 1060
  Jacob L., 1059, 1060
  Jennie, 1060
  Sarah Frances, 1059
  Sophia, 1059
  Virginia Viola, 1059
WHITTIER John T., 805
WHITTINGHAM Bishop, 278, 320, 342, 363, 364, 386, 550
  William R., 341

WHITWORTH Abraham, 486
WHITZLE J., 503
WHYTE Gov., 426
  William P., 560
  William Pinckney, 621
  William Pinkney, 403, 411, 413, 415, 481, 611, 1017
WIDMEYER Adaline, 1306
  George W., 1306
  Mary E., 1306
  Singleton, 1306
WIERMAN T. T., 828
WIEST Joseph, 562
WIGGINS Emma, 1175
  J. S., 1175
WIGGONTON Rachel, 507
WILCOX Brig. Gen., 350
  Dr., 934
  Margaret, 851
  Rev. Mr., 818
WILCOXON Hanson T., 498
WILD Frederick W., 921
WILDBAHN C. F., 543
  Charles Friedrich, 469, 470
WILDBALM Charles Frederick, 397, 541
  Mr., 541
WILDBAN Rev. Mr., 394
WILES ---, 916
  Annie, 1311

D. H., 556, 557
David H., 422, 556, 984
David Hefner, 1309
Frederick, 1309
George, 1309
Mary K., 826
Rachel, 1309
Rev., 498
Samuel, 1311
Sarah, 1309
WILEY John, 386
WILHELM George, 79
Samuel, 402
WILHIDE Lewis, 307
WILKES
Commodore, 281
Elizabeth, 706
Perry, 706
WILKINS ---, 946
Catharine, 628
Charles, 628
Lucinda, 628
Mary, 628
Sarah, 628
Thomas, 628
WILKINSON James, 146
Miss, 1132
R. M., 824
WILLAMS John, 47
Richard, 47
WILLAR John, 385
WILLARD A. P., 292
Miss, 805
WILLIAM Capt., 147
of Occan, 518

The Conqueror, 140, 643, 794, 855, 1036
WILLIAMS ---, 91, 127, 435, 486, 552, 805, 1206
Ann McGill, 365
Anne, 79
Anne Elizabeth Chew, 589
Barbara, 79
Basil, 83
Capt., 81
Cassandra, 79
Catherine, 163
Catherine Holland, 1239
Cora M., 452, 588
Cora Martin, 588
Cynthia, 79
E. C., 1102
E. G., 561
Edward G., 251
Edward Green, 79
Edward Greene, 144, 146, 191
Edwin, 1291
Eli, 74, 75, 76, 86, 109, 125, 126, 127, 128, 130, 132, 133, 135, 141, 151, 152, 163, 166, 385, 417
Elie, 79, 138, 562, 564
Elizabeth, 1206
Ella, 1226
Ella W., 1291
Emelia, 79
Emma, 1012
F., 561, 563
F. A., 436
Ferdinand, 420, 452, 558, 563, 588, 589
Gen., 79, 310, 311, 341

Gilbert, 552
Hager, 946
Harry Lee, 79
Henry, 144, 452, 551, 588
Isaac, 103, 106, 107
J. R., 509
Jane, 24
Jennie, 628
John, 557
John Chew, 588
John McGill, 365
John S., 163
Joseph, 78, 79, 163, 325
Lieut., 453
Major, 145, 251
Margie, 634
Maria Sophia, 163
Mary, 79, 1151
Mary Priscilla, 589
Mary Smith, 79
Maude, 588
Mercy, 79
Miss, 481, 873
Mr., 431, 433, 1251
O. H., 141, 144, 160, 180, 233, 429
O. H. W., 564
Otho, 224, 671, 882
Otho H., 131, 133, 144, 159, 166, 168, 185, 191, 203, 386
Otho Holland, 75, 76, 78, 79, 128, 132, 146, 163, 166, 167, 374, 385, 417, 429, 444, 481, 665, 1206, 1234
Priscilla, 79
Prudence, 79, 163

# INDEX 283

Prudence Holland, 78
Rachel, 698
Rev., 553
Rev. Mr., 447
Richard, 148
Richard Claggett, 588
Robert Smith, 79
Ruhannah, 24
S. A., 560
Samuel, 1012
Sarah, 24, 624
Sarah Rutledge, 452, 589
Sarah Theresa, 79
Susan F., 79
T. J. C., 389, 431, 557, 588, 589, 895, 1116, 1312, 413, 431
Thomas J. C., 374, 452
Thomas Notley Maddox, 588
W. B., 561
W. H., 517
William, 24, 254, 426
William B., 561
William Eli, 79
WILLIAMSON ---, 47
Hugh, 117, 119
Petr, 44
William, 94, 440
WILLIAR ---, 832
WILLIARD Governor, 291
WILLIS Kate, 1233
Levin, 487
Mr., 1233
WILLS Robert, 712
Susan Alice, 712

WILLSON Anna M., 1307
Annie M., 1307
Aousman, 1038
Catharine M., 1307
Charles B., 1307, 1308
Charles T., 1307
Edward F., 1307
Edward T., 1307
Elizabeth, 1038, 1308
Frances, 1308
H. M., 1308
Henry M., 1308
James E., 1307
John C., 1307
Julia A., 1307
Lawrence McSherry, 1308
Margaret J., 1308
Marie Tressa, 1307
Mary Coale, 1307
Richard, 1307
Richard C., 1307
Richard W., 1308
Sophia L., 1307
Thomas Bennett, 1307
W. D., 1308
Walter D., 1307, 1308
Walter Daniel, 1308
William C., 1308
William S., 1307
WILMER Joseph, 1235
L. A., 452
Richard, 1235
WILMES F. C. B., 907
WILMS Frederick, 22
WILSON ---, 913, 1095, 1158, 1180, 1256

Agnes Hairston, 1014
Agnes Virginia O., 1190
Ann Mary, 737
Annie, 694
Annie C., 1308
Calvin, 737
Catherine, 1189
Catherine Rebecca, 1190
Charles, 1005
Charles E., 1308
Constance, 1190
Cora V., 651, 1190
David T., 564
Dora, 705
Dr., 468, 1189
E. Ellen, 1189
E. L., 552
Edith Jennings, 1190
Edward H., 146
Edwin, 1212
Eliza, 1007
Elizabeth, 915
Ellen, 1326
Frances, 1190
Frank Kennedy, 1190
General, 625
George P., 390
George Rochester, 1190
Greenbury, 391
Harry Eugene, 1190
Henry Beatty, 1186, 1189, 1190
James, 504, 1229
James Rochester, 1189
John, 120, 1189, 1326

John A., 1190
John Boyd, 1189
John N., 1190
Joseph Coit, 1190
Joshua C., 549
Kate E., 1212
L. F., 552
Lawrence, 52
Lazarus, 145
Luther, 552
Luther Roy, 1190
M. M., 1250
Margaret, 1190
Mary, 1233
Mary J., 1308
Mary Louisa, 1190
Maud, 1229
Michael, 223
Mr., 1233
Nevin, 694
Newton, 1230
Orpah, 1229
Paulina, 1230
Pearl, 1212
R., 556, 487
Rev., 465
Richard Coale, 1308
Robert, 487
S. K., 651
S. Kennedy, 558
Samuel, 145
Sarah Catharine, 1189
Scott Kennedy, 1189, 1190
Secretary, 1144
Susan, 1005, 1230
Upton, 245
Walter D., 1190

WILT Jesse, 1269
  Rebecca, 1269
WILTSHIRE John C., 292
WIMMER Phoebe, 872
WINANS Jacob W., 728
WINDER Alwilda, 1232
  Amelia, 1225, 1232
  B. F., 971
  C. P., 773
  Camella, 1223
  Camilla, 635, 1143, 1229
  Caroline, 1223, 1229
  Catharine, 1119
  Daniel, 1119, 1223
  Elias, 1225, 1232
  Ellen, 1232
  Emily, 1223
  Emma, 1229
  Fannie, 1229
  Florence, 971
  Frank, 1225, 1232
  Gen., 147
  Harry, 1229
  Jacob, 1225, 1232
  John, 1223, 1225, 1229
  Lavinia, 1225, 1232
  Levin, 560
  Lizzie, 1232
  Lydia, 1223, 1229
  Mary, 891, 1223, 1225, 1229, 1232
  McIvina, 1223
  Ora, 773
  Sallie, 1225

  Samuel, 1143, 1223, 1229
  Sarah, 1223, 1225, 1229, 1232
  Sarah A., 1080
  Susan, 1223, 1229
  Urilla, 1225, 1229, 1232
  William, 1225, 1232
WINDERS Caroline Virginia, 667
  Elias, 851
  Elizabeth, 851
  Ida, 1233
  John, 146
WINDSOR Elizabeth Frances, 938
  Elizabeth Francis, 454
WINE Ann Catharine, 752
  Frederick, 762
  Joshua, 753
WINFIELD Ada, 1137
  Cordelia, 1137
  David, 876, 1137
  Elva, 743
  Elva Jane, 1137
  Emma E., 1137
  Floyd, 1137
  James, 1137
  John, 1137
  Mary, 1137
  Sarah, 1243
  Sarah Catharine, 1137
  Susan, 876, 1137
  Uxter Benton, 1137
WINGARD C. Z., 559
WINGARDT Guenther, 534
  Gunther, 534

# INDEX

WINGART Henry, 94
WINGER B. F., 557, 715, 907
  Blanche, 907
  Catharine, 714
  Flora, 682
  Isaac, 1259
  Newton, 682
  Sarah Ellen, 1259
WINGERT Aaron C., 510
  Alexander T., 1314, 1315
  Alexander Tomlinson, 1314
  Alva, 1230
  Benjamin Tomlinson, 1315
  Catharine, 1230
  Catherine, 1313
  Cora, 657
  Daniel, 1223
  Daniel Heister, 1315
  Edward, 1230
  Eliza J., 1314, 1315
  Elizabeth, 1223, 1313
  Hannah, 1230
  Harriet, 1230
  Henry, 301
  Henry F., 558
  Henry Firey, 1315
  Ira, 1230
  John, 1223, 1225, 1313
  Joshua, 1223, 1230
  Julia Eliza, 1315
  Laban W., 510
  Lee, 1230
  Lewis Peters, 1315
  Lolo, 1230
  Martha, 1314
  Martha Ann, 1315
  Mary, 1223, 1225
  Miller, 558, 1315
  Mr., 131, 1314
  Peter, 1223, 1313
  Philip, 438, 440, 443, 508, 1313, 1314
  Philip H., 1314, 1315
  Philip Hager, 1314, 1315
  Ralph, 1230
  Susan, 1230
  Susanna, 1313
  W. J., 1230
  William, 558, 1315
WINT Bonwent P., 634
  Catharine B., 634
  Clayton, 634
  Maggie M., 634
  Panama S., 634
WINTER Amanda C., 956
  Annie E., 956
  Barbara, 1119
  Christian, 614
  Daniel J., 956
  David T., 956
  Elizabeth Gehr, 956
  Emma Jane, 1077
  George, 1077
  George C., 956
  George L., 1077
  Harriet Berryhill, 956
  Henry, 394, 485, 956, 1077
  John, 464, 470, 471, 474, 848, 956
  John G., 956
  Laura Belle, 1119
  Lewis T., 956
  Margaret, 848
  Mary E., 1077
  Mary Elizabeth, 1077
  Mary J., 614
  Nancyd, 1200
  Susan, 956, 1200
  Theodore A., 1119
  Thomas B., 956
  William W., 1077
WINTERS ---, 625
  Alice, 998
  Alvey, 998
  Annie, 1192, 1230
  Annie V., 998
  Belle, 1157
  Daniel, 1241
  David, 987
  Effie, 998
  Elizabeth, 998, 1055, 1241
  Ellen, 667, 998
  George, 145, 998
  Helen, 998
  Isaac, 1192
  Jacob, 987
  John, 987
  John S., 987
  Joseph, 667, 998
  Keturah, 924, 1290
  Margaret, 987, 998
  Mary C., 998
  Miss, 998
  Samuel, 924, 987
  Susan, 998, 1242
  Susanna, 1241
  William, 1055

WINTON H. B., 353, 499, 503, 974, 476
Rev., 501, 508, 553
Robert S., 539
WIRT William, 555
WISE Amanda, 891
C. E., 1030
Charles E., 564
Ellen, 1019
George, 79, 145
Governor, 288
Jacob, 695
Joanna, 1068
John C., 435, 891
Richard, 376
WISHARD Abirtha L., 882
Addie, 815
Anna, 882
Anna Mary, 882
Benjamin Franklin, 882
Charles A., 882
Charlotte Belle, 882
Edward, 882
Elizabeth, 882
Ellen, 796
J. H., 559
Jacob, 796, 882
Jacob H., 883
Jacob Henry, 882
James, 882
John, 882
John A., 867
John Calvin, 882
John D., 1133
Louisa C., 867
Mamie, 883
Margaret, 882

Margaret M., 882
Mary, 883
Rachel, 882
Samuel, 882
Sarah, 882
Tracy, 1133
Walter, 883
William Howard, 882
WISHERD Bessie, 736
Beula, 736
Catharine, 735
Charles, 841
Charles M., 736
Clara E., 736
David, 735
Edward, 735
Elmer Joseph, 736
Fred, 736
Iva, 736
J. Avey, 736
Jacob, 735
James, 735
Jennie, 736
John, 735, 736
John D., 735, 736
Mamie, 736
Martin, 735
Mary, 735, 736
Nellie, 736
Sabina, 735
Susan, 735
Tracy, 736
William, 735
William M., 736
WISNER J. W., 559
WISOTZKI Annie E., 1215
William H., 1215

WITCHER Ella, 1109
Stephen, 1109
WITHERS ---, 217
WITHNEY Agnes, 846
Elizabeth, 846
Nancy, 846
William, 846
WITMER Abram, 1224
Adaline, 1225, 1232
Andrew, 775
Ann, 747
Anna, 747
Annie, 1223
Barbara, 1223, 1225, 1232, 1264
Benjamin, 472, 747, 1223, 1266, 562
Calvin, 1225, 1232
Carleton, 1232
Caroline, 1225
Catharine, 747
Charlotte, 1232
Christian, 1232
Clara, 881, 1232
Clinton, 1225, 1229, 1232
Cornelia, 1092, 1225, 1232
D. J., 747
D. Oborn, 1225, 1232
Daniel, 513, 746, 747, 1092, 1223, 1225
David, 472, 747, 1223, 1225, 1232
Edith, 1232
Edward, 1232
Edward A., 747

# INDEX

Eliza, 747, 1223, 1224, 1225, 1226, 1230, 1232, 1266
Elizabeth, 746, 747, 1092, 1225, 1232
Emma, 747, 1225, 1232
Fancis, 1224
Fannie, 1229
Frank, 747, 1232
George, 1232
Hannah W., 1232
Harry, 747, 1232
Helen, 1232
Henry, 746, 1225, 1232
Ida, 747
Jesse, 1229
John, 152, 195, 230, 513, 553, 562, 746, 747, 1223, 1225, 1229, 1232
John Carroll, 747
Joseph, 1232
Kate, 1232
Lillie, 1229
Lydia, 1224
Magdalena, 1005
Mary, 746, 747, 1223, 1225, 1229, 1232
Milton, 746, 747, 1225, 1232, 1264
Mr., 1083
Nancy, 747, 1232
Obedia, 747
Oborn, 1232
P. A., 705, 771, 1080, 1213
Percy, 553, 1232
Peter, 881, 1005
Peter A., 317, 377, 414, 431, 557, 746, 1080, 1225, 1232

Polly, 1225
Robert, 1229
Rosa, 1225, 1232
Rose, 746
Sarah, 1232
Scott, 1232
Susan, 1224, 1230
Susanna, 513
William, 1232
William H., 747
WITMORE John, 146
WITTE John, 656
WITTER ---, 1056
Benjamin, 1059
David, 1059
Dollie, 1059
Ella, 1059
Emanuel, 1059
Fannie Catherine, 1059
Fanny, 1056, 1059
Jacob, 1056, 1059, 1060
Jacob Benjamin, 1059
Jennie, 1059
John, 1059
Maria, 1059
Mattie, 1059
Nancy, 1059
Sarah, 1059
Sophia, 1059
WITTIER Annie, 823
WITZENBACHER Catherine, 948
Judge, 422, 1023
Mr., 951
W. J., 558, 563
William, 948

William J., 421, 791, 948
WIXSON Edward, 687
May, 687
WOLF ---, 888, 1024, 1115, 1174, 1213, 1276, 1291
Aaron, 504
Alice, 822
Angela L., 1114
Ann Maria, 668
Anna, 1225, 1233
Anna Mabel, 668
Belle, 668
Betty, 668
Catharine, 968
Catherine, 1195
Christopher, 1225
D. Elmer, 971
Daniel, 524, 527, 668, 797, 1240
David, 1114, 1294
E. D., 530
Edna C., 668
Elizabeth, 861, 968
Ella, 668, 854
Emma, 668
Fannie, 668
Frances, 971
Frank, 1264
George, 508, 1097
George B. McC., 530
Henry C., 994
Henry O., 994
Hiram, 529, 530
Hiram D., 530
J. G., 29
Jacob, 201, 224, 474, 528, 891, 1097

James B., 822
John, 562, 668, 683, 798, 845, 1195
Joseph, 498, 528
Joseph D., 668, 797
Joseph Daniel, 668
Julia Ann, 1068
Laura, 1264
Laura J., 994
Lena, 836
Louisa J., 994
Magdalena, 751
Margaret, 1120
Margaret Ann, 1195
Mary, 668, 1114
Mary Ann, 683
Mary C., 1097
Mary J., 854
Mary S. E., 1097
Mrs., 851
Nancy Catherine, 797
Nannie, 668
Rosa E., 891
Russel Shively, 668
Sallie, 668
Sarah, 845
Sarah Jane, 1225
Susan, 668, 1225
Susan J., 637
Tilla, 798
William, 668
William R., 637
WOLFE ---, 1104
A. B., 499
Anna, 1222
Edith, 578
Ella M., 578
Emma, 1193
John, 578
Mary, 578
Nellie, 578
Ralph, 578
Robert, 578
WOLFELSPERGER
Catharine, 1224
WOLFENSBERGER
Isaiah, 436
WOLFERSBERGER
---, 768
Elizabeth, 676, 768
Elizabeth W., 677, 1084
John, 768
Joseph, 677, 1084
Mary A., 677
Susan, 627
Susanna, 768
WOLFERSBURGER
Jonathan, 768
WOLFES Charles, 915
WOLFF ---, 702
Alice, 948
Catherine, 702
Elizabeth, 1279
Ellen, 585
Garrett, 513
John T., 948
Miss, 1170
Samuel, 702
WOLFINGER ---, 472, 713, 916
A. M., 517, 1084
Alexander M., 677, 1084, 1095
Alice, 677
Alice E., 1084, 1095
Anna M., 627, 684
B. Pearl, 1085
Bertha, 677
Bertha E., 1084
Blanche G., 1085
Carrie, 677
Carrie C., 1084
Charles B., 627
Charles I., 677, 1084
Clarence, 645
Clarence S., 1085
Cora B., 1085
Daniel, 1084
Daniel G., 677, 1083, 1084, 1095
Daniel H., 677, 1083, 1095
Daniel R., 677, 1084
Daniel S., 773
David, 538, 547, 1083, 1095
David A., 1084
David G., 677, 1084
David L., 676, 677, 1084, 1095
Della E., 1084
Della L. E., 677
Edna Day, 677
Edwin E., 677, 1084
Effie S., 1085
Elizabeth, 538, 547, 676, 677, 1083, 1084, 1095
Elizabeth W., 677, 1084
Ellen, 1084, 1095
Elsie, 677
Elsie M., 1084
Emma, 677
Emma L., 1084
Ethel, 1084
Eva C., 677, 1084

# INDEX

Fred M., 1095
George C., 677, 1084
George H., 537, 684
Grace, 677
Grace E., 1084
Grace M., 677
Harry B., 677, 1084
Jacob, 538, 547, 1083, 1095
John, 1083, 1095
John Allen, 1085
John O., 677, 1083, 1085, 1084
Joseph, 563
Joseph Kieffer, 677
Joseph W., 558, 563, 676, 677, 713, 1084
Levi B., 627, 677, 1084, 1095
Lillie M., 677, 1084
Luella, 1085
Lulu M., 645
Lydia, 1084
Mabel Anita, 677
Martha, 677
Martha A., 677, 1084
Martha A. M., 1084
Mary, 742, 1084, 1095
Mary A., 627, 677, 1084
Mary C., 1085
Mary E., 677, 1083, 1095
Mary L., 1085
Maud J., 677, 1084
Michael, 537, 538, 547, 677, 1083, 1095
Minnie, 1084
Mr., 1085
Nancy L., 1083

Richard, 1095
Samuel, 1083, 1095
Sarah, 538, 547, 677, 1083, 1095
Scott M., 558, 1095
Sophia J., 1084
Susan, 1083
Susanna, 677, 1095, 1083
Susanna M., 1084
Viola, 677
Viola L., 1084
W. H. H., 517
William, 742, 1095
William H. H., 677, 1095
William Henry H., 1084
WOLFKILL ---, 102
Albertus J., 836
Bessie B., 836
Brenham, 1320
Brinham, 836
Cora W., 836
Edgar, 836
Elizabeth, 102, 1305
Ellis C., 836
Emma J., 836
Jacob, 731
Jane, 731
John B., 836
Joseph, 836
Lee A., 836
Lola P., 836
Lula M., 836
Mollie E., 836
William, 836
Willie R., 836

WOLFORD Florence, 816
Jacob, 816
Lucretia, 945
Sarah, 816
Thomas, 945
WOLFSBERGER Miss, 997
WOLGAMOT Jack, 277, 444, 445
John, 146, 186
WOLGAMOTT Andrew, 775
Daniel, 775
David, 775
E., 775
Eve, 775
Jack, 223
John, 775
Margaret, 775
Mary, 775
Nancy Jane, 775
Susan, 775
WOLGAMUTH Harry, 656
WOLGOMOTT John, 22
WOLSELEY Garnet, 338
WOLTZ Barbara A., 1305
Cathaɪ ine, 1311
Eli, 672
Eliza, 672
George, 115, 125
Mary, 1305
Mary E., 672
Peter, 115
WOOARD Jane, 1233
WOOD ---, 161

Aaron, 1302
Annie, 738
Elizabeth, 1284
General, 117
John S., 1302
John T., 588
Joseph R., 1300, 1302, 1304, 1305
Maria, 1302
Peter, 588
Sarah Sophia, 588
T. B., 1120
Thomas B., 1302
WOODARD Nannie, 1174
WOODBRIDGE Jonathan, 787
WOODEN Benjamin, 661, 912
Helen V., 661, 912
WOODHOUSE Capt., 292
WOODSIDE Dr., 632
Lila, 632
Samuel George, 632
WOODWARD Eleonora, 954
Fanny A., 1310
Luke, 51
WOOLING ---, 1108
WOORE Edith, 717
WORD Joel, 1244
WORDEN Captain, 1158
WORFIELD Philip, 1084
WORLEY Ann, 775
Charity, 775
Comfort, 1308
Eve, 775

John, 775
Katie, 775
Lydia, 775
Michael, 775
WORRAL ---, 264
WORTHINGTON Glenn, 622
Julia, 622
T. C., 560
Thomas C., 178, 555
WRENSHALL Fanny A., 847
John C., 847
WRIGHT ---, 1246
Aaron, 1212
Catherine, 1212
Colonel, 911
Elizabeth, 704
Ezra, 704, 1127, 1212
Jacob A., 318
Jennie, 704
John, 488
Judge, 206
Robert, 560
Susan, 1127
Thomas, 704
W. J., 548
WROE Dr., 443
WUENSCH Jacob, 550
WYAND ---, 1214
Aaron, 1127, 1319
Aaron C., 1214
Albert, 861, 1212
Amelia, 703, 704, 1210, 1211, 1212
Amos D., 1214
Anna C., 861
Annie, 1211, 1212
Annie C., 1318

Annie Ellen, 1319
Arthur ?., 807
Barbara, 1127
Barbara A., 1212
Benjamin, 1212, 1318
Benjamin F., 861
Betsey, 964
Betsy, 963
Caleb, 476, 564, 1127, 1212
Catharine, 1318
Catherine, 704, 705, 1211, 1212
Charles L., 1214
Christena, 1211
Christian, 703, 704, 933, 1210, 1211, 1212
Christina, 1211
Clayton, 479
D. H., 476
Daisy, 937, 1212, 1318
Daisy Alice, 861
Daisy E., 1213
Daniel, 1127
Daniel W., 705, 1210
Daniel Webster, 1213
David, 762, 868, 1212
David Henry, 1211, 1212
Denver, 814
Dinah, 922
E. C., 1211
E. Clayton, 705, 1213
Elizabeth, 704, 1211
Emory E., 1212
Eva, 479
Fannie, 1212
Fannie C., 861
Flora, 861

Flora May, 814
Florence E., 807
Frances, 1213
Frederick, 1211
Frederick B., 1214
Gertie, 861
Gertrude, 1318
Grant, 476, 1211
Harry, 814, 861, 1212
Hattie E., 1214
Henry, 704, 1211, 1318
Hiram, 1212
Ira E., 1214
Jacob, 704, 861, 1211, 1212, 1318
Jacob J., 1319
Jennie, 1319
John, 704, 1211
Joseph, 861, 1212, 1318
Josephus F., 1214
Joshua, 861, 1127, 1212, 1318
Kate, 861, 1212
Kate E., 1212
Kate J., 861
Lillie, 1211
Lorena Temperance, 925
Lorilla, 1212
Lydia, 1211
Marsina, 1215
Martin L., 1215
Mary, 704, 933, 1211, 1212
Mary E., 705
Mary Etta, 1213
Minnie, 854, 861, 1212
Minnie V., 1318

Myrtie, 1212
Nannie, 861, 1318
Ora B., 1212
Orange Judd, 1215
Pearl, 1212
Prof., 1214
Rebecca, 704, 1127, 1211, 1212, 1213, 1214
S. S., 705
Sarah P., 1212
Simon, 479, 704, 1127, 1211, 1212, 1213, 1214, 1211
Simon S., 1213
Susan, 704, 1127, 1186
Susan C., 754
Susanna, 1211
Temperance, 1212
Tenia, 704
Virginia, 1214, 1215
Webster Hershall, 1213
William, 1212
WYANDT ---, 1210
WYCLIFF ---, 518
WYNKOOP Benjamin, 122
Joseph, 122
Mary, 1191
Mr., 447
Richard, 254, 390, 445, 446
WYSON John, 1190
Mary, 1190
Mary Barton, 1190
WYSONG Helen, 1205
John, 1190, 1205
Mary Barton, 1190
WYVELL Jane, 977

-X-
XLINE ---, 484

-Y-
YATE Capt., 56
YATES ---, 552
B. F., 988
Emma, 1230
Ida A. J., 988
R. C., 988
Suda, 988
W., 80
William, 81, 82, 85, 87, 126, 128, 130, 131, 177, 186, 561, 562
William O., 988
YEAGER Betsey, 766
Mr., 766
YEAKEL Rebecca, 796
YEAKLE Jacob, 443
Kate, 1230
Samuel, 239
Susan, 1031, 1290
William H., 463
YEAKLY Michael, 79
YEARLY Joseph, 486
YEIDER John, 146
YELLOTT John I., 486
YESLER Henry, 538, 539, 547
YESSE M., 1007
YESSLER George, 924
John, 539
Peter, 539
YHOE Col., 310
YINGLING Catherine, 888

# 292  HISTORY & BIOGRAPHICAL RECORD OF WASHINGTON CO.

Margaret, 1205
Mr., 1192
YOE B. Y., 562
Benjamin, 230, 488, 1053
Benjamin F., 444, 555
YONTZ Capt., 318
Eliza A., 1272
YORDER B., 81
YORK Duke of, 32, 33
YOST ---, 1096
D. G., 230
David G., 186, 444, 555
Henry, 81
John, 146
Samuel K., 798
YOUNG ---, 775, 543
Addie E., 1284
Agnes L., 637
Albert, 1296
Alfredah, 855
Alice Virginia, 756
Amanda V., 1222
Amos, 692, 837, 855, 1008
Amy E., 855
Ann, 637
Ann Maria, 745
Anna, 507, 692, 854
Anna Viola, 824
Annie A., 692
Augustus, 562, 804, 1174
Barnett, 637, 692
Benjamin F., 1222
Bertha A., 637
Blanche, 1284
C. B., 487

C. J., 827
Caroline, 637, 692, 855
Catherine, 803
Cathrine, 803
Charles, 745
Charles B., 855
Charles D., 1048
Charles J., 803
Clara A., 854
Clara Roberta, 925
Clementine, 803
Cyrus, 745, 803
Daniel, 472
Davault, 803
David B., 637
David H., 756
Dessie Y., 1048
Devault, 803
Dr., 149, 281
Effie, 1284
Eleonora, 692
Elias, 381, 637, 685, 692, 695, 824, 837, 855, 1219
Elizabeth, 803, 1325
Ella B., 803
Elmer, 1284
Elmer C., 637
Emory, 745
Eva Irene, 824
Floss Marie, 925
George, 392
George B., 803
George H., 924, 925
George John, 470
Gideon, 803
Godfrey, 79
Greenberry, 803, 924

Harry, 998
Harry K., 637
Helen M., 637
Helen Mary, 661
Henrietta, 637, 983
Henry, 692, 776
Hinson M., 803
Hoffman, 745
Howard S., 637
Ida, 637
Ira J., 756
Isaac B., 692, 837, 855
IsaacB., 692
J. G., 540, 541, 543
Jacob, 95, 756, 854
Jacob A., 854
Jacob Atlee, 685
Jeannette R., 637
Jennie, 1032
John, 278, 786, 884, 1264
John D., 745, 803
John George, 397, 542
John H., 637, 692, 983
Joseph, 692, 768, 824, 825
Joseph E., 824
Katie, 837
Laura Frances, 804
Lewis McComas, 804
Lizzie, 803
Ludwig, 89, 786
Lunger, 745
Malinda, 803
Margaret, 637, 692, 895
Margie, 637
Margie M., 998
Maria Elizabeth, 786

# INDEX

Mary, 786, 825, 884, 935, 1041
Mary C., 854
Mary Catherine, 692
Mary E., 685, 824
Mary J., 854
Maude C., 804
Melvin, 1284
Minnie O., 855
Miss, 633, 1233
Mr., 588, 686, 856
Naomi E., 776
Nora, 1284
O. J., 398, 507
P. J., 494
Polly, 884
Rachel Ann, 1296
Rachel Orgoretta, 756
Rebecca, 803
Rev., 549
Rev. Mr., 67, 394
Robert R., 637
Rosamond, 824
Rosan, 685
Rosanna, 692
Russel B., 824
S. L. V., 565
Sallie, 637
Sallie E., 983
Samuel, 115, 389, 427, 702
Samuel E., 803, 804, 924
Sarah, 637, 803, 855, 924, 1008
Sarah Catharine, 637
Sarah J., 803
Silas, 803
Statton, 685

Susan, 668, 803
Susan Elizabeth, 854
Susan J., 637
Verdie F., 756
Walter C., 692
William, 40, 103, 803, 1284
William B., 636, 637, 661, 983
Willie, 1284
Winton L., 637
YOUNKER Emma Kate, 822
YOUNKINS Grace May, 857
J. C., 857
Morse, 531
Oliver, 892
YOURTEE Aaron, 578, 1037
  Abraham, 531, 578, 1036, 1037
  Amanda, 578
  Annie, 1319, 1320
  Annie R. M., 1037
  Barbara, 578
  Bessie, 578
  Catharine, 578
  Catherine, 578, 1037
  Catherine R., 578
  Daniel, 578
  Dr., 1149
  Edith, 531, 578
  Eli, 530, 531, 578, 579, 857, 971, 1037, 1122, 1320
  Elizabeth, 578, 1037
  Elizabeth Pauline, 1037
  Ella, 668

Ella M., 578
Elsie, 578
Ernest L., 1037
George, 579
George W., 531, 578
Howard, 579
J. T., 486, 559, 578, 1036, 1037, 1320
Jacob, 578, 1320
John, 578
John T., 1037
Leon Ryno, 1037
Mary, 578, 1320
Mary Magdalene, 578
Nancy, 578, 1149
Peter, 578, 1037
Polly, 578
Sallie, 578
Samuel, 578
Samuel L., 486
Sophia, 578
Susan, 971
Susan A., 578, 1122
YOUS Anna, 677
  Belle, 677
  Clara S., 677
  Emma, 677
  John, 677
  Joshua, 677
  Levi, 677
  Libbie Blanche, 677
  Mary, 677
  Rebecca, 677
  Samuel, 677
YOUTZ ---, 1304

-Z-
ZACHARIAS Dr., 1170
P. K., 463
ZARGER A. B., 575
Adam B., 1002
ZEACHER Grace, 783
Morris, 783
Ora A., 783
ZEARFAUS Eli, 693
Elizabeth, 693
Mary, 693
ZECKER Angie L., 854
Samuel, 854
ZEIGLER ---, 132
E. H., 488, 489
F. K., 234, 251, 564
Frederick, 425, 538, 547
G. L., 562
George, 537
George L., 253
Jacob A., 456
L., 562
Lewis, 237, 538, 547
Mary C., 1231
Samuel F., 565
ZELL Anne Claggett, 589
David, 896
E. M., 588
Edward L., 589
Edward M., 589
Mary, 896
Mary Priscilla, 589
ZELLER ---, 551, 664
Ann H., 1231
Anna, 1230

Annie, 818
Annie A., 818
Bruce, 485
Bruce S., 564
Charles, 1321
Clara, 822
David, 237, 276, 394, 817
Frances, 1321
Henry, 23
Henry S., 818
J., 186
J. C., 557
Jacob, 130, 135, 561, 1230
John, 822, 1232
John C., 380, 411, 412, 564, 953
Lee Hammerly, 1232
Mary E., 636
Samuel, 636
ZELLERS Martha, 975
Mary, 718, 1002
Molly, 1002
Owen, 975
Samuel, 1002
ZENTMEYER Barbara, 953
David, 953
Elizabeth, 953
Jacob, 953
John, 953
ZENTMYER A. T., 502
Albert T., 724
Amanda, 853
Amelia, 853
Anna, 853

Catherine, 853
Christian C., 724
Delila, 853
Elizabeth, 724, 853, 1003
Goldie, 853
Harry G., 853
Iva, 853
Jacob, 793, 853, 1003
Jacob K., 724
John, 724
John H., 724, 853
Josephine, 853
Laura V., 724
Lutie, 941
Lutie B., 853
Lydia, 724
Lydia A., 724
Mary, 738, 793
Mary E., 1003
Mary Jane, 658, 724
Mattie, 853
Nancy, 1115, 1126
Samuel, 724
Susan, 712
William M., 724
ZEPH Agnes, 955
ZERMON Rev., 508
ZIEGLER ---, 543, 684, 917
Abigail, 537
Abigail Z., 627
Alice, 537
Ann, 627, 684
Anna M., 627
Barbara, 627, 907
Blanche, 907
Catharine, 538, 547, 627, 906, 907

# INDEX

Charles, 907
Charles J., 907
Charles L., 627
Cyrus J., 907
Cyrus James, 906, 907
David, 627
Electa, 627
Elizabeth, 627, 907
Ellen, 627
Emily, 627
F. K., 562
Florence M., 907
Frederick, 538, 547
Frederick Byer, 907
Frederick K., 985
George, 627, 683, 684
George Frederick, 882
George L., 907
George S., 627
George W., 538, 547, 1095
Jacob, 627
Jacob A., 627, 902
Joseph, 627
Lewis, 513, 538, 547, 906, 907
Lizzie, 907
Magdalen, 907
Magdalene, 538, 547
Margaret, 627, 902
Maria, 627
Marie, 627
Mary, 907
Mary A., 627
Mary C., 907
Maud, 907
Milton, 627
Nancy, 627

Ralph, 907
Rebecca, 907
Samuel, 627
Samuel F., 907
Susan, 627
ZIMMER Peter, 146
ZIMMERMAN A. H., 487
  Amanda Helen, 915
  Benjamin, 704, 1211
  Blanche, 805, 1259
  Catharine, 735
  Catherine A., 1259
  Charles, 1259
  Charles B., 1259
  Edward, 1259
  Flora Jane, 1259
  Franklin, 1259
  Gotleib, 389
  Grace, 898, 1259
  H. C., 863
  Henry C., 1259
  Jacob, 655, 1259
  Jane, 1259
  John, 915
  L. M., 559
  Lucinda L., 1259
  Lucretia, 1168
  Margaret P., 1031, 1259
  Margaret Priscilla, 823
  Maris Ruhannah, 1259
  Mary, 704, 793, 816, 1211, 1259
  Melvina, 1259
  Mr., 551, 915
  Mrs., 924

  Nicodemus, 705
  Otho, 1259
  Peter, 1031, 1259
  Rebecca Stevenson, 915
  Rev., 497
  Rosanna, 705
  Sarah Ellen, 1259
  Simon, 735
  Susan, 655, 1012, 1259
  Walter G., 1259
ZINKAND Andrew J., 433
ZINZENDORF Count, 520
ZITTLE Catherine, 825
  Daniel, 825
  Elizabeth, 825
  John H., 436
  Michael, 825
  Peter, 548
  Peter H., 548
ZOCCHI Nicholas, 483
ZOLLNER Mary, 867
  Mr., 867
ZOOK Henry, 498
  Maggie, 748
  Susan, 1285
ZUCK David, 529
  Susan, 905, 906
ZWINGLER Capt., 195
ZWINGLEY George, 80
ZWINGLY ---, 81
  G., 80, 82
  George, 81